bvbooks

bvbooks

Bv Films Editora Eireli.
Rua Visconde de Itaboraí, 311
Centro | Niterói | RJ | 24.030-090
55 21 2127 2600 | www.bvbooks.com.br

Edição publicada sob permissão contratual com Jim Britts, 1675 Bronco Way, Oceanside, CA 92057. Originalmente publicado em inglês com o título *All or Nothing*.
Copyright © 2012 by Jim & Rachel Britts.
All Rights Reserved.

Editor Responsável
Claudio Rodrigues

Coeditor
Thiago Rodrigues

Adaptação de Capa
Mariana Haddad

Diagramação
D&D Traduções
Mariana Haddad

Tradução
D&D Traduções

Revisão de Texto
D&D Traduções
Suzanne Mendonça
Ana Julia Ferro

Todos os direitos reservados e protegidos pela Lei 9610/98. É expressamente proibida a reprodução deste livro, no seu todo ou em parte, por quaisquer meios, sem o devido consentimento por escrito.

Os conceitos concebidos nesta obra não, necessariamente, representam a opinião da BV Books, selo editorial BV Films Editora Eireli. Todo o cuidado e esmero foram empregados nesta obra; no entanto, podem ocorrer falhas por alterações de software e/ou por dados contidos no original. Disponibilizamos nosso endereço eletrônico para mais informações e envio de sugestões: faleconosco@bvfilms.com.br.

Todos os direitos em língua portuguesa reservados à BV Films Editora ©2015.

BRITTS, Jim & Rachel. *Tudo ou Nada*.
Rio de Janeiro: Bv Books, 2015.

ISBN 978-85-8158-085-2
1ª edição Agosto | 2015
Impressão e Acabamento Promove
Categoria Ficção | Vida Cristã

Impresso no Brasil | Printed in Brazil

JIM & RACHEL BRITTS

PARA SALVAR UMA VIDA

bvbooks

VERÃO

APESAR DOS MAIS DE 3 MIL QUILÔMETROS que ainda separavam Jake de sua casa, ele praticamente já sentia a brisa marinha de Oceanside quando entrou na I-64 saindo de Louisville, no estado de Kentucky. O som do carro trombeteava, de modo aleatório, uma seleção de músicas — cortesia de Grant, seu colega de quarto — e Jake não conseguia conter o movimento dos ombros ao ritmo da música que era agradável, porém, pouco familiar. Depois de um ano e meio, Jake finalmente voltava para casa e estava muito animado.

De acordo com os planos meticulosos de sua mãe, ele levaria três dias para percorrer as fatigantes trinta e poucas horas de estrada; ela já tinha marcado detalhadamente num mapa algumas sugestões de locais onde Jake poderia comer e dormir, e estaria aguardando por ele em casa na noite de domingo. Jake apreciava o esforço da mãe, no entanto, estava mais interessado no cheque que o acompanhava. Ela tinha enviado mais do que o suficiente para cobrir as despesas básicas e tinha incluído até uma quantia extra para que ele se divertisse em alguma atração turística pelo caminho, como, por exemplo, o Cemitério do Cadillac em Bushland, Texas. Por mais fascinante que parecesse, os únicos pontos em que ele estava de fato interessado eram os que podia ver do seu carro a 120 quilômetros por hora. Jake estava determinado a cumprir a jornada em no máximo dois dias com paradas breves na estrada somente quando fossem necessárias e convenientes. Mas, por outro lado, quem sabe? Depois de rodar mil e quinhentos quilômetros, talvez, até a coleção de Cadillacs de um velho excêntrico pareça interessante.

Embora fosse sexta-feira, o trânsito na rodovia às 5 horas da manhã ainda estava bom, por isso, Jake acionou o Controle Cruise e deixou sua caminhonete correr em disparada do sol nascente. Passou voando por um outdoor que alardeava em letras garrafais vermelhas e brancas: "Amamos nossos Cardinals!", e Jake não conseguiu conter o sorriso que brotou em seu rosto.

Ele também adorava o seu time. Que temporada tinha sido aquela! Já havia terminado há mais de dois meses, mas Jake a revivia como se fosse ontem. Para ser sincero, sua parte favorita, é claro, tinha sido a queda de Nate Williams. Jake e o armador novato eram rivais dentro e fora das quadras desde o dia em que Jake chegou à Louisville, e apesar de ele nunca ter desejado mal algum ao sujeito, o fato de Nate ter uma torção no tornozelo em seu primeiro jogo do campeonato da NCAA, lhe pareceu justiça oportuna. Jake finalmente teve sua chance de brilhar, e naquela noite, levou o time à vitória. As mãos seguravam firme no volante, e os pelos nos braços de Jake se arrepiaram com a lembrança da sensação daquele momento.

Dois dias depois, com Nate no banco no segundo jogo, Jake teve outra oportunidade de liderar o time, e, mais uma vez, tinha conquistado a vitória em cima do *Sweet Sixteen! E como era realmente doce o sabor da vitória!* Naquele jogo, embora Nate tivesse tentado começar, Jake tinha jogado a maior parte do tempo, e os seus dezessete pontos, nove assistências e três bolas roubadas fizeram toda a torcida do Cardinals se colocar em pé. Ele ainda podia ouvir os milhares de torcedores em Louisville gritando seu nome: "Taylor, Taylor, Taylor!"

Infelizmente, mesmo com aquela performance, eles não conseguiram tirar o Duke da liderança. Em uma eletrizante prorrogação, o Blue Devils, por fim, levou a melhor e mandou Jake e seus companheiros para casa. A derrota havia sido frustrante, mas saber que eles tinham conseguido levar o inevitável campeão nacional à beira da eliminação era, pelo menos, algum consolo.

As reminiscências de Jake foram interrompidas pelo absurdo da música que tocava agora. Um dueto em estilo regional comparando o amor de um pelo outro a um par de jeans velhos: "Não me importo com os rasgos, baby. Com um pouco de amor, nós podemos remendá-los".

Onde é que o Grant arranja essas coisas?, Jake se perguntou, rindo. Independentemente do gosto musical peculiar de seu colega de quarto, ele tinha de admitir que Grant era o melhor amigo que já tivera. *Depois do Roger.*

Já havia se passado algum tempo desde a última vez em que Jake tinha pensado em Roger e ele ficou surpreso quando sentiu certo ardor nos olhos ao se lembrar daquele dia terrível, no último ano do Ensino Médio, quando, bem na sua frente, Roger tinha se suicidado com um tiro. Jake já tinha analisado tantas vezes todos os "e se..." — e havia uma infinidade de coisas que ele gostaria de poder ter feito diferente. Mas, em vez de mexer outra vez em todo aquele arrependimento, Jake, hoje, se pegava imaginando como sua própria vida teria sido diferente se Roger não tivesse se suicidado.

Era um pensamento interessante a considerar. É possível que algumas coisas ainda estivessem iguais. Jake tinha certeza absoluta de que ainda estaria em Louisville, mas, provavelmente, não teria perdido aquela primeira temporada por estar em casa com Amy. *Amy...*

Jake permitiu que sua mente se demorasse nela por mais um momento antes de se dar conta de que, mesmo se a morte de Roger não tivesse virado seu mundo de cabeça para baixo, ainda não haveria probabilidade alguma de eles estarem juntos hoje. Ele percebeu, constrangido, o quanto havia sido egoísta e imaturo demais para fazer o relacionamento dar certo. Mesmo *com* tudo o que tinha aprendido com a tragédia de Roger, *eu ainda a deixei escorregar por entre os meus dedos!*, lamentou Jake.

Para afastar Amy de sua mente, Jake começou a pensar em como suas experiências no basquete teriam sido diferentes se ele não tivesse perdido aquele primeiro semestre. Talvez, fosse Nate Williams quem estivesse brigando por sua posição, e não o contrário. Talvez, Jake tivesse levado o time a conquistar o campeonato este ano. Talvez, ele até tivesse uma chance no draft[1] da NBA neste verão.

Algum tipo de mistura mutante de música country e techno trouxe Jake de volta à realidade e, outra vez, ele pensou em Grant. Se não fosse por Roger, Jake jamais teria se tornado amigo de Grant. Quando a revelação de Grant sobre a sua homossexualidade colocou tudo a perder, Jake logo quis terminar a amizade, assim como havia feito com Roger. Simplesmente, era muito mais fácil se aproximar dos seus outros amigos. Mas depois de Grant ter chamado a sua atenção para o fato, Jake sabia que não poderia cometer o mesmo erro. Com um pouco de ajuda e encorajamento de Chris e Buddy, Jake tinha agido corretamente e, apesar das muitas diferenças entre eles, os dois haviam iniciado uma amizade extremamente profunda como Jake nunca havia experimentado antes.

Sem ter de acordar cedo por causa dos treinos pela manhã, os últimos dois meses haviam oferecido a Jake e Grant o solo fértil que precisavam a fim de cultivar a camaradagem entre eles. Praticamente todas as noites, eles ficavam até altas horas conversando sobre tudo: desde o futuro na NBA até à existência de Deus. Discordavam em muitas coisas, mas partilhavam de respeito mútuo e uma apreciação silenciosa um pelo outro.

Jake orou por seu amigo, agradecendo a Deus por aproximá-los e pedindo que Sua mão agisse continuamente na vida dele. Grant já estava na casa da família há algumas semanas, e não era nada fácil. Sua família era pra lá de disfuncional. Um dos irmãos estava na cadeia outra vez, e o outro, volta e meia acabava no sofá da quitinete da mãe, geralmente dopado até não poder mais. Jake nem sabia direito onde o Grant dormia. A mãe dele bebia demais, e, preocupada com a possibilidade de seu terceiro filho também desapontá-la, pressionava Grant sempre que podia. Mas nada que ele fizesse parecia ser suficiente. Jake se perguntava como o amigo sobreviveria àquele verão. Ele havia oferecido a Grant a opção de ficar em sua casa na Califórnia, mas o rapaz disse que precisava de tempo e espaço para avaliar algumas questões por conta própria. *Deus, por favor, ajude o Grant e dê forças a ele!*

Só de pensar na situação esquisita na família de Grant, fez Jake sentir-se muito mais grato por sua família. Claro, seus pais tinham seus problemas. Mas, pelo menos, os dois o amavam. Durante anos, Jake não tinha certeza se poderia fazer esta afirmação sobre seu pai, mas as coisas haviam melhorado de maneira significativa entre eles desde a longa viagem que fizeram a Louisville há um ano e meio atrás. Glen ainda era obcecado demais pelo trabalho e se preocupava muito em manter relacionamentos de qualidade, mas, pelo menos, eles conversavam mais e ele tentava demonstrar interesse genuíno na vida do filho.

Infelizmente, Glen não dedicava o mesmo esforço à mãe de Jake. Depois de quase dois anos de separação, ele deu andamento nos papéis do divórcio há pouco tempo. Jake não sabia o que de fato havia provocado o passo seguinte, mas, obviamente, o aconselhamento não tinha funcionado. Ele não tinha esperança de aproximar seus pais no tempo em que estivesse em casa, mas não faria mal pedir a Deus um milagre nos tempos modernos. Talvez ele pudesse, pelo menos, conseguir que seu pai o acompanhasse à igreja. *Isso sim seria um milagre dos tempos modernos!* Jake passou alguns momentos falando com Deus sobre eles, até que seus pensamentos se voltaram para a igreja e outro sorriso incontrolável surgiu em seu rosto.

Ele se deu conta de que estava pisando mais do que deveria no acelerador e sua caminhonete estava a quase 150 km por hora na interestadual. *Ôpa!* Jake sorriu enquanto deixava o Controle Cruise assumir o seu posto outra vez. Seus pensamentos estavam à frente dele. Se conseguisse seguir estritamente o seu rigoroso plano de viagem, ele chegaria à Oceanside sábado à noite... o que significava poder ir à igreja New Song Community no domingo de manhã, algo que queria fazer há semanas. Desejando fazer uma surpresa, Jake não tinha mencionado seu plano a ninguém, principalmente para Chris. Porém, mal podia esperar para ver a expressão do pastor de jovens quando ele entrasse na igreja, assim de repente.

Como as coisas tinham mudado nos últimos meses! Apesar de Jake ter evitado qualquer contato com Chris na maior parte do último ano por estar envergonhado da vida que levava, agora estava animado por compartilhar com ele todas as coisas. Jake tinha aprendido e crescido muito, graças, em grande parte, ao seu amigo Buddy de 84 anos. Ironicamente, Jake encontrou Buddy na primeira igreja que Chris o aconselhou a conhecer, ainda no primeiro ano da faculdade – uma igreja que Jake tinha planejado jamais voltar. Desde então, o coral da igreja Grace Fellowship, com certeza, não tinha evoluído muito – nem a pregação. Mas agora que Jake estava se envolvendo mais, a igreja começava, na realidade, a parecer um pouco mais o seu lar longe de casa.

Mais ou menos dois meses antes, Buddy tinha convencido Jake a ajudá-lo na recepção antes dos cultos. Juntos, seu objetivo era cumprimentar com um abraço e um sorriso, todas as semanas, cada pessoa que passasse pelas portas da igreja. Depois de algumas semanas assim, Jake decidiu que eles realmente precisavam daquele café com donuts do qual havia sentido falta em sua primeira visita. Assim, depois de apresentar seu plano à liderança, Jake conseguiu permissão para começar uma mesa da hospitalidade no hall de entrada.

O café fresco com donuts dava às pessoas uma boa desculpa para ficarem por ali por mais tempo e bater papo, e o aprofundamento das amizades era perceptível.

Pediram, então, a Jake para ajudar a organizar a Escola Bíblica de Férias da Grace Fellowship. Por ser um dos poucos jovens da igreja, eles precisavam de sua energia e estamina, e rapidamente lhe deram o posto de Líder da Recreação. Ficar com um bando de crianças na semana passada havia, por certo, ultrapassado a zona de conforto de Jake, mas ontem pela manhã, ele estava totalmente à vontade, brincando de "Batata Quente", "Barra Manteiga" e "Por cima/por baixo". Quem imaginaria que um saco de feijão poderia ser tão divertido?

O trabalho voluntário exigiu que Jake ficasse em Louisville mais algumas semanas depois das provas finais, o que não fazia diferença porque ele não tinha nada melhor a fazer em casa. Buddy e sua esposa, Yvonne, logo se ofereceram para hospedá-lo quando o alojamento da faculdade fechou, e Jake se sentia como um netinho mimado. Mas, na noite passada, quando Buddy disse que, devido à uma onda de calor, eles apenas passariam um filme durante o período de recreação da escola bíblica de férias e, portanto, o talento de recreador de Jake não seria necessário, ele rapidamente calculou que poderia chegar em casa a tempo do culto da manhã na New Song. Buddy apenas sorriu, e algo brilhou em seus olhos enquanto ajudava Jake a colocar as malas na caminhonete. Suas últimas palavras ao Jake às 4:30 da manhã foram: "Boa sorte!".

Para falar a verdade, o Chris não era a única pessoa que Jake estava ansioso para ver na New Song, e Buddy sabia disso. Jake "por acaso" tinha descoberto que as provas finais da Universidade de Stanford também haviam terminado esta semana, e isso significava que certa pessoa talvez também fizesse uma visita a Oceanside naquele fim de semana. Jake havia mencionado isso a Buddy ontem à tarde, somente algumas horas antes de Buddy receber o comunicado oficial de que a recreação da EBF seria cancelada hoje.

Ah! Que coincidência! — Jake balançou a cabeça e sorriu em agradecimento ao seu amigo e mentor e, em seguida, suspirou quando seus pensamentos divagaram para Amy outra vez. Por mais que tentasse não permitir que seus pensamentos se demorassem ali, eles não se moviam. Um arrepio eriçou os pelos dos seus braços diante da ideia de vê-la em apenas dois dias e, novamente, ele se pegou pisando fundo no acelerador. Porém, a realidade tomou conta de seu cérebro e Jake começou a suar frio.

O que ele faria quando visse Amy? Será que conseguiria manter a calma? Como ele iria cumprimentá-la? Por mais que adorasse a ideia de simplesmente correr para ela e abraçá-la — com música de fundo mais intensa, exatamente como nos filmes — Jake sabia que talvez fosse um pouco de presunção da sua parte, em especial considerando que, na última vez em que se viram, ele esteve muito próximo de agredi-la. Por outro lado, um aperto de mão era, com certeza, seco demais. *Será que não existe alguma coisa intermediária?*, Jake se perguntava angustiado. Mas mesmo que Jake conseguisse passar pelo cumprimento, seus problemas estariam só começando. O que ele diria à Amy? Todas as vezes em que se pegava fantasiando a respeito daquelas primeiras palavras desagradáveis ditas a ela, ele sempre terminava desejando, como louco, poder apagar a crueldade das últimas falas.

Jake se lembrou daquele fim de semana fatídico quando conseguiu arruinar absolutamente tudo. Após uma semana agindo como um perfeito cafajeste, ele tinha permitido que seu orgulho e egoísmo fossem longe demais, além de ter usado palavras duras com Amy, deixando-a sozinha depois. E em seguida, no gesto mais imbecil já visto num homem, ele tinha ficado com a Nicole. *Idiota!* Jake encolheu os ombros e bateu a cabeça contra o encosto do assento do carro.

Tremeu só de pensar em Nicole. Como ele pôde se deixar levar por ela? Nicole nem se comparava à Amy. Amy era linda; era inteligente. Ela se importava com os outros e amava servir ao Senhor. Tinha se esforçado muito para manter o relacionamento deles fundamentado em sua recém-descoberta fé em Deus. No entanto, Jake não tinha lhe dado o valor que merecia; deixou-se envolver pela vida na faculdade e terminou o relacionamento quando ela estava tentando fazer dar certo. Ele tinha se deixado cegar pelas curvas de Nicole e por seus avanços egocêntricos e se afundou num poço de onde poderia ter sido muito difícil sair. *Isso foi o que ganhei por abandonar a minha fé*, lamentou.

Obviamente, Deus não o deixou ir embora assim com tanta facilidade. Depois de discutir consigo mesmo por algum tempo, Jake pôde ver a realidade vários meses depois quando encontrou Nicole na cama com Nate Williams. É, aquele foi um remédio difícil de engolir, mas deu a Jake espaço suficiente para começar a reavaliar a sua vida. Ele tinha ficado com Amy desde o primeiro ano do Ensino Médio, e em seguida, a substituiu por Nicole, e esteve prestes a substituir Nicole por uma das muitas garotas que davam em cima de atletas universitários.

Ter uma mulher ao seu lado havia se tornado um hábito viciante, como o crack ou o jogo paciência no computador. E foi então que Jake percebeu que precisava dar um tempo nos namoros.

Nos últimos oito meses, Jake esteve solteiro, e embora fosse difícil, ele estava descobrindo que, com certeza, tinha suas vantagens. Suas notas melhoraram, ele passou mais tempo com Deus, jogou mais basquete... e gastou menos! Jake estava finalmente ficando feliz com seu status de solteiro, quando, assim do nada, Amy lhe enviou aquela mensagem na noite de sua performance brilhante no grande jogo. Foram apenas 10 palavras inofensivas; um gesto amável de congratulação. Mas havia abalado o mundo de Jake.

De repente, havia uma pontinha de esperança; de repente, ele só conseguia pensar em Amy. De repente, ele queria mais.

Infelizmente, no entanto, era apenas uma mensagem. Suas respostas subsequentes às mensagens ansiosas de Jake foram vagas e sucintas. Ele se sentia como uma garota romântica, procurando nuances em cada palavra que ela lhe escrevia e analisando suas próprias respostas até horas depois de tê-las enviado. Mas ele não conseguia evitar. Sentia saudade de Amy.

Mesmo que talvez fosse tarde demais.

Pelo que Jake podia perceber no Facebook, Amy ainda estava "num relacionamento sério" com o Cara do Violão (como Jake gostava de chamá-lo por causa da foto dele com um violão no perfil da Amy). Ela parecia feliz de verdade e, finalmente, estava vivendo o *seu* sonho. Jake sabia que não tinha o direito de se intrometer. Contudo, não podia evitar de sonhar.

Jake tinha tido uma conversa bem longa com Buddy e com Chris sobre o seu dilema. Ele havia sido sincero a respeito das suas falhas, e eles haviam reagido com verdade e bondade. E graças ao conselho deles, Jake não desistira. Ambos o alertaram a ir com cuidado, mas a dar tudo de si e deixar Deus agir nos bastidores.

Jake pediu a Deus que agisse agora, neste momento, abrindo o coração de Amy para que ela estivesse pronta para vê-lo outra vez... e, de preferência, para lhe dar uma segunda chance. É claro que Jake ainda teria de competir com o Cara do Violão, então, falou com Deus sobre essa competição. Como era de se esperar, Jake percebeu que não gostava do cara, porém, sabia que o Cara do Violão era, provavelmente, uma resposta às orações de Amy. Então, Jake pediu um coração generoso, e se necessário, que aceitasse o cara, caso ele fosse a pessoa preparada por Deus para Amy. Jake debateu várias ideias com Deus sobre como resgatar pelo menos sua amizade com Amy, orando por criatividade e sabedoria quando expressasse a ela o seu coração. Ele ensaiou todas as coisas que gostaria de lhe dizer e implorou a Deus por uma oportunidade. Por fim, com a mente vazia e as emoções esgotadas, ele rendeu o futuro dos dois ao Criador e suspirou. *Eu a entrego em suas mãos, Deus,* orou Jake, sabendo que esta era sua única opção real.

O dueto regional voltou a cantar sobre os jeans rasgados e Jake olhou para o relógio acima do aparelho de som, levando um susto ao ver que era 00:57. Para onde haviam ido as últimas seis horas? E quantas vezes ele tinha tocado esse CD maluco inteiro sem perceber? Jake se lembrava vagamente de ter parado horas antes para colocar gasolina, mas agora, o tanque de combustível estava quase vazio e sua bexiga praticamente cheia. A placa um pouco adiante indicava que Springfield, no estado do Missouri, ficava a apenas 18 quilômetros e algo estalou em sua mente.

Com um olho na estrada e o outro no mapa da sua mãe, Jake encontrou o que procurava: Springfield, Missouri, lar das Cavernas Fantásticas, "A Única Caverna dos Estados Unidos que se Pode Atravessar". Embora a ideia de *ficar parado* num tour de uma hora dentro de uma grande caverna não parecesse nada interessante para Jake, ele percebeu que também havia uma grande loja de artigos esportivos, a Bass Pro Shop, ali perto. E apesar de as atividades na natureza nunca o terem intrigado muito antes, de repente, aquele local lhe pareceu ideal para fazer um intervalo.

Trinta e sete minutos depois, Jake voltou para a estrada com o tanque cheio e um hambúrguer na mão. Uma truta com a cabeça móvel estava agora sobre o painel do carro, olhando e sorrindo para Jake enquanto balançava ao ritmo dos buracos da estrada. O bichinho tinha chamado a atenção de Jake no caixa e ele não conseguiu resistir. Com mais de 2 mil quilômetros pela frente, seria interessante ter companhia.

Devorando seu almoço antecipado, Jake girou o volante da caminhonete para oeste e procurou alguma rádio AM boa sobre esportes. Conforme sua mente vagava com todo aquele falatório tedioso, seu velocímetro se arrastava para além dos 120, aproveitando-se de sua falta de atenção para aproximá-lo ainda mais de casa.

ESPREMIDA ENTRE DOIS EXECUTIVOS no minúsculo assento do avião, Amy atualizou o seu status no Facebook pelo celular e sorriu. As provas finais haviam terminado. Ela tinha mantido seus 4.0 e agora estava de férias. *Ufa!* Houve momentos no último trimestre em que ela chegou a pensar que não conseguiria, mas lá estava ela.

Seus polegares deslizaram pela tela para checar o status de seus amigos e ler suas declarações casuais sem prestar muita atenção. Era gostoso finalmente não ter nada mais importante a fazer do que gastar tempo no Facebook. E como era bom poder fazer isso no telefone novo, um presente do tipo "parabéns e mantenha contato" que seu pai e sua madrasta tinham lhe dado três dias antes durante o jantar. Seu celular antigo era uma relíquia que servia apenas para mandar torpedos e fazer ligações, mas este aqui tinha internet... e dava até para falar pelo Skype! Ela estava ansiosa para usar aquele recurso todos os dias e, assim, acompanhar as mudanças constantes em seus irmãos durante os três meses que ficaria em Oceanside.

O homem ao seu lado lutava para tirar o paletó, e seu cotovelo bateu no ombro de Amy.

"Desculpa", ele resmungou, ainda brigando com o paletó.

Amy se inclinou o máximo possível sobre o homem à sua esquerda e suspirou. *O verão inteiro longe dos meus irmãos!* Ela sentiria muito a falta deles.

Seu plano original era curtir um mês do verão em Oceanside, tomando o máximo de tempo possível de Cari, Andrea e Melia. Mas ela também queria passar mais tempo com seu pai e Olívia, Marissa e Ramon em Sunnyvale, sua nova segunda casa. Estava ansiosa para levar as crianças ao parque, ir com elas à praia nos fins de semana e ao rodeio, e toda uma lista de outras coisas de sua própria infância das quais ela sentia saudades.

Se não fosse pelo falecimento trágico de sua fiel minivan há pouco mais de um mês, seus planos teriam funcionado de forma perfeita. Mas quando o carro sumiu numa nuvem de fumaça azul, sua mãe rapidamente comprou uma passagem de ida e volta sem reembolso cujas datas prendiam Amy à Oceanside durante as férias inteiras. Amy sabia que a passagem tinha sido uma extravagância financeira para sua mãe e ela estava agradecida por seu esforço, mas não gostava do complô óbvio para mantê-la distante de seu pai e da família dele.

Amy, na realidade, estava surpresa por seu pai não ter oferecido para pagar a diferença e mudar de voo. Ela presumiu que teria algo a ver com algum acordo que ele deve ter feito com sua mãe... e o motivo pelo qual Amy tinha recebido o telefone de presente.

Ah, sim, pensou mal-humorada. Não que Oceanside fosse um lugar horrível. Ela tinha uma tonelada de coisas para colocar em dia com seus amigos de lá e estava ansiosa para poder passar algum tempo com eles num ritmo mais tranquilo.

Seu polegar clicou sobre algumas fotos recentes postadas por Andrea mostrando sua formatura no Ensino Médio na semana passada. Fiel ao seu estilo, sob o vestido branco, Andrea usou meias até os joelhos com um arco-íris de cores berrantes e tênis amarelo, criando uma tendência de moda totalmente própria. *De onde é que ela tira esses modelitos?*, pensou Amy dando uma risadinha. Ela adorava a confiança que Andrea exalava. Com certeza, seria divertido passar mais tempo com ela.

Depois de deixar alguns comentários nas fotos de Andrea, Amy clicou numa foto recente que havia tirado com seu irmão e sua irmã. Eles estavam tão lindos! Ela sorriu e seus olhos até lacrimejaram ao ver, fixamente, a beleza do olhar feliz deles e os dedinhos gordinhos segurando na sua perna. De forma espontânea, Amy clicou na opção para tornar aquela foto a imagem do seu perfil... mas, logo em seguida, imaginou o que Steven pensaria. Preocupada em não ferir os sentimentos dele, começou a clicar de volta em suas imagens para recolocar a foto em que ela o abraçava e ele abraçava o seu violão.

O sinal estava irregular e, enquanto Amy esperava as suas fotos serem carregadas, uma simpática comissária de bordo começou a fazer a apresentação do equipamento de segurança três fileiras à frente. Com mais entusiasmo do que seria esperado, a comissária explicou a um voo lotado de passageiros que não davam a mínima o que eles deveriam fazer no caso de uma emergência. Embora fosse difícil acreditar que houvesse uma pessoa sequer no avião que não soubesse como colocar um cinto de segurança, Amy sentiu pena da comissária ignorada e sorriu para ela de modo intencional. Imediatamente, a comissária retribuiu com um sorriso esfuziante.

Envolvida pela gratidão da mulher, Amy, de repente, mudou de ideia mais uma vez. Desligou o telefone sem mudar a foto de Ramon e Marissa e encostou a cabeça no assento para assistir o restante do bláblábla da moça. No entanto, embora seus olhos estivessem focados nela, sua mente rapidamente voou para outro lugar.

Ah, Steven! Ela não tinha sequer falado com ele desde que os pais dele haviam chegado a três dias atrás. A formatura de Steven era amanhã, e Amy sabia que eles deveriam estar ocupados ajudando-o a fazer as malas para a mudança de volta para casa na Virginia. Mas doía pensar que eles não a queriam ver, nem mesmo para um almoço rápido ou algo do tipo. Amy concluiu que eles ainda estavam chateados com ela por ter recusado o pedido de casamento do filho... em público. E, de fato, ela não podia culpá-los.

Amy reviveu aquele momento horrível no restaurante inúmeras vezes. Foi uma daquelas cenas embaraçosas que às vezes a gente vê nos filmes, mas nunca imagina que aconteça na vida real. Porém, por que ela simplesmente não disse sim, sorriu enquanto todos aplaudiam e conversou com ele depois? Teria sido muito mais fácil. O problema não era que ela não gostasse dele... ou que não se imaginasse casada com ele *algum dia*. Ela apenas não estava pronta para se casar com ele agora e se mudar para Nova York *imediatamente* enquanto ele ia para a escola de música. Mas, vira e mexe, muita gente tem relacionamentos longos. *Por que eu não entrei na onda naquele momento?*

Amy não teve a intenção de rejeitá-lo, mas foi exatamente assim que Steven entendeu, o que era compreensível, porém, muito injusto. Desde então, estava sendo bem difícil tentar convencê-lo de que ela ainda se importava com ele, que ainda queria ficar com ele e ainda queria que as coisas entre eles dessem certo. Era como se a cautela dela tivesse acionado um botão na mente de Steven e o homem charmoso e encantador havia sido substituído pelo desconfiado e irritado. E infelizmente, sempre que as coisas estavam começando a se acertar outra vez, algo novo acontecia; ele ficava com ciúmes caso ela quisesse passar o dia com a família, ou ela se chateava quando ele começava a falar como seria bom eles morarem juntos em Nova York.

Um dia antes da chegada dos pais dele à cidade, eles tiveram uma daquelas conversas. O pai de Amy e sua esposa, Olivia, queriam que Steven e os pais viessem jantar com eles. Parecia uma ótima oportunidade para que as duas famílias se encontrassem e se conhecessem. Porém, Steven insistiu que o momento não era o mais propício; era prematuro demais. Amy não entendeu bem o que aquilo queria dizer, exceto que ele não tinha mais certeza se gostaria de passar o resto da sua vida com ela. Amy simplesmente não o entendia. *Por que ele não teve estas dúvidas antes do pedido de casamento?*

E aquela foi a última vez em que conversaram.

Renee, sua colega de quarto, levou Amy até o aeroporto antes de ir para sua casa em Oakland, e falou com todas as letras tudo o que gostaria de dizer a Steven — e aqui estava Amy, sem ao menos um tchau do seu namorado. Um calafrio subiu por sua espinha. Este relacionamento lembrava cada vez mais o fim de seu relacionamento com Jake. *Ah, Jake*. Amy tremeu com a lembrança de pegar um táxi sozinha a caminho do aeroporto depois de sua terrível visita à Louisville a mais de um ano atrás. Como era possível que sua vida se repetisse? *Deus, eu tentei honrar o teu nome nos dois relacionamentos! Por que o Senhor permite que isso aconteça comigo?*

Como de costume, não veio nenhuma resposta. *Bem, pelo menos eu não vou ter que me sentar sozinha na formatura do Steven*, pensou Amy. *Ou com os pais do Steven.* E sentiu um arrepio com a ideia.

A princípio, ela tinha ficado muito frustrada quando sua mãe lhe enviou as informações do voo. Além de afastá-la de seu pai e de sua família, sua mãe, sem pensar, também tinha reservado a passagem para um dia *antes* da formatura de Steven. Que tipo de namorada perde a grande comemoração do namorado? Contudo, em vista da última semana, Amy tinha de admitir que o gesto sem intenção de sua mãe havia se transformado num grande resgate.

No entanto, apesar do desconforto de seu relacionamento com Steven nos últimos dois meses, Amy ainda se importava muito com ele, pois era um cara incrível que amava a Deus de todo o coração e tinha demonstrado seu amor por ela nos momentos bons e ruins. *Além disso,* tinha uma voz linda e era tão fofo! Como René gostava de dizer, ele era um cara tipo E ao cubo: espiritual, esperto *e especialmente sexy*. O que mais ela poderia querer?

Que ele se empolgasse com os meus sonhos, respondeu a voz desagradável no fundo da sua mente.

Amy se sentia tão egoísta quando tinha pensamentos como esse, mas não conseguia evitar. Ela não queria se mudar para Nova York. Sabia que era uma cidade cheia de glamour, e com certeza, muito legal para visitar... talvez até morar *algum dia*. Porém, não agora. Amy estava adorando seu período em Stanford, devorando tudo o que seus professores podiam lhe oferecer em suas aulas de aconselhamento. Sua pobre colega de quarto e as outras meninas do seu andar haviam passado por sessões de psicanálises quase até a exaustão. Felizmente, elas pareciam gostar das percepções de Amy sobre a vida delas. E no semestre seguinte, ela começaria sua prática de aconselhamento na clínica infantil Palo Alto Child Services localizada na vizinhança. Amy mal podia esperar. Como o Steven não consegue entender isto?

Além do mais, ela também estava resgatando seu relacionamento com o pai e a família dele — algo que Steven a tinha incentivado a fazer... no início. Assim que essa aproximação começou a prejudicar o tempo que passavam juntos, ele passou a dar menos apoio. Porém, como ele tinha sido abençoado com uma família sólida toda a sua vida, deveria saber como isto é importante para mim!

Se Amy se mudasse para Nova York para ficar com Steven, perderia duas das melhores coisas de sua vida neste momento.

Mas se ela não fosse, será que ela o perderia?

Ela já tinha vivido toda aquela situação de relacionamento à distância com o Jake e não tinha dado certo. Então, aqui estava ela, outra vez num impasse. O que ela valorizava mais: sua educação, futura carreira profissional e sua nova família, ou o homem com quem poderia passar o resto de sua vida?

Quantas noites ela tinha mantido René acordada, angustiada por causa dessa decisão? Quantas horas ela tinha repassado estas mesmas conversas ao telefone com Cari, a esposa do pastor de jovens? Amy valorizava a opinião de ambas, mas nenhuma delas estava facilitando as coisas e apenas lhe dizendo o que fazer. Ela praticamente desejou que fizessem isso. Apesar de nunca expressarem verbal e explicitamente, as duas pareciam preferir que ela continuasse seu caminho em Stanford e deixasse Deus fazer o que fosse melhor com seu relacionamento com Steven.

Depois de pensar e orar pelas listas de prós e contras em cada cenário, esta também foi a conclusão a que Amy chegou. Por fim, ela contou a Steven na semana passada... e não tinha ido muito bem. Steven estava tentando ser paciente e compreensivo, mas sentia que Deus tinha lhe dito que eles deveriam ficar juntos e simplesmente não conseguia entender por que Amy não estava escutando.

Estou ignorando a tua vontade, Deus?, Amy perguntou em oração. Mas por mais que tentasse se render à ideia, Amy não se sentia em paz com tal situação. *Se o Senhor me quer em Nova York, Deus, terá de me convencer disto. Eu estou tentando, mas preciso que o Senhor mude o meu coração.*

"Gostaria de beber alguma coisa, senhorita?", perguntou a comissária de bordo interrompendo a oração de Amy.

Amy olhou rapidamente pela janela e percebeu que já estavam voando. Quanto tempo ela ficara olhando fixamente para o assento à sua frente?

"Você tem suco de cranberry?", perguntou timidamente.

A alegre comissária serviu a bebida e lhe entregou o copo plástico com dois pacotinhos de amendoim, e lhe deu uma piscada.

"Obrigada por prestar atenção nas instruções de segurança."

Ah se ela soubesse! Amy sorriu, contente porque a mulher não sabia a verdade.

Quando os comissários de bordo empurraram o carrinho de bebidas para a fileira seguinte, Amy reclinou o assento e bebeu um gole do seu suco. Abriu o primeiro saquinho de amendoim salgado e colocou um deles na boca. Ela vinha seguindo aquela linha de raciocínio com frequência ultimamente e não apenas com coisas triviais como as informações de segurança. No meio de todo o tumulto de seu relacionamento com Steven, ela havia se permitido pensar mais em Jake, e sabia que Steven ficaria arrasado. *Ah se ele soubesse!* Desta vez, Amy não estava sorrindo.

Ela tinha sido a primeira a mexer no vespeiro ao enviar a Jake aquela mensagem simples na noite do grande jogo. Ela só queria parabenizá-lo... e fazer com que ele soubesse que ela o tinha visto. Foi um impulso inocente e Amy presumiu que terminaria ali mesmo. No entanto, a resposta de Jake tinha sido uma grande surpresa para ela. Ele foi sensível, humilde, atencioso, encorajador, tudo o que ela sempre esperou dele... e tudo isso logo após o desastroso pedido de casamento de Steven.

Completamente perplexa, Amy havia tentado deixar sua resposta o mais vaga e distante possível. À vista de todos, ela tentava ser a namorada respeitosa que Steven merecia. Porém, por dentro, estava morrendo, apegando-se à esperança de que Jake não entendesse a deixa.

Mais uma vez, Jake superou as suas expectativas. Desde aquele contato inicial, ele a havia procurado fielmente com o interesse na medida certa: não de menos para que parecesse indiferente, mas o suficiente para que ficasse óbvio que ela estava em seus pensamentos. Além do mais, Amy precisava confessar que isso tinha mexido com ela.

Vendo as mensagens, ficou bastante óbvio que seu ex-namorado era um homem totalmente diferente daquele que a tinha deixado sozinha em Louisville no ano passado. Jake lhe fazia perguntas perspicazes sobre a sua vida e compartilhava verdades interessantes que havia aprendido na Bíblia por intermédio de seu mentor, um homem chamado Buddy. Revelou algumas de suas dificuldades com seu colega de quarto e com o resto do time, e escreveu como estava agindo para honrar a Deus nestas áreas. Mais recentemente, ela havia ficado encantada ao saber que ele trabalharia com crianças na Escola Bíblica de Férias de sua igreja. Uma coisa era certa, ela gostava desse novo Jake Taylor, e, por mais que tentasse evitar, estava realmente ansiosa para vê-lo neste verão.

Pena que ainda havia o Steven. Amy suspirou. *Por que o Jake não poderia ter passado antes por esta transformação? Caramba!*

Como que para reforçar a sua queixa, o cara à esquerda de Amy arrumou o laptop com o cotovelo avançando gananciosamente na parte de Amy daquele espaço limitado. A perna dele também se esparramava sem cuidado além de sua fronteira invisível. O passageiro à direita, agora sem o paletó, lia o jornal e também não se preocupava em poupar espaço, abrindo-o em toda a sua extensão. Esmagada e desconfortável, Amy ligou o ventilador acima da cabeça para trazer mais ventilação onde estava sentada. *Deus, fala sério. O Senhor está tentando me dizer alguma coisa?*

No bolso do assento à sua frente, havia uma revista para adolescentes que alguém havia deixado por esquecimento. Ansiosa por algo que distraísse de seu desconforto, Amy a pegou e folheou as páginas cheias de anúncios de moda, perfumes, maquiagens e celulares, passando por um artigo sobre algum ídolo novo, pelas dez dicas para conseguir um corpo perfeito para o verão e por algumas fofocas sobre as celebridades. Ela teve de rir do título: "Rompimentos e Reconciliações da Primavera". *Está parecendo a minha vida.* Na página logo a seguir, um quiz chamou a sua atenção. "Encontre o seu Amor Verdadeiro!" era a promessa, e Amy não conseguiu evitar e deu mais uma olhada. Seus olhos percorreram as perguntas e as opções para as respostas, obviamente, sem acreditar que um quiz bobo desses pudesse ajudá-la a chegar a alguma decisão.

Deus, eu amo de verdade algum destes dois caras?, ponderou Amy. Ela se recusou a deixar seu coração e sua mente decidirem, mas sabia que aquela resposta não poderia ser evitada para sempre.

AMY ENTROU COM O SEDAN DA MÃE no conhecido estacionamento da Igreja New Song na manhã seguinte, ansiosa para encontrar todos os seus amigos. Ela quase caiu da cadeira da mesa da cozinha na noite anterior quando sua mãe lhe ofereceu o carro. Desde o momento em que Sherry a buscou no aeroporto, era óbvio que estava se esforçando para se comportar da melhor maneira possível, fazendo de tudo para reconquistar um pouco do afeto de sua filha, o qual, recentemente, havia sido transferido para o pai, o distante ex-marido de Sherry. Amy apreciava o esforço, mas se perguntava quanto tempo isso iria durar. Além do mais, desejava que sua mãe pudesse entender que era possível para ela amar *ambos* os pais. Não havia necessidade de competir pelo seu amor.

Aff! Amy suspirou e se desvencilhou desse pensamento, sabendo que alguns segundos dentro da igreja curariam qualquer frustração ainda existente. *Que irônico,* pensou, lembrando-se de sua primeira visita ali, quase dois anos e meio antes. Grávida de poucos meses e estranhando as mudanças recentes de seu namorado, ela não tinha conseguido ficar na igreja durante todo o culto mesmo sem encontrar uma desculpa que justificasse sua mágoa e sua saída antecipada. Foi aqui no saguão de entrada da New Song onde Jake a havia seguido e onde eles tinham terminado pela primeira vez. *Ah, Jake.* Ela não conseguiu evitar o sorriso ao se lembrar do quanto ele havia tentado viver para Deus naquela época; mais ou menos como parecia estar fazendo agora. Seu coração acelerou dentro do peito, e ela se pegou olhando em volta, como se desejasse que ele estivesse ali.

Tome tua linha, menina! Você está aqui por Deus, e não pelo Jake! Amy deu uma bronca em si mesma. Além do mais, ela sabia que Jake não estaria aqui hoje. Ele ainda estava em Louisville no encerramento da Escola Bíblica de Férias. Obviamente, uma semana aqui sem o Jake para distraí-la seria bom para ela... *e para o Steven!*

"Bem-vinda à New Song!", disse uma voz familiar, trazendo Amy de volta ao presente. O Mark-da-recepção estava na sua frente com os braços bem abertos para lhe dar um dos seus infames abraços de urso. Seu físico, semelhante à forma de um triângulo, estava mais definido do que nunca, sua careca brilhante como sempre, e seu sorriso amigo extrovertido continuava acolhedor.

"Mark", sorriu Amy enquanto era abraçada pelo amável senhor. Em seguida, enxugou uma pequena lágrima no canto do olho. Se ela reagisse dessa maneira à equipe de boas-vindas, então, seu rímel não tinha a mínima chance de resistir ao restante da manhã.

"Bem-vinda ao lar, Amy", disse Mark, radiante. "Eu sei que há um monte de gente lá dentro que mal pode esperar para te encontrar."

Amy assentiu com a cabeça e continuou caminhando pelo saguão. Ela observou que o local tinha sido pintado há pouco tempo desde a sua última visita no Natal. Estava bonito. "Ufffh!", exclamou Amy quando sua perna direita foi atingida com força quase levando-a ao chão.

"Aaaaaaaaamy!"

Ao olhar para baixo Amy viu um esfuziante Caleb agarrado à sua perna como uma sanguessuga à procura de amor. A criança da qual ela mais gostava em todo mundo, além de Ramon e Marissa, é claro, tinha crescido pelo menos cinco centímetros desde o último Natal. Ela gostaria que ele pudesse conhecer seus recém-descobertos irmãos. Eles se dariam muito bem.

"Caleb Vaughn!", exclamou Amy, pegando-o do chão. "Justamente quando eu achava que você não cresceria mais."

"Eu estou quase tão grande quanto o Tornado. "

"Quem é o Tornado?", Amy entrou na brincadeira.

"É o cachorro da vizinha. Não conta pra mamãe, mas eu dou doce pra ele. Ele gosta."

Amy colocou o dedo sobre a boca, indicando que o segredo dele estava seguro com ela.

"Falando na sua mãe... você sabe onde ela está?"

Caleb apontou para a área dos adolescentes.

"Eu vou ao banheiro agora. Tem balinhas de hortelã de graça lá. Já comi sete."

Amy colocou o corajoso garoto de seis anos no chão outra vez e o viu sair apressado. O garoto era como a loteria da Califórnia. Havia uma chance em um bilhão de adivinhar o que sairia da boca dele no momento seguinte. Com certeza, Chris e Cari tinham uma vida bastante animada com ele em casa. Amy fez a curva em direção à sala de espera dos jovens procurando por aquelas duas pessoas que exerciam grande influência em sua vida. Onde ela estaria hoje sem o amor, a sabedoria e o apoio constantes deles?

"Bem-vinda à Souled Out!", uma voz calorosa, porém desconhecida, interrompeu seus pensamentos.

Amy esperava ver Andrea em seu posto costumeiro atrás da mesa de boas-vindas, mas se lembrou de que agora que ela tinha se formado e essa provavelmente era a sua substituta.

"Meu nome é Tiffany. Onde você estuda?", perguntou a desenvolta caloura do Ensino Médio soando como a própria Andrea. Ela tinha nas mãos um crachá e uma caneta.

"Ah, eu não estou mais no Ensino Médio, mas obrigada por perguntar. Estou procurando por Chris e Cari."

"Eles estão bem ali, logo depois daquele canto. Mas que dia é hoje? O domingo do reencontro?", sorriu Tiffany outra vez.

Amy olhou para ela sem entender enquanto cruzava as portas marrons em direção à sala dos adolescentes. De repente, uma voz que não ouvia há mais de um ano, a fez parar abruptamente.

"É, eu cheguei pouco depois das duas da madrugada de hoje. Eu tinha que chegar a tempo de vir à igreja!", soou a voz entusiasmada de Jake.

Amy não conseguia ver o rosto do rapaz, mas já se sentia simplesmente derretida só por estar perto dele. Enquanto ela estava grudada ao chão, Cari deu uma olhada rápida e a viu.

"Amy!", exclamou Cari, não muito diferente do filho, e correu para dar um abraço em sua aluna. Os olhos bem abertos e o sorriso travesso de Cari revelavam que ela entendia perfeitamente a situação um pouco embaraçosa em que Amy tinha acabado de se colocar. E seu afetuoso abraço maternal lhe assegurava que tudo ficaria bem. Cari entrelaçou o seu braço no de Amy e a levou aonde estavam seu marido e Jake.

"Bem-vinda ao lar, Amy", Chris a cumprimentou com um abraço apertado e depois se afastou para o lado para dar espaço ao Jake que, até esse momento, tinha ficado calado.

Amy sabia que este momento chegaria mais cedo ou mais tarde, mas não imaginava que seria já nas primeiras vinte e quatro horas em que estivesse em casa. *Como assim, Deus?* Ela inspirou fundo e fixou os olhos em Jake pela primeira vez. Ele parecia muito bem. Seu cabelo estava mais curto, seus ombros mais largos, e Amy não conseguia controlar o frio na barriga pela atração que sentia por este homem com quem compartilhara tanta história. *Steven, Steven, Steven*, Amy lembrava a si mesma.

Jake deu um passo à frente, hesitante, obviamente também sentindo a tensão. Sua testa brilhava levemente com suor. Seu abraço foi breve.

"É muito bom vê-la, Amy", ele disse de forma gentil. Eles já haviam se abraçado tantas vezes antes, mas dessa vez, esse abraço parecia diferente. Fez Amy se lembrar de seu primeiro encontro com Jake no primeiro ano do Ensino Médio; tímidos, mas impacientes, hesitantes, mas ardentes. Foi até bonitinho.

"Bom vê-lo também", Jake.

Amy livrou-se rapidamente do abraço, repetindo o tempo inteiro *Steven, Steven, Steven*, em sua mente. No entanto, nem isso sossegou a batida violenta de seu coração.

Jake se afastou, e uma nuvem de silêncio constrangedor desceu naquele lugar.

"Bom, eu adoraria conversar mais, mas tenho que começar o culto dos adolescentes", Chris, finalmente, interrompeu.

"Eu estava indo exatamente procurar um lugar para me sentar no templo; você vai se sentar com alguém?", perguntou Jake a Amy, de forma inocente.

Amy buscou freneticamente na mente, mas nenhuma desculpa conveniente surgiu. Não tinha sido assim que ela imaginara o primeiro domingo da sua volta e, com toda a certeza, ela precisava de espaço e tempo para organizar as ideias. Sentar-se com ele por certo não seria a pior coisa do mundo, mas ela realmente achava que não deveria. Além do motivo forte o suficiente que era o fato de ela ter um namorado que não apreciaria se ela ficasse toda melosa com o Jake, ela também tinha uma lista de mágoas que precisava acertar com o rapaz antes de ele sequer merecer toda essa atenção.

"Sabe, Jake, as amigas da Amy estão muito ansiosas para ficar com ela agora que estão no Ensino Médio. Pode ser outra hora?", interveio Cari para a sua salvação.

Amy não ousou erguer os olhos do chão, mas uma onda de gratidão a dominou.

"Ah, tudo bem. Eu não me importo em ficar no culto dos adolescentes...", Jake não terminou a frase.

Amy levantou os olhos a tempo de ver o final de algum tipo de conversa sem palavras entre Chris e Jake.

"... algum outro dia", Jake concluiu de súbito. "É muito bom ver todos vocês." Ele acenou olhando apenas para Amy e, então, seguiu para a porta.

"Esta noite vamos receber um grupo de universitários para o 'churrasco de boas-vindas aos calouros'. Vocês precisam vir", disse Cari enquanto ele saía.

Amy lançou um rápido olhar para Cari. O que ela estava fazendo? Ela deveria estar *poupando* Amy de situações assim! Cari lhe devolveu um sorriso inocente.

Jake, é claro, aceitou de pronto o convite.

"Você sabe que eu não perderia! Estou ansioso para jogar futebol no quintal com o Caleb outra vez."

"Na realidade, agora ele está fazendo artes marciais. Mas eu tenho certeza de que ele vai querer que você veja alguns dos seus golpes de kung fu", encorajou Chris.

Neste instante, todos os olhos se voltaram para Amy. Obviamente, ela *adoraria* passar a noite na casa dos Vaughn. No entanto, estar lá com Jake era uma história totalmente diferente. Este era o primeiro dia em que estava de volta. Ela não merecia pelo menos um pouco mais de tempo antes de mergulhar em situações mais densas? Enquanto seu cérebro buscava pela resposta certa mais uma vez, uma nuvem de cabelo ruivo invadiu a sala dos jovens.

"Amyyyyyyyyyy!", a voz aguda de Melia ecoou enquanto ela se dirigia à Amy.

"Melia!", Amy desceu correndo os últimos degraus na direção de sua amiga e a girou num abraço apertado. Quando colocou Melia no chão, viu com o canto dos olhos que Jake sorria enquanto saía da sala dos jovens em direção ao templo.

Melia começou a contar a Amy como tinha sido boa a festa de formatura da oitava série e, depois, começou a tagarelar sobre como era boa uma nova loja de frozen yogurt ali perto, descendo a rua, e sobre a passagem linda da Bíblia que ela tinha lido ontem de manhã, e ah, ela mal podia esperar o dia em que Amy a acompanharia quando fosse ao shopping com as amigas. Amy apenas sorria, tentando acompanhar.

Naquela jovem confiante, feliz, graciosa e quase aluna do Ensino Médio que estava diante dela agora, não se via nenhum sinal da menina assustada, sarcástica e desengonçada que se tornara amiga de Amy a um ano e meio atrás. Amy tinha ajudado Melia a ser resgatada de seu lar abusivo há apenas alguns meses, e agora ela morava com os Vaughns como filha adotiva. Não mais uma vítima da violência e da negligência, ela estava se transformando numa jovem incrível. Elas conversavam pelo telefone pelo menos uma vez por semana, mas Amy não a via desde o Natal e ficou maravilhada com o progresso de Melia.

Amy se lembrou daquela fatídica caça ao tesouro do Ensino Fundamental para a qual ela, relutantemente, havia concordado em ser motorista. Amy não fazia ideia de onde estava se metendo. Melia havia tornado a noite de Amy um castigo com suas perguntas intrometidas e comentários indelicados. Mas Deus não a deixou se livrar desta e Melia encontrou um caminho para o seu coração. A menina se tornou a irmã caçula que Amy sempre sonhara ter e foi a inspiração final para levá-la a optar pela especialização em psicologia infantil. Aceitar Melia sob suas asas havia levado Amy a uma jornada de autodescoberta, forçando-a a lidar com a dificuldade de abrir mão da própria filha para adoção e de outras lembranças reprimidas de sua própria infância de abuso. *Onde eu estaria sem esta garota?*, pensou sorrindo.

Uma banda subiu ao palco dos adolescentes e começou a tocar.

"Ih, que saco! Eu tenho que ir. Faço parte da banda", exclamou Melia.

Cari trocou um olhar momentâneo com sua nova "filha".

"Eu quis dizer que *sacola*", sorriu a estudante do nono ano enquanto se dirigia para a frente do templo.

Amy esperou pelo menos três segundos antes de cair na gargalhada.

"Uau! Com ela e Caleb, você não deve ter um único momento de sossego! Mas ela parece estar *tão* bem. Muito obrigada por recebê-la, Cari."

"Você sabe que não teríamos agido de outra forma. É muito gostoso ver o que um pouquinho de amor e carinho podem fazer. Temos muito orgulho dela."

Chris se aproximou outra vez depois de conversar com um grupo de meninos e colocou o braço nos ombros da esposa.

"Então, Amy. Você vai hoje lá em casa ou não?"

"Vocês dois são mesmo uma coisa!", Amy olhou para Chris e Cari, balançando a cabeça. "Estão tentando transformar a minha vida numa novela?"

"Eu não sou muito fã de novela", despistou Chris, "então, não faço ideia do que você está falando".

"Claaaro. Mas eu tenho que dizer uma coisa: parabéns por aquele olhar para o Jake, seja lá o que você estava querendo dizer. Pensei que só as mulheres sabiam como conversar com os olhos. Muito impressionante."

"Olha, só estou tentando deixar a sala dos adolescentes livre de qualquer drama", Chris piscou e deu um passo para o lado para interceptar um grupo de alunos que estava entrando. "Mas, vale a pena dizer que o Jake mudou... muito. Talvez, não arranque pedaço dar a ele uma chance de lhe mostrar isso", disse por sobre o ombro.

Cari puxou Amy de lado, num abraço lateral.

"Ele tem razão, sabe. O Jake *é* um novo homem. E se os bíceps dele servem de indicação..."

Chris pigarreou sobre o ombro.

"Amor?! Seu marido grande e forte está bem aqui." Os alunos com quem ele estava falando riram e se dirigiram aos seus assentos. "O quê?

"Pare e preste atenção nisto aqui", disse Chris, flexionando os braços e tentando parecer o mais musculoso possível.

"Desculpe, amor", Cari segurou o braço de Chris. "Você sabe que eu adoro o seu esforço."

Chris deu um leve beijo na testa da sua esposa e se afastou para cumprimentar um adolescente que estava em pé, sozinho, no fundo do templo. Cari entrelaçou o seu braço no de Amy e a conduziu na direção de dois assentos vazios ao lado de Melia e do restante das meninas do antigo pequeno grupo de Amy.

"Você sabe que nós amamos os dois, Ames. Venha jantar com a gente. Não vai fazer mal apenas *conversar* com ele."

Amy sorriu e bateu de leve no braço de Cari. Era muito bom estar em casa.

No meio da terceira música, Jake conseguiu se sentar quase no fundo do auditório. De repente, duas mãos vieram por trás e cobriram seus olhos.

"Adivinha quem é?", a voz familiar de Andrea o desafiava alegremente.

"A Mulher Maravilha!", brincou Jake. Ele se virou para ver, talvez, a pessoa mais amável que conhecia em todo o planeta.

"*Pishiu, pishiu!*", Andrea emitiu sua marca registrada: o som dos punhos bloqueadores de balas, e os dois trocaram um "toca aqui". Ela não tinha mudado nada. Desde de quando foi para a faculdade, o que Jake fez foi se descuidar de sua amizade, mas como era de se esperar, Andrea não parecia guardar nenhuma mágoa.

"Eu estava com esperança de te encontrar hoje de manhã", Jake confessou com um sorriso. "Já sabe onde vai se sentar?"

"Bem aqui, do seu lado, seu bobo." Andrea virou-se para se sentar ao lado de Jake. Imediatamente, começou a cantar e bater palmas com a banda de louvor.

Jake uniu-se a ela nas palmas, mas não conhecia a música. Já fazia algum tempo que ele não ouvia nada mais a não ser os hinos na igreja. Era bom estar em casa.

Enquanto o líder do louvor tocava a introdução para a música seguinte, Andrea se inclinou e sussurrou no ouvido de Jake.

"Você vai no Chris e na Cari hoje à noite?"

Jake acenou que sim com a cabeça.

"Maravilha. Nós vamos ter uma emocionante competição de *Inter Ação*. Você não pode perder", sussurrou de novo, sem olhar para ele, e começou a cantar outra vez.

Jake sorriu. É claro que ele tinha esperança de que Amy aceitasse o convite de Cari, mas mesmo se ela recusasse, ainda seria bom reencontrar alguns velhos amigos. Ele tinha falado rapidamente apenas com o Billy naquela manhã e seria divertido ouvir mais sobre como estava o time de basquete do Ensino Médio depois da saída de Jake. Danny Rivers, o filho do pastor Mark, que havia dado a Jake e a Jonny tantos problemas no Ensino Médio, também estaria lá. Na verdade, ele estava muito bem agora, vivendo de fato para Deus e, ironicamente, frequentando os estudos bíblicos.

Jake lembrou-se de seu encontro fatídico no escritório do diretor depois de Danny ter acusado falsamente Jonny de planejar uma ameaça de bomba. Que coisa maluca pensar como aquele incidente poderia ter terminado de forma desastrosa e, no entanto, Deus havia transformado tudo para o bem. Foi o que faltava para punir Danny, além, também, de ter sido o momento transformador tanto para Jonny quanto para Jake. *Ah, Jonny.* Jake riu baixinho.

Depois do suicídio trágico de Roger, Jonny tinha sido a segunda chance de Jake, sua oportunidade de redimir a amizade que havia desperdiçado com Roger. Logo após a mudança de Jake para Louisville, a mãe de Jonny foi transferida para a base militar de Okinawa, no Japão, e Jonny foi obrigado a deixar todos os seus novos amigos e mudar-se com ela. Mas, agora, eles estavam de volta a Camp Pendleton, e Jake estava ansioso para retomar o contato com aquele cara engraçado.

Aparentemente, Jonny tinha vindo ao primeiro culto da manhã, e como ninguém esperava a visita surpresa de Jake hoje, ele foi para casa antes da chegada de Jake. Mas com certeza, estaria lá esta noite, e Jake mal podia esperar para ver seu peculiar amigo outra vez.

A mente de Jake voltou ao presente e ele percebeu que o pastor Mark já havia começado a sua pregação há algum tempo. Jake tentou acompanhar, mas imediatamente, toda a exaustão de sua longa viagem e as poucas horas de sono começaram a tomar conta dele. Por mais que ele tentasse, simplesmente não conseguia concentrar-se na mensagem do pastor Rivers. A única coisa que mantinha a sua mente estimulada o suficiente para evitar que afundasse nas profundezas dos sonhos era pensar na Amy. *Sinto muito, Deus*, confessou Jake. Porém, como pensar nela era a única coisa que funcionava, ele deixou sua mente voar livremente.

Ele não conseguia tirar da mente a rápida conversa que tiveram. *Bom te ver também, Jake.* Será que ela quis mesmo dizer aquilo? Ela tinha parecido ser bem sincera. E era infinitamente melhor do que um tapa na cara. Mas apesar daquelas palavras preciosas, ela parecia um pouco distante, e, definitivamente, não tinha reagido à oportunidade de conversar com ele. O que seria necessário para conseguir que ela, pelo menos, lhe desse uma chance?

Quando Jake se deu conta, Andrea estava cutucando suas costelas, pois todos estavam em pé para a última música. Parece que nem pensar na Amy tinha sido suficiente para superar as horas de sono perdidas. E agora ele sentia o começo de uma dor de cabeça. *Talvez esta não seja uma ideia tão boa assim*, Jake pensou fazendo caras e bocas.

O AROMA TENTADOR DAS SALSICHAS NA GRELHA flutuava no ar e o ruído das conversas animadas preenchia os espaços quando Jake passou pela entrada da casa de Chris e Cari Vaughn. A casa não era grande, mas o que lhe faltava em espaço, sobrava em amor. Antes que Jake se mudasse para Louisville, era ali onde ele ficava todo o tempo.

Jake não conseguiu deixar de se lembrar de uma das primeiras vezes em que havia entrado nesta casa: o trajeto da vergonha para contar a Chris que Amy estava grávida. Na época, Jake tinha medo de ouvir um sermão cheio de culpa que terminaria em sua exclusão do grupo de adolescentes. Mas, pelo contrário, ele foi recebido com graça e apoio. Jake sentia um nervosismo semelhante ao de hoje, não porque teria que falar *sobre* a Amy, mas porque falaria *com* ela.

Depois do culto, Jake pediu à Andrea conselhos a respeito de Amy. Ela o havia encorajado a ser apenas casual e amável. Neste verão, ele teria muito tempo para tocar na ferida e tentar resolver as coisas com a Amy, e talvez, quem sabe, atraí-la de volta. No entanto, ela aconselhou que hoje quanto menos, melhor. Jake sabia que Andrea tinha razão, mas ainda não conseguia evitar a esperança de ter pelo menos um breve momento para conversar a sós com Amy. A julgar por toda aquela movimentação no local, no entanto, logo ele percebeu que isso seria bastante improvável.

"Eeeeia!", gritou Caleb, aparecendo na porta da frente com seu quimono de caratê branco e folgado e agitando a perna direita para cima e para os lados. Ele correu até Jake e lhe deu um golpe de caratê na coxa.

"Ei, baixinho!", Jake riu e voltou a atenção ao jovem Karatê Kid que o atacava. "Cuidado! Ninjas!", gritou, apontando para algum lugar atrás de Caleb. Com a credulidade dos seus seis anos de idade, Caleb, virou-se para olhar, dando a Jake a oportunidade de levantá-lo, jogá-lo sobre o ombro e começar a girar com ele.

"Ahhhh!", ria Caleb, adorando a brincadeira.

"Não sei nada de caratê mestre Samurai, mas meu herói quando criança era Jake "The Snake Roberts" e eu acho que vou te dar um Mata Leão, garoto.

"Nãããão!", foi o grito agudo de Caleb, implorando em meio às risadas. "Eu não sou leão e não quero morrer!"

Quando Jake não conseguia mais ficar em pé, caiu atordoado na grama, segurando Caleb com firmeza sobre ele.

"Você me enganou", riu Caleb, tentando se livrar do braço forte de Jake. Um arroto escapou da sua pequena boca e ele olhou para Jake de forma estranha. "Eu não estou me sentindo..."

De repente, um líquido espesso marrom-alaranjado saiu da boca de Caleb feito um jato, encharcando o rosto, o cabelo e a camisa de Jake. Sem pensar, Jake empurrou Caleb de lado e rolou para fora do alcance do vômito. Um palavrão, herança de seus dias indóceis, escapou da sua boca.

Caleb sussurrou sério:

"Você disse m—".

Jake colocou a mão sobre a boca do garotinho antes que ele pudesse terminar a frase, com os olhos arregalados pela importância do que tinha acabado de deixar o filho do pastor ouvir.

"Eu sei, Caleb. Foi mal. Sinto muito mesmo, simplesmente escapou", Jake sussurrou de volta, esperando que esta parte da conversa permanecesse apenas entre eles.

Caleb riu e bateu de leve na cabeça do Jake.

"Tem vômito meu no seu rosto."

Coberto de refrigerante e bolo regurgitado — pelo menos era este o seu palpite do que seria aquela coisa grudenta sobre ele — Jake teve certeza de que nunca tinha se sentido tão nojento em toda a vida. Mas a gargalhada do seu amiguinho era contagiante e Jake riu com ele.

"Acho que eu não deveria ter te girado tanto."

Caleb tentou ajudar Jake a se levantar, e Jake olhou em volta, esperando que ninguém tivesse presenciado este pequeno desastre. Como se isto fosse possível! Já havia uma pequena multidão de alunos reunida na janela da frente, assistindo ao espetáculo a uma distância segura.

"Caleb?", a voz de Cari ecoou lá de dentro. Pelo jeito, ela já tinha sido informada.

"Eu vomitei no Jake", Caleb anunciou triunfante quando sua mãe saiu correndo pela porta da frente.

"Puxa vida, Jake, sinto muito", Cari correu e colocou as mãos sobre a boca, incrédula. "Vou pegar uma toalha", e correu para dentro.

Agora, o segredo já era conhecido e os espectadores espantados saíam da casa; a maioria deles, alunos que Jake não conhecia. Ele não viu Amy, e só desejava que ela não estivesse ali. *Só me faltava essa!*, resmungou, imaginando como estaria a sua aparência. Jake começou a desabotoar a camisa, ansioso para livrar-se de pelo menos parte da meleca.

"O que você fez com meu filho, Taylor?", Chris gritou enquanto caminhava lentamente com uma latinha de refrigerante na mão.

"Foi ele quem começou", Jake sorriu.

"Ele só tem seis anos, cara!"

"Eu ganhei, papai. Eu ganhei!" Ogulhoso, Caleb começou a exibir alguns golpes de caratê a qualquer um que prestasse atenção.

"Muito bem, campeão!", sorriu Chris, ligando a mangueira e esguichando o vencedor. Caleb gargalhava feliz e começou a correr em círculos, ficando ensopado.

Cari saiu correndo de casa com duas toalhas e olhou feio para o marido.

"Não o encoraje!", protestou Chris, entregando a Jake uma das toalhas com um sorriso. "Bem-vindo de volta, Jake. Eu deveria ter avisado que Caleb estava se enchendo de Cheetos e refrigerante desde que chegamos da igreja" — e depois, se virou para o filho: " Caleb, querido, eu lavei seu uniforme de caratê ontem! Eca! Vá se trocar e coloque tudo para lavar, por favor."

"Ah, mãe!", Caleb reclamou. E continuou brincando na água.

Cari olhou para Chris, que imediatamente soltou o gatilho da mangueira. Mas isto não deteve Caleb, que ainda tinha muitas poças para pisar na entrada da casa, agora toda enlameada. Chris enrolou a mangueira e mandou que o filho entrasse. Os observadores curiosos que restaram o seguiram para dentro, e Jake e Cari ficaram sozinhos.

"Desculpa, Cari. Foi mal", Jake se desculpou, perguntando-se em quantas outras trapalhadas ele se meteria naquela tarde.

"Bem, eu te perdoo se você subir e se lavar para tirar toda essa sujeira do meu filho", disse sorrindo. "O Chris vai te emprestar uma camiseta e uma bermuda.

"Ah, eu posso me limpar com a mangueira, como o Caleb", retrucou Jake terminando de limpar toda a sujeira do rosto.

Cari se aproximou.

"Não se ofenda, mas com este cheiro, você não vai entrar na minha sala, e com certeza, não vai se sentar no meu sofá!

Jake concordou com um sorriso e a seguiu para dentro onde Caleb estava ocupado exibindo-se para suas fãs. Um enxame de garotas do Ensino Médio o rodeavam, dando-lhe toda a atenção que ele poderia desejar. Jake não conseguiu evitar e examinou o grupo à procura de Amy.

"Eu acho que ela está no quarto da Melia", Cari sussurrou.

"Quem?"

Cari sorriu e piscou.

"Vá se lavar primeiro, Romeu. Você ainda está no modo primeira impressão". E chamou a atenção do filho: "Caleb, tire o seu traseiro deste uniforme agora mesmo ou nada de karatê durante uma semana".

Seu filho não precisava de mais motivação do que isto. Subiu as escadas rapidamente e quando chegou lá em cima, não vestia nada mais além de sua cueca do super-homem.

Jake esperou a privacidade do banheiro para seguir o exemplo de Caleb, mas assim que trancou a porta, ele também desfrutou da liberdade de livrar-se de suas roupas grudentas e malcheirosas. O sabonete e a água quente do chuveiro deram uma sensação ainda melhor, limpando os restos teimosos da retribuição de Caleb. Quando Jake estava sob a cascata purificadora, seus pensamentos mais uma vez se voltaram para Amy. Ele simplesmente *tinha* de encontrar uma maneira de falar com ela.

Limpo e seco, Jake pegou a bermuda e a camiseta sobre a bancada que Chris havia separado. "Pare e preste atenção nisto aqui", exibiam as flechas estampadas sobre a camiseta que apontavam para cada um dos braços. A exibição sempre pareceu cômica nos braços magros de Chris, mas enquanto Jake tentava se espremer para entrar na malha justa, não tinha muita certeza se poderia encarar a piada sem parecer muito convencido. Preenchendo a camiseta até sua capacidade máxima — ou mais até — Jake percebeu que bastava a sua respiração para forçar o tecido tensionado-o a ponto de rompê-lo. *O que o Chris tinha na cabeça?* Era o que Jake se perguntava. Será que sua intenção era mesmo fazer uma piada, ou ele apenas havia selecionado inocentemente a primeira camiseta da pilha de roupa? Ali em pé, fitando a si mesmo no espelho do banheiro, Jake pesou suas limitadas opções. *Show de músculos ou vômito?* Ele optou pelo show.

Dominado por uma nova insegurança, Jake se forçou a descer as escadas. *Talvez não seja uma ideia muito boa*, refletiu com medo enquanto se aproximar da multidão. Com os braços abertos, a porta da frente se apresentava como a opção mais convidativa, e Jake deslizou na sua direção, olhos baixos, decidido a escapar sem qualquer outra perturbação. Ele tinha todo o verão para colocar o papo em dia com seus velhos amigos. E Amy? Bem... ele pensaria em alguma coisa.

"A camiseta encolheu um pouco?, a voz que pouco antes ele estava ansioso para ouvir interrompeu seu plano de fuga.

Jake ergueu os olhos e lá estava a mulher dos seus sonhos, há apenas quatro passos de distância — na direção oposta da porta.

"Ahmm, estou achando que o Chris e eu não usamos mais o mesmo tamanho", Jake disse brincando, tentando manter a calma.

"Dá para se ver", Amy deu um sorriso amarelo e o estudou em silêncio. "Você contornou bem a situação de ter sido vomitado", continuou. "E, eu acho que laranja pode ser a sua cor."

"Verdade? Eu estava pensando mesmo em tingir o cabelo", Jake continuou na brincadeira. "Tudo faz parte da versão nova e melhorada do Jake Taylor", acrescentou, desejando imediatamente poder retirar o que tinha dito e substituir por algo que soasse um pouco menos arrogante.

"Bem, acho que isso é o que vamos ver", retrucou Amy sem hesitar, embora não de forma rude.

"Acho que sim", ele retribuiu com um leve sorriso. Um silêncio constrangedor pairou no ar. *Esta é a sua chance, cara! Diga alguma coisa!*, ele se incentivava, mas nada veio. "Uh...", finalmente resmungou. "E como está a sua mãe?" *Foi mal, foi mal, foi mal!*

"Está bem, na realidade", Amy sorriu, escolhendo, consequentemente e por algum motivo, este momento para prender Jake numa conversa. *Talvez ela goste de me ver tão vulnerável!*, presumiu Jake, esquecendo-se de prestar atenção ao que ela dizia.

"Mas ela ainda tem um pouco de ciúme do meu pai..."

"Do seu pai? Como...?", durante todos os anos em que Jake conhecia Amy, ela nunca havia falado espontaneamente sobre o pai.

"É... que louco né? Graças ao incentivo do Steven" — Amy moveu-se sutilmente — "eu fui procurá-lo. Ele mora com a família perto de Stanford e são *muito* legais; estamos totalmente reconectados. Jantamos juntos pelo menos uma vez por semana, e, Jake, eu tenho um irmão e uma irmã!"

Se a maior velocidade das suas palavras pudesse ser alguma indicação, ela estava vibrando com esse novo acontecimento em sua vida, e Jake não pôde deixar de comemorar com ela.

"Uau, Amy, que legal. Estou muito feliz por você." E então, momentaneamente mais calmo pela alegria na voz dela, Jake decidiu arriscar. "Eu adoraria saber mais sobre eles qualquer hora. Talvez, mais o fim desta semana quem sabe, a gente poderia...", suas palavras sumiram quando a atenção de Amy desviou-se para algo atrás de Jake e seu rosto perdeu a cor. Jake virou-se lentamente... e lá estava o Cara do Violão, em pé na entrada com um generoso buquê de exuberantes rosas vermelhas.

"Steven?", Amy exclamou, olhando chocada por sobre o ombro de Jake.

Então o Cara do Violão tinha um nome. *Steven, é?* Jake praticamente rosnou quando avaliou seu concorrente — mais ou menos 1 metro e 82, cavanhaque cuidadosamente aparado, cabelo perfeitamente penteado. Tinha estilo para se vestir, e, embora Jake de forma alguma se considerasse um expert nestes assuntos, parecia ser um homem bastante atraente. Pessoalmente, aparentava ser um pouco mais velho, e Jake, de repente, pegou-se imaginando quem ele era e como Amy o tinha conhecido. De forma instintiva, não gostou dele.

"Uau! O que está fazendo aqui?", Amy quase sussurrou quando correu até seu namorado.

Steven a envolveu nos braços e a beijou carinhosamente sem se importar com a plateia.

"Tome, são para você", deu um passo atrás e entregou à Amy sua extravagante demonstração de afeto.

Para quem mais seriam, idiota! — criticou Jake em pensamento, com dificuldade de ser tolerante com este intruso cortês.

"Passei na sua casa para fazer uma surpresa, e sua mãe disse que você estava aqui."

"Bom, é... estou aqui", Amy procurava as palavras, aparentemente presa numa bolha de tensão mais densa que a névoa da manhã em Oceanside. "E você me surpreendeu mesmo!", exclamou sorrindo.

Neste momento, Chris e Cari, sempre atentos a qualquer visitante em sua casa, uniram-se ao grupo na entrada da casa. Andrea chegou logo atrás.

"Bem, olha, quero te apresentar alguns amigos", Amy pegou a mão dele e o trouxe para dentro da casa. "Estes são Cari e Chris, minha mentora e o pastor de jovens."

"Ouvi muito sobre vocês dois", disse Steven. "É muito bom finalmente conhecer vocês."

"Bem-vindo a O-side!", Chris apertou a mão de Steven amigavelmente e bateu de leve nas suas costas.

"Qualquer amigo da Amy é nosso amigo também", Cari sorriu calorosamente e lhe deu um abraço apertado.

De que lado eles estão? — resmungou Jake em silêncio.

Amy, por conveniência, evitou Jake e passou para Andrea, que estava bem ao seu lado.

"Lembra da Andrea, minha companheira de corrida?"

"Claro", Steven assentiu. "Parabéns pela formatura." Seus olhos voltaram-se momentaneamente para Jake com uma expressão inquieta.

"Para você também!", Andrea sorriu, recuperando a sua atenção. Ela lhe deu um "toca aqui" e um soco leve no ombro.

Um impulso repentino de coragem desceu sobre Jake e, sem pensar, ele mergulhou de cabeça:

"Oi, Steven, eu sou o Jake", disse, estendendo a mão cordialmente. "Sou o..."

"Eu sei quem você é", Steven o cortou, deixando a mão de Jake estendida sem cumprimentá-lo.

Embora não totalmente inesperada, a resposta gelada de Steven, mesmo assim, silenciou os focos borbulhantes de conversa, e todos pararam naquele momento, olhando uns para os outros constrangidos. Caleb, naturalmente ciente de que o momento estava prestes a lhe oferecer total controle da situação, ficou pronto para entrar em ação.

"Mãe", disse o adorável menino de seis anos no meio do círculo, puxando de leve o short da mãe "Sabia que o Jake disse a palavra que começa com M...?"

A missão bem-sucedida de quebrar a tensão anterior, a interrupção de Caleb só piorou a situação de Jake. Olhos se arregalaram enquanto risadinhas abafadas corriam pelo grupo de seis pessoas.

"Jake?", a voz de Chris soava desapontada, mas seus olhos brilhavam em diversão.

"Hmm, me desculpe", disse Jake nervoso, desejando se enfiar num buraco e nunca mais sair de lá. O suor brotou de seus poros e ele sentia o coração bombeando sangue nas orelhas. Amy parecia se divertir, mas o sorriso arrogante no rosto de Steven foi mais do que Jake podia suportar. *Está falando sério, Deus? Como esse dia poderia ficar pior?* "Verdade, Chris, Cari, eu sinto muito. Simplesmente escapou quando ele vomitou em mim. Eu me senti tão..."

Cari tocou no ombro de Jake.

"Está tudo bem, Jake. Caleb, querido, o que a gente diz quando ouve palavras que não são agradáveis?"

"Que Jesus fica triste", Caleb respondeu com sinceridade.

"Mas o que deixa Jesus feliz?", Cari solicitou.

"Palavras agradáveis."

"Isso mesmo, amigão", Chris completou: "Então, você poderia ajudar o Jake a falar palavras agradáveis?"

Caleb correu até o Jake e olhou para cima. Jake se agachou ao seu nível.

"Caleb, me desculpe por dizer aquela palavra."

"Você deveria ter dito: 'Uh-oh'", sugeriu Caleb.

"Era o que eu queria dizer!", sorriu Jake.

"Eu sei. Jesus te perdoa", Caleb bateu de leve em seu braço — "e eu também".

"Obrigado, cara", Jake abraçou seu amiguinho e se levantou.

Caleb correu na direção da mesa cheia de comida.

"Posso comer mais Cheetos, mãe?", gritou de lá, pronto para sua próxima aventura.

"Acho que está na hora de comer alguma coisa mais saudável, amigão", respondeu Cari, indo logo atrás, mas não sem antes dar um tapinha encorajador nas costas de Jake.

"Tudo bem, então", Andrea interveio. "Quer que eu pegue algo para beber, Steven?"

"Ah, sim, claro. Eu quero uma Coca", ele respondeu, ainda olhando para Jake.

"Na verdade, eu adoraria colocar as flores no seu carro primeiro."
Amy puxou-o consigo, obviamente com mais do que flores na mente.

"Prazer em te conhecer, Steven", completou Chris. "Chega lá na churrasqueira que eu vou lhe fazer um hambúrguer."

Depois que os dois saíram, Andrea pegou a deixa.

"Jake, eu sei que isto parece horrível para você agora, mas deixa as coisas rolarem. Se Deus quiser que aconteça, vai acontecer." Com isso ela apertou o braço de Jake e o deixou sozinho para falar com Chris.

"Péssimo momento, né?", observou Chris. Jake apenas moveu a cabeça, concordando, e colocou as mãos nos bolsos. "É difícil quando a garota que você quer não está disponível."

"Eu pensei que Deus estava me dando uma segunda chance. Esse imbecil teve o ano todo para fazer a sua mágica. Por que ele tinha de aparecer para interromper o meu jogo?"

"Talvez este jogo não seja seu."

"Está me dizendo que eu deveria sair dessa? Você sabe o quanto eu gosto da Amy."

"Se você realmente se importa com ela, então, vai lhe dar espaço para que ela faça sua escolha."

"Isso soa como se eu devesse desistir. O que foi que aconteceu com o 'ir atrás do que vale a pena'?"

"De forma alguma! Faça tudo o que estiver ao seu alcance para ajudá-la a perceber que seria tola se escolhesse alguém que não fosse você. Mas faça isto a uma distância respeitável enquanto Steven estiver em cena. Ninguém gosta de ladrão. "

Um aluno desconhecido chegou apressado.

"Chris, acabou o hambúrguer. Tem mais?"

"Quer se juntar a mim na churrasqueira?", convidou Chris.

"Não, obrigado. Eu ainda estou um pouco enjoado", recusou Jake.

"Estamos todos torcendo por você, Jake."

Chris se dirigiu para o quintal e Jake ficou sozinho outra vez. Sentou-se nos degraus, a cabeça ainda girando graças aos últimos quinze minutos. Ele adoraria apenas ir para casa e dormir e, talvez, acordar amanhã e perceber que tudo não passou de um pesadelo. Infelizmente, lá na entrada, Amy estava sentada ao lado de Steven no capô do carro dele. Não havia caminho que Jake pudesse pegar até seu próprio carro que não passasse por eles. Preso numa situação muito além de sua zona de conforto, Jake se sentou olhando para Amy e orou.

✤ ✤ ✤

"Seu ex-namorado precisa de uma ajuda minha para trocar o guarda roupa?", perguntou Steven cinicamente. "O que ele tem na cabeça?"

—"Você não está entendendo, Steven." Amy ficou irritada pelo tom de voz do namorado, e definitivamente não sabia o que pensar de sua aparição repentina. É claro que era um gesto doce e romântico, e ela deveria ter se derretido por inteiro. Mas por mais cavalheiresca que fosse a sua chegada, ela não eliminava o silêncio da semana anterior. "O que você veio fazer aqui?"

"Eu sei que fui meio idiota na semana passada, mas..."

"Meio?", interrompeu Amy.

"Eu sei, eu sei; estava com muita coisa na cabeça.

"Então, está tudo bem para você me evitar e me ignorar totalmente, e nem me dizer tchau?"

"É por isso que eu estou aqui, Amy. Eu sei que pisei na bola. Mas quero acertar as coisas."

Ele parecia tão sincero, tão desesperado. Amy suspirou e olhou nos seus olhos.

"Steven, eu realmente gosto de você e quero que nosso relacionamento dê certo. Mas o que a gente vai fazer sobre o nosso futuro? Eu não posso simplesmente me comprometer a ir com você para Nova York. Eu morreria se deixasse tudo para trás. Mas, se eu não for com você, nosso relacionamento vai sobreviver?"

Steven a fitou por um momento antes de falar.

"Durante toda a cerimônia de formatura hoje, eu só pensava nisso. Não ouvi uma palavra do discurso de abertura. Fico surpreso por ter conseguido atravessar o palco para receber o diploma. Eu não me lembro de nada. Tudo o que eu conseguia pensar era em você... em nós dois." Ele pegou a mão de Amy e a segurou bem apertado. "Eu ainda não gosto da ideia de ficar tão longe de você pelos próximos dois anos." Steven sorriu. "Mas percebi que se isso for preciso para que você fique comigo o resto da minha vida... então, vale a pena. Amy, me desculpe por forçá-la a deixar Stanford e a sua família. Eu te amo, e estou disposto a fazer o sacrifício para ficarmos juntos."

Tudo o que Amy podia fazer era rir por dentro. Steven parecia preocupado.

"Não é você, Steven", ela o tranquilizou, batendo de leve na sua mão. "Eu simplesmente nunca esperei que as coisas chegariam até onde chegaram."

"Então...?"

"Então... você tem certeza que não há problema se eu ficar em Stanford?"

Steven moveu a cabeça afirmativamente.

"Então, o que mais eu posso dizer? Vamos ver como as coisas caminham, certo?"

Steven desviou os olhos.

"Acho que eu esperava um pouco mais de entusiasmo."

"Sinto muito, Steven. Isto tudo é uma grande surpresa. Quando entrei naquele avião ontem, não tinha certeza se sequer o veria outra vez. E agora você está aqui, em carne e osso, sentado bem ao meu lado. Tudo está parecendo tão surreal."

"Bom, deixa eu ver se isto parece mais real". Steven sorriu e a envolveu num abraço terno. Ele baixou a cabeça para beijá-la e Amy tentou se render nos seus braços. Porém, tudo o que conseguia pensar era se certa pessoa estaria olhando de dentro da casa dos Vaughn.

No passado, ela teria adorado a ideia de que Jake sentisse ciúmes ao vê-la num abraço apaixonado com outro homem digno. Contudo, hoje, aquela ideia a fez sentir mal. *O que há de errado comigo?* — censurou a si mesma. Aqui estava um cara que era tudo o que ela poderia desejar; tinha vindo até aqui para acertar as coisas e que estava disposto a sacrificar seus planos para que ela pudesse realizar os seus. *Isto é tudo o que eu sempre quis, certo?* No entanto, algo lá dentro não parecia estar certo.

"Então, seus pais estão aqui, também?", Amy finalmente se afastou e tentou mudar de assunto.

"Não", Steven sorriu. "Assim que a cerimônia acabou, tive que levá-los ao aeroporto. Eles vão passar a noite lá e seguir para casa com a mudança logo de manhã.

"Eles devem achar que eu sou complicada."

Steven não respondeu imediatamente.

"Dê um tempo a eles, Amy. Eles só querem que eu seja feliz."

Aquela, com certeza, não era a resposta que Amy esperava, mas o que mais ela poderia fazer?

"Então, quanto tempo vai ficar por aqui?"

"Eu só preciso voltar daqui a uma semana. Isto, é claro, se você me aguentar todo esse tempo."

"Está de brincadeira? É claro que aguento", Amy sorriu.

"Eu nunca estive em San Diego antes. Você vai ter que me mostrar o lugar."

"Bom, vamos começar com a infame casa dos Vaughn." Amy se levantou e levou Steven com ela para a porta de entrada.

Steven a segurou e passou o braço nos seus ombros.

"Só preciso te pedir uma coisa. Quando entrei, agora há pouco, a primeira coisa que vi foi você e o Jake conversando. Você tem que ser sincera comigo, Amy. O que estava acontecendo lá?"

O coração de Amy começou a bater mais forte e ela sentiu um repentino calor no corpo. Como responder àquela pergunta se nem ela mesma sabia ao certo? Amy passou discretamente as mãos na saia para enxugar o suor enquanto procurava por uma maneira honesta, porém, delicada, de responder a pergunta.

"Nada", respondeu indiferente.

"Com certeza parecia que ele queria mais do que "nada".

"Bom, só porque ele quer alguma coisa não quer dizer que vai ter", retrucou Amy, tentando reprimir certa irritação.

Steven a segurou para que ela o olhasse de frente. Estudou seus olhos por um momento e, então, deu outro beijo em seus lábios.

"Bom", sorriu. "Eu só queria ter certeza."

Ele passou novamente o braço em volta dela e os dois voltaram para dentro da casa do modo como sempre caminhavam no campus da universidade. Hoje, no entanto, Amy não conseguia desfrutar do calor do seu toque. Seu estômago parecia estar repousando num ninho de vespas e sua mente era um redemoinho de pensamentos ininteligíveis. De repente, tudo o que ela queria era apenas ir para casa.

Lutando contra o ímpeto de sair correndo, Amy levou Steven para dentro, à procura de amigos que pudessem contribuir com conversas coerentes. Ela viu a Cari e Melia nos fundos da casa e dirigiu-se até elas. Quando cruzaram a sala de estar, Amy também procurou por Jake, mas ele não estava em lugar algum.

✤ ✤ ✤

Jake viu o beijo apaixonado no capô do carro de Steven e sentiu-se como um balão estourado por um pequeno alfinete. Assistindo impotente a conversa particular de Amy com aquele intruso, Jake desanimava mais e mais a cada segundo. Durante os últimos meses, ele havia imaginado este primeiro encontro frente a frente com Amy de muitas maneiras maravilhosas. Nenhuma delas terminava assim.

Jake não estava, de forma alguma, preparado para aceitar a derrota, mas sabia quando era a hora de dar um tempo. Quando Amy e Steven finalmente se levantaram e caminharam na direção da casa, Jake aceitou a oportunidade de desaparecer e reorganizar-se. Escapou para o quintal e saiu pelo portão lateral sem ser visto. Ele sabia que reconquistar o coração de Amy seria difícil, mas isto estava se transformando num jogo totalmente diferente.

5

JAKE ENTROU EM CASA e respirou profundamente. Ele estava em sua casa pela primeira vez depois de um ano e meio, sem contar as poucas horas de sono assim que chegou de viagem por volta das duas da manhã. *O que faço agora?* — ficou pensando Jake, absorvendo a vasta amplitude ao seu redor. Durante a infância de Jake, a casa de sua família sempre lhe pareceu grande e de certa forma vazia, mas agora, os espaços livres eram acompanhados de uma sensação simplesmente opressora. Caminhando pela sala desocupada, Jake se deu conta do quanto sua mãe deve ter se sentido solitária ali. *Que tipo de filho espera um ano e meio para visitar sua mãe descasada?*, — chamou sua própria atenção. Jake fez uma anotação mental para desculpar-se e tornar especial este verão em casa, além de nunca mais ficar longe por tanto tempo.

Ele tinha visto sua mãe por apenas um minuto naquela manhã, quando ela correu até o seu quarto, em torno das 8h, e o cobriu de abraços e lágrimas. Por não esperar que ele chegasse assim tão cedo, ela ficou surpresa quando viu a caminhonete de Jake estacionada na entrada. Depois das saudações emocionais, no entanto, ela teve de correr para cumprir sua função na igreja, e desde então, ele só a tinha visto no hall de entrada da New Song. Jake se perguntava quando ela voltaria para casa. Ele estava exausto, porém, agitado demais para dormir e a companhia dela seria tranquilizadora.

Assim que pôde, Jake tirou as roupas apertadas que Chris tinha emprestado e vasculhou dentro de uma de suas malas de lona à procura de algo mais confortável. *Será que o dia poderia ter sido pior do que foi?* — pensou fazendo uma careta enquanto jogava no cesto de roupas sujas a humilhante camiseta apertada e a ainda mais degradante camiseta com vômito. Que chance ele realmente teve com a Amy? Por mais que odiasse admitir, Steven parecia um ótimo cara. Jake queimou os miolos tentando se lembrar de ter feito algo romântico que tivesse pelo menos 50% do romantismo de percorrer quilômetros atrás de Amy simplesmente porque não conseguia ficar longe dela. Esse cara estava se saindo um oponente formidável.

Isto quer dizer que eu preciso mostrar meu jogo! — concluiu Jake tentando elevar os ânimos. Jogou-se na cama e tirou do bolso traseiro o informativo do culto da manhã. Virou um dos folhetos no lado em branco, pegou uma caneta e começou a colocar a mente para funcionar.

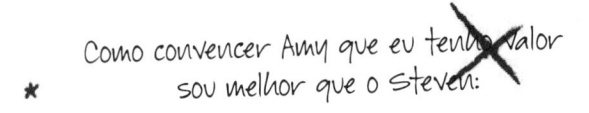

★ Como convencer Amy que eu ~~tenho valor~~ sou melhor que o ~~Steven~~:

A caneta de Jake pairava sobre o papel, pronta para entrar em ação, mas a sua mente continuava desprovida de qualquer ideia brilhante, consequentemente, a caneta permanecia imóvel. Jake olhava para a página em branco, desejando que ela ganhasse vida. Alguns minutos se passaram, mas nenhuma inspiração surgiu.

"Aaah!", Jake finalmente explodiu e jogou a caneta contra a parede. Em seguida, deitou-se e ligou para a casa do Buddy. Ele só precisava conversar com alguém, e o Buddy geralmente o surpreendia com seus palpites certeiros sobre as questões pessoais do Jake. Mas para seu azar, ninguém atendeu. *Era o que faltava!* — reclamou, embora um pensamento perturbador lá no fundo da mente o levou a imaginar onde Buddy poderia estar. Devido a algumas complicações de saúde recentes, sua esposa raramente saía de casa agora, e Buddy geralmente ficava ao seu lado.

Sem nada para fazer, Jake caminhou sem rumo pela casa. Examinou algumas fotos de família espalhadas por várias prateleiras e paredes, achando estranho ver seu pai ali, olhando para ele. Glen já não vivia naquela casa há mais de dois anos, mas, aparentemente, Pam ainda não o tinha eliminado completamente de sua vida. *Talvez, seja um bom sinal* — Jake pensou com esperança.

Tomado por uma repentina sensação de fome, Jake percebeu que não tinha comido nada desde o rápido café da manhã. Dirigiu-se imediatamente à cozinha e fuçou nos armários, não encontrando nada além de comida nutritiva. Isso explicava por que sua mãe parecia tão mais magra e saudável; ela não comia nada que tivesse gosto bom. Depois de fazer a busca, Jake finalmente encontrou um vidro fechado de pasta de amendoim no fundo da dispensa. Ele fatiou uma maçã e cobriu cada fatia com pasta de amendoim, criando o lanche mais saboroso que conseguiu improvisar.

Levando seu petisco nutritivo para a sala, Jake desabou no sofá e ligou a TV para assistir ao segundo tempo do jogo entre o Celtics e o Hawks. Mas nem assistir basquete deixou Jake alegre. O que havia de errado com ele? Seu relacionamento com Deus estava ótimo, e ele nunca se sentiu tão vivo. Estava realizando o sonho de jogar basquete para os Cardinals de Louisville e, se sua performance continuasse tão boa como tinha sido no final da temporada, talvez ele tivesse uma chance na NBA. Sua vida estava indo muito bem. Só porque ele não tinha Amy não significava que precisava ficar deprimido. Havia muitos peixes no mar, certo? Por que ele tinha que entregar seu coração justamente àquele que não poderia ter?

O som da porta de carvalho maciço se abrindo foi um alívio bem-vindo aos seus pensamentos melancólicos. Pam Taylor entrou rapidamente na sala carregando uma caixa cheia de papéis. Deixou-a numa cadeira próxima e largou-se no sofá ao lado de Jake.

"Jake! Estou tão feliz que esteja aqui em casa. Me desculpe por passar o dia inteiro fora. Eu estava louca para voltar e ficar com você", desabafou Pam, abraçando seu filho. "Quem está jogando?"

Jake sabia que sua mãe não dava a mínima para jogos de basquete, a menos que seu filho estivesse jogando.

"Os Dodgers", ele respondeu sério para ver se o QI para esportes profissionais de sua mãe tinha evoluído enquanto ele esteve longe.

Ela olhou para ele como se entendesse e bateu de leve no joelho dele.

"Valeu a tentativa, Jake, mas até eu sei que ainda não entramos na temporada de futebol americano. "

Jake quis gargalhar, mas se controlou.

"Celtics e Hawks. Então, como foi sua reunião?"

Pam soltou um profundo suspiro.

"As crianças de dois e três anos são fáceis; mas os líderes adultos que furam comigo no último minuto é que me deixam maluca."

Ela tinha começado apenas como ajudante a cada quinze dias na sala de crianças de dois e três anos, mas a poucos meses atrás, lhe pediram que coordenasse a pré-escola e fosse responsável por todos os voluntários daquele departamento. Sua nova função resultou em um pequeno salário — e uma lista enorme de novas responsabilidades. Ela havia trabalhado incansavelmente durante anos na imobiliária de Glen, mas Jake estava orgulhoso dela por ter encontrado sua própria paixão.

Ao reparar na refeição improvisada do filho, ela olhou curiosa para Jake.

"Você não ia jantar na casa do Chris e da Cari?"

"Sim, ia...", Jake colocou a TV no mudo. "Digamos que algumas coisas aconteceram que me fizeram perder o apetite", respondeu erguendo os ombros.

"Ah não. A Amy estava lá?"

"Estava", Jake deu um sorrisinho sarcástico. " E o namorado dela também."

"Ah, meu querido, sinto muito", Pam acariciou o braço do filho.

"E, claro, ele tinha que aparecer logo depois do Caleb Vaughn vomitar em cima de mim e eu ter que colocar algumas roupas do Chris que simplesmente não serviam em mim. Foi tão humilhante! Sério, mãe, parece que Deus continua me punindo com uma coisa depois da outra.

Pam se inclinou e deu um beijo na testa de Jake.

"Não acho que sejam punições, querido. Às vezes, essas coisas apenas levam tempo. Mas se..."

"Se for da vontade de Deus que a gente volte, então, tudo dará certo no final", Jake completou a frase dela sem nenhuma convicção.

Pam roubou uma fatia da maçã de Jake e balançou a cabeça:

"Bom, isso é verdade também, mas eu ia dizer que, se ela realmente é tão importante para você, então, precisa fazer tudo o que estiver ao seu alcance para lhe mostrar que ela seria uma idiota se escolhesse alguém que não fosse você, especialmente um violonista metido formado em Stanford", Pam sorriu e, então, pegou um pedaço de papel de dentro da caixa que tinha trazido. Inclinou-se sobre Jake e pegou uma revista da mesinha para servir de apoio.

"Então, qual é o plano, meu amigo?"

"Plano?"

"Meu querido, você não pode simplesmente aparecer e esperar que ela aceite você de volta. As garotas gostam de ser conquistadas, tratadas com romantismo e de ser arrebatadas."

"É, parece que o Steven está fazendo um bom trabalho nesta área."

"Então faça melhor. Seja criativo!"

"Mãe?", Jake balançou a cabeça, confuso. "Quando você ficou assim tão..."

"Legal, perspicaz, divertida?"

"Isso."

"Como assim?!", ela lhe deu uma cotovelada de brincadeira. "Está tentando me dizer que não fui sempre incrível?"

"Não...", Jake riu. "É que..."

"Estou brincando com você", interrompeu Pam, deixando Jake no ar. Seu tom divertido tornou-se sério quando ela franziu a sobrancelha e olhou atentamente para seu filho.

"Jake, seu pai é um ótimo homem com muitas qualidades. Mas eu permiti que ele me reprimisse. Minha identidade tornou-se tão amarrada a ele e ao sucesso dele que acho que me esqueci de quem eu era. Tivemos que nos separar para que eu me descobrisse outra vez. Agora, encontrei minha identidade em Cristo e nunca me senti tão bem."

"Eu gosto desta nova mãe", Jake disse carinhosamente. "Papai é um idiota por te perder."

Ela ergueu os ombros com um sorriso triste. As lágrimas brilharam em seus olhos.

Jake refletiu sobre a reação da mãe. Ela ainda tinha sentimentos por seu pai? Depois de tudo que ele havia feito a ela — os inúmeros casos, o excesso de trabalho, o problema com a ira, seu descaso?

"Mãe, seja sincera. Você consideraria aceitar o papai de volta agora? Quero dizer, você estaria disposta a perdoá-lo?"

"Jake, eu já o perdoei, não importa o que aconteça. E...", Pam enxugou o canto do olho e sorriu, "e se ele fizesse pelo menos metade das coisas que você vai fazer para reconquistar o coração da Amy, então, que garota poderia resistir? As garotas só querem saber que são importantes, Jake; que são mais do que um simples jogo que um homem quer ganhar."

Jake tinha jurado nunca ser como seu pai e, no entanto, no último ano e meio, ele tinha seguido muito de perto os passos dele. Imagens da sua última semana com Amy e seu subsequente caso com Nicole passaram pela mente de Jake. Como ele poderia compartilhar com

Amy a consciência da dimensão da sua baixeza ou sequer lhe pedir para o perdoar? O que ele tinha na cabeça? E, no entanto, sua mãe tinha perdoado. Jake podia apenas orar para que Amy tivesse tanta graça divina quanto ela.

"Então", Pam interrompeu sua desagradável viagem ao passado. "Qual é a sua melhor ideia?"

Jake se ajeitou no sofá e mergulhou nos recônditos criativos de seu cérebro. Depois de tantas horas procurando desesperadamente por ideias em sua longa viagem para casa, seria lógico esperar que ele já tivesse alguma coisa boa.

"Bem, olha... na rua dela tem uma colina. Ela passa por lá todos os dias de carro. E se eu pegasse um buquê de flores e escrevesse 'Amy, me perdoe. Com amor, Jake'", ele desenhou as letras no ar e olhou para a mãe buscando aprovação. *Nossa, eu sou bom* — pensou sorrindo.

"Certo. Seria um começo... se você tivesse dezesseis anos e fosse convidá-la para o baile de formatura", retrucou Pam. "Você precisa de alguma coisa mais pessoal, mais irresistível. Um chamado à ação é o que quer. Esta é a mulher com quem você pretende passar o resto da vida, certo? Como vai dizer isso a ela?"

Jake olhou para a mãe com uma expressão estranha.

"Mãe, não é um pedido de casamento. Eu ainda não estou nem perto de estar preparado para começar a pensar em uma coisa dessas."

Pam recostou no sofá e cruzou os braços.

"Ou seja, você namorou essa garota por quatro anos, fizeram um filho juntos e depois você a largou e agiu como um perfeito cafajeste. Agora, você está tentando convencê-la a romper com um cara muito especial que já deixou claro que quer se casar com ela. Dá um tempo, Jake. Se você ainda não está cem por cento convencido de que essa é a mulher com quem quer se casar e envelhecer, então, desista agora e deixe-a em paz."

Como um menininho levando uma bronca, Jake evitou olhar nos olhos da mãe. Ela tinha razão. Ele já tinha proporcionado a Amy emoções o suficiente. Isto era muito maior do que competir com o Steven para fazê-la gostar dele outra vez. Isso era jogar para valer.

Enquanto Jake olhava pela janela, sua mãe batia com os dedos na perna dele.

"Pense nisto, meu querido. Quando puder me convencer de que você vale a atenção dela, vai estar pronto para tentar convencer a Amy."

Ela se levantou e saiu da sala levando consigo a caixa para o escritório. Jake não se mexeu.

Ele sabia que seus sentimentos pela Amy eram fortes, mas será que ele a amava de verdade? *Talvez, eu só esteja vivendo no passado* — cogitou. Ou talvez, ele estivesse simplesmente se sentindo atraído porque ela era linda... e inatingível. Será que sua fascinação por ela estava firmada em algo mais profundo?

Jake refletiu sobre os fatores que levaram ao término do relacionamento. Além da razão evidente de sua falta de liderança espiritual, os sonhos individuais de cada um também tinham se tornado um obstáculo importante que os afastou. Jake questionava se isso havia mudado. Ele se importava o suficiente por Amy a ponto de sacrificar seus sonhos por ela? E se isso significasse deixar Louisville? E se isso significasse abandonar o basquete? Jake estremeceu ao pensar nessas possibilidades.

Deus, — ele orou — *minha mãe tem razão. Eu não tenho direito de ir atrás da Amy apenas pelo desejo egoísta de tê-la na minha vida. Mas não consigo deixar de pensar nela, Senhor. Eu acho que realmente a amo. Mas não tenho certeza se estou pronto para desistir do basquete por ela. Tudo está começando a ir tão bem e, com certeza, parece que o Senhor está começando a me usar para 'brilhar' lá em Louisville. Isto significa que eu preciso deixar a Amy para sempre? 'Porque eu estou quase certo de que, se eu não me mexer agora, nunca mais terei outra chance. Eu realmente quero fazer o que o Senhor sabe que é o melhor* — *para nós dois.*

6

DEPOIS DE CINCO DIAS E QUATORZE torpedos não respondidos, dois recados gravados sem retorno e uma mensagem no Facebook ignorada, Jake estava na porta da Amy com uma única rosa amarela nas mãos e um coração que batia violentamente. O sentimento de nervosismo não era novo para Jake — ele estava acostumado com o frio no estômago antes de qualquer jogo de basquete — mas a tensão incômoda que ele tentava ignorar agora levava o nervosismo a outro nível. A missão de hoje poderia ser um triunfante sucesso ou uma derrota humilhante. E Jake não tinha certeza se teria estômago para a segunda opção mais uma vez.

    Bateu timidamente na mesma porta em que havia batido confiantemente tantas vezes antes e esperou pacientemente alguns passos atrás. Quando ouviu passos que se aproximavam, Jake segurou mais forte o caule da pobre rosa, forçando-se a respirar. A porta então se abriu e lá estava ela. Resplandecente num vestido azul claro, Amy irradiava alegria... até registrar quem estava ali diante dela. No momento em que seus olhos reconheceram Jake, seu sorriso imediatamente desapareceu.

"O-oi, Amy", Jake gaguejou, sem se lembrar da sua primeira fala.

Os olhos de Amy se arregalaram, e ela deu uma olhada rápida para trás.

"Uh, oi." Ela olhou para trás novamente e, então, se virou para Jake. "Olha, com certeza, esta não é uma boa hora para mim. Posso te ligar mais tarde?"

Jake tinha levado três horas para se preparar psicologicamente para este momento. Ficou sentado na caminhonete durante quarenta e cinco minutos até se encher de coragem para ir até lá. A última coisa que ele precisava agora era de um adiamento.

"Por favor, Amy, me dê apenas cinco minutos."

Amy saiu da casa e fechou a porta atrás de si, assentindo lentamente com a cabeça.

"Eu te dou três."

Seu olhar de irritação não ajudava muito, mas Jake sabia que não tinha tempo a perder, então, imediatamente deu início ao seu discurso. Ou pelo menos, abriu a boca para tentar falar. Infelizmente, as palavras que havia praticado tantas vezes na frente da mãe e do espelho do banheiro, de repente, desapareceram.

"Uhhh...", Jake travou. Ele se orgulhava de ser rápido na quadra de basquete, mas ali, diante de Amy, estava arremessando bolas de ar. *Deus, eu preciso da sua ajuda!* — implorou. Olhou para os pés, fechou os olhos e respirou fundo. E de repente, o clique.

"Amy, eu sei que perdi qualquer direito ao seu afeto há muito tempo e sei que não mereço uma segunda chance. Sei também que você está namorando um cara que parece ser bom de verdade. Mas não quero ser um daqueles personagens patéticos dos filmes que esperam até que seja tarde demais para dizer a alguém como realmente se sente. Então, é isto que estou fazendo aqui neste momento". Jake fez uma pausa para garantir o total impacto da sua próxima frase e olhou corajosamente nos olhos da Amy.

"Amy Briggs, eu te amo."

Amy se moveu, desconfortável, e seu rosto corou. Mas ela não desviou o olhar.

"Eu sei que essas palavras não significam nada se não forem acompanhadas por ações. Por isso, passei muito tempo pensando a respeito do que elas realmente significam para mim." Jake mexeu na rosa que havia se esquecido de entregar à Amy e inspirou profundamente. E continuou: "Aqui estão dez maneiras como eu gostaria de lhe provar isso, se você me der a chance. Número dez: Vou tratá-la com o valor que merece. Sei que tenho muito a compensar por ter sido tão idiota durante tanto tempo".

"Número nove: Vou demonstrar interesse pela sua vida. Sinto muito por ter sido tão egoísta antes. Você não faz ideia do quanto sinto falta de conversar com você."

"Número oito: Serei um líder espiritual melhor. Puxa, nem acredito o quanto me afastei de Deus. Você tentou me reaproximar dele, mas eu resisti tanto. E sinto *muito mesmo*. Obrigado por tentar me empurrar, mas você nunca mais terá que fazer isso novamente. Uma das coisas de que mais sinto falta de conversar com você é sobre o que estamos aprendendo de Deus. Quero que a gente ore e leia a Bíblia juntos e que desafie um ao outro."

"Número sete: Vou servir ao seu lado. Acho tão legal que você tenha investido a sua vida nas meninas. Comecei a me oferecer como voluntário para algumas coisas na minha igreja em Louisville e estou adorando. Não sei como seria, mas eu adoraria me envolver com você em algum tipo de ministério neste verão."

Jake não conseguia identificar o que Amy estava pensando, mas ela, com certeza, não estava mais com a testa franzida. Na realidade, ele quase detectou um leve sorriso quando mencionou as meninas. *Vai em frente, cara.* Jake se encheu de coragem. *Você está indo bem.*

"Número seis", continuou, "vou com você visitar a sua família neste verão. Estou muito feliz que tenha se reaproximado do seu pai. Eu adoraria saber mais sobre isso e, se você permitir, adoraria conhecê-los."

Novamente, um sorriso discreto apontou nos cantos da boca de Amy.

"Número cinco", Jake acelerou, na esperança de não perder o momento. "Vou apoiar os seus sonhos, custe o que custar. Graças a você, estou vivendo uma experiência incrível em Louisville. Mas sinto muito por ter sido tão egoísta quando você tentou viver o seu próprio sonho. Quero compensá-la por isso."

Neste momento, Jake precisou fazer outra pausa. Suas mãos tremiam enquanto ele se preparava para entrar no item mais difícil até o momento. Ele soltou o ar com força.

"Número quatro: Quando digo 'custe o que custar', estou sendo sincero. Amy, pensei e orei muito a esse respeito: se estar com você e apoiá-la for um problema porque você não quer um relacionamento à distância outra vez, eu me transfiro de Louisville para algum lugar mais perto. Tenho certeza de que não tenho as notas para entrar em Stanford, mas posso jogar numa faculdade menor se for para estar ao seu lado."

Os olhos de Amy se arregalaram e sua face empalideceu. Jake prosseguiu aos seus apelos finais.

"Número três: Estou falando *muito* sério quando digo custe o que custar. Posso até deixar de jogar basquete se você achar que faria a diferença em nosso relacionamento.

"Número dois: Vou ficar feliz em passar o resto da vida aprendendo a amá-la melhor. E número..."

A porta se abriu de repente e Steven apareceu, fazendo tanto Amy quanto Jake saltarem como se tivessem sido pegos cometendo um crime.

"O que está acontecendo aqui, Amy?", perguntou Steven com um tom acusador.

Os olhos de Amy foram do seu namorado para Jake e de volta ao namorado. Sentindo o peso da responsabilidade da situação, Jake disse num tom leve:

"Oi Steven. Eu só dei uma passada aqui para dizer à Amy..."

"Eu sei por que você está aqui", Steven encarou Jake. "Ouvi toda a sua lista repugnante. Você tem muita coragem de vir aqui deste jeito e..."

"Steven", Amy interveio. Mas ele também a cortou.

"Não. Não me venha com 'Steven' agora! O que *você* tinha na cabeça ao deixar que ele continuasse a falar? Você se esqueceu que o seu *namorado*, que veio de longe para te visitar, que te tratou com mais respeito e amor do que este idiota aqui, estava ali sentado, esperando por você?"

"Ei, não é culpa dela", Jake interveio. "Ela só não quis ser malcriada Diferente de você, obviamente."

"Eu, malcriado? O que você acha que é uma declaração de amor eterno a uma garota que já é comprometida?"

Controlando-se antes que dissesse alguma coisa da qual viesse a se arrepender, Jake deu um passo atrás e enxugou as mãos suadas na calça jeans.

"Olha, eu sinto muito, Steve."

"É Steven", corrigiu Steven.

"Sinto muito, *Steven*. Eu vou dar o fora daqui e deixá-lo aproveitar o resto da sua tarde." Jake estendeu a mão para apertar a de Steven, mas Steven a ignorou.

"Você tem muita sorte, cara."

Nem Steven nem Amy responderam, e Jake começou a se afastar.

"Ah...", voltou Jake. "Isto é para sua mãe, Amy. Posso deixar com você?"

Jake entregou a rosa a Amy enquanto Steven entrava em casa furioso. Ela pegou a flor e olhou para Jake por um momento.

"Sinto muito, Jake", disse baixinho, e então, seguiu o namorado para dentro de casa.

A porta se fechou atrás dela e Jake foi deixado ali, em pé na calçada. *É, foi muito mal,* ele tentou rir de si mesmo enquanto fitava a porta pouco hospitaleira. Mas não havia nada de engraçado em sua situação. Neste verão, Jake tinha vindo para a casa com uma missão, mas em menos de uma semana, já estava sem munição. Sua busca por vitória havia se transformado numa operação kamikaze e ele tinha se estatelado e virado cinzas da forma mais grandiosa possível. *Pelo menos, eu caio com honra,* — tentou encorajar a si mesmo.

Jake subiu na caminhonete e se afastou com tristeza, enfrentando o desconsolo que crescia dentro dele com uma esperança desesperada de que Deus tivesse algum outro plano... melhor... reservado para ele.

7

TRÊS DIAS DEPOIS, Amy sentou-se com Cari à mesa dos fundos do seu Starbucks favorito. Cari já tinha terminado sua bebida há quase uma hora, mas o café gelado da Amy continuava sobre a mesa, intacto, numa poça de condensação que só crescia.

"Eu simplesmente não consigo acreditar que ele estava tão nervoso com tudo isso!", queixou-se Amy, revivendo, pela terceira vez, a sua frustração com a reação de Steven à visita de Jake. E o pior foi a última coisa que Steven me disse no aeroporto: 'Eu te amo, Amy, mas não tenho certeza se confio em você com aquele cara.' Ele está de brincadeira? Quer dizer que a culpa é *minha*? Não fui eu que convidei o Jake, ou quis que o Steven ouvisse tudo aquilo. O que ele quer que eu faça, que consiga uma medida cautelar para o Jake ficar longe de mim?"

Cari sorriu e girou o canudo do seu copo vazio.

"O Steven sabe que foi você quem retomou o contato com o Jake?"

"Imagina...", Amy bufou. "Ainda bem que eu nunca consegui mencionar o fato! É tão ruim assim, Cari? Eu sei que ele é o meu namorado. Mas quer dizer que não tenho permissão de resolver as coisas com um relacionamento passado?"

Cari encolheu os ombros.

"Eu consigo entender por que o Steven se sente desconfortável com o Jake por perto. Vocês dois têm uma história. É compreensível que ele se sinta ameaçado, especialmente depois que o Jake deixou suas intenções tão claras."

"Nem me fale", bufou Amy revirando os olhos.

"Eu só imagino o que o Steven ficou pensando enquanto o Jake recitava a sua lista", disse Cari, rindo. "Mas, e você?"

Amy balançou a cabeça e suspirou.

"Isto não importa. O Steven pegou um avião para vir fazer as pazes comigo, e desfez — e até superou — todas as minhas ressalvas. Eu não posso levar em consideração nenhum pensamento a respeito do Jake."

Cari estendeu o braço por sobre a mesa e segurou a mão esquerda de Amy. Virou-a de um lado para outro várias vezes, estudando-a.

Amy foi vencida pela curiosidade.

"O que você está fazendo?"

"Só estava procurando uma aliança. Algo que mostrasse que você tem um compromisso para toda a vida com o Steven", respondeu Cari despretensiosa.

"Ele me ofereceu uma aliança, está lembrada?"

"E você disse não", respondeu Cari calmamente. Bateu de leve na mão de Amy e a soltou. Então, deu aquele olhar que Amy já conhecia: as próximas palavras de Cari provavelmente eram dignas de nota. "Meu pai me deu um conselho quando eu tinha a sua idade", fez uma pausa enquanto Amy aguardava com a respiração suspensa. "Ele disse: 'Sem aliança... não há dança.'"

Amy ignorou aquelas palavras simples que antecederam o verdadeiro conselho. Mas Cari só ficou ali, sorrindo.

"Só isso?", Amy finalmente protestou. "Não acredito que estou ouvindo isto de você. Está me dizendo que porque não aceitei o pedido de Steven, posso aprontar pelas costas dele e tudo bem?"

"Não, não, não", Cari balançou a cabeça com veemência. "Só estou dizendo que até que você diga 'Aceito' no altar, não há exigência alguma de Deus ou de qualquer pessoa para que você se desapegue de seus sentimentos e renda-se inabalavelmente a sua opção atual — independente do quanto esta opção viajou para fazer as pazes com você. Dê um tempo a si mesma, Amy. Não se acomode simplesmente no que é mais conveniente."

Essas eram as últimas palavras que Amy esperava ouvir da boca de Cari. Ela e Chris sempre falavam da importância de respeitar compromissos e ser fiel à palavra dada.

"Cari, isto não se parece com um conselho que você daria. E toda aquela conversa sobre o falar ser 'sim, sim' e 'não, não'? E com relação a cumprir as nossas promessas?"

"Com certeza. Mas nos dias de hoje, para o bem ou para o mal, o namoro não é uma promessa; é muito mais um experimento. Claro, precisamos tomar cuidado para não começar e terminar relacionamentos de forma inconsequente. Mas também precisamos tomar cuidado para não nos fixarmos em relacionamentos de forma inconsequente. Até agora, você comprometeu apenas o seu presente ao Steven, nada mais."

"Eu só não acho que devo romper nosso relacionamento sem motivo. Já parti o coração dele quando recusei o seu pedido de casamento."

"Não estou dizendo que *deva* romper com ele sem motivo. Mas não tenha medo de considerar suas opções. Você tem vinte e um anos, certo?", perguntou Cari, assim, do nada.

Amy assentiu, perguntando-se o que Cari estava querendo com esse comentário.

"Vinte e dois... vinte e três... vinte e quatro... vinte e cinco... vinte e seis... vinte e sete... vinte e oito... vinte e nove... trinta..." Cari contava ritmicamente, sem tirar os olhos de Amy. Ela prosseguiu até o número quarenta. "Quarenta e cinco... quarenta e seis... quarenta e sete... quarenta e oito... quarenta e nove... cinquenta... cinquenta e um..."

cinquenta e dois... cinquenta e três... cinquenta e quatro... cinquenta e cinco... cinquenta e seis... cinquenta e sete..." Cari seguiu contando adiante, como um metrônomo lento e constante.

A cada número, Amy achava tudo muito estranho, mas continuava presa à voz hipnótica de Cari.

Sessenta... sessenta e um... A conversa tinha tomado um rumo inesperado, transformando-se num tipo de competição para ver quem encarava por mais tempo. Qualquer que fosse o objetivo de Cari ali, ela o tinha alcançado. *Sessenta e cinco... sessenta e seis...* Amy, pouco à vontade, se mexeu na cadeira, desejando que a contagem simplesmente parasse. Pela primeira vez, ela deu um gole na sua bebida, agora em temperatura ambiente.

"Sessenta e nove... setenta... setenta e um... setenta e dois... setenta e três... setenta e quatro... setenta e cinco... setenta e seis... setenta e sete... setenta e oito." Finalmente, Cari parou. "Ufa, que coisa estranha, né?"

"É mesmo", Amy colocou na mesa seu café e sorriu. "Já estava começando a pensar que você tinha se transformado num robô ou algo do tipo. "

"As mulheres em nosso país vivem, em média, até os setenta e oito anos de idade", explicou Cari. "Provavelmente, vamos viver mais tempo quando você chegar a essa idade.", Ela sorriu e, de sua cadeira, ela foi inclinando-se para frente, se aproximando cada vez mais de Amy. Suas mãos maternais apertaram de leve as mãos da garota. "Pense que cada um desses números representa um ano de casamento. Se você achou estranho o que eu fiz, imagine estar casada com o cara errado por cinquenta e tantos anos." Cari recostou-se na cadeira e fez uma pausa de efeito. "Amy, não estou lhe dizendo que o Steven é o cara errado. Pelo que você me contou, ele parece ser um jovem maravilhoso. O que estou lhe dizendo é: não escolha errado."

"Você acha que ele pode ser o cara errado?", Amy pressionou timidamente. O suor umedeceu as palmas de sua mão, e ela as enxugou no jeans. Cari estava cutucando o vespeiro que Amy havia tentado manter intocado há alguns meses.

"E você, acha?"

Amy soprou sua franja e recostou-se na cadeira com os braços cruzados.

"Cari, como você soube que o Chris era a pessoa com quem queria passar o resto da sua vida?"

O rosto de Cari se iluminou quando ela começou a brincar novamente com o seu copo vazio.

"Todos os meus sonhos para o futuro o incluíam. Eu sabia que ele não era perfeito, mas era perfeito para mim." Cari riu de si mesma em voz alta. "Sei que parece meio brega, mas é verdade."

Brega seria a última palavra que Amy usaria para descrever a resposta da Cari. Infelizmente, ela tinha quase certeza de que não era dessa forma que se sentia com relação a Steven. Claro, às vezes, ela sonhava com o casamento deles, e se imaginava levando café na cama para ele, e ouvindo-o cantar para ela durante um jantar à luz de velas ao pôr-do-sol. Mas nada disso era a realidade. Sinceramente, ela não conseguia ver como Steven se encaixaria nos seus sonhos concretos para o futuro. Ela achava que amava Steven, mas depois de ouvir a impressionante confissão de amor sacrificial que Jake havia feito, ela não sabia mais o que pensar.

"Sabe, você não respondeu a outra pergunta", Cari comentou, interrompendo seus pensamentos.

"Que pergunta?", perguntou Amy fingindo inocência, pois sabia muito bem a qual pergunta ela estava se referindo. Cari ergueu as sobrancelhas e fitou-a intencionalmente. Amy sorriu e seu rosto corou. "Meu coração batia a mil por hora — em parte porque eu estava com medo que o Steven conseguisse ouvir, mas principalmente porque Jake estava admitindo tudo o que tinha esperado e prometendo mais do que eu jamais poderia sonhar. Se Steven não estivesse ali, nem sei o que eu teria feito!" Amy soltou o ar e deu uma risada nervosa.

"Não acredito que acabei de admitir isto." Ela olhou para o seu celular sobre a sua bolsa na cadeira ao lado. Pegou-o e examinou a foto dela e Steven na tela.

"Ah Cari, o que eu vou fazer?"

Cari pegou a mão de Amy.

"Bem, não posso dizer que tenho inveja de você, amiga", disse Cari sorrindo. "Lembre-se de uma coisa apenas: não há pressa. Aproveite este verão para entender como você se sente. Todas estas emoções malucas podem não significar nada mais do que uma atração sua pelo Jake."

Amy corou. Ela não podia negar que isso era verdade. Jake sempre foi um gato, mas agora... Amy não conseguia deixar de imaginar seu corpo malhado sem camisa. *Amy!* Ela deu uma bronca nela mesma, ciente de que os músculos do Jake eram a última coisa que deveria estar pensando, além de ser a última coisa que importava, levando em consideração o seu futuro. Ela balançou a cabeça para expulsar as imagens perturbadoras e tentou voltar a atenção a Cari.

"Eu acho que este tempo longe do Steven vai lhe dizer muita coisa. A distância ou aumenta o amor ou..."

"... o faz esquecer de vez", Amy completou ironicamente. "Mas o que eu faço com o Jake enquanto isso?"

"Bem", ponderou Cari, "se o encontrar na igreja, não vejo mal algum em que você converse com ele. Mas enquanto você tiver um namorado, talvez, seja melhor não se encontrar com o Jake fora das programações da igreja", Cari sorriu maliciosamente. "Aliás, a programação está intensa. O Steven não impede que você se envolva na igreja, certo?"

Amy deu risada.

"Aff!", deixou escapar. "Eu tentei tanto evitar o drama. Como isso aconteceu comigo?"

"Você sabe quantas garotas dariam qualquer coisa para encontrar um homem de Deus que seja atraente e charmoso. Pense apenas como você tem sorte, pois o seu problema é escolher entre dois", Cari sorriu.

Há alguma possibilidade de que alguém retire um deles de cena para mim? – Amy orou.

8

DOIS MESES DEPOIS DE SEU DESASTROSO INCIDENTE, Jake aguardava ansiosamente do lado de fora, de onde Chris chamava de Disneylândia de Oceanside: o centro de compras Costco. Amy chegaria a qualquer minuto e Jake tinha a sensação de que sua cabeça estava prestes a explodir com tanta pressão.

Desde a confissão sobre o seu amor eterno à Amy, ela tinha sido cordial nos encontros na igreja, mas qualquer contato que Jake tentasse iniciar fora dali era recebido com uma firme rejeição. Chris e Cari, Andrea e até sua mãe o haviam encorajado a ir devagar, a ser paciente, a dar espaço a Amy enquanto ela estivesse namorando. Mas Jake sabia que esta era a sua última chance. Se ele não conseguisse convencê-la agora de que era digno da atenção dela, quais seriam suas chances de ter outra oportunidade? Ele estaria de partida para Louisville em três dias. Quando a veria novamente?

Muitas manobras criativas haviam sido usadas para convencer Amy da "necessidade" deste encontro hoje. Era pelo bem do ministério!

Neste final de semana, Amy ajudaria no retiro dos líderes estudantis, e Cari havia lhe dado a responsabilidade de fazer as compras para a viagem. Ela fez o seu pedido a Amy no exato momento em que Jake passava por ela no hall da igreja. Aproveitando a deixa, Jake casualmente ofereceu ajuda, uma vez que fazer compras para vinte adolescentes, provavelmente, seria mais fácil em parceria. Além disso, Jake tinha uma caminhonete, o que também facilitaria muito o transporte das compras até a igreja. Não havia como Amy recusar esta oferta generosa, certo? Amy cedeu com relutância, mas acabou até concordando que Jake a levasse para comer um cachorro quente depois das compras.

Jake checou as horas no celular; 4h03. Engoliu a tensão que se formava na garganta. O Dia-D havia chegado. Ele esticou a camisa pela trigésima-segunda vez e arrumou sua postura, recostando-se no pilar de concreto. Ele tentava parecer tranquilo, mas o seu estômago parecia ter vários nós.

Quando Jake percebeu que Amy não lhe daria uma chance de se aproximar neste verão, começou a fazer de tudo para impressioná-la à distância. Mesmo que Amy não estivesse de acordo, ele ainda poderia fazer a sua parte para colocar em prática o ponto número sete da sua lista, então, começou a participar de todas as atividades na igreja nas quais achasse que ela estaria presente — e eram muitas. Como Amy liderava um pequeno grupo de garotas durante o verão, Jake se ofereceu para liderar um grupo formado por alunos do primeiro ano do Ensino Médio. Só com isso, ele a veria todos os domingos pela manhã, às terças à noite e em muitos outros dias de eventos especiais nesse meio tempo.

O engraçado, no entanto, é que embora o contato com a Amy tivesse sido mínimo, Jake descobriu que realmente gostava do ministério de adolescentes. Os meninos de seu grupo eram terríveis, mas ele ficava quase tão ansioso para reunir-se com eles quanto para ver Amy. Jake sabia, por experiência própria, como era importante esse período na vida deles e gostaria de ter tido alguém como Chris em sua vida desde o início, e não, somente no final do Ensino Médio. As coisas poderiam ter sido tão diferentes! Jake sabia que sentiria saudades desses garotos quando partisse para Louisville dali a três dias.

Três dias! Ele não conseguia acreditar que já era quase hora de voltar à faculdade – o verão tinha simplesmente voado! Além do seu envolvimento com os garotos do primeiro ano do Ensino Médio, ele também tinha se divertido muito com o pessoal do grupo de universitários da New Song. Parecia a extensão do antigo grupo de adolescentes do qual Jake havia participado na segunda metade de seu último escolar. Mas em vez de apenas se reunirem para almoçar, eles encontravam muitas outras oportunidades divertidas e significativas de interação. As tardes de domingo e as noites de quarta-feira eram de Ultimate Frisbee, sexta era dia de fogueira na praia e Jake aguardava ansiosamente o café da manhã com Jonny todas as manhãs de quinta. Enquanto seu amigo maluco sempre o divertia com suas ideias estapafúrdias, ele também oferecia reflexões profundas quando oravam juntos e estudavam o evangelho de Marcos. Jonny estava amadurecendo, e Jake estava grato por tê-lo como amigo.

Jake também tinha aproveitado seu tempo em casa com a mãe. Eles almoçavam juntos na maioria dos dias da semana e todas as noites de segunda-feira eles experimentavam um novo restaurante. Jake se impressionava mais e mais com as observações perspicazes de sua mãe a respeito da vida e com toda a graça e paciência que ela demonstrava. Ele descobriu que quando Glen trouxe os papeis do divórcio, ela lhe disse gentilmente que se recusava a abrir mão do casamento deles com uma assinatura, mas que não seria um empecilho se o tempo seguisse seu rumo. Aquilo deve ter despertado alguma coisa porque Glen suspendeu o processo por algum tempo. Jake não conseguia deixar de pensar no milagre que tinha pedido durante sua viagem à Califórnia. Eles ainda estavam muito longe de uma reconciliação, mas já era, pelo menos, um começo.

Jake olhou novamente para o celular; *4h17.* Um sentimento de desânimo começou a tomar forma. Amy não costumava demorar. Ele sabia que ela não estava, nem de perto, tão animada com esse encontro quanto ele, mas não daria um furo, daria? *Deus, por favor, não permita que ela cancele.*

Esse verão havia sido positivo de muitas formas, mas Jake ainda não conseguia evitar o sentimento de frustração. Embora parecesse bom demais para ser verdade, ele simplesmente tinha uma sensação, lá no fundo, de que conseguiria reatar com Amy. Mas agora, a menos que Deus descolasse algum milagre esta tarde, ele voltaria para Louisville com o coração vazio. Jake havia entregado a Deus seu relacionamento com Amy inúmeras vezes e sentia que ele havia lhe dado o sinal verde para se aproximar dela durante os dois meses em que esteve em casa. Porém, ele sabia que assim que partisse, precisaria tirar o passado da sua mente e simplesmente seguir em frente. Amy estava nas mãos de Deus, e não havia mais nada que ele pudesse fazer. Mas, Senhor, por favor, me ajude a não pisar na bola hoje – implorou. Ele não sabia se teria condições de lidar com mais uma derrota esmagadora.

4h23. Jake se certificou de que não havia mensagens ou chamadas perdidas e mexeu-se outra vez. Cansado de ficar ali em pé, finalmente, decidiu se sentar no banco de concreto à sua esquerda. A caixinha no bolso traseiro o incomodou ao sentar, então, ele a pegou e examinou o cubo cuidadosamente embalado. Se todo o resto falhasse, talvez, este pequeno presente a fizesse se lembrar dele depois que cada um tivesse seguido seu caminho. Não era muito, mas ele tinha esperança de que ela gostasse. Colocou-a no bolso lateral da bermuda e encostou-se no banco.

Na entrada, à sua direita, uma senhora verificava o cartão de sócio de cada pessoa. De repente, ele se perguntou se conseguiriam entrar! Ele não tinha um cartão. Mas Amy não teria recomendado este lugar se não soubesse disso. *Certo?* Bem, na pior das hipóteses, eles teriam que ir a outro lugar e, talvez então, o Jake pudesse traçar um jantar de verdade na troca.

"Desculpe o atraso", a voz de Amy interrompeu sua nova fantasia.

Jake olhou para cima e viu Amy vestindo uma calça legging preta e um moletom. Seu cabelo estava preso num rabo de cavalo, e embora ela ainda estivesse linda, estava óbvio que não tinha se arrumado para a ocasião. Jake geralmente não se importava com as próprias roupas, mas, de repente, os trinta minutos que tinha passado sofrendo para decidir qual camisa vestir lhe pareceram um tanto desnecessários.

"Andrea e eu fomos correr na praia e eu perdi a noção do tempo."

"Tudo bem. Vale a pena esperar por você". Jake riu e levantou-se para lhe dar um abraço. Amy deu um tapinha leve nas costas dele e se afastou rapidamente. "Você tem o cartão de sócio, certo?", indagou, fazendo um gesto com a cabeça para o segurança à porta do Costco.

Amy abriu um sorriso e puxou um cartão preto.

"Não é qualquer cartão; eu sou uma sócia classe Executiva. Graças ao meu pai, que me incluiu na conta dele", disse, pegando um carrinho e dirigindo-se à entrada.

"Ah, você aposta alto", respondeu Jake, seguindo logo atrás. "Então, eles estendem o tapete vermelho para você ou algo assim?"

Amy mostrou o cartão e eles entraram na loja movimentada.

"Eles costumavam fazer isso, mas depois de um tempo ficou repetitivo, então, eu disse para deixarem somente para ocasiões especiais. "

"Esta não é uma ocasião especial?", Jake provocou.

"Você pode pegar dois daqueles bolos ali?", perguntou Amy, apontando para uma mesa arrumada e ignorando aquela última pergunta como uma profissional. Em seguida, pegou a lista de compras de Cari e a estudou atentamente.

Obediente, Jake pegou dois bolos de limão e empurrou o carrinho extralargo — ironicamente, largo o suficiente para encher o porta-malas de um carro normal — de volta para Amy, que agora assistia um desenho na fileira de aparelhos de televisão.

"Qual delas você quer?", perguntou, encostando levemente o carrinho no quadril da Amy.

"Você sabe que nós que apostamos alto nem consideramos tela com menos de setenta polegadas", Amy virou-se para olhar para Jake e piscou. "Pronto?"

"Vamos nessa", Jake retribuiu com um sorriso.

Amy o conduziu por todos os corredores, enchendo o carrinho durante o percurso. Geralmente, Jake odiava fazer compras, mas hoje a possibilidade de ter alguma conversa significativa com a Amy o manteve firme e forte. Isso e a esperança de que no final de cada corredor, uma demonstradora estaria aguardando por ele com alguma delícia para provar.

"Então, está animada para voltar a Stanford?", Jake tentou bater uma papo.

"Estou sim, mal posso esperar para voltar", respondeu Amy, pegando quatro garrafas de suco de uva. "E você?"

"É, acho que sim", Jake respondeu, livrando-a das garrafas e colocando-as no carrinho que se enchia rapidamente. Amy não reduziu o passo, então, assim que Jake garantiu que o suco não estava amassando o pão, ele se apressou para alcançá-la. Sem desejar que a conversa morresse novamente, Jake continuava falando. "Os treinos de basquete não começam oficialmente até outubro, o que vai me dar algum tempo para saber quais são as minhas aulas, essas coisas. Mas assim que começa a temporada, fica bem cansativo."

Amy não comentou, mas parou para considerar os tamanhos diferentes de tortilhas. Ela escolheu a tortilha para taco e jogou três pacotes para o Jake.

"Não me entenda mal, eu adoro", continuou Jake depois que Amy tomou sua decisão. "Mas é exatamente quando eu preciso ficar focado para manter minhas notas altas. E você? Qual é a parte mais difícil das suas aulas em Stanford? Afinal é a Stanford, não é? Todo mundo é brilhante como você?"

"Bem, sabe...", Amy sorriu e jogou um pacote grande de pão. "As aulas são bem puxadas, é claro, mas até agora eu estou gostando. Espera só um segundo. Eu vou até o fim do corredor pegar a pasta de amendoim."

Amy se afastou e logo virou para entrar no outro corredor. Jake a viu se afastar e ficou pensando em outras perguntas para fazê-la falar mais.

"Jake Taylor?", uma conhecida voz do passado interrompeu seu pensamento.

Jake olhou para frente e viu um Doug Moore bem desarrumado na outra extremidade do corredor. Mais de dois anos se passaram desde a última vez em que Jake tinha visto seu ex-melhor amigo que virou seu inimigo, e seu palpite era que a farra da faculdade tinha se alojado na cintura dele. Mesmo assim, a presunção arrogante de Doug continuava em forma. Enquanto Doug caminhava pelo corredor na sua direção, Jake não conseguiu evitar a lembrança do último contato que tiveram. Assim que toda escola descobriu que Amy estava grávida, Doug a chamou de cadela, por isso, Jake lhe deu um soco, mas de alguma forma, acabou no chão do corredor da escola enquanto Doug zombava dele. É claro que tudo isso foi depois de Doug ter ficado com a Amy, logo após ela e Jake terem rompido. Isso que é amigo.

O Senhor está brincando comigo, Deus? Jake murmurou. *Como se eu precisasse de outro intrometido idiota!*

"Oi, Doug", Jake empurrou o carrinho quase cheio na direção de seu antigo colega de time. Meio sem jeito, os dois deram um aperto de mão e tapinhas nas costas. "Quanto tempo faz, uns dois anos?"

"Tempo demais", disse Doug, sorrindo sem graça. Pelo jeito, ou ele tinha uma memória muito curta, ou estava tentando manter suas mágoas no passado. Ele olhou para o carrinho. "Você veio com a sua mãe?"

"Não, n-na realidade", Jake gaguejou, "na realidade, eu estou aqui com..."

"Doug Moore!", a voz animada de Amy por trás dele o interrompeu.

"Amy Briggs?", Doug gritou alto o suficiente para que toda a loja ouvisse.

Com uma embalagem dupla de pasta de amendoim nas mãos, ela correu para o cara que a havia insultado diante de toda a escola e o abraçou com um entusiasmo mais evidente do que havia expressado a Jake. Uma pontada de ciúmes pulsou nas veias de Jake.

"Espera aí, você dois ainda estão juntos?", Doug olhou novamente para Jake com um sorriso malicioso, seu braço ainda envolvendo os ombros de Amy.

"Ah, não, somos só amigos", corrigiu Amy, um pouco rápido demais.

"É, bons tempos", Jake conseguiu dizer, tentando parecer feliz com isso.

Doug estendeu o braço e puxou Jake para um abraço em grupo. "Cara, eu sinto saudade de vocês."

Jake olhou para Amy, e ela lhe deu um sorriso do tipo "eu sei", que lhe deu coragem para resistir aos quarenta e cinco minutos seguintes de histórias contadas pelo Doug. Segundo relato do próprio Doug, ele tinha começado bem com uma bolsa de estudos para jogar basquete pela Universidade San Diego State, mas uma mistura entre técnicos filhos da mãe, o fato de Doug dormir durante a maior parte dos treinos pela manhã e algumas ressacas bravas acabaram lhe custando a bolsa de estudos. Depois disso, ele não viu motivo para continuar estudando. Neste ano, Doug planejava jogar pela faculdade local enquanto faria algumas matérias fáceis e trabalharia meio período com o pai no ramo da construção. Com isso, ele teria bastante tempo para as festas, que pareciam ser a única coisa que realmente importava para ele.

"Bem, geralmente eu não demoro tanto tempo assim para pegar a minha cerveja!", disse Doug rindo. "Mas estou muito feliz que a gente tenha se encontrado! Vocês têm que vir na sexta-feira", convidou pela quinta vez. "Vou dar uma superfesta lá em casa."

"É, obrigado, mas eu vou estar a caminho de Louisville", Jake repetiu para Doug.

"E eu vou acampar com o grupo de adolescentes", disse Amy sorrindo.

"É, eu sei. Bom, quem sabe na próxima vez. Não se esqueça de me procurar quando estiver na cidade novamente, mano", Ele deu mais um tapa no ombro de Jake, outro abraço caloroso em Amy e fez a curva com seu carrinho lotado de bebidas alcóolicas, seguindo em direção aos caixas.

"Bom, isso foi interessante", Jake comentou com Amy. Ironicamente, a aparição de Doug foi um daqueles males que vêm para bem. Depois que ele apareceu, por alguma razão, Amy relaxou e, embora a maior parte da conversa tenha se concentrado no "amigo" gritão, Jake estava grato por não precisar ser o propulsor da conversa por algum tempo.

"É, que coincidência", Amy concordou.

"Então, que tal a gente cuidar do resto da sua lista antes que o hambúrguer descongele totalmente?", perguntou Jake.

"Vamos lá."

Eles se apressaram para percorrer o restante da loja, rindo e brincando mais livremente do que antes, em pouco tempo, os dois carrinhos estavam cheios além da capacidade. Encaixaram os carrinhos na fila do caixa mais próximo e se divertiram com os olhares e comentários que sua compra ambiciosa despertava.

"Não é fácil alimentar uma dúzia de filhos", Jake comentou com alguém que ficou olhando. "Vou começar a minha dieta *amanhã*", disse a outro.

Amy o cutucou de leve.

"Jake, para com isso", disse se divertindo, e logo informou um cliente curioso à sua frente: "Estamos fazendo compras para o grupo de adolescentes da igreja".

Várias centenas de dólares depois, eles seguiram na direção da praça de alimentação onde Jake encontrou uma mesa vazia e estacionou os dois carrinhos.

"Por que você não fica aqui com as compras enquanto eu busco a comida?", instruiu. Amy concordou e Jake foi fazer o pedido.

Alguns minutos depois, quando voltou com os hot dogs, bebidas e picolé cobertos com amêndoa, Jake ficou feliz ao observar que Amy checava a maquiagem num pequeno espelho em sua bolsa. A ideia de que Amy se importava pelo menos um pouquinho com a sua aparência para ele, fez despertar uma nova confiança em meio à sua pouca esperança para este encontro.

"Tá aqui: Coca Diet e cachorro quente... e o famoso picolé com nozes do Costco!", Jake sorriu e, com toda delicadeza, colocou a refeição de preço acessível diante de Amy.

"Como você sabia? Eu *adoro* esse picolé!", surpreendeu-se Amy.

"Quem não gosta?", respondeu Jake sorrindo.

Amy deu um gole em sua bebida e começou a levar o hot dog à boca.

"Ah, você ora ou eu?", perguntou Jake, piscando para ela.

Ela riu e colocou o hot dog de volta sobre a mesa.

"Faça as honras, por favor."

Ansioso pela oportunidade, Jake segurou as mãos de Amy. Ela hesitou, mas não as moveu. Jake tinha certeza de que as mãos dela transpiravam tanto quanto as suas.

"Deus querido, muito obrigado por esta chance que Amy e eu temos de passar este tempo juntos. Obrigado pela nossa amizade, obrigado pelo cachorro quente e pelo sorvete. De alguma forma, faça com que sejam saudáveis. Em nome de Jesus, amém", Jake apertou de leve as mãos dela e, para sua surpresa, ela as deixou ali mais alguns instantes. Ele teria adorado segurá-las pelo resto da noite, mas num momento de pânico, ele as soltou e rapidamente começou a desembrulhar o hot dog.

O constrangimento os envolveu mais uma vez, e os dois passaram a comer em silêncio. Finalmente, depois de comer o cachorro quente, Amy uniu as mãos e olhou nos olhos de Jake.

"Jake, obrigada por se oferecer para me ajudar hoje. Eu me diverti de verdade."

Jake esmoreceu diante do olhar dela, e o último pedaço do hot dog entalou na sua garganta. Ele o engoliu e respondeu gaguejando:

"E-eu também. Obrigado por aceitar a minha companhia." A caixinha no bolso começou a queimar a sua perna e Jake sabia que era agora ou nunca. "Ah, eu sei que este não é o lugar mais romântico ou algo do tipo, mas eu trouxe um presente pra você."

Ele mexeu no bolso enquanto Amy o fitava, curiosa.

"Espero que você goste", Jake tirou lentamente o pequeno cubo e o colocou sobre a mesa, diante dela.

No mesmo instante, o rosto de Amy ficou totalmente pálido. Ela não fez qualquer movimento em direção à caixinha, porém, começou a mexer a cabeça.

"Você está de brincadeira comigo, Jake?", resmungou, franzindo as sobrancelhas.

"Hummm, eu..."

"Qual é o problema com vocês, homens? Será que não conseguem dar um tempo para uma garota? Jake, eu sei que você me ama e que quer passar o resto da vida comigo e tudo mais. E sim, eu te *perdoo* por tudo . Mas isto não significa que seja fácil *esquecer!* A gente tem muito trabalho a fazer antes que eu sequer *pense* novamente em me casar com você."

Jake ficou ali, de olhos arregalados, se recuperando da força da explosão de Amy. Porém, conforme absorvia as implicações das palavras dela, um sorriso inevitável tomou conta do seu rosto.

"Então, está me dizendo que há uma chance!", festejou. "Brincadeira, Ames. Eu nem pensei no que isso poderia parecer quando peguei a caixa no armário da minha mãe. Desculpe pela confusão, mas não é um anel de noivado", Jake sorriu. "Afinal, para todos os efeitos, você tem um namorado!"

Amy ficou vermelha e olhou para a caixa, perplexa.

"Então, o que é?"

"Só abra", incentivou Jake.

Amy respirou fundo e lentamente desamarrou o laço. Tirou o papel e levantou a tampa da pequena caixa. Dentro dela, uma bola de borracha esverdeada. Atrás dela, Jake havia colocado uma tira de papel onde escreveu "Brilhe! Mateus 5:16". Amy olhou para Jake, sem entender.

"Bom, com certeza não é um anel!", comentou. Amy remexeu na bolsa, pegou sua Bíblia de bolso e folheou as páginas. "Mateus 5.16. 'Assim brilhe a luz de vocês diante dos homens, para que vejam as suas boas obras e glorifiquem ao Pai de vocês, que está nos céus.'"

"Ganhei do meu mentor, o Buddy", explicou Jake. "Ela mudou a minha vida. Olha, esta bola vai brilhar no escuro por muito tempo, contanto que você a exponha à luz primeiro. É assim que temos que ser. Enquanto estivermos perto de nossa fonte de luz, Deus nos usará para brilhar onde quer que a gente esteja. Amy, eu a vi brilhar todo o verão. Você é realmente incrível. Por isso, sei que não precisa de algo que a lembre de deixar a sua luz brilhar, mas achei que poderia ser uma lembrança do meu agradecimento pela maneira como você brilhou na minha vida e me inspirou a querer brilhar para os outros ainda mais."

O silêncio pairou ali por alguns momentos antes que Amy respondesse.

"Jake", ela finalmente respondeu, suspirando. "Este é um dos presentes mais bonitos que já ganhei. Muito obrigada."

Jake deu um longo gole em sua Coca, aliviado com o seu sucesso. Finalmente, tinha conseguido dizer o que queria, sem desastres ou interrupções.

Amy brincou com o canudo da sua bebida, obviamente querendo dizer mais alguma coisa. Porém, alguns momentos se passaram antes que ela falasse.

"Eu sei que estive distante neste verão", admitiu afinal. "Não foi porque eu não quisesse estar com você, Jake. É só que... tem o Steven, sabe, e..."

"Eu sei" Jake a interrompeu, segurando suas mãos outra vez. "Está tudo bem. Eu entendo." Fez uma pausa e com um suspiro profundo, libertou-se do stress de tentar prender Amy. "Você sabe como eu me sinto em relação a você, Amy, e isso não vai mudar. Você sabe como me encontrar caso mude de ideia com relação ao Steven."

Relutante, ele soltou as mãos dela, e pegou seu picolé, agora derretido. O creme de baunilha vazou por todos os lados quando ele mordeu a casca fina de chocolate, mas Jake não se importou. Ele havia feito o que veio fazer. O resto, agora, estava nas mãos de Deus.

OUTONO

9

DIFERENTE DE SUA CORRIDA PARA A CALIFÓRNIA, Jake não se apressou na viagem de volta à Louisville. Voltar para a faculdade não tinha o mesmo atrativo de ir para casa e rever a Amy! No caminho, Jake passou pelo Texas para buscar o Grant. Rodar os últimos quilômetros com companhia era, sem dúvida, uma mudança bem-vinda; Jake conseguia ouvir as rádios de esportes durante certo tempo, mas depois, precisava de alguma coisa nova para distraí-lo de seus infindáveis pensamentos sobre a garota que não conseguia deixar de amar. Chegaram à universidade alguns dias antes do início das aulas com tempo suficiente para se alojar no novo apartamento no campus, colocar o papo em dia com os outros integrantes do time e conhecer os calouros.

Surpreendentemente, os companheiros do ano anterior ficaram felizes ao rever Jake e Grant e nem mencionaram as notícias escandalosas que haviam provocado a divisão do time no final da temporada. Por algum motivo, foi como se Grant nunca tivesse saído do armário, o que para Jake estava perfeitamente bem, e Grant parecia aceitar também. E o que os novatos ignoravam, não iria afetá-los.

Talvez um dos fatores que mais contribuíram com a aceitação renovada de Grant e Jake tenha sido a ausência de Jamal Hardaway, chamado pelo Minnesota Timberwolves em junho no final da segunda etapa do draft da NBA. Jamal tinha sido duro com o Jake desde a chegada dele a Louisville, e com a sua ajuda, Nate Williams tinha descarregado suas próprias armas contra o Jake. Infelizmente, Grant foi pego no fogo cruzado e quando, finalmente, para proteger Jake, admitiu ser gay diante de todo o time, Nate e Jamal fizeram de tudo para que os dois fossem excluídos. Mas agora que Jamal não estava mais lá — e depois do desempenho brilhante de Jake no torneio Big Dance do ano anterior — Nate não tinha ninguém que o apoiasse em sua campanha contra o Jake e era provável que as coisas voltassem ao normal nesta temporada.

Apesar do time de Jake ter realizado o feito considerável de chegar entre os Sweet Sixteen — os dezesseis times que jogam no terceiro round — a equipe queria muito mais e não ficaria feliz se não avançasse mais nesta temporada. Bem, eles tinham perdido Jamal, mas os outros jogadores estavam intactos, e Jake obviamente esperava poder ocupar a posição de Jamal. Seria interessante ver como os calouros e os alunos transferidos se encaixariam no time.

Segundo o regulamento da NCAA, o treino de basquete não poderia começar oficialmente até a metade de outubro, mas o time sabia o que se esperava deles neste período. Treinos informais diários com fortalecimento, condicionamento físico e jogos amistosos permitiam que os garotos ficassem mais próximos uns dos outros e lutassem por uma posição num ambiente mais casual, sem a pressão dos técnicos assistindo, criticando e interferindo. Para Jake, este tempo com os companheiros de time era a melhor parte do dia. Em vez da constante competição por posição que havia sentido nos últimos dois anos, ele agora desfrutava da camaradagem com os companheiros com quem disputaria uma vaga em Novembro. Jake mal podia esperar para ver o que a temporada traria.

Nomis tinha passado mais um verão jogando Basquete de rua na liga de verão de Nova York e voltou de lá mais afiado do que nunca. Seu jump shot (arremesso no ar) estava calibrado; ele estava mais rápido que um raio na quadra e a altura que subia para as enterradas era absurda. A sua linguagem de provocação também tinha evoluído, e Jake só podia rir ao ver Nomis tentar intimidar os novatos para que fossem submissos na quadra.

"Melhor você caprichar na musculação, mano. Seu jogo tá fraquinho", Nomis provocava um calouro durante um amistoso à tarde enquanto passava por ele voando para uma enterrada incontestável. "Esquece o circo; eu sou o maior espetáculo da terra."

Na posse de bola seguinte, Nomis passou voando pelo calouro novamente, mas, desta vez, Grant estava lá para bloquear a linha. Seu longo braço estendido forçou Nomis a mudar seu lance o suficiente para que Jake tivesse uma chance por trás e a bola acabou passando a poucos centímetros do aro.

"Até a mulher barbada arremessa melhor que isso", Jake gritou batendo de leve nas costas dele e piscando em seguida. O ano prometia ser divertido.

O jogo de Grant também estava mais forte do que nunca. Era evidente que ele queria provar o seu valor depois que a maioria dos colegas se afastou dele no ano anterior. Dava para perceber que ele tinha malhado muito durante todo o verão. Ele voltou jogando na defesa e pegando os rebotes com uma garra que Jake nunca tinha visto.

Nate Williams também tinha trabalhado bastante durante o verão, era óbvio, mas agora que a posição do Jamal estava em aberto, ele não se sentia mais ameaçado pelo Jake. Um dia, num jogo amistoso, os dois acabaram ficando no mesmo time. No primeiro ataque, Jake dominou facilmente a bola e Nate, instintivamente, assumiu a segunda posição. Funcionou. Não houve rivalidade, nem disputa. Eles, no mesmo instante, se ajustaram e cada um desempenhou seu papel com talento e naturalidade. A facilidade de Jake com a bola era insuperável e a precisão fatal de Nate nos arremessos de fora era o canal perfeito para os lances de Jake. Depois de marcarem pontos pela terceira vez seguida, eles se entreolharam e sorriram – como se percebessem que deveria ter sido sempre assim.

Jake prestou atenção aos novatos bem recomendados. Eles eram bons, mas a maioria era imaturo. Era divertido vê-los descobrir rapidamente que seus treinos no Ensino Médio eram uma piada comparados ao basquete jogado na universidade – e os treinos de verdade ainda nem tinham começado. Jake lembrou de sua própria chegada ao campus quase dois anos antes, bem no meio da temporada. Ele era como um daqueles garotos, pensando estar preparado para qualquer coisa que o basquete universitário lhe apresentasse. Que forma dura de acordar para a realidade ele tinha experimentado!

Ao mesmo tempo, Jake se lembrou do respeito e da admiração que sentia jogando com os veteranos que ele havia estudado e assistido na ESPN. Agora, ele era um dos jogadores experientes e percebia que era respeitado como um dos líderes do time. Sua atuação no torneio da NCAA o havia transformado num tipo de lenda para os recém-chegados que o viram dominar o jogo em rede nacional, e Jake gostava desta nova situação.

Havia um novato, no entanto, que não era como os outros. Tyler Faulk era um calouro tão capaz quanto qualquer outro. Tinha sido o primeiro a ganhar duas vezes o prêmio de jogador do ano das escolas de Ensino Médio do estado de Kentucky e vencedor do MVP, prêmio ao jogador mais valioso da McDonald's All-American. Jake não queria classificá-lo como arrogante, mas Tyler certamente não tinha vindo para ficar no banco. Era evidente que o jovem de dezoito anos e 2 metros e 06 centímetros de altura achava que Louisville seria apenas uma rápida escala no seu caminho para a NBA.

Interagir com Tyler, com certeza, fez com que Jake começasse a especular mais sobre suas próprias perspectivas na NBA. A ideia de ser um jogador profissional sempre existiu, bem lá no fundo, e se esta temporada fosse tão boa quanto o final da anterior, Jake certamente teria uma chance. Mas, ultimamente, a sua atração pelo esporte profissional havia sido obscurecida por outras questões a respeito do seu futuro — por exemplo, onde Amy se encaixaria nesse cenário?

Jake sabia que a bola agora estava na quadra dela, mas não conseguia deixar de imaginar se haveria qualquer outra coisa que ele pudesse fazer para influenciá-la na sua direção. A única coisa que realmente parecia ajudar era orar. Então, ele orava. Muito. Colocou um retrato dela na mesa de cabeceira para que ela fosse a primeira coisa que visse todas as manhãs e a última todas as noites. Sempre que ele a via, conversava com Deus sobre ela durante algum tempo e aquilo parecia acalmar o anseio do seu coração... pelo menos um pouquinho.

"Essa garota é a sua Mona Lisa pessoal", Grant brincava. "Ela fica olhando para você em todos os lugares do quarto onde está."

Jake não se importava. Sentir que Amy olhava para ele o fazia querer viver cada dia da melhor forma possível. Ele já tinha arrependimentos suficientes e não pretendia somar mais nenhum. Com ou sem a Amy, este ano seria ótimo.

10

NO PRIMEIRO DOMINGO DEPOIS DO INÍCIO DAS AULAS, Jake se viu mais uma vez caminhando pela trilha do dormitório dos atletas até a igreja Grace Fellowship. Diferente das outras vezes, porém, ele não estava só. Impecavelmente vestido de casaco esportivo branco e gravata, Grant caminhava ao seu lado, meio hesitante a respeito de toda essa coisa de igreja, mas ansioso para ver o Buddy. Durante todo o verão, Jake havia orado pedindo a Deus que o usasse para levar Grant a Cristo, e o sim de Grant ao convite para ir à igreja era, com certeza, um passo na direção certa mesmo que fosse apenas para ver seu velho amigo.

Buddy havia escrito para os dois jovens várias vezes durante o verão. Aos oitenta e quatro anos, seus garranchos eram quase ilegíveis, mas a mensagem por trás das letras havia impressionado a ambos. Numa época de textos curtos e e-mails rápidos, o tempo e esforço que Buddy havia dedicado para manter contato com eles era significativo, especialmente considerando como seus meses tinham sido difíceis.

Yvonne sofreu um derrame três dias após Jake ter partido para casa e, por isso, ele não tinha conseguido falar com Buddy naquele domingo da chegada inesperada de Steven. Desde então, ela ainda não tinha recuperado totalmente a consciência e sobrevivia praticamente num estado vegetativo. Felizmente, todas as funções básicas do corpo estavam normais, por isso, Buddy conseguiu trazê-la para casa algumas semanas depois. Agora, no entanto, ele estava preso em casa, cuidando de sua esposa inerte vinte e quatro horas por dia, exceto por algumas horas nas manhãs de domingo quando uma cuidadora contratada vinha para ajudá-lo e, assim, ele conseguia ir à igreja.

Jake ficou muito abalado com a notícia. Buddy tinha impactado muito a sua vida e tanto ele quanto Yvonne foram extremamente generosos ao abrir a casa para ele. Não parecia justo que qualquer um deles sofresse tanto assim.

Nem mesmo em um milhão de anos Jake imaginaria que um idoso, ex-jogador de basquete de Louisville, seria responsável por ele estar caminhando com Deus outra vez. Mas o passeio espontâneo dos dois a um restaurante tinha mudado a vida de Jake, e os almoços semanais que aconteceram depois se tornaram os melhores momentos do último semestre para Jake. Buddy ouvia sem julgar e suas respostas cheias de sabedoria eram conselhos que não soavam como sermões. Jake muitas vezes se viu derramando seus problemas mais profundos diante de Buddy com total honestidade, atento às suas palavras, com completa aceitação.

Até mesmo Grant, que não poderia estar mais desinteressado nas coisas espirituais, ouvia atentamente sempre que Buddy abria a boca. Quando Grant revelou ser gay durante um jantar no ano passado, Jake quase caiu de costas. Afinal, Buddy vinha de uma geração em que tais coisas não eram discutidas. Porém, Buddy se mostrou aborrecido e respondeu com brandura, amor e bom senso. Ele não evitou a verdade, mas também não a usou como arma. Jake esperava aprender mais com o Buddy durante este ano.

"Lembra da última vez que fui à igreja com você?", Grant recordou, fingindo dar um soco no cotovelo de Jake.

"Nossa...", Jake contraiu os ombros, lembrando-se muito bem da função de acompanhante de Grant quando Nicole pediu para se juntar a ele na igreja. Na realidade, Jake havia sentido ciúmes de Grant naquela manhã pela maneira como ele tinha flertado com Nicole. *Que ironia!* Jake balançou a cabeça e esboçou um pequeno sorriso ao pensar como ela tinha usado um falso interesse pelas coisas de Deus para atraí-lo para um relacionamento. *Pelo menos este é o ponto positivo no fato de Amy manter distância.* Ele estremeceu com a ideia de um dia ter que contar a ela as profundezas da sua queda.

"Então, fique avisado: esta igreja não é, nem de longe, tão... elegante quanto a outra", alertou Jake, enquanto caminhavam pela calçada. O homem de cabelos grisalhos estava, como sempre, à entrada da igreja para recebê-los. "O nome dele é Harry. Ele usa exatamente o mesmo terno todos os domingos, independente de estar nevando lá fora ou um verão de 40 graus", sussurrou Jake.

"Bem-vindo de volta, filho", Harry estendeu a mão com muito mais calor humano do que havia oferecido a Jake em sua primeira visita. "Viu algum astro de Hollywood enquanto esteve na Califórnia?", brincou o idoso.

"Desta vez não, Harry", sorriu Jake, balançando a cabeça. "Mas quero que você conheça um futuro astro da NBA. Este é o Grant, meu amigo e companheiro de time."

"Muito prazer em conhecê-lo, senhor", disse Grant, movendo a cabeça.

"'Senhor' é como você deve chamar as pessoas da idade do meu pai... e ele morreu há quinze anos!", Harry caiu na gargalhada outra vez. "Pode me chamar de Harry. É um prazer te conhecer, Grant. Eu acho que vocês acabam de dobrar o número de participantes do nosso ministério de jovens esta manhã." Harry bateu de leve nas costas de Jake e os dois colegas de quarto caminharam para a entrada da igreja.

De repente, o órgão começou a tocar a melodia de um hino que Jake nunca tinha ouvido antes. O coral entrou em seguida, cantando em harmonia dissonante. O pastor titular cumpriu a função de líder de louvor para a pequena congregação e mexeu os braços em frente aos seus cantores como se fossem um coral de fama internacional. Mas embora o som do coral fosse terrível, as palavras que cantaram ecoaram no espírito de Jake. A cada dia ele encontraria forças para enfrentar as tribulações. A cada dia confiaria na sabedoria infinita de Deus. Não havia razão para preocupação ou temor. Deus era misericordioso acima de qualquer medida e daria a Jake, no momento certo, o que tinha de melhor, quer isso incluísse Amy ou não. Completamente envolvido pela mensagem do antigo hino, Jake não percebeu que havia parado de andar.

Grant se aproximou dele.

"Se você gosta tanto assim, eu te dou a trilha sonora no seu aniversário."

"Obrigado", disse Jake em voz baixa, com um sorriso. "Eu faço uma cópia para você."

Grant fez um sinal com a cabeça para o velho amigo, sentado na primeira fileira à esquerda. Os dois jovens tentaram chegar até seu mentor sem chamar atenção, mas era difícil passar despercebido no salão praticamente vazio.

"Buddy!", sussurraram em uníssono quando chegaram até ele.

Ele se virou e Jake teve quase certeza de que seus olhos brilhavam cheios de lágrimas. Mas assim que viu os jovens visitantes, seu rosto se iluminou de alegria.

"Olá, meninos!", Buddy sussurrou alto e abraçou carinhosamente os dois.

Jake não pôde deixar de observar que o abraço de Buddy estava sensivelmente mais fraco do que há dois meses.

"O coral está terrível sem a sua noiva", Jake o provocou.

Buddy deu uma piscada. Assim que se conheceram, Buddy havia confidenciado a Jake que sabia que o coral soava como um gato miando em desespero. Desde então, ele sempre se desculpava por suas palavras ásperas. Aparentemente, tinha conseguido se controlar para não falar mal, o que era um ponto positivo a seu respeito. No entanto, Jake não conseguia evitar a provocação.

"Eu sabia que o culto hoje ia ser muito bom. Estou tão feliz por vocês estarem aqui!", Buddy se inclinou e cochichou no ouvido de Jake. Outra vez, seus olhos se encheram de lágrimas, mas ele balançou a cabeça e recuperou a calma.

Jake bateu de leve nas costas magras do homem e pegou um dos hinários em mau estado à sua frente. O coral havia iniciado outro hino e Jake olhou rapidamente para Buddy para ver em que página deveria abrir o hinário. Provavelmente, ele não conhecia o hino, mesmo assim, era muito boa a sensação de estar de volta a um lugar onde ele podia cantar tão alto quanto quisesse porque sua voz desafinada se ajustaria perfeitamente.

✣ ✣ ✣

Depois de quase uma hora e meia e dúzias de abraços de boas-vindas, Jake e Grant finalmente estavam com Buddy de volta ao estacionamento. Jake não sabia bem sobre o que o pastor havia pregado, mas tinha contado quarenta e sete Améns da congregação, sem incluir o de Grant que estava só se divertindo.

"Podemos te levar para almoçar fora?", perguntou Jake. "É por nossa conta."

O sorriso de Buddy foi de uma orelha a outra, e ele respondeu com tapinhas nas costas dos dois.

"Vocês dois são muito gentis, mas eu tenho um encontro." Buddy ergueu as sobrancelhas e piscou para os dois. "Preciso ir para casa ver a minha esposa. Eu disse que na volta levaria alguma coisa para que a gente almoçasse junto."

"Ah, então você fica devendo essa", Jake respondeu rapidamente, sem querer pressionar.

"Que nada!", exclamou Buddy. "Vocês dois é que precisam almoçar comigo. Tenho certeza de que isso vai deixar a Yvonne muito feliz."

Jake e Grant pegaram uma carona na velha Station Wagon de Buddy e pararam no caminho para comprar alguns hambúrgueres. Buddy lhes perguntou tudo sobre as férias e, mais uma vez, Jake ficou impressionado com a facilidade com que ele e Grant compartilhavam abertamente o que sentiam.

"Não sei por que eu achei que tinha que revelar à minha mãe o fato de ser gay", Grant confessou enquanto saíam da lanchonete. "Acho que eu estava cansado de pensar que o meu segredo poderia ser exposto a qualquer momento."

"O que aconteceu?", Buddy perguntou amavelmente.

"Primeiro ela deu risada, pensando que fosse brincadeira minha", respondeu Grant. "Mas quando percebeu que eu estava falando sério, ela simplesmente saiu da sala e não falou mais comigo. Nem se despediu quando fui embora", a voz de Grant era pouco mais que um sussurro. "Mas essa não foi a pior parte. Embora ela não tenha mais falado comigo, obviamente, contou para o meu irmão 'porque, na noite seguinte, quando ele chegou bêbado'...", a voz de Grant falhou e ele desviou o olhar. Jake não tinha certeza, mas seu amigo de quase dois metros e dez de altura estava a ponto de chorar. "Só fico feliz por ter esperado até a minha última semana lá. Eu não teria conseguido lidar com isso durante todo o verão."

Sem dizer nada, Buddy parou na calçada e deu um abraço no jovem muito mais alto que ele. Entraram no carro em silêncio e Buddy deu a partida balançando a cabeça tristemente.

"Parece que na loteria da família, você não teve muita sorte, filho", disse finalmente Buddy num tom suave. "Mas os parentes de sangue não são tudo o que você tem. Deus tem uma família da qual adoraria que você fizesse parte, e Jake e eu adoraríamos ser os teus irmãos."

Grant suspirou, mas continuou olhando pela janela. Jake não sabia bem no que ele estava pensando, mas era como se, de fato, estivesse considerando a oferta. Buddy fez a curva devagar para entrar na pequena garagem da graciosa casa térrea de tijolos vermelhos. O jardim da entrada era pequeno, mas estava em perfeito estado com um cercado simples de madeira, algumas roseiras bem podadas e uma sebe muito bem cuidada. No canto mais próximo da casa, havia uma horta.

"Bem-vindos à minha humilde habitação", disse Buddy, fazendo todo um gesto de boas-vindas.

"Este lugar tem a sua cara!", disse Jake rindo, imaginando seu mentor empurrando um cortador de grama sobre o pequeno trecho gramado enquanto sua esposa cuidava do jardim. Em sua mente, uma jarra com limonada bem gelada aguardava por eles na minúscula varanda. A casa simplesmente exalava amor e alegria.

Buddy virou a chave na porta, mas antes de abri-la, se virou e olhou para Jake e Grant com uma expressão triste.

"Mas estejam preparados", disse com certa hesitação "Às vezes, as coisas não são tão... bonitas."

Ele abriu a porta e os três entraram numa sala tão imaculada quanto o jardim e o seguiram pelo corredor até o modesto quarto.

"Olha só quem chegou bem na hora da troca de fralda!", uma mulher alta de cabelos loiros exclamou jovialmente à sua paciente enquanto mudava delicadamente o corpo inerte de Yvonne para que ficasse de barriga para cima e não mais de lado. "E veja bem, minha querida! Ele trouxe companhia. Parece que sua tarde vai ser divertida."

"Oi, Bunny", Buddy a cumprimentou amavelmente.

"Bem-vindo, Sr. Riha. Teve uma boa manhã na igreja?"

"Foi alimento para a alma", disse com um grande sorriso.

"Bem, por que não leva seus convidados para a sala enquanto eu arrumo a sua esposa?", Bunny sorriu enquanto espantava todos para fora do quarto.

"Obrigado, Bunny, mas eu posso cuidar disto. Já segurei você aqui hoje mais tempo que o normal."

"O que é isso, Sr. Riha. O senhor já tem muito a fazer. "

"De verdade, Bunny, eu não me importo", insistiu Buddy.

A disputa amigável continuou por algum tempo até que a cuidadora finalmente cedeu e começou a juntar suas coisas para sair.

"Bom, eu espero que o restante do seu dia seja esplêndido", disse, oferecendo a cada um dos homens um abraço de avó enquanto se dirigia para a porta.

Buddy caminhou animado até o seu amor e lhe deu um beijo na testa. Um forte odor de urina e fezes encheu o quarto, mas Buddy nem parecia notar.

"Veja, meu amor, eu trouxe visitas. Jake está de volta das férias."

Deitada imóvel em sua cama hospitalar levemente inclinada, com os olhos abertos fitando o nada, Yvonne parecia um cadáver.

"Oi, Sra. Riha", disse Jake calorosamente, sem saber ao certo se ela sequer podia ouvi-lo.

"E este é o Grant", Buddy continuou. "Sabe aquele ala rápido que sempre comento com você?"

"Muito prazer, Sra. Riha." Grant segurou a mão dela e a cumprimentou gentilmente.

Buddy passou os dedos pelos cabelos da esposa e olhou para os dois jovens.

"Mesmo com tudo isso, ela ainda é uma princesa", disse piscando para eles. Voltou, então, a atenção para a sua noiva, segurando e acariciando sua mão. "Fiz várias anotações do sermão para você, e é claro, falei com todos os membros do coral. Todos eles sentem a sua falta."

Buddy se inclinou para beijar o rosto da esposa e seus olhos começaram a lacrimejar novamente. Jake se maravilhava com a paixão que ele ainda sentia por sua namorada há mais de sessenta anos.

De repente, Buddy pigarreou.

"Não faz sentido deixar as batatinhas esfriarem. Por que vocês não começam a comer na cozinha enquanto eu termino de limpar aqui? Daqui a pouco eu vou lá com vocês. Tem refrigerante na geladeira."

Jake e Grant concordaram e saíram do quarto de odor pútrido. Nos quarenta e cinco minutos seguintes, deram pequenas mordidas nos seus sanduíches enquanto ouviam a dificuldade de Buddy, no fim do corredor, para trocar a fralda e as roupas da mulher.

Jake nunca havia visto forma tão tangível de devoção e adoração extrema. Não era sexy, mas era forte e o tocava na alma. *Senhor, por favor, me dê a chance de amar a Amy dessa maneira!*

11

AMY COLOCOU NA ÚNICA MALA a ser despachada o conteúdo de pelo menos duas malas e sentou-se sobre a tampa estufada até conseguir fechar o zíper à força. Ainda havia o risco de que a mala explodisse durante a viagem, mas era um risco que ela estava disposta a correr para evitar pagar os quase cinquenta dólares para despachar uma segunda mala. Colocou-a no porta-malas do carro da mãe e voltou para dentro da casa para pegar sua mochila e sua bolsa.

"Mãe! Estou pronta!", gritou.

"Chego aí num segundo", sua mãe a tranquilizou ainda no banheiro dos fundos, mas o som do chuveiro ligado era inconfundível.

"Vou esperar no carro", murmurou Amy, sabendo que seriam necessários, no mínimo, uns quinze minutos até que a mãe aparecesse. Pelo menos, ela havia acrescentado trinta minutos de enrolação no seu horário de partida. Com sorte, elas não pegariam trânsito pelo caminho.

Amy se acomodou no banco do passageiro e pegou o seu diário. Que verão tinha sido aquele! Por mais que, a princípio, ela tivesse se ressentido do fato de sua mãe mantê-la em Oceanside durante os três meses das férias, Amy tinha de admitir que, na realidade, tinha sido bom para ela. Sua mãe estava certa; ela teria os próximos oito meses para ver a família do pai o quanto quisesse. Este verão serviu para investir em relacionamentos do lado de cá. E tinha valido a pena.

Seu relacionamento com a mãe ainda não era perfeito, mas, pela primeira vez na vida, Amy sentia que havia um relacionamento de fato. Pela primeira vez, desde que conseguia se lembrar, Sherry começou a vir do trabalho diretamente para a casa e, de fato, tinha desejo de passar tempo com a filha. Pela primeira vez, Sherry ouvia como se realmente se importasse. Inúmeras noites se passaram em que se sentaram ao redor da velha mesa da cozinha e conversaram até altas horas. E pela primeira vez, Amy se sentia à vontade para falar com a mãe sobre praticamente qualquer assunto. Elas conversaram sobre a escola, sobre garotos, trabalho, e garotos, amigos, e garotos... e até sobre religião.

Deus representava uma parte tão significativa na vida de Amy hoje que qualquer conversa inevitavelmente abordava o tema. Antes, sua mãe ignoraria seus comentários ou mudaria completamente de assunto. Mas neste verão, pela primeira vez, Sherry finalmente se abriu a respeito de seu próprio passado religioso.

Amy ficou chocada ao ouvir que sua mãe, na realidade, cresceu frequentando a igreja e tinha até sido líder do seu grupo de adolescentes. Mas quando estava no oitavo ano, a secretária da igreja engravidou e foi descoberto que o pastor era o pai da criança. Com o escândalo que se seguiu, a família deixou a igreja e nunca olhou para trás. Quem precisava de tantas regras quando, na realidade, eram todos hipócritas? Sherry adorou sua nova liberdade no Ensino Médio, e a aproveitou... até que engravidou no terceiro ano e a história dali por diante, Amy já conhecia.

Sua mãe quis parar por ali, mas Amy a pressionou a contar mais. Toda a infância de Amy havia sido um grande emaranhado de segredos, arrependimentos, culpa e mal-entendidos. Não era de se espantar que ela tivesse crescido com tantos conflitos a respeito de sua identidade e de qual seria o seu lugar no mundo. Mas construir uma ponte até seu pai a tinha começado a libertá-la daquela teia paralisante, e ela desejava que sua mãe também experimentasse essa liberdade verdadeira. A cada conversa, o emaranhado do passado lentamente se desfazia, e quanto mais ele era desembaraçado, mas completa Amy se sentia. Foi incrível!

A princípio, Sherry demonstrou resistência a ouvir qualquer coisa a respeito do pai de Amy, de como ele tinha mudado e como se arrependia da maneira como as tratou no passado. O fato de ele estar profundamente envolvido com Deus e a igreja serviram somente de combustível para a chama de amargura que ardia dentro dela. Mas, em algum momento durante o verão, ela finalmente cedeu. Libertou-se das mágoas, aceitou a verdade e começou a perguntar a Amy mais e mais sobre o pai, sobre a fé de Amy e sua alegria e paz contagiantes. No final do verão, elas já estavam orando juntas antes das refeições e, pela primeira vez, Amy tinha esperança de que sua mãe também se apaixonasse por Jesus. *Jesus, por favor, continue agindo na vida dela, mesmo depois que eu tiver partido* — Amy orou em silêncio.

Além do seu crescimento pessoal e do relacionamento em desenvolvimento com a mãe, passar o verão em Oceanside também havia oferecido a Amy muitos momentos positivos de proximidade com as amigas. Correr regularmente com Andrea e sair para tomar café com Cari havia sido mutuamente encorajador, e Amy se sentia abençoada por Deus ter trazido à sua vida mulheres com tal maturidade espiritual e também pelos muitos dias passados no shopping ou na praia com Melia e as outras meninas do seu pequeno grupo. Apesar da pouca idade das meninas, Amy se pegava aprendendo com elas a todo o tempo e estava mais animada do que nunca para estudar a psicologia do adolescente durante o próximo trimestre da faculdade. A mente do adolescente era tão fascinante, e Amy sabia que queria passar a vida investindo neste grupo etário.

E depois, teve o Jake. Quantas páginas ela havia escrito em seu diário refletindo e orando pela situação entre eles? Ele tinha mudado — não dava para negar. E este novo Jake era mais do que ela poderia ter sonhado. Ele amava a Deus com paixão, sua percepção espiritual era profunda e sua alegria na vida, contagiante. Gostava de servir, era incrível com os calouros do Ensino Médio e seu sorriso iluminava o recinto. Estava vivendo seus sonhos, mas sua intenção era usá-los para a glória de Deus... e estava disposto a abrir mão de tudo por ela! E para completar, ele era tão gato! Sim, o Steven era atraente, mas o Jake simplesmente levava o "atraente" a outro nível. Não era por acaso que algumas marcas de roupa exibiam homens sem camisa em suas propagandas. *Havia algo simplesmente irresistível nos músculos!* E Amy precisava confessar que, com certeza, havia desfrutado bem a visão nos dias em que o grupo de adolescentes esteve na praia.

Mas, ah o Steven. O que faria com ele? Ele também amava a Deus e era maduro, geralmente feliz, servia a Deus como líder de louvor — e fazia isso muito bem — o sorriso dele, ah, o sorriso. E estava disposto a deixá-la ficar em Stanford para que ela pudesse seguir os seus sonhos enquanto ele realizava os seus em Nova York. Isso é o que ela queria, certo? Ele não tinha feito nada errado, qualquer coisa que merecesse um rompimento. Se Jake não tivesse aparecido, Amy estaria extremamente feliz com ele... Certo?

Um sentimento de insatisfação atormentava a sua mente. *Senhor, estou sendo instável aqui? Com certeza, o Senhor trouxe o Steven à minha vida por um motivo. Eu não quero desconsiderar o seu presente... Mas simplesmente não consigo tirar o Jake da cabeça. Por favor, me ajude, Deus.*

O Steven tinha sido realmente incrível. Mas comparado ao novo Jake, a paixão de Steven pela vida era um pouco apagada. É claro que o Jake já havia perdido aquele brilho antes também, então, quem poderia afirmar que, com o tempo, isso não aconteceria outra vez? *Talvez, eu só tenha que esperar,* ponderou Amy, mas não sabia bem por quanto tempo mais poderia levar adiante esta indecisão. Era apenas uma questão de tempo até Steven perceber, e ninguém sabia o que ele faria então.

Desde a visita inesperada de Jake e sua declaração de amor eterno, Steven havia se tornado um namorado diferente. Estava ultrassensível com relação a tudo que Amy dissesse e fizesse, e muito obsessivo em saber os mínimos detalhes do seu dia. Suas conversas pelo Skype à noite pareciam mais um interrogatório do que um papo entre duas pessoas que se amavam.

Amy compreendia a atitude de Steven depois da façanha de Jake, e ela o havia respeitado e mantido distância de seu ex-namorado durante todo o verão. Porém, não conseguia evitar a sensação secreta de excitação sempre que Jake aparecia nos eventos da igreja em que estava presente. E quando Jake se ofereceu para ajudá-la com as compras para o retiro no mês passado... Amy ainda não sabia como tinha conseguido se manter sob controle. Se Steven ficasse sabendo quem tinha sido a sua companhia no Costco, ele teria surtado — mas o que ele não sabia, não poderia lhe fazer mal. Jake havia sido um perfeito cavalheiro, e até o seu presentinho tinha sido doce e inocente.

"Então, está pronta, *finalmente?*", a mãe de Amy perguntou com um sorriso ao se sentar no lugar do motorista.

Amy levou um susto e rapidamente fechou o diário.

"Como assim?", Sherry provocou. "Está escrevendo alguma coisa sobre mim que não quer que eu veja?"

"Não, mãe. Estava falando com Deus sobre Jake e Steven."

"Ah, eles outra vez", Sherry revirou os olhos. "Bom, você sabe o que eu penso. O Jake teve a sua chance. E o Steven vem de família rica. Parece uma escolha bastante fácil para mim."

Agora foi a vez de Amy revirar os olhos.

"Mãe."

A conversa silenciou e Amy curtiu a vista de sua cidade natal enquanto sua mãe dirigia pelas avenidas até a rodovia. Sherry acelerou na I-5, a rodovia interestadual, e as duas seguiram para o sul na direção do Aeroporto de San Diego.

"Não que você realmente se importe com o que eu penso", Sherry quebrou o silêncio. "Mas tenho que admitir que você tem um brilho especial nos olhos sempre que fala no Jake... e ele me trouxe aquela rosa", Sherry passou os dedos pelos cabelos da filha e depois fixou os olhos na estrada à frente. "Então, quando é mesmo que começa aquele estágio?"

"Outubro", respondeu Amy, mas a sua mente ainda estava refletindo sobre a observação da mãe. O que sua mãe tinha observado? Isso significava alguma coisa? Seus pensamentos começaram a seguir aquela trilha conhecida, mas ela os impediu. Olhou para a mãe e sorriu. "Ainda não acredito que tenham me escolhido. Somente dois alunos da Stanford são selecionados a cada..."

"Ano", a mãe de Amy terminou a frase e sorriu de volta. "Já me disse isso uma dúzia de vezes. Mas por que está tão surpresa? Você tem a inteligência do seu pai e, bom, a minha determinação", disse, sorrindo orgulhosa. "Seria muito tolo da parte deles não escolher você. "

Era tão estranho ouvir sua mãe falar de forma tão amorosa e encorajadora — e mencionar seu pai numa conversa normal como se não fosse grande coisa. Mas Amy aproveitaria enquanto durasse.

"Obrigada, mãe."

Elas viajaram em silêncio por alguns quilômetros e passaram por Del Mar, à direita, local de feiras e exposições. Jake a levava todos os verões quando estavam no Ensino Médio. Amy teve alguns flashes de seus momentos divertidos ali, mas de repente, os evitou. *Por que tudo precisa me lembrar dele?* — resmungou para si mesma.

"Quem vai te pegar em San Francisco?", sua mãe interrompeu seus pensamentos mais uma vez.

"Renne, a minha colega de quarto. A família dela mora em Oakland e vamos passar um tempinho ali. Depois, ela vai me levar até a casa do papai e ele me leva para a faculdade."

"Parece divertido."

Amy olhou e reparou que sua mãe segurava firme o volante com as duas mãos e seu rosto estava úmido.

"Mãe? Você está bem?"

"Estou bem, minha querida", respondeu fungando. "É que eu tive um verão maravilhoso com você em casa e vou sentir muito a sua falta", ela secou as lágrimas e abanou os olhos. "Eu sei que nem sempre fui boa em demonstrar isto, mas eu te amo, querida."

Amy descansou a cabeça no encosto do assento e absorveu as palavras pouco frequentes da mãe.

"Eu também te amo, mãe. Obrigada por me fazer passar o verão aqui", disse com sinceridade.

12

NO TERMINAL DO AEROPORTO DE SAN FRANCISCO, a caminho da esteira de bagagens, Amy pôde ouvir sua colega escandalosa de quarto muito antes de conseguir vê-la. Assim que Amy fez a curva no corredor, lá estava Renee, batendo papo com um casal de cabelos brancos. Parecendo uma Oprah Winfrey bem mais jovem, a esfuziante garota poderia facilmente ter o seu próprio talk show.

"Amy Briggs!", a voz estrondosa de Renee ecoou por todo aeroporto enquanto Amy ainda estava a bons vinte metros de distância. O casal com quem conversava sorriu educadamente e se afastou depressa.

As boas-vindas exuberantes de Renee transportaram Amy momentaneamente à recepção dramática de Jake em sua chegada a Louisville no ano anterior. Ele tinha sido tão romântico... no início! Amy logo se lembrou de seu desaparecimento nada romântico quando chegou a hora de levá-la ao aeroporto no final daquela semana. *Cuidado, Amy!* — *ela* alertou a si mesma e logo expulsou da mente todos os pensamentos de Jake. Desviando de algumas pessoas lentas à sua frente, ela acelerou até a amiga dançarina.

"E aí, amiga!", Amy moveu pescoço e ombros para a sua melhor imitação de Renee.

Renee deu um passo atrás e secou Amy de cima a baixo.

"Você está tão magrinha, menina", praticamente gritou. "As pessoas comem lá no sul da Califórnia?"

Amy passou o braço nos ombros da amiga e caminhou com ela até a esteira de bagagens.

"Chama-se exercício... eu vou te mostrar como funciona", disse sorrindo.

"Uuuuuh. E você sabe quais seriam as consequências disto para meu voluptuoso traseiro?", entoou Rene, estalando os dedos. Alguns transeuntes olharam para ela, curiosos.

Amy só balançou a cabeça e sorriu. Se Renee não fosse a prova de que Deus se importava também com os mínimos detalhes da vida, então, Amy não sabia o que ela era. Depois de ouvir milhares de histórias horríveis sobre colegas de quarto, ela estava preocupada com quem ficaria e pediu a Deus que lhe desse uma boa companheira. Renee era mais do que boa. Era uma alma gêmea incrível que diariamente desafiava Amy em sua fé. Junta, elas estudavam a Bíblia, oravam pelas pessoas e pelos problemas em suas vidas... e, obviamente, falavam sobre os garotos.

"Então, pode começar a falar deste tal de Brian que eu estou sempre vendo nas fotos do Facebook", Amy provocou Renee quando entraram no carro.

"Menina, ele faz o meu tipo perfeito!, respondeu Renee esfuziante. Ele ama Jesus com todo o coração, e, uau, aquele moleque sabe pregar a Palavra. E é bom. Uuuuh, você não acha ele bom?"

Amy sorriu.

"Ele é muito bom. E o que está rolando entre vocês?"

"A gente se conheceu na missão entre igrejas deste verão e começou a conversar e a ficar juntos em outros eventos da igreja. Amy, é sério, eu nunca conheci um cara como ele antes. Até o meu pai gosta dele!" As duas riram. "Ele estuda na Berkeley; é muito inteligente e matemático... mas adivinha o que ele quer fazer com tudo isso?"

"O quê?"

"Ele quer ser professor de matemática do Ensino Fundamental. Não é uma gracinha? Quer ficar nos guetos de Oakland e fazer a diferença na vida daqueles meninos que não têm um bom exemplo de figura masculina.

"Uau, isso é muito legal", respondeu Amy, e não pôde deixar de pensar em como Jake era bom com os garotos do seu pequeno grupo. Steven era ótimo no palco, mas ela nunca o tinha visto colocando a mão na massa num ministério interpessoal. Na realidade, refletindo sobre isso, ele demonstrava total desinteresse em investir na vida das pessoas. Era bom enquanto toda a atenção dele estava concentrada nela, mas será que era assim que ela queria passar o resto da sua vida? "Então há alguma coisa errada com ele?", de repente se pegou dizendo em voz alta.

"Absolutamente nada", Renee murmurou. "Pelo menos, nada que eu tenha descoberto até agora. Depois de sairmos como amigos durante todo o verão, ele me levou para jantar no fim de semana passado e disse que sabia que a gente estava começando a se conhecer, mas pelo que via até agora, conseguia se imaginar passando o resto da vida comigo. Ele já tem a bênção dos meus pais e queria saber se eu estaria interessada em ser *cortejada* por ele. Não é a coisa mais romântica que já ouviu? Nós ainda temos dois anos até a formatura, e ele tem mais um ano de licenciatura, e eu vou fazer meu mestrado em trabalho social, então, a gente tem, no mínimo, três anos pela frente até se casar, mas Amy, eu acho que ele é o cara."

"Uau", era tudo que Amy podia dizer enquanto olhava para a frente com os olhos arregalados. Como foi tão fácil para Renee ter certeza? O pedido de Steven tinha apavorado Amy. Será que ela era mais imatura que Renee? Era independente demais? *Deus, por que eu não posso simplesmente ficar feliz em passar o resto da vida com o Steven? Por que eu tenho que complicar tanto as coisas para mim mesma?* Renee continuava a tagarelar sobre o Brian, e Amy se esforçou para acompanhar. Quando ela terminou de descrever um projeto de melhoria na comunidade onde haviam trabalhado durante o verão, Amy voltou ao seu comentário anterior.

"Renee, como você sabe que é ele?"

Renee arregalou os olhos e todo o seu rosto se iluminou.

"Você simplesmente sabe, Amy. Sabe que ele é tudo o que você sempre quis, que nada melhor pode surgir. Você sabe que quando está perto dele, seus sonhos se tornam realidade, e você é a melhor versão de si mesma. Sabe que Deus é a prioridade número um dele, e por isso, ele a trata como o tesouro que o Senhor a criou para ser. Você sabe que tudo o que quer é segui-lo, e quanto mais o segue, mais ama a Deus. Amy, é incrível. Nunca senti nada assim antes!" Renee estava extasiada de emoção, e Amy só podia ser contagiada por seu entusiasmo. "Mas chega de falar de mim e me coloca a par do que está acontecendo na sua vida amorosa. Ainda está com os dois peixes na linha?"

"Afff", Amy murmurou e bateu a cabeça contra a janela.

"Ei, podia ser pior", consolou Renee. "Imagine se sua linha estivesse vazia... então, qual deles você vai liberar e qual vai fritar?"

Amy riu baixinho com a analogia realista de Renee.

"Não sei, Renee. Eu queria que fosse tão fácil como foi para você."

"Êpa, se nenhum dos dois está à altura, então, é melhor soltar ambos."

Amy ponderou em silêncio esta opção que nunca tinha considerado antes, porém, essa também não a confortava. A verdade é que ela tinha dois caras de qualidade que impressionariam qualquer garota. Ela só não conseguia decidir qual deles lhe impressionava mais... Ou, falando sinceramente, ela sabia bem qual deles mexia mais com ela, mas não tinha certeza quanto tempo aquilo duraria e tinha medo de abrir seu coração para ele mais uma vez. Steven era o cara constante, e ela não queria liberá-lo a menos que tivesse certeza de que Jake era o cara certo. Infelizmente, ela não tinha como verificar isso enquanto Steven ainda estivesse na fila. Amy desceu o vidro do carro e gritou ao vento forte:

"Ahhhhhhhhh!"

"Parece que a gente vai conversar sobre esse assunto um bom tempo durante este semestre", disse Renee rindo. "Agora fecha essa janela, menina, o ar condicionado está ligado."

Amy fechou a janela e sorriu para sua colega de quarto. Neste ano, elas teriam muito tempo para falar sobre meninos. No momento, tinham muitos outros detalhes do verão para colocar em dia. Renee acelerou o velho Saturn verde na estrada, e durante algum tempo, Amy esqueceu sua aflição com o assunto ligados aos garotos e desfrutou a companhia da amiga.

Após um banquete animado na casa da família de Renee, ela levou Amy até a casa do pai, onde as duas passariam a noite. Assim que estacionaram em frente à casa do pai de Amy, por volta de uma hora da tarde, ela se lembrou de sua primeira visita ali, um ano antes. Naquele dia, ela estava muito nervosa — mas o que mais poderia sentir antes de se encontrar com um pai que esteve ausente durante uma década e com uma madrasta e irmãos que ela nem sabia que existiam? No entanto, conhecê-los havia sido uma das melhores surpresas da sua vida.

Esta noite, ela estava bem mais preparada para a surpresa que a aguardava. Estacionado na entrada da casa, com um laço vermelho gigante no capô, estava um belo Honda CRV branco. No para-brisa, uma mensagem gigante dizia: "Para Amy. Com amor, Papai, Olívia, Ramon e Marissa".

"Isto é seu?", René perguntou surpresa antes que Amy pudesse compreender totalmente o que seus olhos viam.

Ela já havia se resignado com o fato de que sua primeira compra este ano seria uma bicicleta que pudesse levá-la das aulas ao estágio. Se chovesse, bem, ela só teria que usar uma capa de chuva, ou pedir emprestado o carro da Renne, caso o tempo estivesse muito ruim. Mas isso? Isso era incrível!

Quando Renee reduziu e parou bem em frente à casa, a porta de entrada se abriu de repente, e Marissa e Ramon dispararam na direção da irmã mais velha.

"A Amy chegou! A Amy chegou!", o grito agudo de Marissa alertou os vizinhos. Se algum deles estava dormindo, agora não estava mais.

Amy saltou do carro bem a tempo de ser atacada pelos seus irmãos gêmeos de seis anos de idade. Na primeira visita de Amy, Marissa tinha ficado distante, mas agora, se agarrava à perna da Amy como um carrapato no deserto.

"Por que vocês dois não estão na cama?", Amy perguntou rindo, envolvendo os dois nos braços.

"Você viu o seu presente?", Marissa perguntou animada enquanto apontava para a entrada da casa.

"Aquilo é mesmo para mim?", perguntou Amy, ainda espantada.

"Dããrr!", Ramon respondeu, olhando para ela sem acreditar. Soltou-se dos braços de Amy e correu para o carro, apontando para a mensagem. "O seu nome está escrito aqui, está vendo? A-M-Y, Amy. "

"Você está soletrando bem, cara", encorajou Amy, despenteando o cabelo dele. "Bom, eu também tenho uma coisinha para vocês", confidenciou Amy.

"Verdade? O que é?", perguntou Marissa curiosa, com os olhos arregalados.

"Bom, está lá no fundo da minha mala, então, vou ter que achar para vocês amanhã, mas vou dar uma dica... rima com "corredor".

Marissa olhou para sua irmã mais velha, sem entender, até que um grande sorriso tomou conta de seu rosto.

"Você comprou uma Barbie para mim?"

"Não", corrigiu Ramon com sarcasmo. "Ela trouxe um tapete escorregador para nós.

"Ahhhh! Você pode levar a gente para dar uma volta no seu carro novo?"

"Que tal amanhã, querida?", a voz do pai de Amy interveio da entrada da casa. "Aposto que a sua irmã está cansada e..."

"Pai! Você é incrível!", interrompeu Amy. Ela colocou Marissa no chão e correu até o pai. "Muuuuito obrigada!"

Ray riu baixinho.

"Não é nada muito chique. Nosso vizinho ali adiante estava vendendo e fez uma oferta que eu não consegui resistir. Pena que você mesma não teve a chance de escolher."

"Ah pai, é perfeito! Eu ficaria feliz com uma bicicleta. Este tem quatro rodas! E é muito bonito. Simplesmente adorei." Transbordando de gratidão, Amy sentiu que uma onda de lágrimas ameaçava desabar. Inspirou fundo, balançou a cabeça, a deu um abraço apertado em Ray. "Eu te amo, pai."

"Eu também te amo, Ames", Ray sussurrou ternamente em seu ouvido enquanto afagava o seu cabelo.

Que transformação havia sofrido a sua percepção daquele homem durante os últimos nove meses! *E se eu nunca tivesse lido aquelas cartas?* Amy estremeceu, grata a Steven por encorajá-la a perdoar o pai. Mãos pequeninas envolveram sua cintura quando Ramon e Marissa chegaram um de cada lado. Os braços de Olívia, então, a abraçaram do outro lado.

"Puxa, gente. Eu não posso ficar de fora!", exclamou Renee sorrindo e juntou-se a eles num abraço em grupo cada vez maior.

Amy estava realmente rodeada de amor. *Obrigada Jesus... por tudo!*

✠ ✠ ✠

Na manhã seguinte, Amy se despediu de Renee depois de um café da manhã com waffles e todos os ingredientes. Passou o restante do dia curtindo com a sua família. Foi um daqueles dias que para alguém de fora poderia parecer sem graça, mas para Amy, estava entre os melhores de seus vinte anos de vida. Eles arrumaram a pista de corrida do tapete-escorregador no quintal, e a família inteira participou da competição. Ao final, o pai foi o campeão de velocidade, mas Ramon, com certeza, levou o prêmio pelas manobras de aterrissagem mais criativas.

Depois de algumas horas de diversão com muita água, eles levaram os gêmeos a um parque nas proximidades e ficaram batendo papo num banco enquanto as crianças brincavam. No caminho de volta para casa, pararam para tomar sorvete no mercado do bairro e mais tarde trabalharam num quebra-cabeças sobre a mesa de jantar. Após um jantar delicioso com enchiladas de frango feitas pela Olívia, eles montaram um forte na sala e contaram histórias ao redor de uma lanterna que fazia as vezes de fogueira. Mais tarde, as crianças deram boa noite, e Amy se encantou com seus abraços atarracados. Esta era a vida com a qual ela sempre sonhou!

A comunicação via Skype durante todo o verão a manteve informada dos detalhes da vida deles, mas ela não tinha abraços como esses por ondas eletromagnéticas. Tinha sido muito bom para ela passar o verão em Oceanside, mas estava muito feliz por estudar aqui. Cercada por sua nova família, as coisas começavam a ter perspectiva. O stress de tentar decidir com quem ela queria passar o resto de sua vida foi ofuscado diante da alegria que ela tinha de conviver com sua nova família. Deus havia lhe dado este presente, e ela queria aproveitá-lo ao máximo.

13

AINDA FALTAVAM DUAS SEMANAS PARA QUE OS TREINOS começassem oficialmente, mas a promoção do basquete estava a todo vapor em Louisville, e Jake já se sentia uma celebridade. Os outdoors por toda a cidade estampavam seu rosto em tamanho maior que o real ao lado de seus companheiros de time. Reportagens de primeira página nos jornais locais anunciavam a total esperanças nele e no time. E em todos os lugares aonde ele ia, as pessoas o cumprimentavam como um velho amigo. Às vezes, era como se toda a população de Louisville o chamasse pelo nome, especialmente as garotas.

Jake tinha de admitir que gostava da popularidade, mas se esforçava para não permitir que lhe subisse à cabeça. "O orgulho antecede a queda", Buddy o havia alertado pouco depois de ter pedido o autógrafo de Jake para um dos netos do vizinho. Seu tom era divertido, mas Jake entendeu a legitimidade da admoestação. Ele havia caído feio no ano anterior e não tinha interesse algum em sequer chegar perto daquela situação outra vez.

Depois de cumprimentar o oitavo estranho na curta caminhada entre seu dormitório e a sua aula de Cinesiologia, Jake cruzou as portas de vidro do edifício de dois andares, aliviado por estar próximo do seu destino.

"Jake!", disse uma voz esganiçada familiar na sua frente.

Jake ergueu os olhos e lá estava Nicole, vestida para uma temperatura pelo menos trinta graus mais quente do que a que ele havia acabado de deixar lá fora. Imediatamente, uma enxurrada de lembranças nada saudáveis do tempo em que ficaram juntos veio à sua mente e tudo o que ele pôde fazer foi afastá-las para longe. Já havia se passado um ano desde que tinham rompido, e Jake podia contar nos dedos de uma só mão as vezes em que tinha falado com ela desde então. Mesmo assim, os pensamentos indesejáveis e doentios a respeito dela o assombravam sempre que ele a via.

"Uh, oi, Nicole", gaguejou.

"Faz tempo que não te vejo! O que foi? Está tentando me evitar ou algo assim?", ela sorriu e tentou lhe dar um de seus abraços apertados.

Jake retribuiu com uma batida bem fraca nas costas dela.

"Acho que nossos caminhos simplesmente não se cruzam muito este ano, né?", respondeu.

"Bom, então, talvez seja melhor a gente criar novos caminhos", Nicole deu um leve puxão no blusão de Jake. "Hoje à noite eu tenho que estudar para uma super prova. Quer ser meu parceiro de estudo na biblioteca?"

Você está falando sério? Ainda está fazendo este jogo? Jake recuou por dentro. Ele não tinha interesse algum em sucumbir ao charme dela agora e se perguntava como tinha sido tão idiota da última vez.

"Sabe, na realidade, eu tenho outros planos para hoje à noite. Sinto muito."

"Awww", disse de modo sedutor. "Você está passando tempo demais com o Nate."

"É", Jake sorriu. "Na realidade, nós ficamos bem amigos este ano. Você está com um cara muito legal", completou, enquanto Nicole o fitava boquiaberta. "Olha, eu estou atrasado para a minha aula, mas com certeza a gente se vê por aí." Jake bateu de leve no ombro dela e se afastou sentindo-se surpreendentemente mais leve. Esta era a garota que o dominava desde quando chegou à Louisville, mas hoje, ele resistiu ao seu encanto sem hesitação. *Obrigado, Deus!* — pensou, sorrindo.

Jake encontrou um lugar nos fundos do auditório no exato momento quando o professor estava iniciando a aula. A garota ao seu lado deu um sorriso caloroso e ele retribuiu educadamente — mas não pôde evitar de observar como ela era bonita. No entanto, quando voltou a olhar para frente, o rosto dela praticamente tomou a forma do rosto de Amy, e mais uma vez, Jake estava perdido.

Por mais que tentasse, não conseguia parar de pensar em Amy. É claro que não ajudava muito ficar espiando a página dela no Facebook várias vezes por dia. Aquela frágil conexão servia como uma miragem no deserto para um homem sedento e, por mais efêmeras e insatisfatórias que fossem as miragens, elas, ao menos, alimentavam a esperança necessária para seguir adiante.

A miragem de Amy era, obviamente, bastante desoladora. Ela parecia tão feliz com Steven na foto do perfil e suas atualizações de status davam sempre a impressão de que sua vida era simplesmente perfeita como estava: sem Jake. Já havia passado um mês desde que Jake havia jogado a bola — literalmente! — na quadra dela no Costco e, embora a conversa tivesse lhe dado uma pontinha de esperança, desde então, Amy não tinha feito nada para mantê-la acesa. Parecia bem claro agora que ela apenas havia deixado a bola rolar para o canto e estava em plena ação na quadra de Steven.

Deus, está na hora de apenas seguir em frente? Jake debatia na sua mente enquanto o professor continuava a falar sobre os ligamentos e suas funções. Geralmente, Jake gostava da aula, mas, hoje, ele simplesmente não conseguia se conectar. *Quer dizer, eu estou esperando por alguma coisa que não é para acontecer? Se o Steven não fosse o cara certo para a Amy, ela já não teria percebido isso?* Jake suspirou diante da lógica dessas palavras. Era verdade. Amy tinha tido tempo suficiente para fazer a sua escolha. Obviamente, ela estava escolhendo Steven em vez de Jake. E talvez, já estivesse na hora de Jake aceitar o fato. Ele suspirou novamente. *Tudo bem, Senhor, já entendi. Preciso da sua ajuda aqui. Se o Senhor não vai mudar o coração dela, então, precisa realmente mudar o meu.*

Com renovada determinação, Jake se sintonizou outra vez nas palavras do professor... e virou-se para a garota ao lado para pedir as anotações que tinha perdido.

14

UMA SEMANA DEPOIS DO INÍCIO DO TRIMESTRE, Amy estava mais ocupada do que jamais esteve na vida, mas adorava cada minuto. Além de todas as atividades na faculdade, ela tinha estabelecido como objetivo passar quase todos os fins de semana com sua família. Ouvir seu irmão e sua irmã contarem suas novas experiências na pré-escola era sempre um dos pontos altos do fim de semana, assim como ir à igreja — em família! —no domingo de manhã. Ela imaginava como sua vida teria sido diferente se ela tivesse crescido desta forma e orava para que sua mãe, um dia, reavivasse a sua fé.

Finalmente livre das matérias do currículo básico, Amy tinha uma carga horária pesada com as aulas do nível superior de Psicologia, o que a mantinha estudando até tarde praticamente todas as noites. Mas por mais difíceis que fossem as matérias, ela estava extasiada por estar aprendendo tanto e mal podia esperar para colocar seu aprendizado em prática no estágio.

Amy ainda estava muito envolvida com a Intersect — o clube da InterVarsity Christian Fellowship no campus — e aguardava ansiosa pelas atividades sociais e pelas reuniões semanais. Ela e Renee também estavam liderando novamente um estudo bíblico no dormitório, e Amy vibrou ao ver várias garotas novas interessadas em participar. Uma delas não era cristã — ainda — e tinha muitas perguntas que mantinham Amy em contato com Cari ao menos uma vez por semana em busca de conselhos e debruçada sobre sua Bíblia, a sós, todos os dias.

A Intersect era definitivamente uma experiência diferente sem o Steven por perto. Ele havia sido a primeira pessoa que Amy conheceu ali e sua formatura havia deixado um vazio considerável. Contudo, pelo menos Amy tinha menos distrações; ela conseguia se concentrar mais em Deus quando não era o seu namorado quem estava atrás do microfone! Ela sentia falta de Steven — mais ou menos — porém quanto mais tempo eles ficavam distantes, menos Amy pensava nele. Eles tinham tentado se falar pelo Skype todos os dias durante o verão, mas assim que as aulas começaram para os dois, a carga horária pesada de ambos e as três horas de diferença entre Nova York e a Califórnia permitiam que conversassem, no máximo, a cada três ou quatro dias. E mesmo assim, quando conversavam, parece que não havia muito a dizer.

Esforçando-se para manter vivo o relacionamento, Amy tentava fazer o que podia. Pensava intencionalmente nos detalhes do seu dia que pudessem interessar ao Steven e tentava lhe fazer perguntas profundas a respeito das coisas que ele compartilhava com ela. Amy lhe enviava mensagens de texto bonitinhas durante o dia e postava frases românticas no mural de Steven no Facebook. Chegou até a fazer cookies na casa do pai e os enviou a Steven cuidadosamente embalados. Mas há um limite para o que uma garota pode fazer, e ela estava ficando cansada.

"Steven", disse em tom questionador durante a folga para o almoço. "Você não tem mais vontade de conversar. Está bravo comigo, ou algo assim?"

"Amy, eu já te disse", Steven respondeu com ar cansado. "Eu tenho andado muito ocupado."

Ela tinha interrompido a prática de piano de Steven, e ele tinha uma brecha de apenas trinta minutos hoje e precisava se preparar para uma apresentação numa prova amanhã.

"Bom, quando vai ter mais tempo?", perguntou Amy.

"Hoje não."

"E amanhã?"

"Não sei. Eu te ligo quando puder."

"Steven..."

"Amy, por que você precisa transformar tudo em drama? Eu te avisei que as coisas seriam assim. Por que acha que eu queria que você viesse comigo para Nova York?"

"Certo. Porque as coisas seriam *muito* melhores se eu tivesse me mudado para aí. Se você não consegue arranjar alguns minutos para falar comigo ao telefone, só fico imaginando quanto tempo conseguiria arranjar para *ficar* comigo."

"Que seja. Não tenho tempo pra isso. Eu te ligo mais tarde." Com isso, Steven desligou.

Amy deixou o telefone cair no colo e começou a comer a salada no prato à sua frente. As lembranças desagradáveis do final de seu relacionamento com Jake chegaram sorrateiras à sua mente mais uma vez.

"Ahhh!", Amy exalou com força e cutucou com o garfo o outro lado da bandeja onde estava seu almoço. Sem fome, olhou que as horas no telefone. Hoje era o primeiro dia do estágio. Não faria mal chegar mais cedo. Jogou o almoço no lixo e se dirigiu para o estacionamento onde pegou o carro e saiu.

Sempre que dirigia seu carro novo, ela se lembrava de como a sua vida era boa. Apesar de seu relacionamento com o Steven estar azedando, havia várias outras coisas realmente boas pelas quais ela só podia estar grata, entre elas este carro, sua família que o havia dado de presente e o estágio para onde se dirigia agora. Ela não fazia ideia de que um carro pudesse ser tão silencioso e a mudança de marchas algo tão suave. Fazia a velha minivan da mãe parecer uma carroça. *Obrigada, Deus. O Senhor realmente tem me abençoado.* Aumentou o volume da música de louvor que tocava no rádio e tranquilizou-se.

Trabalhar numa clínica sem fins lucrativos ajudando crianças e famílias a lidar com o abuso era a última coisa que Amy teria imaginado fazer um dia quando estava no terceiro ano do Ensino Médio, o que, embora parecesse ter sido há uma eternidade, tinha acontecido há apenas três anos. Seu desejo sempre tinha sido fazer algo glamoroso, um trabalho que exigisse energia... como ser uma promotora de justiça ou política ou uma alta executiva. Mas estas posições de muito status não lhe despertavam interesse algum hoje.

Amy era uma pessoa tão diferente daquela insegura líder de torcida cuja maior preocupação era como fazer para que gostassem dela. Sua gravidez inesperada e o processo de adoção subsequente, seu rompimento tumultuado com Jake e a mágoa a ele relacionada, seu relacionamento redentor com Jesus e o recém-descoberto propósito que Ele despertou e todas as amizades que Deus trouxe à sua vida desde então haviam desempenhado seus papéis para moldar seus novos sonhos e esperanças para o futuro.

Ironicamente, no entanto, ela estava em seus primeiros estágios deste desenvolvimento quando seu interesse pela psicologia foi despertado. Semanas depois de dar à luz, com a dor de dar seu bebê para a adoção ainda excruciantemente latente, Amy havia entrado na aula de Psicologia 101 do Professor Sullivan no Mira Costa Community College. Quando tudo à sua volta estava instável, aquele senhor animado havia, sem se dar conta, lançado a Amy uma corda, e ela a havia se agarrado e desfrutado cada momento da jornada. A psicologia explicava coisas que ela sempre havia se perguntado e sugeria soluções para os seus problemas. Era uma rede científica para ajudá-la a destrinchar as omissões nada científicas da vida. Ela adorou.

Quando Amy contou a Cari que iria estudar psicologia na faculdade, Cari lhe disse algo como: "Deus nunca desperdiça um sofrimento". Amy havia aplicado o comentário cheio de significado à tristeza decorrente de sua gravidez e de seu rompimento recente com Jake. Mas enquanto isso, por meio do seu improvável relacionamento com Melia, Deus ia revelando mais uma camada de sofrimentos do passado de Amy para que ela os enfrentasse. O processo de ajudar Melia a escapar de seu lar de abuso não apenas forçou Amy a desvendar seu próprio trauma de infância como também fez crescer nela uma compaixão inevitável por crianças que sofrem. Ela mal podia esperar para passar o resto da vida ajudando as crianças na busca pela cura das feridas que as machucavam silenciosamente há tanto tempo.

"Posso ajudá-la?", uma mulher asiática de quase cinquenta anos perguntou no balcão de recepção quando Amy entrou na sala de espera da Palo Alto Child Services.

A clínica infantil ocupava uma das muitas salas que cercavam um exuberante pátio central e a luz solar filtrada raiava por grandes janelas frontais. Os tons terra suaves, os sofás enormes e a decoração toscana criavam um ambiente tranquilo, e Amy sentiu-se à vontade imediatamente.

"Meu nome é Amy Briggs", disse sorrindo enquanto caminhava na direção da senhora. "Sou uma das novas estagiárias de Stanford. Hoje é meu primeiro dia."

"Bem-vinda à PACS", a mulher cumprimentou-a amavelmente. "Sente-se, por favor; o Dr. Wyatt estará com você em alguns minutos."

Amy afundou no sofá mais próximo e olhou em volta. No canto, à sua direita, um homem e uma mulher se sentavam tensos enquanto uma garotinha montava um quebra-cabeças no chão à frente deles. Todos os três estavam estranhamente calados. Amy tentou não encarar, mas sua mente já estava especulando a respeito da situação deles. Será que eram casados? O pai era abusivo? Ou será que aquele era mesmo o pai? Outra pessoa tinha abusado da garotinha? Quanto tempo tinha levado para que acreditassem nela? Será que acreditavam nela agora? E como ela poderia ter certeza da verdade caso fosse a médica?

Sua cabeça rodopiava com as possibilidades e com a magnitude deste novo passo na direção do seu futuro. De repente, todos os cenários, termos e diagnósticos que havia estudado nas aulas explodiram diante da realidade de que cada um deles estava inexoravelmente vinculado a uma miríade de pessoas reais, com histórias e rostos reais. Ela sempre soube disto, claro. Essa foi a razão por que quis entrar nessa área, afinal de contas. Mas ver três novos rostos diante dela acelerou repentinamente o seu coração. Será que suas próprias feridas eram ainda recentes demais para que ela fosse capaz de ajudar os outros? E ela ainda era tão nova no estudo. Será que tinha aprendido o suficiente? *Deus, este trabalho é desolador. Eu posso ajudar de fato?*

Relaxe, uma nova voz soou em meio aos temores. *Eu estou no controle. Eu te coloquei aqui. E quero te usar para que eles me deixem ajudá-los.*

Amy fechou os olhos e absorveu essas verdades. Esta era uma oportunidade única na vida, e Deus sabia o que estava fazendo.

"Srta. Briggs", uma voz masculina grave ressoou em seus pensamentos.

Amy olhou para cima e lá estava um dos maiores e mais assustadores homens que já tinha visto na vida.

"Uh, sim?"

"Oi. Meu nome é Dr. Wyatt, mas meus amigos me chamam de Teddy". Ele estendeu sua enorme mão a Amy que se levantou e retribuiu o aperto.

Se não fosse pelo estetoscópio pendurado no pescoço e o "Dr. Wyatt" bordado no avental, Amy tinha certeza de que pensaria se tratar de um praticante de luta livre. "Teddy" media pelo menos 1 metro e noventa e tinha um rosto redondo acolhedor coberto, em grande parte, por uma barba castanha. O avental branco tamanho extra grande não conseguia esconder sua figura robusta e mesmo as mangas generosas mal comportavam a circunferência de seus bíceps enormes. Imediatamente, os pensamentos de Amy foram transportados de volta para a casa de Chris e Cari quando Jake desceu as escadas, vestido com roupas semelhantemente mal ajustadas. Ela começou a sorrir, mas se controlou e se concentrou naquele momento.

"É um grande prazer conhecer o senhor, Dr. Wyatt", sorriu Amy. Ela o olhou nos olhos e fez o possível para lhe dar um aperto de mãos firme embora seus dedos mal se curvassem ao redor da palma da mão dele.

"Você vem com excelentes referências", disse ele, sorrindo. "A Sra. Mozon é amiga da família e sua carta de recomendação foi uma das melhores que já li."

Então foi assim que consegui o emprego, Amy pensou. Logo depois de ter se candidatado para o estágio, ela havia escrito um bilhete de agradecimento à professora de psicologia infantil do ano passado, mas fez uma anotação mental para passar no escritório da Sra. Mozon qualquer hora e agradecê-la outra vez pessoalmente. Amy havia aprendido tanto naquelas aulas, e agora, esta oportunidade incrível era apenas a cereja do bolo.

Amy seguiu o Dr. Wyatt pela porta ao lado da recepção. Apesar de suas experiências quando criança, esta era a primeira vez que entrava num centro oficial de aconselhamento, e ela não conseguia deixar de imaginar como sua vida teria sido diferente se, durante aqueles anos da sua infância, ela tivesse sido levada a um lugar seguro como este onde pudesse falar. Amy deu à sua mãe o benefício da dúvida por talvez não ter conhecimento sobre a existência de lugares como este enquanto Amy estava sofrendo as consequências do abuso do tio e do abandono do pai.

O Dr. Wyatt abriu a porta de seu escritório e Amy ficou surpresa com a limpeza do pequeno espaço. Algo a respeito da aparência excêntrica do Dr. Wyatt despertava imagens daqueles professores distraídos cuja mesa ficava escondida sob pilhas de pastas, jornais e livros. Mas o espaço de trabalho deste homem era impecavelmente organizado e livre de desordem. Ele se sentou atrás de sua mesa de mogno simples e fez um sinal para que Amy ocupasse uma cadeira de plush em frente.

"Bem, li seu formulário e conheço sua qualificação, mas fiquei particularmente interessado em sua experiência pessoal com o abuso.

Se não se importa que eu pergunte, poderia me falar mais sobre si mesma e sobre o seu passado?", pediu o doutor com sua voz grave, mas surpreendentemente suave.

Um ano antes, Amy ficaria imediatamente alarmada com uma pergunta assim, mas hoje, estava disposta a compartilhar. Contou sobre seu relacionamento com Melia e como o abuso sofrido pela menina tinha despertado lembranças que ela tinha reprimido durante anos. Explicou como tinha sido difícil ajudar Melia e ao mesmo tempo evitar suas próprias feridas, mas que com o apoio de amigos e com a graça de Deus, ela havia enfrentado o seu passado, experimentado a cura profunda e até restaurado o relacionamento com seu pai.

"E agora eu gostaria de ajudar outros", Amy concluiu.

Durante todo o tempo, o médico barbudo sorriu de forma afetuosa e balançava a cabeça enquanto ouvia o relato.

"Obrigado por compartilhar sua história comigo, Amy", ele respondeu quando Amy terminou. Seus olhos refletiam uma compaixão genuína. "Você tem muito a oferecer a essas crianças."

O Dr. Wyatt retirou uma pasta de papel manilha da primeira gaveta de sua escrivaninha.

"Assim como você descobriu com sua jovem amiga Melia, muitas das crianças que encontramos aqui no PACS vêm de lares que, vistos de fora, parecem perfeitos. Seus pais são médicos ou advogados ou engenheiros bem-sucedidos. Elas moram em casas luxuosas em comunidades de prestígio. Frequentam as melhores escolas, vestem as melhores roupas e participam de uma variedade de atividades extracurriculares. E com frequência, seus pais estão ali, presentes. Porém, por trás das portas fechadas, a vida é outra história. Veja esse menino, por exemplo."

Tirou da pasta a foto de um garotinho. O rosto estava desfocado, mas os hematomas escuros que cobriam seu corpo do pescoço até os joelhos eram bastante visíveis.

Amy teve que desviar os olhos. Os hematomas que havia visto em Melia pareciam nada se comparados ao que este menino havia enfrentado. Que tipo de monstro faria algo assim? Uma ira justa começou a ferver dentro dela.

O Dr Wyatt se inclinou para a frente e colocou os cotovelos sobre a mesa.

"Amy, entendo perfeitamente o que está sentindo nesse momento, mas para fazer a diferença, você precisa aprender a controlar esses sentimentos e mantê-los distantes do seu rosto", disse gentilmente, mas seu tom era sério.

Amy inspirou profundamente e balançou a cabeça.

"Sinto muito."

"Não se desculpe por seus sentimentos. Se não sentisse raiva diante de uma cena assim, algo estaria errado em você. Mas não é disso que estas crianças precisam."

O olhar compassivo do Dr. Wyatt tocou fundo em sua alma.

"O que estas crianças desejam é alguém que lhes dê voz, que os ouça e lhes dê esperança de que tudo ficará bem." Fez uma pausa para que a mensagem fosse compreendida. "E mais uma coisa: Você não está aqui para julgar."

Amy imediatamente se lembrou do casal com a menininha sentados na sala de espera. Ela não sabia nada sobre a situação deles, mas permitiu, de imediato, que sua mente presumisse o pior.

"Provavelmente, você verá algumas coisas totalmente abomináveis aqui. No entanto, não somos investigadores. Não somos a lei. Nossa região tem um excelente departamento de Serviço de Proteção Social às Crianças e confiamos que eles farão o seu trabalho. Nosso papel é apenas ajudar as crianças... e seus pais. Não importa o que acreditamos ser a verdade, estamos aqui para ajudar qualquer pessoa que entre por nossas portas e peça ajuda.

Amy assentiu com um movimento lento da cabeça, pensando em seu próprio tio Harold. Muito antes tratá-la com brutalidade, ele precisava desesperadamente dos serviços de um lugar como este quando era abusado na infância.

"Puxa!", Amy suspirou, contemplando a enormidade da tarefa à sua frente. Ela ainda não tinha visto criança alguma, mas já estava aprendendo. Mais do que apenas se tornar uma psicóloga infantil melhor, ela podia ver que este seria o início de um exercício vitalício de graça, amor e compaixão abundantes. "Eu posso fazer isto, Dr. Wyatt", finalmente declarou com a voz mais segura que conseguiu emitir.

"Eu sei que pode, Amy", um grande sorriso cruzou o rosto barbudo do Sr. Wyatt. Amy, então, pôde entender por que seus amigos o chamavam de Teddy. Por debaixo de sua aparência de urso, ele era uma das pessoas mais calorosas e bondosas que ela já conheceu.

"Então, quando começo a ver crianças de verdade?"

"Na semana que vem. Hoje você tem que preencher uma montanha de papéis", ele sorriu e conduziu Amy de volta à sala de espera, na entrada, e a passou a Terri, a mulher da recepção. "Bem-vinda ao time, Amy Briggs", o Dr. Wyatt a cumprimentou outra vez e voltou pela porta vai e vem.

15

"**Oi, Pai**", disse Amy tranquilamente quando voltava apressada do PACS para uma tarde de estudo com alguns de seus colegas da Psicologia 302.

"Oi Ames. Tudo bem?", soou a voz do pai nos alto-falantes do carro. A conexão Bluetooth do seu carro novo era um dos recursos favoritos de Amy.

"Então, acabei de ter o meu primeiro dia no estágio", começou.

"É mesmo! Como foi?"

Amy não conseguia tirar da mente as palavras do Dr. Wyatt a respeito de não julgar e até mesmo ajudar os autores do abuso na clínica. E todas as vezes que se lembrava dessas palavras, elas vinham acompanhadas do rosto carrancudo do tio Harold.

"Bem...", a voz falhou. Amy não sabia bem como dizer isto. "Hum... quando foi a última vez que conversou com o Tio Harold?"

O silêncio tomou conta do interior do carro.

"Pai? Você está aí?", confirmou Amy.

"Sim, sim", a voz do pai era um sussurro rouco. "Uh...", outra pausa. "Há umas duas semanas."

Desta vez o silêncio foi de Amy. *O quê?* Ela esperava uma resposta mais na categoria dos *anos*. Como seu pai não tinha lhe contado isso?

"Sinto muito, Amy", respondeu Ray como se lesse a sua mente. "Eu simplesmente não achei que esse assunto apareceria numa conversa e não quis magoar você."

Amy tentou dizer algo, mas nenhuma palavra lhe veio à mente.

"Amy, eu sinto muito mesmo."

"Não, não, papai, tudo bem", ela finalmente murmurou com a cabeça ainda zunindo. "Ele ainda está preso, certo?"

"Sim, claro. Precisa cumprir mais três anos antes de ter direito à liberdade condicional."

Amy sentiu um calafrio na espinha. Três anos não era muita coisa.

"Ah." Amy entrou no estacionamento próximo à biblioteca, parou numa das vagas e ficou sentada ali, olhando para frente. Seu grupo de estudo tinha começado há sete minutos, mas ela se sentia paralisada.

"Amy, você está bem? Por que perguntou sobre o meu irmão?"

Amy hesitou e depois fez um esforço para prosseguir.

"Com que frequência vocês conversam?"

"Bem, eu tento fazer uma visita a ele uma vez por mês, e ligo duas ou três vezes neste meio tempo", seu pai admitiu lentamente.

"Então, a prisão fica aqui perto?"

"Fica a mais ou menos uma hora e meia daqui, em Vacaville. Por que está perguntando? Você sabe que está segura agora, não sabe?"

"Não, não, eu sei, pai. É só que..." Amy tentava encontrar as palavras certas. "Acho que nunca consegui tirar da mente a história da sua própria infância, pai; e o médico com quem vou trabalhar disse algo hoje que me fez pensar no seu irmão. Pai, ele também precisa do amor de Deus."

Silêncio do outro lado da linha novamente, até que Ray sussurrou: "Eu sei."

"Bom", hesitou Amy, temendo suas próximas palavras. "Não sei se estou perto de me sentir pronta para encará-lo, mas não consigo deixar de pensar que, talvez, esta mensagem tivesse mais impacto se viesse de mim."

Mais silêncio.

"Você não faz ideia."

Amy verificou as horas.

"Pai, eu tenho que ir; estou atrasada para um grupo de estudos. Eu te aviso quando estiver pronta para falar mais sobre isso, ok?"

"Amy, você é incrível. Sabe disso, né?"

Amy sorriu.

"Obrigada, pai. Eu te amo", Ela saiu de seu carro, pendurou a mochila no ombro e andou em passo acelerado para a biblioteca. Que vespeiro este estágio começava a cutucar!

Amy passou rapidamente pela porta e viu seu grupo de estudo na mesa de sempre, os livros abertos e as cabeças baixas, em total concentração. O professor deles acreditava no poder do teste surpresa.

"Qualquer pessoa pode dar a resposta certa quando sabe quais serão as perguntas; mas os melhores psicólogos estão prontos para qualquer coisa a qualquer momento", ele havia afirmado na primeira aula e já tinha colocado isso em prática com seis testes surpresa.

"Por onde devo começar?", Amy perguntou baixinho a uma garota amável chamada Christy, enquanto se sentava na cadeira vazia ao seu lado.

"Da página 57 até a 63 do Rosenberg e o capítulo 5.1 do Grotzky. Aliás, você está atrasada", Phil, um aluno do último ano vindo do Japão, respondeu com seu sotaque pesado sem tirar os olhos dos livros.

"Mil desculpas. Sem justificativa." Os outros membros do grupo sorriram rapidamente para Amy enquanto ela se acomodava e abria o primeiro livro enorme. Ao final de trinta minutos, cada membro do grupo devia relatar os conceitos principais das páginas que tinham recebido como tarefa. Amy já tinha doze minutos de atraso e sua cabeça estava a milhões de quilômetros de distância.

Seus olhos grudaram nas páginas enquanto as lia rapidamente à procura de informações pertinentes, mas antes que pudesse marcar o primeiro trecho digno de nota, seu telefone vibrou dentro do bolso. Sua mão foi rápida para pegá-lo, mas ela se segurou bem a tempo e resistiu ao desejo de verificá-lo. Quem quer que estivesse mandando mensagens, conseguiria sobreviver nas próximas horas sem a sua resposta, e ela, com certeza, sobreviveria sem saber quem era. Concentrou-se novamente nas palavras e leu mais algumas páginas. Bem na hora quando estava grifando outro termo, seu telefone vibrou mais uma vez, e o susto a fez dar um pulo e deixar um risco amarelo, que não deveria estar ali, por quase toda a página.

Phil olhou para ela e fez uma careta, por isso, Amy manteve a cabeça baixa e continuou a leitura. Ela concluiu as últimas poucas páginas do primeiro livro e passou rapidamente para o outro trecho que lhe tinha sido designado. Talvez conseguisse alcançar os outros a tempo. Mas o zumbido irritante do seu telefone a perturbou outra vez. Preocupada de que pudesse ser uma emergência, Amy pegou discretamente o celular no bolso e leu as mensagens.

17h43 | De: Steven | Para: Amy
Me liga.

17h48 | De: Steven | Para: Amy
Eu sei que você não está em aula. Eu tenho o seu horário, lembra?

17h51 | De: Steven | Para: Amy
Se você roubou este telefone, peço a gentileza de retorná-lo ao proprietário. Eu preciso falar com ela!

Amy balançou a cabeça e suspirou. O que seria tão importante que Steven precisava falar assim, de repente? *Com certeza, hoje ele não precisa estudar!* Mas ele ia ter que esperar. Colocou o telefone de volta no bolso e tentou se concentrar — sem chance — assim que colocou os olhos na página, o telefone retomou sua intromissão irritante, e desta vez, o zumbido se transformou numa vibração pulsante ininterrupta.

"Você vai atender isso aí, ou não?" perguntou Phil, encarando-a.

Amy encolheu os ombros, desculpando-se.

"Volto em dois minutos", saiu rapidamente da biblioteca e atendeu a ligação. "Olha Steven, eu realmente não tenho tempo para conversar..."

"Não dá mais para mim, Amy", a voz de Steven a interrompeu do outro lado. "Simplesmente, não está dando certo."

Amy ficou imóvel por um momento. Será que era o que ela achava que era?

"Humm... você está terminando comigo, Steven?"

"Eu acho que a gente já sabia que isso ia acontecer."

"Ah, uau", Amy gaguejou. "Eu... eu acho que não sei o que dizer." Ela se sentou na calçada e ficou olhando o mar de carros no estacionamento à sua frente.

"E este é exatamente o problema."

"Como?"

"Você perdeu o desejo de lutar pelo nosso relacionamento. Não está chorando, não está listando todas as razões pelas quais ainda quer estar comigo, e nem está me perguntando por quê. É exatamente o que eu suspeitava: você simplesmente não se importa."

"Tudo bem, mas espera um minuto. Isto não é justo. Você acabou de me interromper no meio de um grupo de estudos e me surpreendeu antes mesmo de dizer oi e, de alguma forma, isso é *minha* culpa? Eu não fiz nada *além* de me importar com o nosso relacionamento. Sou eu quem está tentando!"

"Mas Amy, seu coração não está comigo. Dá para perceber. Eu te amo, Amy, mas preciso de alguém que me ame de volta ainda mais."

Amy realmente não sabia o que dizer. Steven tinha um bom argumento. Um bom relacionamento precisa sim de que os dois lados amem um ao outro completamente, e a verdade era que ela sempre teve alguma reserva no coração no que se referia a ele. Porém, ela sempre presumiu que isso mudaria com o tempo. Foi ele quem quis acelerar as coisas. E ela tinha feito de tudo para *encenar* seu amor por ele, mas o amor verdadeiro não era dessa forma.

"Então, é assim que você demonstra o seu amor a alguém?" ela finalmente retrucou em voz baixa.

Steven ficou em silêncio por um momento do outro lado da linha.

"Eu queria que tivesse dado certo com a gente, mas não quero mais continuar assim. Tchau, Amy."

Com isso, a linha caiu — Steven havia desligado. Amy apoiou a cabeça nas mãos e observou uma pequena formiga movendo-se com rapidez. *Deus? Por essa eu realmente não esperava.* Certo senso de frustração se instalou e ela esperou pelas lágrimas. No entanto, seus olhos, para total surpresa, permaneceram secos. E conforme ela compreendia o que tinha acabado de acontecer, a carga que vinha carregando durante todo o verão começou, lentamente, a evaporar. Amy ergueu a cabeça e respirou fundo. Steven era um cara excelente e ela, com certeza, precisava dar tempo a si mesma para lamentar esta perda. Porém, uma sensação de paz a inundou, e ela soube que Deus estava no controle do seu futuro. Amy desligou completamente o celular e caminhou de volta à biblioteca para unir-se ao seu grupo de estudo.

✚ ✚ ✚

Três horas mais tarde, depois de estudar para Psicologia 302 e duas outras matérias, Amy desabou na cama e revelou a Renee a mais recente reviravolta na sua novela pessoal.

"Então, está dizendo que você está de volta ao mercado?", brincou a companheira de quarto. "Ainda tem o número dele?"

"O quê? Eu tenho certeza que Brian não gostaria que você ligasse para outro cara."

"Ah, não é para mim. Eu tenho uma amiga que pode se interessar. Você tem que admitir que aquele garoto era top... mmmhmmm."

Amy jogou o travesseiro na amiga.

"Quietinha aí. Você não se atreveria."

Renee riu.

"Naaah. Mas ele era um partidão."

Amy suspirou e levantou-se da cama. Foi até a colagem de fotos que havia colocado em frente à sua escrivaninha.

"Bom, acho que não vou precisar mais disso aqui."

E começou a tirar todas as fotos que incluíam seu agora ex-namorado — que era a maioria delas. Entre as poucas que restaram, seus olhos se demoraram numa imagem de um grupo no ministério Souled Out ao qual havia se unido no seu último ano do Ensino Médio. Na foto, ela estava visivelmente grávida... e estava em pé ao lado de Jake.

"Então, você liga para ele, ou ligo eu?", a voz de Renee logo atrás dela a assustou.

"Ligar pra quem?", Amy tentou perguntar ingenuamente.

"Ele era uma gracinha no Ensino Médio, mas quero ver como está agora." Renee deu a volta e abriu o laptop na sua escrivaninha.

— "O que você está fazendo?"

"Ah, só estou pesquisando no Google sobre o time de basquete da Universidade de Louisville", Renee bocejou. "Nada em especial."

"Renee!", Amy caminhou até a amiga. "Eu tenho quase certeza de que ainda não deveria estar vendo isso", disse Amy, pouco convicta.

"Quem é que está falando em ver? Vai para o seu lado do quarto."

Mas Amy continuou grudada no seu lugar, olhando por sobre o ombro de Renee. A página do Basquete Masculino da Universidade de Louisville abriu e ali, no topo da tela, estava Jake, como se olhando diretamente para ela.

Renee deu um assobio entre os dentes.

"Ele é bem bonitinho para um branco. Tem certeza de que esses músculos não estão cheios de ar?"

"Eles são de verdade", Amy assegurou com um sorriso."

"Caramba, menina. E você disse que ele ama a Jesus também?"

Amy assentiu com a cabeça.

"Então o que você está esperando?", Renee bateu de leve no cotovelo de Amy e piscou para ela.

Amy balançou a cabeça e espremeu-se na cadeira ao lado da amiga.

"Não vai fazer mal só olhar, vai?" Ela tirou a mão de Renee do mouse e clicou na ficha do jogador.

"Ei, o que é isso?", Renee protestou, empurrando Amy para fora da cadeira.

"Eu só quero ver o que diz sobre ele e..."

"Sinto muito, Amy, mas este computador é somente para tarefas, e eu tenho bastante. Então, por que não vai ligeirinha para o seu próprio laptop e manda um e-mail para o menino?"

Amy balançou a cabeça novamente e riu.

"Acho que eu vou para a academia." Correr sempre a ajudava a clarear as ideias.

Por mais que seu coração desejasse entrar imediatamente em contato com o Jake, ela sabia que precisava de tempo para processar o que tinha acontecido e se certificar de que este era o próximo passo que Deus queria que ela desse. Se as coisas entre eles tivessem que dar certo, ela precisava estar num estado mental estável, e não, no rebote de um relacionamento rompido. Assim que abrisse a porta para Jake, ela sabia que estaria cruzando uma linha que seria permanente — para o bem ou para o mal.

16

Mensagem

De: Amy Briggs x

Assunto: Prepare-se.

JAKE OLHOU FIXAMENTE O TÍTULO MISTERIOSO DA MENSAGEM, paralisado em sua cadeira.

Apesar de suas melhores intenções, ele ainda não tinha conseguido deixar de pensar na Amy. Depois da aula de Cinesiologia na semana passada, Jake voltou diretamente para o quarto e tirou a foto de Amy da mesa de cabeceira. Ele não tinha acessado o Facebook uma única vez desde então, e tinha se esforçado muito para bater papo com algumas garotas no encontro da Campus Christian Fellowship na terça-feira à noite. Mas até agora, tudo havia sido em vão. Amy ainda era o primeiro pensamento em sua mente todas as manhãs e seu rosto ainda era a última coisa que via todas as noites quando se deitava para dormir. Ele havia perdido a esperança de que ela entrasse em contato, mas seu coração se recusava a ir em frente. E como se a situação já não fosse suficientemente difícil como estava, esta mensagem inbox inesperada dela no seu Facebook agora o pegava totalmente desprevenido.

Jake raramente acessava a internet antes dos treinos matinais — já era duro o bastante acordar a tempo para ler a Bíblia e falar com Deus por algum tempo antes de se dirigir para a sala de musculação. Porém, por alguma estranha razão, seus olhos abriram mais cedo esta manhã e depois de passar uma hora lendo o livro de Tiago na Bíblia e anotando em seu diário ideias de como testemunhar mais a sua fé aos companheiros de time, ele se sentia animado e pronto para "brilhar". Sentiu, então, um desejo repentino de verificar suas mensagens no Facebook e o título da mensagem de Amy foi a primeira coisa que viu.

"Prepare-se", murmurou Jake. *O que será que isso quer dizer?* Imagens de possíveis notícias terríveis vindas de Amy tomaram conta da sua mente. Alguém estava doente? Alguém tinha morrido? Alguém...

De repente, ele imaginou Amy num vestido de noiva ao lado de Steven e todos os seus temores se transformaram num nó, como um soco no meio do estômago. Antes mesmo de ler, ele sabia o que ela diria: Steven a pediu em casamento e desta vez ela aceitou.

Deus? Jake questionou ao se sentar à mesa, agora trêmulo, de cueca e camiseta apenas. *O Senhor precisava me acordar para isso?* Ele engoliu o nó entalado na garganta e pegou a foto de Amy que estava na primeira gaveta da escrivaninha. Um versículo que o pastor havia lido no domingo anterior imediatamente lhe veio à mente. Ele o leu outra vez esta manhã em Tiago, talvez como um presságio do que Deus sabia que viria. *Meus irmãos, considerem motivo de grande alegria o fato de passarem por diversas provações, pois vocês sabem que a prova da sua fé produz perseverança.*

Jake e Buddy tinham conversado sobre isso por algum tempo. Buddy sabia da dificuldade de Jake para esquecer Amy e oferecia um ouvido sempre pronto a escutar, além de algum conselho ocasional. No entanto, para Jake, o melhor conselho de Buddy vinha da sua vida. Jake havia aprendido muito só ao observar a humildade do seu mentor diante da dor de assistir sua amada esposa distante dele em seu casulo induzido pelo derrame. Jake sabia que as tribulações de Buddy superavam em muito as suas, e no entanto, ele era a pessoa mais alegre que Jake conhecia.

Com renovação inspirada apenas por se lembrar do velho amigo, Jake balançou a cabeça. *Senhor, não sei bem se estou pronto para esta provação, mas que a Tua alegria seja a minha força.* Respirou fundo e finalmente clicou na mensagem.

Voltar para Mensagens

Entre **Você** e **Amy Briggs**

Prepare-se.

Não sei de que outra forma dizer isto, então, acho que vou direto ao ponto: Steven e eu terminamos. Aconteceu na semana passada, e eu não te escrevi imediatamente porque não queria agir por impulso. Queria dar tempo para que Deus revelasse o seu plano em tudo isto e não me precipitar baseada em minhas próprias conclusões apenas. E só pra você saber, se é que faz alguma diferença, foi o Steven que rompeu comigo.

Peraí... o quê? Jake estava perplexo e imediatamente releu o parágrafo. *Então ela não está noiva?* Encostou-se na cadeira por um momento para digerir o significado daquela boa notícia. Um sorriso se abriu no seu rosto e ele rapidamente voltou à sua posição encurvada em frente ao computador.

> Jake, dá para perceber que você amadureceu muito desde a última vez em que ficamos juntos. Só ver como me respeitou e me deu espaço é prova disto, e quero que saiba o quanto sou grata por isso. Tenho certeza de que não foi fácil para você, e realmente agradeço.
>
> Testemunhei muito maior confirmação do quanto você mudou quando te observei durante o verão. Sim, eu confesso: estava te observando. No Costco, você disse que eu te inspirei, o que foi muito amável da sua parte, mas Jake, a verdade é que foi você quem me inspirou. Você foi incrível com aqueles meninos terríveis e com o seu pequeno grupo! Muitas vezes, te ver com eles servia de lembrete para que eu tivesse mais paciência — e me divertisse mais — com as minhas meninas. Eles te respeitaram Jake, e você fez um belo trabalho mostrando como um homem de Deus deve ser.
>
> Imagino que você tinha alvos mais grandiosos em relação a nós dois nesse verão. Mas percebi que manteve a sua alegria e atitude de servo apesar da minha inacessibilidade. Isso diz muita coisa. Quero que saiba que os seus esforços não foram em vão. Eu não somente percebi essas coisas, como também não tenho conseguido tirá-las da cabeça. Sua façanha para falar comigo no início do verão, embora nada apreciada pelo Steven, é algo de que lembro todos os dias. Foi a melhor descrição de amor que já ouvi.

Jake tirou os olhos da tela e balançou a cabeça. O nó que tinha lhe roubado o ar, agora, se dissolvia gradualmente e se depositava no estômago como um caso grave de nervosismo. Isso estava indo melhor do que ele jamais havia imaginado. Mas qual era a moral da história?

Mas este é o meu problema: Estou com medo. Amo tudo que há no Jake que vi nesse verão. Porém, você já perdeu o brilho uma vez, e como vou saber se esta não é apenas uma fase que vai desaparecer assim que você conseguir o que quer?

Ainda não estou pronta para mergulhar em algo novo, mas estive pensando no que seria necessário para nos colocar de volta na linha de largada. Não vou facilitar as coisas pra você, Jake, mas, se acha que vale a pena, é isso que estou procurando. Outra vez, eu aviso: prepare-se.

Espere. Eu não cheguei a ouvir o item número um da sua lista, mas a primeira coisa que preciso de você é tempo. Não quero me precipitar para entrar em outro relacionamento. Deus usa todas as coisas por um motivo, e eu acho que preciso dar um tempo para refletir no meu relacionamento com o Steven e amadurecer em algumas áreas. Portanto, eu sei que você já me deu muito espaço, mas preciso de um pouco mais. Por favor, nem pense em entrar em contato comigo durante dois meses pelo menos, e mesmo depois, só faça isso se estiver levando a sério o restante desta lista.

Ore. A única maneira disto dar certo é se Deus quiser assim. Preciso que você ore todos os dias para saber se isso é o que deve acontecer e que peça sabedoria para saber como agir.

Seja meu líder espiritual. Você já mencionou isto em sua lista, e eu adorei. Mas cabe repetir. Quero passar a minha vida com um homem que esteja sempre um passo à minha frente em sua caminhada com Deus. Estou completamente pronta para ser inspirada, encorajada e desafiada em minha fé. (Aliás, adorei a bolinha "Brilhe").

Tome a iniciativa. Com certeza você tentou esse verão e, embora eu não me sentisse à vontade para responder, apreciei a sua persistência. Por favor, não pare. Perto do final do nosso relacionamento, eu me sentia como se fosse a única que se esforçava para nos mantermos unidos, quer fosse para falar sobre Deus, sobre a vida e até para fazer uma visita. Não vou fazer isso outra vez. Seu papel como líder é me buscar. Você começou bem, mas estou avisando: se começar a falhar, eu estou fora.

Case-se comigo. Eu sei que mencionou isso em sua lista e sei que me apavorei quando entendi mal o seu presente no Costco (à propósito, me desculpe por isso, J). Então, eu só quero que a gente fale a mesma língua sobre esse assunto. Sim, se vamos entrar nessa novamente, eu quero que seja para sempre; nada imediato, mas vamos definir uma linha do tempo para ter certeza de que vai dar certo.

1. Sonhe comigo. Se vamos passar o resto da vida juntos, então, você não pode apenas apoiar os meus sonhos. Admiro muito que você se ofereça a sacrificar a sua vida em Louisville para estar ao meu lado – essa atitude foi muito bonita e muito humilde da sua parte e revela muito sobre você! Do fundo do meu coração, obrigada. Mas em última análise, se temos que ficar juntos, precisamos ser capazes de sonhar juntos. Não podem ser os meus sonhos ou os seus sonhos; precisam ser os nossos sonhos. E eu percebi que não sei mais quais são os seus sonhos para o futuro. Ainda está de olho na NBA? Tem outros planos para depois da faculdade? Quanto a mim, nos últimos anos, Deus tem despertado minha paixão em ajudar crianças, especialmente as que vêm de experiências de abuso. Há muito no meu passado que eu nunca te contei, mas graças ao Steven, à Melia, à Cari e às muitas aulas de psicologia que fiz, o Senhor me curou e me mostrou como quer usar meus sofrimentos para a sua glória no futuro.

2. Venha me visitar. Então, eu realmente não quero que você desista de Louisville, muito menos do basquete, por mim. Parece que Deus está te usando aí, e eu jamais poderia interferir nisto. Mas isso não significa que você não possa vir me visitar. Se quer que esta coisa à distância funcione, então, encontre uma forma de me tornar uma prioridade.

3. Nada de segredos. Ainda consigo me lembrar de sua expressão de bicho assustado quando me apresentou à Nicole. Não sei se havia algo rolando, mas estava claro que você não queria que eu soubesse a respeito dela. Se vamos seguir em frente neste relacionamento, temos muita coisa para esclarecer. Resumindo, podemos começar com a ficha limpa e seguir em frente com toda a honestidade daqui em diante.

> 4. Nada de sexo. Espero que esse item não seja difícil de entender considerando o nosso passado, mas Jake, não quero nem chegar perto disto. Tenho arrependimentos suficientes do meu passado e não pretendo acrescentar mais nenhum. Na realidade, acho bastante românticas aquelas histórias de casais que nem mesmo se beijam até o dia do casamento. Não sei se tenho forças para ir tão longe assim, mas preciso que você seja o líder da missão de nos mantermos puros — especialmente se a estrada for longa.
>
> 5. Tenha a bênção do meu pai. Foi muito importante que você tenha mencionado em sua lista as visitas à minha nova família. Muitas coisas a conteceram no ano passado, e meu pai e eu estamos muito próximos agora. Ele é um homem de Deus incrível e eu valorizo muito a opinião dele. Por isso, se você ainda quer seguir adiante com isso, fale com ele primeiro. O nome dele é Ray.
>
> Jake, eu sei que estou estabelecendo um padrão bastante alto. Mas não quero me machucar novamente. Pense a respeito, e se ainda for o que você quer, talvez a gente possa conversar sobre isso durante o Natal ou algo assim.
>
> Com amor, Amy.

Jake releu a longa mensagem mais umas duas vezes antes de finalmente se levantar da cadeira. Seu coração batia forte no peito, mas ele não conseguia apagar o sorriso do rosto. *É só isso que quer, Amy?* Sorriu ironicamente. Claro, a lista era exigente, mas ele já havia oferecido metade daquelas coisas no que chamava de "O desastre à porta". As melhores coisas na vida não vinham de graça, e ele estava disposto a abrir mão de muito mais do que isso. Vestiu-se rapidamente para o treino e saltou ao outro lado do corredor para bater na porta de Grant.

"O Steven já era! A Amy está livre! E está disposta a me dar uma segunda chance!", gritou.

Um baque surdo na porta, provavelmente provocado por um travesseiro, e Jake ouviu o grunhido de Grant lá dentro. Ainda faltavam vinte minutos para o treino e Grant obviamente estava tentando extrair do relógio cada minuto de sono que conseguisse. Mas Jake estava tão animado que mal conseguia se conter.

Obrigado, Jesus! Obrigado, Deus! — repetia para si mesmo enquanto voltava para o seu quarto. Pegou o calendário e contou dois meses a partir daquele dia. A Amy disse que eles poderia conversar no Natal, mas Jake não via que diferença fariam duas semanas a mais. Deu uma olhada rápida na programação do basquete para ver se havia conflito de datas e o que viu fez com que olhasse para cima e sorrisse para os céus. Se isso não era um sinal, então era o quê? O time de Louisville estaria fazendo sua viagem mais distante do ano na direção oeste para jogar num novo campeonato que a Universidade de Nevada em Las Vegas estava promovendo... na sexta-feira, dia 12, até domingo, 14 de dezembro. Se Jake pedisse ao técnico com bastante antecedência, talvez, ele o deixasse ficar e perder um dia de aula e de treino para ir até Stanford depois dos jogos.

Conforme Jake pensava a respeito, ficava empolgado a ponto de ter dificuldade para respirar. Circulou aquele fim de semana no seu calendário, imprimiu a lista de Amy e a afixou ao lado da cama — logo acima da foto dela, que foi prontamente recolocada na mesa de cabeceira. Com mais alguns minutos livres, Jake entrou na internet para pesquisar sobre passagens de avião. Se as coisas acontecessem conforme o planejado, dali a dois meses e três dias, no dia 15 de dezembro, Jake estaria na Universidade de Stanford fazendo a Amy a surpresa da sua vida.

17

AINDA FLUTUANDO NUMA NUVEM DE TORPOR provocada pela mensagem de Amy, Jake planou até seu apartamento após a aula da noite.

"Wip-shau!", Grant o cumprimentou do sofá com o som de uma chicotada. "Seu pescoço está dolorido da chicotada que ela te deu, moleque apaixonado?", perguntou, achando engraçado.

Jake apenas sorriu e deu de ombros.

"Bom, lembra que dia é hoje?"

"É...", Jake fuçou na memória, mas não achou nada. "Feliz aniversário?"

"Jake! A apuração dos votos da pré-temporada saiu hoje."

"Minha nossa! Esqueci totalmente. E como estamos?", perguntou Jake, pegando seu laptop e afundando no sofá ao lado de Grant.

"Não faço ideia! Estava esperando por você."

"Sério?", Jake digitou o endereço do site e depois olhou para o amigo com ar surpreso. "Obrigado, cara."

Grant só encolheu os ombros em sinal de retribuição enquanto os dois aguardaram que a página carregasse.

"Você acha que conseguimos ficar entre os vinte e cinco?", perguntou Grant.

"Eu diria um décimo sétimo lugar."

"É? Por quê?"

"Sei lá. Parece uma boa posição. E você?"

"Não sei. Eu acho que ficaria feliz até com o vigésimo quinto. Sei lá, nós perdemos o Jamal..."

"É, mas temos o Tyler, e..."

De repente, a tabela prévia apareceu e os dois jovens ficaram em silêncio enquanto seus olhos corriam pela lista à procura da colocação do Louisville.

	TOP 25 DA ASSOCIATED PRESS		
POSIÇÃO	TIME	RECORDE	PONTOS
1	Duke (22)	0-0	773
2	Butler (4)	0-0	704
3	Kentucky (2)	0-0	676
4	Kansas (12)	0-0	659
5	Ohio State (1)	0-0	630
6	Georgetown	0-0	555
7	Connecticut	0-0	554
8	North Carolina	0-0	532
9	Arizona	0-0	531
10	Louisville	0-0	503

"Ieeeeeh!", vibraram os dois em uma só voz quando viram seu time na décima colocação. Gritando e festejando como se tivessem acabado de ganhar na loteria, eles se cumprimentaram e pularam pelo quarto e deram um toque de mão. Ficar entre os dez colocados era um feito considerável! Ainda havia toda uma temporada para ganhar posições, mas começar em décimo lugar de todo o país era uma conquista que merecia comemoração. Exceto por Georgetown, eles estavam à frente de todos os outros times da Big East, a conferência considerada a mais difícil do país pela maior parte dos fãs. Embora parecesse impossível deixar o dia de Jake ainda melhor, ele agora parecia voar cada vez mais alto.

Jake rolou o botão do mouse com o dedo para ler o resto da classificação:

11	San Diego State	0-0	479
12	Pittsburgh	0-0	448
13	Brigham Young	0-0	376
14	Notre Dame	0-0	336
15	Wisconsin	0-0	311
16	Texas	0-0	290
17	Purdue	0-0	276
18	Syracuse	0-0	250
19	Florida State	0-0	197
20	Marquette	0-0	159
21	Richmond	0-0	152
22	Florida	0-0	147
23	Washington	0-0	108
24	Kansas State	0-0	73
25	Utah State	0-0	71

Jake achou a colocação do San Diego State levemente irônica. No Ensino Médio, ele tinha recusado, em particular, o recrutador deles, mas agora o time estava apenas uma colocação abaixo do Louisville. Jake não pôde deixar de imaginar, em silêncio, como sua vida poderia ter sido diferente se ele estudasse perto de casa e jogasse pelo Aztecs. É claro que sua carreira no basquete não teria sido muito afetada!

No meio desta breve reflexão, Grant o trouxe de volta à realidade.

"Ei, clica no nome da nossa universidade. Vamos ver o que eles estão dizendo sobre a gente."

Jake acatou e seus olhos correram pela apresentação do time.

"O Cardinals de Louisville vem de uma temporada de recuperação em que venceu dez jogos a mais do que no ano anterior. A perda do Sweet Sixteen para o futuro campeão nacional Duke nos jogos de playoffs da NCAA mostrou ao país do que o time é capaz. Perdendo apenas um jogador da formação do ano passado e acrescentando Tyler Faulk — vencedor do prêmio MVP do McDonald's — o time parece mais forte do que nunca. Preste atenção no astro surpresa, Jake Taylor, assumindo as rédeas como líder deste ano, com a ajuda de um sólido elenco coadjuvante formado por Faulk, Nate Williams, Grant MacIntire e Aaron Simon."

Jake e Grant trocaram olhares. Há um ano, eles haviam ficado extasiados simplesmente por integrar o time; agora eram anunciados por colunistas esportivos de todo o país como os líderes do Cardinals de Louisville, time na décima colocação. A sensação era indescritível.

Obviamente, nada disso vai importar se não for o time deles a cumprir a tradição do vencedor de cortar a rede da cesta após a conquista do campeonato nacional em abril — ou, pelo menos, chegar perto disso. As classificações pré-temporada não tinham significado algum; eram meras previsões do que poderia ser. Uma colocação entre os dez melhores significava que um time tinha potencial para levar o prêmio — mas havia muitos outros times no mesmo nível que dariam o seu melhor para evitar que isso acontecesse.

"Vamos sair para correr", disse Jake abruptamente, colocando seu computador na mesinha e dando pulos para se aquecer. Ele e Grant haviam adquirido o hábito de sair para corridas curtas de quatro quilômetros todas as noites com o objetivo de desacelerar antes de dormir, e Jake certamente precisava queimar um pouco de energia esta noite. Amanhã começavam os treinos oficiais — com a ESPN3 lá para cobrir jogo amistoso de abertura — mas hoje, eram só os dois, fortalecendo seu pacto de que ninguém no time se esforçaria mais do que eles.

Grant olhou para Jake e sorriu:

"Sim, baby! Vamos lá!", gritou.

Após trocarem de roupa rapidamente, eles começaram sua volta costumeira. Mas depois de um dia como aquele, Jake se sentia mais aventureiro e, sem dar explicações, seguiu por uma rua desconhecida. Conforme entravam mais e mais neste terreno não mapeado, observaram um declínio evidente à sua volta. Barras nas janelas, pichações nas paredes e uma aparência geral de descuido deixavam claro que, definitivamente, eles estavam do "outro lado" da cidade.

"Olha só aquilo", disse Grant, acenando com a cabeça para a direita.

Ali, à distância, havia um complexo esportivo em péssimas condições. No escuro, Jake não conseguia ver suas dimensões, mas o que se via da rua era um campo com grama esburacada, algumas quadras de basquete com o piso desgastado, iluminadas pela luz da rua adjacente. A quadra mais próxima a eles era palco de um acirrado jogo de basquete entre quatro garotos. Desviando habilmente das rachaduras e do mato, os meninos dominavam a bola com destreza e seu linguajar provocador enchia o ar com mais força do que o som da bola na tabela de metal.

"Então, em qual ônibus querem que eu leve vocês pra escola?", provocou um garoto magricelo com um grande cabelo afro enquanto driblava entre as pernas, bem na entrada do garrafão. Ele dançou para a direita e, em seguida, passou correndo por seu oponente à esquerda, chegando até a cesta onde finalizou com um lindo finger roll fazendo a bola passar diretamente pelo aro sem rede. "Haha! Quero ver o finger roll de vocês", cantou, enquanto fazia sua dança da vitória. Deu um toque de mão com seu companheiro de equipe, que não tinha feito nada além de ficar na linha dos três pontos. "Seu esquema de jogo parece queijo suíço mofado" disse rindo, ao garoto que o marcava: "fede e é todo furado".

"Cala boca e joga", o outro respondeu, acrescentando um palavrão. Arremessou a bola com um duro passe de peito, bem abaixo do rosto do garoto arrogante.

"É isso que você chama de jogar?", zombou o magrinho. "Porque eu acho que a sua mãe joga melhor que isso", riu novamente, fintou para a esquerda e, desta vez, deu um passo atrás e garantiu uma cesta de três pontos. Piscou para o outro. "Pode me chamar de código de área porque, para mim, é longa distância."

Antes que o garoto bocudo pudesse dizer mais alguma coisa, seu encorpado rival arremessou a bola no seu rosto. Instantaneamente, o sangue começou a escorrer do nariz, e ele se dobrou para frente.

"Ei, mano", gemeu de sua posição encurvada. "Isto é falta."

Então, se endireitou e respondeu com um soco forte no outro garoto.

Mas o garoto estava preparado e deu um soco rápido do queixo até a boca do oponente.

"Vamos ver se isto cala a tua boca por um segundo", disse zombando.

"Briga, briga, briga!", o parceiro de time do agressor começou a repetir sem parar.

Ensanguentado, porém sem medo, o garoto atrevido avançou sobre o seu adversário e os dois caíram no asfalto áspero, girando, chutando e rolando ao mesmo tempo. No mesmo instante, os outros dois entraram na briga apoiando o garoto maior e transformando a briga numa luta de três contra um.

Após olharem um para o outro rapidamente, Jake e Grant correram para a briga que ficava cada vez pior.

"Ei! Parem com isso!", gritou Jake, sabendo no momento em que pronunciou as palavras que soava tão ameaçador quanto a assistente da sua professora da educação infantil.

Como era de se prever, os quatro pré-adolescentes nem sequer olharam na sua direção. Instintivamente, Jake pegou o moleque que estava no topo da pilha e puxou-o para fora. Grant pegou o garoto seguinte e os dois moleques continuaram agitando os braços na lateral. Ainda faltavam dois, mas, pelo menos agora, a luta estava justa. O garoto bocudo aproveitou a virada no rumo dos acontecimentos e deu uma cotovelada na lateral da cabeça do seu agressor.

Assim que o menino que segurava deixou de reagir com tanta força, Jake o soltou e voltou à luta para apartar a última dupla. Mas assim que entrou para atuar como uma alavanca e forçá-los a se afastar, o garoto que tinha acabado de soltar correu de volta à ação. Preso no centro daquela luta viciosa, Jake olhou para Grant pedindo ajuda, mas este fazia tudo o que podia para segurar o outro menino fora da briga. A matemática era simples: eles estavam em menor número. Não importava o quanto eram fortes — não havia maneira física possível de separar os quatro meninos.

"PESSOAL!", Jake finalmente gritou a plenos pulmões, conseguindo distraí-los o suficiente para fazer com que todas as partes envolvidas olhassem para ele momentaneamente. Tirando proveito desta fração de segundo de paz, Jake logo perguntou: "Por que vocês estão brigando?"

"E o que você tem com isso?", o garoto encorpado do primeiro soco retrucou com ar provocador.

"Porque brigar é idiotice", Grant respondeu com naturalidade.

"E três contra um, com certeza, não é justo", Jake completou.

"É, eles precisariam de pelo menos quatro ou cinco para conseguir me encarar", o garoto com cabelo afro zombou, sentindo-se seguro atrás de Jake.

Esse moleque não sabe quando tem que ficar quieto! — espantou-se Jake quando os outros três vieram para cima dele mais uma vez.

"Ei!", Jake gritou com uma nova ideia. "Se vocês pararem com isso, eu consigo ingressos para o primeiro jogo de basquete do Louisville."

Imediatamente, conseguiu total atenção do grupo.

"É sério?", o garoto bocudo perguntou sem acreditar.

"Os ingressos já esgotaram. Como é que você vai conseguir isso?", disse o maior deles cinicamente.

Jake sorriu.

—"Bom...", provocou os garotos. "Meu amigo ali e eu, por acaso, fazemos parte do time. E também, por acaso, temos ingressos gratuitos para todos os jogos." Jake olhou furtivamente para Grant em busca de aprovação, e Grant levantou os ombros com um sorriso discreto.

"Como é que a gente vai saber se vocês não estão zoando com a gente?", perguntou um terceiro garoto.

"Ora, se liga! Vocês não viram a gente nos outdoors por aí?" Jake e Grant imitaram as poses de suas imagens nos outdoors.

"Ou vocês podem conferir lá no site do basquete masculino da Louisville", Grant acrescentou. "Só dá a gente ali."

Os garotos ainda não pareciam acreditar.

"Então, que tal se a gente lançar um desafio aqui para um racha até dez, assim vocês mesmos podem testar a gente?", Jake sugeriu.

"Legal!" Os meninos vibraram todos juntos e deram um toque de mão, repentinamente indiferentes à rivalidade recente.

O garoto impertinente correu até a bola de basquete e a levou à entrada do garrafão onde provocou Jake para marcá-lo.

"Pode me chamar de Vegas, baby, porque, cara, acho que estou com sorte hoje." Fintou para a direita e driblou para a esquerda, porém, não rápido o suficiente para se livrar da mão esquerda de Jake que lhe arrancou a bola.

"Peraí. Você não precisa disto aqui?", perguntou Jake sorrindo enquanto batia a bola bem na frente do menino. Ele se esforçou para recuperar a bola, mas Jake, com facilidade, a manteve fora do seu alcance. Depois de provocar o garoto por algum tempo, ele driblou rapidamente para a direita e fez um arremesso jump. A bola passou lisa pelo aro velho e enferrujado. "Está parecendo que fui eu quem tirou a sorte grande aqui, Vegas", ironizou Jake.

Os outros meninos pularam e gritaram.

"Qual é o seu nome?", perguntou Jake, batendo de leve no ombro do garoto.

"Debron. Como Lebron, mas eu jogo na defesa", respondeu rindo.

Jake gostou do garoto.

18

SENTADA NO ESTACIONAMENTO da clínica Palo Alto Child Services com quinze minutos para matar antes do horário em que deveria se apresentar, Amy examinou o Facebook pelo celular. Não demorou antes de se pegar olhando as fotos do Jake outra vez. Uma semana já havia se passado desde que ela havia lhe enviado a lista de exigências e nenhum dia se passou sem que ela checasse o perfil dele várias vezes... e se punisse pela ideia imbecil de pedir a ele para não entrar em contato até o Natal. Como é que ela ia saber se ele estava disposto ou não a encarar o desafio? *Bom, eu coloquei o padrão lá em cima.* Pensou, balançando a cabeça. *Se ele fosse esperto, daria meia volta e sairia correndo*, lamentou. *Foi o que o Steven fez!* E ela nem havia lhe dado uma lista.

Claro, o ultimato que tinha enviado a Jake abrangia sua lista de exigências para seu próximo namorado, e sua esperança era que esse viesse a ser o seu marido. Mas ela sentia certo medo — provavelmente instigada pela falta de horas de sono e excesso de horas de estudo — e ficava fácil duvidar de si mesma. *Talvez, eu devesse ter começado um pouco mais leve.*

Não havia nada de novo no mural do Jake, então, pela primeira vez desde que tinham rompido, Amy, espontaneamente, procurou pelo Steven. O que viu foi como se um tijolo caísse no estômago: a foto do perfil de Steven surgiu e ao lado de seu lindo rosto sorridente estava uma morena igualmente adorável. Amy rolou a página para baixo e, como era de se esperar, seu novo status de relacionamento declarava para que todo o mundo visse que ele estava, sem sombra de dúvida, "em um relacionamento sério".

O que você esperava, Amy? Falou duro consigo mesma enquanto enxugava algumas lágrimas que escorriam pelo rosto. Até agora, ela tinha isolado todas as suspeitas de que o rompimento inesperado de Steven por telefone tivesse a ver com alguém que ele tinha conhecido. Mas a prova estava na foto: obviamente ele havia recebido ajuda para seguir adiante. *Eu sou tão fácil assim de se esquecer?*, lamentou ela.

Mas Amy não podia culpá-lo de fato. Falando bem sinceramente, ela também havia seguido adiante. Tinha se esforçado para concentrar-se no Steven enquanto estavam juntos, mas assim que o relacionamento terminou, logo se viu bem menos interessada no que acontecia em Nova York e muito mais intrigada pelo que poderia estar acontecendo em Louisville. *Senhor,* Amy suspirou, *eu quero o que tu sabes ser o melhor para mim... mas seria muito legal se incluísse o Jake.*

Verificou as horas e ficou surpresa ao perceber que já deveria estar lá dentro. Trancou o carro apressadamente e correu para a área da recepção.

"Oi, Amy!", Terri, a recepcionista, a cumprimentou alegremente.

"Bom dia!", Amy retribuiu, fazendo o possível para demonstrar alegria no rosto. Ela sabia que não importava o drama que enfrentasse pessoalmente, enquanto estivesse aqui no PACS, o importante não era ela, e sim, o paciente.

"O Dr. Wyatt vai vê-la na Sala da Floresta."

Amy adorava a maneira como cada sala de aconselhamento foi nomeada, convenientemente, de acordo com sua decoração suave. A Sala da Floresta a fazia pensar em uma caminhada refrescante pelo bosque, e incluía até o gorgeio sutil dos passarinhos e um leve aroma de pinho. Porém, seu espaço favorito era, sem dúvida, a Sala da Cabana. Ondas distantes quebravam ao fundo e folhas reais de palmeiras formavam um abrigo relaxante sobre uma rede de plush. As paredes eram cobertas por uma imagem tropical tranquilizante de praias de areia branca que se encontravam com águas de cor turquesa que, por sua vez, se encontravam com céus de cor azul vibrante. Bastava entrar na sala para se ter a impressão de estar de férias, e Amy imaginava que o ambiente sereno oferecesse aos pacientes uma fantástica terapia antes mesmo do Dr. Wyatt sequer abrir a boca.

Mas não era o oceano que estava reservado para hoje, e Amy passou direto por aquela porta para acompanhar o Dr. Wyatt na floresta. Após uma rápida explicação do caso para esta sessão, ele recebeu uma adolescente chamada Rosalynn.

A ficha podia indicar que Rosalynn tinha quatorze anos, mas pela forma como ela estava vestida e embonecada, Amy diria que Rosalynn estava mais perto dos vinte. Aparentemente, ela havia sido molestada por um vizinho repetidas vezes dos oito aos doze anos. Nessa época, seus pais se divorciaram e ela se mudou para a Califórnia com a mãe. Rosalynn nunca revelou a ninguém o que havia acontecido, mas se tornou cada vez mais rebelde e zangada com o mundo. Sua mãe atribuiu a atitude da filha ao divórcio complicado, mas quando a levou para exames médicos no ano passado, foi descoberto que Rosalynn tinha um caso latente de clamídia. A mãe, é claro, a princípio culpou a filha, no entanto, num momento de frustração, Rosalynn revelou a verdade sobre o abuso e sua mãe acabou por acreditar nela. A adolescente foi encaminhada imediatamente à PACS para tratamento e estava em aconselhamento há um ano. Infelizmente, o vizinho havia se mudado, e pela dificuldade em rastreá-lo, bem como o tempo decorrido desde o abuso, o caso contra ele ainda estava pendente.

Sob os cuidados do Dr. Wyatt, Rosalynn havia apresentado avanços durante o ano, mas devido à falta de resolução com seu abusador e ao conflito constante entre seus pais, ela ainda lidava com várias questões relacionadas à ira. Amy sentiu uma ligação imediata com essa garota de muitas formas e esperava que sua perspectiva renovada pudesse influenciar Rosalynn positivamente antes que ela fizesse alguma coisa para ferir a si mesma ainda mais.

"Oi, Rosalynn", começou carinhosamente o Dr. Wyatt. "Hoje, temos a nova conselheira de que lhe falei e ela vai começar a acompanhar nossos encontros."

"Oi", era evidente que Rosalynn não estava empolgada. Desviou os olhos e largou o corpo em sua cadeira reclinável.

"Oi! Gostei do seu sapato!" Amy tentou quebrar aquela concha resistente. Teve quase certeza de ter detectado um leve sorriso no rosto de Rosalynn.

"Então, você se lembra do que conversamos na semana passada?", O Dr. Wyatt logo começou.

Rosalynn bufou alto e tentou afundar-se ainda mais entre as grandes almofadas. Silêncio.

"Lembra quando eu disse que estava na hora de darmos o próximo passo?" o Dr. Wyatt a estimulava com uma voz doce que certamente não combinava com a sua compleição robusta.

Silêncio. E então, um imperceptível movimento da cabeça.

"Você se lembra qual é o próximo passo?"

Uma longa pausa e, então, um sussurro fraco:

"Perdão."

"Isso mesmo!", elogiou com suavidade o Dr. Wyatt. "Você nunca estará livre da dor que ele lhe causou caso não se liberte da sua ira em relação a ele. E nunca estará livre daquela ira senão perdoá-lo."

Uma lágrima solitária escorreu pelo rosto de Rosalynn.

Amy ficou praticamente hipnotizada pela persuasão gentil do Dr. Wyatt. Se ela não tivesse vivenciado seu próprio processo de perdão no ano passado, com certeza, seria ela a estar chorando neste momento.

"Eu não consigo fazer isso, Dr. Wyatt." Rosalynn quebrou o silêncio com sua primeira frase completa.

O Dr. Wyatt olhou diretamente nos olhos dela e sorriu carinhosamente.

"Você *consegue* fazer isso, Rosalynn. Eu sei que consegue. Lembre-se, perdoar não significa dizer que não há nada de errado com o que ele fez. Significa dizer que você não vai mais permitir que isso a machuque, além de permitir que você comece a deixar a sua dor no passado. Se você trabalhar comigo aqui, eu creio que poderá voltar para casa hoje sentindo um pouco menos de raiva do que sentia quando chegou. E quer você perceba isso ou não, a sensação será muito boa."

Rosalynn fungou e fez contato visual com o Dr. Wyatt pela primeira vez.

"Tudo bem."

"Tudo bem", assentiu o Dr. Wyatt. Puxou uma cadeira e a colocou diante dela. "Finja que ele está sentado aqui, sob o pesado julgamento da lei, incapaz de feri-la outra vez." Quero que você o recorde de tudo o que ele lhe fez, com tantos detalhes quanto quiser. E depois de compartilhar cada fato, vamos parar e conversar sobre a sua sensação de se despreender daquela dor e perdoá-lo."

Rosalynn fez um movimento afirmativo com a cabeça e contemplou seus inquietos dedos sobre o colo. Durante pelo menos um minuto, o único som da sala foi o suave canto dos pássaros. Finalmente, Rosalynn ergueu os olhos e começou a sua história, gaguejando e hesitando a princípio, mas ganhando força conforme prosseguia. Amy achou interessante o fato de Rosalynn começar praticamente a culpar a si mesma — foi ela quem deixou seu vizinho entrar quando seus pais não estavam em casa; foi ela quem aceitou seu convite para brincar de bonecas no porão da casa dele. O Dr. Wyatt não tentou corrigir seu raciocínio irracional, em vez disso, a levou a perdoar a si mesma todas as vezes e, então, transformou cada exemplo para demonstrar como o vizinho era ainda mais culpado e a ajudou a estender seu perdão a ele.

"Você estava errado pelo que fez a mim", o Dr. Wyatt a induziu a dizer à cadeira. "Mas eu me recuso a carregar o peso da sua culpa. Que você sofra com sua própria consciência e com as consequências dos seus atos. Você não tem mais poder sobre mim. Eu estou livre."

Amy ficou impressionada pela postura cada vez mais ereta de Rosalynn a cada declaração de perdão. O alívio que ela evidentemente sentia era tangível, imediato, imenso. Era evidente que ela ainda tinha muita dor, e o coração de Amy se apertava a cada exemplo compartilhado por Rosalynn. No entanto, em vez de deixar a empatia que sentia alterar suas expressões faciais, Amy elevou a sua compaixão e orou para que a garota tivesse forças para se libertar.

O processo de perdão de Rosalynn despertou, inevitavelmente, as recordações de Amy de seu próprio processo um ano antes. Porém, de alguma forma, as lembranças de seu pesadelo na infância estavam amortecidas, obscurecidas e desassociadas da amargura e da ira que costumavam atormentá-la. *O perdão realmente funciona!* — maravilhou-se, compreendendo totalmente a importância do marco que havia ultrapassado com a ajuda de Steven. Sua mente relembrou a conversa recente com seu pai a respeito de entrar em contato com o tio Harold — algo que ela, por conveniência, havia deixado de lado. Um desejo ardente e repentino em sua alma insistia que agora era o momento, e ela decidiu começar a lhe escrever uma carta à noite.

Após quase trinta minutos de compartilhamento, Rosalynn recostou-se e soltou um longo suspiro. Não havia avançado muito além do primeiro ano de abuso, mas, estava claro que precisava de um tempo. Apesar de ter ficado quase imóvel em sua cadeira, seu rosto brilhava de transpiração, e ela estava visivelmente exausta.

"Rosalynn", disse o Dr Wyatt com doçura, inclinando-se para frente em sua cadeira. "Estou muito orgulhoso de você."

Rosalynn retribuiu com um sorriso fraco, mas seus olhos estavam cheios de lágrimas. Logo, as lágrimas se transformaram em pranto e ela escondeu o rosto em suas mãos. Amy não conseguiu mais se conter. Impulsivamente, pulou de sua cadeira e envolveu a aflita adolescente num abraço carinhoso.

"Vai ficar tudo bem", sussurrou no seu ouvido e, em seguida, voltou ao seu lugar sem olhar para o Dr. Wyatt. Obviamente, ela havia cruzado o limite imaginário entre conselheiro e paciente e esperava não ter colocado em risco o restante do seu estágio.

Rosalynn respirou fundo, pegou um lenço de papel na mesa lateral e limpou de leve os olhos e o rosto manchados de rímel. Retirou um pequeno espelho da bolsa e apagou todas as evidências de seu desabafo. Sem maquiagem, observou Amy, ela parecia muito mais jovem e frágil. Depois que se recompôs, Rosalynn olhou para o Dr. Wyatt.

"Eu sei que ainda temos tempo, mas acho que chega por hoje."

"Você fez um trabalho incrível, Rosalynn. E, com certeza, precisa de um intervalo. Que tal a gente esperar até a semana que vem para continuar?" O Dr. Wyatt se levantou de sua cadeira.

Rosalynn assentiu e saiu rapidamente da sala. Assim que a porta se fechou atrás dela, Amy se adiantou:

"Minha nossa, Dr. Wyatt. Eu sinto muito mesmo. Estou ciente de que ultrapassei o limite do meu papel. Não sei o que tinha na cabeça."

O Dr. Wyatt apenas sorriu.

"Deixa eu adivinhar, esta semana, a professora Lowe falou sobre o poder do toque. "

"É...", a voz de Amy falhou. Ela ainda não tinha feito essa ligação, mas era verdade. Ontem, em sua aula de Psicologia na Vida Moderna, sua professora tinha passado uma hora e meia descrevendo o poder — e a utilização — do toque apropriado. Amy havia observado que crianças que são fisicamente ou sexualmente abusadas, geralmente, são resistentes a todo tipo de toque como um mecanismo de defesa. Contudo, os seres humanos estão programados para precisar do toque, portanto, esta forma de proteção acaba se transformando numa perigosa espiral descendente.

Amy, com certeza, se identificava com isso em sua vida pessoal. Ela sempre se sentiu pouco à vontade perto de pessoas que costumavam tocar as outras e só teve um relacionamento físico com seus namorados porque presumia que era o que eles esperavam dela. Ela não gostava daquilo, mas como fazia com que gostassem dela, Amy aprendeu a tolerar.

Jake tinha sido diferente quando eles começaram a sair no primeiro ano do Ensino Médio, mas — também devido à sua própria percepção distorcida de como deveria ser um bom relacionamento — não durou muito. Que espiral descendente aquilo havia se transformado!

Mas, como sua professora explicou ontem, o toque sempre poderia ser resgatado. Amy já conseguia ver tal fato na própria vida porque havia sido curada do abuso no passado, havia recuperado o relacionamento saudável com o pai, e mais ainda, adquirido uma perspectiva totalmente nova de seu próprio valor por meio de um relacionamento com Jesus Cristo. Além disso, Amy tinha que admitir, ela esperava que aquela redenção também se estendesse ao seu relacionamento com Jake.

Sua professora também havia estendido este conceito do toque para o aconselhamento de indivíduos com uma experiência de abuso. Ela descreveu como uma terapeuta capaz de fazer uma criança vítima de abuso simplesmente sentir-se à vontade em dar toque de mão ou receber uma batida leve no ombro teria potencial para avanços gigantescos. *Não me espanta que eu tenha me sentido impulsionada a abraçá-la!* Amy riu consigo mesma. Era isso que adorava no seu curso de psicologia. Praticamente todos os dias, ela aprendia algo novo que podia aplicar, de imediato, para si mesma ou no estágio... ou em ambos. Era tão legal!

"Nunca se desculpe por se importar com as pessoas", Dr. Wyatt interrompeu seus pensamentos. "A empatia sincera se sobrepõe ao protocolo da psicologia a qualquer hora. Além disso, esse caso é peculiar. Um pouco de humanidade básica foi, com certeza, apropriado. "

"Obrigada", replicou Amy com uma sensação de alívio. "Eu simplesmente não consegui resistir. Ela parecia estar sofrendo tanto."

O Dr. Wyatt sorriu.

"Sabe, no ano passado, um grupo da minha igreja fez uma viagem missionária de duas semanas a um orfanato na Romênia onde algumas crianças não eram tocadas por adultos há anos. Mas, no final da nossa estada ali, aquelas crianças antes introvertidas e retraídas começaram a ganhar vida. Elas sorriam e falavam e subiam em nós como se fôssemos uma parede de escalada."

"Uau. parece incrível. Que igreja você frequenta?"

"A igreja Presbiteriana Menlo Park." O Dr. Wyatt olhou para ela por um segundo. "Você tem alguma crença espiritual?"

Amy abriu um grande sorriso.

—"Sim! Também sou cristã."

"Foi o que pensei", disse o Dr. Wyat dando um pequeno sorriso. "Bom, não sei se você tem interesse, mas vamos enviar outro grupo para lá em dezembro."

"Verdade?", perguntou Amy, sem respirar. "Eu adoraria ir!"

"Acho que tenho um folheto no meu consultório. Não é uma passagem barata, mas é para isso que servem os amigos, não é?", brincou o doutor.

"Ótima ideia", respondeu Amy com um sorriso. Ela havia ouvido diversas coisas no passado a respeito das condições deploráveis de muitos orfanatos em todo o mundo, entretanto não tinha considerado sequer visitar um deles. Mas, de repente, seu coração batia acelerado e ela não conseguia se imaginar fazendo qualquer outra coisa durante as férias do Natal.

✣ ✣ ✣

Mais tarde, na mesma noite, depois de escrever uma breve carta expressando perdão ao seu tio, ela ainda não conseguia deixar de pensar na viagem. Talvez, fosse a sua mente tentando lidar com o gigantesco feito que tinha acabado de realizar.

Por mais que pensasse já ter perdoado o seu abusador em seu coração, comunicar a ele, de fato, a graça e o amor de Deus tinha sido muito mais difícil do que ela imaginava. Foi como se o seu lado "justo" desejasse que ele continuasse sofrendo com sua culpa eternamente, apesar das imerecidas segundas chances que Deus tinha lhe dado de graça. No entanto, depois de trabalhar com dificuldade naqueles antigos sentimentos de justiça e vingança, Amy conseguiu elaborar um bilhete sucinto que apresentava a misericórdia pelo sangue redentor de Cristo. Depois de várias horas escrevendo e reescrevendo cada pensamento, Amy dobrou seu rascunho final e o selou num envelope antes que pudesse trazer dúvidas a si mesma.

Precisando desesperadamente de uma distração positiva, ela leu o folheto que o Dr. Wyatt havia lhe dado, observando os rostos sorridentes dos órfãos nos braços dos integrantes da equipe do ano anterior. Seus olhares tocaram a sua alma. *Mas onde eu vou encontrar 2.800 dólares?* — tentou debater consigo mesma. Sem se dar conta, ela deslizava o indicador em círculos no mouse do laptop, e a tela ganhou vida. Meia dúzia das últimas atualizações de seus amigos a cumprimentavam por sua página no Facebook, então, ela teve uma ideia.

> **Amy Briggs**
> Eu vou para a Romênia durante duas semanas no Natal para trabalhar num orfanato. Alguém quer me ajudar a levantar US$ 2.800? Dê uma olhada em www.h2hint.org.

19

Cari Vaughn

Isto é incrível, Amy! Pode contar com a gente com 100 dólares.

Andrea Stephens

Comigo também! 50 dólares aqui, a caminho! *Pishiu!*

JanandFrank

Amy, você é incrível. Dê àqueles órfãos um abraço por nós. Vamos te mandar 100 dólares.

Raymund Briggs

De onde veio essa ideia? Mas é claro que apoiamos. 500 dólares.

Doug Moore

Boa ideia, Amy. Se você conseguir levantar mais, me avisa. Eu vou viajar também — para Tijuana!

Sherry Briggs

Pensei que você vinha passar o Natal aqui.
"não curti"

MENOS DE DOZE HORAS DEPOIS, Amy deu uma olhada no Facebook, pouco antes de correr para colocar a carta ao tio no correio e depois disparar para a aula da manhã. Ela precisava de sua dose matinal de Jake, é claro, ainda mais diante do bilhete emocionalmente desgastante que tinha nas mãos. Contudo, a resposta surpreendente à atualização do seu status a impediu de sequer chegar à página dele. Ela estava impressionada com a generosidade de todos. O Dr. Wyatt tinha razão: os amigos eram mesmo incríveis!

A resposta dos pais, no entanto, a lembrou de que, provavelmente, poderia tê-los informado de outra maneira sobre seu desejo repentino de embarcar num avião para a Europa. Fez uma anotação mental para ligar para eles em algum intervalo hoje. *Ajude a minha mãe a não ficar tão nervosa, Senhor* — ela pediu enquanto pegava a bolsa e dirigia-se para a porta. *E obrigada por colocar pessoas tão especiais na minha vida. De verdade.*

20

"CARA, VOCÊ MANDOU BEM LÁ HOJE", uma voz jovem e conhecida soou à direita de Jake enquanto ele saía do vestiário para o estacionamento depois do jogo de abertura da temporada contra o Northern Kentucky.

Jake virou-se e viu Debron encostado num poste a uns três metros, vestindo jeans e uma camiseta do Louisville. Jake e Grant haviam se encontrado com Debron e os outros três garotos antes do jogo para entregar os ingressos, mas o jogo já tinha terminado há mais de uma hora. *O que ele ainda está fazendo aqui?* — Jake se perguntou. Eram quase onze da noite.

"Oi, cara. Obrigado", respondeu enquanto caminhava até o garoto franzino que falava demais. "Onde estão os seus amigos?"

"Aqueles caras? Não são meus amigos; só gostam de ficar por perto porque eu faço eles ficarem bem na fita."

"Certo", Jake sorriu. "Bom, eles estão por aqui, também?"

"Não, foram embora. Eu podia ter ido com eles, mas quis esperar por você. Queria te dar alguns indicadores, essas coisas."

"É? Você tomou nota do meu jogo?"

"Claro! Cara, você é muito bom e tal, mas precisa aprender a trabalhar melhor o ataque", Debron mostrou alguns movimentos rápidos cruzando os pés.

Jake riu.

"Estes lances são bem legais", respondeu Jake, sorrindo, cansado demais para jogar conversa fora com o garoto. "Então, a sua mãe está vindo te pegar?"

Debron apenas ergueu os ombros.

"Ela sabe que você está aqui, não sabe?"

"Claro", respondeu Debron erguendo os ombros outra vez. "Mas ela está muito ocupada."

"Então, você precisa de uma carona para casa?", ofereceu Jake com o máximo de entusiasmo que conseguiu.

"É, seria legal." Para um garoto que parecia sempre ter algo a dizer, Debron, de repente, ficou em silêncio. Mas por pouco tempo. "Sabe aqueles garotos que ficam atrás da cesta?"

"Os gandulas?"

"É. Tem alguma chance de você colocar um mano nessa? Eles ficam jogando durante o intervalo na frente de todo mundo. Geralmente não sabem jogar nada, mas eu daria alguma coisa para as pessoas vibrarem."

"Hmm, não sei", Jake respondeu honestamente. "Mas vou descobrir para você, ok?"

"Legal", Debron sorriu. "E ai, que tipo de carona você tem, cara? É melhor que seja legal."

Jake balançou a cabeça.

"Que tal uma caminhonete?"

Debron refletiu na pergunta:

"Hmm... duas ou quatro portas?"

Exausto, Jake ergueu dois dedos. O garoto começava a ficar irritante.

"Só duas? Então como fica quando quatro gatas querem ficar com você?"

Mais uma vez, Jake só conseguiu balançar a cabeça.

"Quantos anos você tem, moleque?"

"Quase onze. Tenho duas namoradas, mas uma não sabe sobre a outra. "

"Será que elas sabem que são suas namoradas, pelo menos?", Jake riu.

"É lógico, cara."

Depois de finalmente chegarem à caminhonete, foram dez minutos até o bairro onde Debron morava, tempo que ele preencheu com papo furado de sobra. Entre outras coisas, Debron deixou escapar que já havia olheiros da NBA o sondando, que era praticamente faixa preta de caratê e que as notas dele seriam todas A, se não fosse certo professor chato que não gostava dele. Por fim, eles chegaram ao conjunto habitacional de Debron em frente à quadra onde Jake o havia conhecido na semana anterior. Embora Debron repetisse com insistência que não era necessário, Jake estacionou sua caminhonete na rua e o acompanhou até a porta. Ele achava que a mãe de Debron estaria interessada em algum tipo de explicação de o porquê ele estava na rua com o filho dela até tão tarde.

Debron pegou uma chave no bolso e abriu um sorriso nervoso para Jake.

"Espera aqui um segundo, ok?"

Abriu uma fresta na porta e entrou pela abertura estreita.

"Onde você estava?", uma forte voz masculina o interrogou imediatamente.

"No jogo", Debron respondeu com agressividade. "O que você tem com isso?"

"Não dá uma de esperto comigo, moleque. Eu te arrebento."

"Para de mentir", outra voz áspera de homem tagarelou." Não tem ninguém na quadra hoje à noite."

"Não, a gente não estava jogando. A gente estava *no* jogo. Primeira fileira, no centro, baby", gabou-se Debron.

Embora a situação lá dentro não parecesse nada agradável, Jake não conseguiu deixar de achar engraçada a ênfase que Debron deu ao seu assento no jogo. *De um nariz sangrando para a primeira fileira, hein?* Aparentemente, as pessoas lá dentro também acharam engraçado porque uma cacofonia de vozes se transformou em gargalhada.

"Ha-ha! Como é que um pé-rapado como você consegue ingressos para o primeiro jogo do Louisville?", perguntou o que pareceu ser uma terceira voz.

"Meu amigo, o Jake. Ele está no time. "

Mais uma rodada de gargalhadas.

"Estou falando sério, cara. Se não acredita em mim, é só abrir a porta."

"Quem está aí? O Papai Noel?" Mais risos.

Jake ouviu um ronco raivoso emitido por Debron e, em seguida, a porta se abriu, e ele estava diante de uma sala enfumaçada com três sósias de Debron um pouco mais velhos. De repente, o riso deles transformou-se em silêncio mortal.

"Quem é você?", perguntou, com indiferença. O que estava mais próximo.

"Sou o Jake", disse, tentando parecer à vontade. "Conheci seu irmão quando estava correndo na vizinhança na semana passada e o convidei para ir ao jogo."

O irmão que estava deitado no sofá apertou os olhos e mediu Jake de cima a baixo. Jake se perguntou se ele estava armado. De repente, ele deu a Jake um sinal de aprovação.

"Ei, D", disse ao irmão sentado à mesa da cozinha. "Eu acho que lembro desse cara na TV no jogo contra o Duke no ano passado."

"É, isso mesmo", "D" respondeu sorrindo. "Você até que se saiu bem ali."

Jake deu um sorriso tímido, torcendo para que a situação desconfortável já tivesse sido resolvida.

"Viu? Eu disse!", Debron empurrou o irmão que estava mais próximo dele.

"Não me empurra!", o irmão reagiu ríspido e o empurrou para o chão.

Jake arregalou os olhos.

"Bom, eu só queria conhecer a sua mãe e me desculpar por trazê-lo para casa tão tarde", gaguejou, tentando aplacar a tensão ascendente.

"Ela não está em casa. Mas você quer ficar com ele?", o irmão no sofá disse brincando enquanto os outros o acompanharam na risada.

"Cala a boca, cara", Debron retrucou. "Eu te dou um chute...

"De qualquer maneira, eu só queria ter certeza de que ele chegaria em casa em segurança", Jake interrompeu.

"Infelizmente", o irmão na mesa respondeu. Debron só olhou feio para ele.

Jake olhou para o seu novo amigo, compreendendo melhor porque ele agia como agia.

"Bom, acho que nos vemos depois, Debron", Jake tentou encorajá-lo com um sorriso.

Debron fez um movimento afirmativo com a cabeça sem dizer palavra alguma. Aproveitando a deixa, Jake fechou a porta de entrada e saiu.

Por mais irritante que fosse este convencido menino de dez anos, Jake sentiu pena dele. Caminhando de volta à sua caminhonete, se perguntou onde estaria a mãe de Debron a essa hora da noite. Estaria trabalhando... ou fazendo coisas menos úteis à família? Conforme Jake refletia sobre a luta de Debron para impressionar a todos — e os problemas que isso lhe trazia — entendeu que era resultado de sua vida em casa. Mas como ele poderia lhe ensinar que havia um caminho melhor? Ele queria ter o cérebro da Amy nestas ocasiões, e até cogitou quebrar a regra de dois meses que ela tinha imposto — pelo bem do ministério, certo? *Deus, por que o Senhor trouxe este menino à minha vida?* Jake perguntou enquanto dirigia de volta para seu apartamento. *Como eu devo ajudá-lo?*

Naquela noite, quando Jake estava quase caindo no sono, pela primeira vez em muito tempo, não foi o rosto de Amy a última coisa que viu. Em seu lugar, eram os pensamentos sobre Debron que giravam na sua cabeça.

21

AGORA QUE OUTUBRO CHEGAVA AO FIM, o clima em Louisvile começava a ficar consideravelmente mais frio e menos agradável. Hoje, entretanto, estava surpreendentemente quente. Por isso, num dos intervalos das aulas da manhã, Jake acomodou-se em um banco e curtia o calor e a luz do sol enquanto anotava em seu diário algumas reflexões sobre sua leitura bíblica pela manhã. Como de costume, ele tinha acordado cedo para ter um tempo com Deus, mas a passagem bíblica para hoje lhe proporcionou muito em que refletir – especialmente à luz da sua tumultuada interação com Debron e seus irmãos na noite anterior – e antes de conseguir digerir completamente o conteúdo, ele precisou se apressar para o treino.

A leitura de hoje era Deuteronômio 21-24 — um material de devocional nada normal para um cara jovem, com certeza. Mas no final do verão, Jake tinha sido inspirado a ler toda a Bíblia em um ano depois do desafio de Chris numa de suas mensagens: "Se você diz que toda a sua vida está baseada neste livro, não acha que deveria saber o que há nele?" Depois de consultar tanto Chris quanto Buddy, Jake desenvolveu um plano informal para tentar abranger quatro ou cinco capítulos por dia. Desde então, tinha sido bem constante em seu tempo com Deus na maioria das manhãs. E agora com a lista de Amy colada bem ao lado da sua cama, ele não perdia um dia sequer. Como ele poderia ser um líder espiritual, se não conhecia a Palavra de Deus?

Destrinchando os capítulos com fervor, na maior parte do tempo, Jake via-se grudado às páginas... e, muitas vezes, em choque com algumas das histórias. Às vezes, Jake compartilhava com Grant algumas das histórias mais malucas na tentativa de atraí-lo para estudar a Bíblia com ele. Grant sempre tinha alguma desculpa para recusar, mas dizia brincando que achava que a Bíblia deveria ser censurada.

O livro de Gênesis tinha uma história fascinante que ensinou a Jake uma infinidade de coisas a respeito das raízes do povo de Deus. Êxodo tinha começado bem interessante, mas Jake foi ficando frustrado com a rebeldia dos israelitas. É claro que sempre que pensava em como eles eram falhos, Deus rapidamente o lembrava de seus próprios dias de desobediência, o que trazia a Jake gratidão renovada pela graça de Deus. Ler alguns trechos de Levítico e Números tinha sido um tanto embaraçoso — então, ele havia feito uma leitura superficial assim como fazia com alguns dos seus livros da faculdade. E agora, estava caminhando penosamente por Deuteronômio.

Ele havia adquirido o hábito de sublinhar os trechos que considerava interessantes e, nesta manhã, concentrava-se em três palavras: estrangeiro, órfão, e viúva. Em quatro momentos diferentes, Deus ordenou ao seu povo que cuidasse desses grupos. E cada vez que Jake lia, aquela ordem transformava-se numa pergunta que não deixava de martelar em sua cabeça. *O que isso parece para mim?* Agora, aquecendo-se sob os raios do sol, Jake anotou a pergunta no topo da página de seu diário e, logo abaixo, fez três colunas, intitulando-as conforme os grupos que Deus queria que ele se preocupasse.

Ficou meditando sobre a coluna Estrangeiro. Pensou imediatamente em Amy abrindo mão de suas férias de Natal para trabalhar com órfãos na Romênia. Ele estava tão orgulhoso dela que mal podia esperar até dezembro para lhe perguntar sobre isso. Ela era tão inspiradora! Mas ainda assim, a pergunta o atormentava. *O que isso parece para mim*? Obviamente, ele não podia simplesmente embarcar num avião e acompanhá-la. Além do fato evidente de ainda não estarem num clima de fazer as coisas juntos, a viagem acontecia bem no meio da temporada de basquete, e embora o técnico tivesse concordado em lhe dar o dia extra para visitar Amy em dezembro, tirar duas semanas de folga exatamente quando o jogo da liga estivesse esquentando era algo fora de questão.

A caneta de Jake pairou sobre a página, aguardando por inspiração, mas nada veio. Ele nem conhecia estrangeiros aqui em Louisville. Talvez isso ainda mudasse, mas ele não tinha ideia do que fazer para conhecê-los. Depois de um minuto de sem conseguir pensar em nada, Jake desistiu e passou para a coluna seguinte: Órfãos.

Esta era fácil; o rosto pequeno de Debron veio à sua mente no mesmo instante. Jake não sabia ao certo se o pai de Debron estava fora de cena, mas pelas rápidas conversa sobre basquete e pelos impropérios, certamente, a impressão era de que ali moravam apenas Debron, sua mãe e seus três irmãos mais velhos. Jake anotou rapidamente em sua lista para procurar uma oportunidade para perguntar ao Debron sobre seu pai... e sobre o resto da família, é claro. Quem quer que fossem os homens na vida de Debron, era evidente que ele precisava de exemplos masculinos mais positivos. *Eu posso tentar ser um* — pensou Jake, e anotou várias outras ideias de como poderia demonstrar cuidado para com Debron: correr pela região com mais frequência para vê-lo, fazer algum jogo mano a mano com ele, levá-lo para jantar uma vez ou outra, convidá-lo para assistir outro jogo do Louisville, procurar motivos para elogiá-lo e evitar depreciá-lo — mesmo quando usar palavras impróprias; estar disposto a lhe dar caronas para casa e levá-lo à igreja.

As ideias para se aproximar de Debron simplesmente continuaram a fluir, mas Jake percebeu que já tinha tentativas o suficiente por enquanto. Ele sempre poderia acrescentar outras, dependendo de como essas se desenrolassem. Jake olhou para a próxima coluna: Viúva.

Novamente, Jake não tinha certeza da situação de Debron, mas anotou a mãe do garoto mesmo assim. Ele não pôde conhecê-la na noite anterior, mas anotou como seu primeiro objetivo. Sentado ali no banco aquecido, Jake tentou se colocar no lugar dela. Cuidar de quatro meninos sem o pai deve ter sido um desafio imenso, tanto para educá-los de forma adequada como também simplesmente para alimentá-los. Ele se perguntou se ir ao supermercado ajudaria... ou seria um insulto. Acrescentou um ponto de interrogação ao lado daquela ideia, e então, pensou que apenas demonstrar preocupação pelo seu filho mais novo, talvez, já fosse uma grande bênção para ela.

Senhor, me mostre as melhores formas de expressar o teu amor — orou Jake, descansando a caneta sobre o papel e fechando os olhos. Pediu a Deus uma oportunidade de conhecê-la em breve, bem como oportunidades de testemunhar na vida de Debron. Orou por cada ideia em sua lista, convidando Deus para que o movesse e agisse por intermédio dele em cada passo ao longo do caminho. Enquanto conversava com Deus, de repente, compreendeu que, talvez, a decisão tomada por ele e Grant de seguir por um caminho diferente em sua corrida naquela noite, há poucas semanas, não tinha sido um acidente. *Haha, Deus! Você é mesmo incrível!* Jake riu e pediu a Deus para agir na vida do Grant também por meio do relacionamento dele com Debron. Abriu os olhos e viu a coluna Estrangeiro ainda em branco. *E Senhor, acrescentou, me ajude a saber como posso cuidar dos estrangeiros.*

Jake passou um tempo falando com Deus sobre Amy. Orou por ela e por sua preparação para a viagem, pedindo que Deus a usasse de formas maravilhosas enquanto ela estivesse cuidando daqueles órfãos e que ele a abençoasse como nunca. De repente, uma ideia maluca brotou na sua mente. *Não brinca! Isto é incrível, Deus!* — vibrou, ansioso para voltar ao quarto e pegar o computador.

Um zumbido repentino em seu bolso clamava por sua atenção. Como ele praticamente já tinha terminado de orar, pegou o celular e viu um novo texto de Andrea.

10h17 | De: Andrea | Para: Jake
Como vai a lista?

10h17 | De: Jake | Para: Andrea
Que lista?

10h17 | De: Andrea | Para: Jake
Haha, Jake. Fala sério.

10h18 | De: Jake | Para: Andrea
Incrível. Eu estou agora mesmo trabalhando no item n°3 que acabou de me dar uma ótima ideia para o n°6.

22

A MÃE DE AMY AINDA NÃO ESTAVA FELIZ com a ideia daquela viagem para o outro lado do mundo um dia depois do Natal, mas como Amy tinha prometido passar a data com ela e não com o pai, Sherry não tinha muito do que reclamar. Todas as outras pessoas haviam dado todo o apoio.

Assim que teve o sinal verde dos pais, Amy logo preencheu a ficha de inscrição e a entregou ao Dr. Wyatt. Desde então, foi recebida oficialmente na equipe e estava ansiosa pela primeira reunião no fim de semana seguinte. No dia anterior, ela havia agendado a entrevista para o passaporte, visitado a clínica da universidade para receber os reforços das vacinas necessários e comprado o livro *The Hole in Our Gospel*, de Richard Stearns, conforme solicitado. O único item que ainda estava longe de estar completo era o mero detalhe de levantar 2.800 dólares.

Mas até mesmo quanto a esta questão, Deus proveria. Na última vez quando verificou, Amy tinha US$ 1.140 na conta, graças à generosidade de muitas pessoas queridas. Renee, com certeza, não era rica, mas tinha contribuído alegremente com 50 dólares para o fundo, dizendo à Amy que deixaria de comer fora durante o mês para poder ajudar os órfãos.

Melia tinha implorado a Chris e a Cari que lhe dessem tarefas extas, assim, ela poderia enviar à Amy parte de seu próprio dinheiro. Até a mãe de Amy acabou se comprometendo a doar US$ 25, o que seria um grande gesto para ela. Uma tonelada de amigos da New Song e da Intersect lhe enviaram o que podiam e tudo ia somando. Amy ficava mais do que agradecida a cada pequena contribuição, mas infelizmente, sua lista de doadores já havia excedido em muito as suas expectativas e ela não fazia ideia de onde viria a outra metade da quantia.

Ela tinha de admitir que estava levemente incomodada com um não doador evidente: Jake. Tinha certeza de que ele sabia da sua viagem, graças às informações oferecidas por Cari e Andrea. E também graças às dicas delas, Amy ficou animada ao saber que Jake, com certeza, estava trabalhando na "lista". *Então, por que ele ainda não me ajudou com minha viagem?* — frustrava-se. Não que ele fosse obrigado a apoiá-la, é claro, mas se ele estava realmente interessado em restaurar o relacionamento deles, poderia doar alguns trocados para demonstrar que se importava. Esta era, definitivamente, uma bandeira vermelha a respeito do futuro dos dois.

Cheia de desapontamento, apesar de não desejar sentir-se assim, Amy sentou-se em frente ao laptop e acessou a conta da viagem. Em vez de se lastimar sobre o Jake, ela decidiu focar nos pontos positivos e escrever alguns bilhetes de agradecimento aos doadores mais recentes.

O que surgiu na sua tela a fez perder o fôlego. Seu novo saldo para a viagem era agora 2.640 dólares! Amy fez as contas rapidamente. De onde tinham vindo os últimos quinhentos dólares? Novamente, movida pela bondade de Deus e pela generosidade dos outros, ela caiu no choro... no exato momento em que sua amiga Renee entrou no quarto, berrando a plenos pulmões.

"Qual é o problema com você, menina?", Renee parou abruptamente e correu para dar um abraço em Amy.

"Nada!", soluçou Amy, tentando se controlar, mas conseguindo apenas sorrir e apontar para o novo saldo na tela.

"Meu bom Jesus!", Renee exclamou e começou a louvar com toda a força. "Ou você vai ter que escrever uma enorme pilha de bilhetes de agradecimento... ou somente um com muita gratidão. De quem é?"

"Não sei. Eu tinha acabado de ver quando você entrou. "

"Então vamos descobrir!", Renee cutucou Amy e a empurrou para a metade da cadeira.

Amy clicou nos detalhes da conta e, lá estava: o dinheiro viera de uma só vez; mas para sua infelicidade, o doador estava listado como anônimo.

"O quê?", Renee disse bem alto. "Isto não é justo! Então, quem, entre os seus conhecidos, é rico assim?"

Amy quebrou a cabeça, mas absolutamente nenhum nome veio à mente.

"E que tal aquele médico para quem você trabalha? Ele provavelmente é bem de vida."

Amy encolheu os ombros.

"Talvez", disse, mas por mais generoso que fosse o seu amável chefe, aquela parecia uma quantia absurda para se doar. "Não sei. Não parece... um pouco demais?"

"Quem sabe é uma maneira de lhe pagar por todo o seu trabalho na clínica", sugeriu Renee. "Olha, clica ali na doação real. Talvez haja mais algum detalhe escondido."

Amy seguiu seu conselho e uma nova tela se abriu, mas todos os campos estavam em branco... exceto por um número de cinco dígitos bem em embaixo.

"Ei, este é o CEP do seu doador", observou Renee. "Vamos ver no Google e pelo menos a gente vai saber de onde vem o dinheiro." Ela digitou o número rapidamente no campo de pesquisa, mas a sequência familiar fez sentido na mente de Amy e ela suspirou... exatamente quando Renee, sem fôlego, leu o resultado da pesquisa. "Louisville, Kentucky."

"Acho que estou apaixonada outra vez", Amy sussurrou.

INVERNO

23

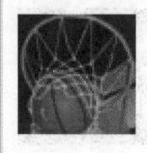

> **Jake Taylor**
> Vegas, baby, Vegas!

EM MEADOS DE DEZEMBRO, até o deserto fica frio e Jake e seus companheiros de time experimentaram isso na pele quando saíram do aeroporto de Las Vegas para o frio seco de Nevada. Jake, no entanto, sentia tudo, exceto frio. Na realidade, desde quando entrou no avião, Jake parecia que ia explodir de expectativa. Com certeza, ele estava empolgado com o torneio. Louisville estava atrás de North Carolina e eles tinham o recorde de invencibilidade para defender. Mas obviamente, Jake tinha coisas ainda mais significativas na mente. Mais do que a vitória num campeonato, ele esperava retornar à Louisville com uma namorada.

Amanhã se completariam os dois meses da mensagem de Amy — dois meses de feliz expectativa, nos quais Jake fez tudo o que era possível para reconquistá-la — e simplesmente mal podia esperar para falar com ela. Tudo o que ele tinha de superar eram três dias de jogos, uma noite com o pai dela para pedir a sua bênção, e depois, ele estaria na porta da casa dela para pedir o seu coração. Ele estava tão perto, mas não sabia bem como resistiria até lá.

"Aqui está a sua mala." Um tapa leve em seu ombro o fez levar um susto. "Êpa, tem gente tensa por aqui", brincou Nomis, sorrindo.

"Ele achou que você fosse a Amy!", disse Tyler, fingindo jogar os cabelos longos por sobre o ombro.

"Acho que é a Amy é um pouco mais atraente do que *isso*", Grant provocou Nomis.

Jake só podia sorrir. Todos os caras sabiam sobre a pequena escapada depois do campeonato e por mais que ele tentasse não tocar no assunto, eles adoravam brincar com isso. Eles apenas não conseguiam entender por que Jake ia tão longe por causa de uma garota quando tantas delas atiravam-se sobre ele por onde quer que fosse. Felizmente ninguém, exceto Grant, sabia sobre a lista — ou o "Ultimato de Amy", como Grant gostava de chamá-la — do contrário, as piadas com Jake não teriam fim. Grant achava que ele estava totalmente dominado, mas ele era um amigo fiel e guardou o pequeno segredo de Jake.

Depois que todos pegaram suas malas, entraram num ônibus com destino ao hotel que ficava bem distante da "Strip" — a rua principal de Las Vegas — provavelmente, uma tentativa de manter os garotos longe de problemas e focados em sua principal tarefa ali: vencer jogos de basquetebol. Porém em Vegas, a "diversão" está sempre por perto, e eles se mantiveram bastante ocupados em seu pequeno complexo hoteleiro. Jake, no entanto, retirava-se para dormir cedo todas as noites. Ele sabia que o sono provavelmente não viria por horas, mas desejava o tempo a sós, em especial, para preparar-se para o seu encontro com a Amy. Tinha ensaiado seu discurso inúmeras vezes, mas ainda não sabia bem como começar. Nada parecia se encaixar.

Amy? Puxa, você mora aqui?... Quem diria?!

Oi, Amy, faz tempo né?

Olá, Srta. Briggs. Gostaria de ser a minha namorada?

Deitado na cama, no escuro do seu quarto, Jake suspirou, desejando poder fechar os olhos e já estar com ela. Ele imaginava o calor dos braços dela o envolvendo, a suavidade dos seus dedos entrelaçados com os seus enquanto sentavam-se para conversar. Eles tinham tanto para colocar em dia.

Claro, Jake sabia que primeiro precisaria cumprir a lista dela, mas essa parte era fácil... exceto pelo item número oito. Era a única coisa que o fazia hesitar. *Nada de segredos. Começar com a ficha limpa e seguir em frente com toda a honestidade daqui em diante.* Jake entendia perfeitamente porque isso era tão importante, e estava de total acordo. Se não houvesse confiança em seu relacionamento, então, eles não teriam nada. Mas seria mesmo necessário contar *tudo* à Amy?

Ele acreditava, é claro, que Amy deveria saber sobre a Nicole, embora soubesse que isso a magoaria. Mas que benefício poderia vir de confessar toda *a linha do tempo* do seu relacionamento com Nicole? Ela precisava mesmo saber que, muito antes de eles romperem, ele tinha trocado um beijo apaixonado com a Nicole minutos depois de conversar com a Amy por telefone? Ou pior ainda, que depois de terem terminado, ele já estava na cama com Nicole antes mesmo de Amy ter voltado de sua visita à Louisville? O remorso ainda atormentava Jake pela maneira como ele tinha lidado com toda aquela situação e ele tinha certeza de que contar tudo à Amy só pioraria as coisas — para os dois.

Com o espírito angustiado, Jake chutou as cobertas e sentou-se na cama. *Deus, eu realmente preciso contar tudo isso a ela?*

A escuridão do quarto começou a oprimi-lo, então, ele acendeu a luminária da cabeceira. Observou o bloco e a caneta do hotel bem ali ao lado e imediatamente pensou em seu pai. É provável que seu pai o tivesse ensinado mais o que *não* fazer na vida, mas havia uma ferramenta que ele tinha descoberto ser útil na maioria das grandes decisões: uma lista de prós e contras. Jake encostou na cabeceira da cama e começou a escrever.

Contar ou não à Amy...

PRÓS	CONTRAS
* Amy pediu especificamente por honestidade	* Amy pode pirar
* Nada de segredos	* Amy pode decidir não reatar o namoro.
* Consciência leve	* Amy vai ficar magoada.
	* Amy pode pirar ainda mais.
	* O que fiz não mostra quem eu realmente sou agora
	* Já me arrependi da minha estupidez

Jake examinou a lista crescente de contras e, em sua mente, começou a elaborar argumentos para defendê-la. Amy estava no primeiro ano da Universidade de Stanford. Tinha uma carga pesada de aulas difíceis, além do estágio. Não seria egoísmo da parte dele contribuir com mais um peso sobre ela? E, sério, também seria bastante egoísta da sua parte fazer isso apenas para ficar com a consciência limpa. A mente de Amy obviamente ficaria muito mais livre se ele não lhe contasse *todos* os detalhes. Jake sabia que Deus já havia lhe perdoado por tudo aquilo e lembrou-se de ter ouvido um versículo a respeito de como Deus esquece os nossos pecados quando os confessamos, mais ou menos como o oriente é distante do ocidente. Bem, se Deus esqueceu os seus pecados, não quer dizer que ele deveria esquecê-los também? No entanto, se contasse à Amy, provavelmente, nenhum dos dois conseguiria esquecer.

Quanto mais Jake pensava a respeito, mais se sentia inclinado a ser seletivo sobre o que contaria de seu envolvimento com Nicole. E quanto mais ele se sentia inclinado nessa direção, melhor se sentia... mais ou menos. O "nada de segredos" de Amy ainda o incomodava lá no fundo, mas Jake rapidamente o silenciou com mais racionalizações. E assim continuou, andando em círculos, até que, por fim, seus argumentos acabaram e a verdade incômoda se recusava a ser silenciada.

Ele fez, então, o que qualquer cara desesperado faria: mudou de assunto. Os esportes eram sempre uma boa distração, por isso, ele voltou seus pensamentos ao jogo do dia seguinte. Deitou-se novamente, apagou a luz e forçou-se a imaginar a execução de várias jogadas contra seu oponente. Infelizmente, quanto mais ele tentava se concentrar, mais via o desapontamento no rosto de Amy. E quanto mais lutava para ignorar seu rosto, mais perdia a visão da bola. Por fim, Jake caiu num sono agitado, mas os pesadelos do fracasso o atormentaram a noite inteira.

Quando finalmente abriu os olhos para ver a luz do sol reluzindo através de uma fenda na cortina, Jake se sentia exausto, mas deu as boas-vindas ao alívio que a luz do dia trazia. Ele ainda se sentia desconfortável a respeito de sua futura conversa com Amy, mas isso não aconteceria até segunda-feira. Neste momento, era hora de jogar.

24

VESTINDO O UNIFORME VERMELHO DO TIME, Jake e seus companheiros entraram na quadra da Universidade de Las Vegas poucas horas depois para o aquecimento antes do jogo contra a Universidade do Sul da Califórnia, o primeiro do torneio. Embora os Trojans não estivessem, no momento, entre os vinte e cinco primeiros, o técnico alertou a equipe de Jake que o time não deveria ser encarado com displicência. Jake seguiu sua rotina costumeira de preparação para o jogo, mas apesar de todos os seus esforços, ele simplesmente não conseguiu entrar no seu ritmo durante os exercícios de aquecimento.

"Melhor você colocar a cabeça no jogo", Grant o alertou depois de um passe ruim de Jake.

Jake tentava, porém, quanto mais se concentrava, mais se sentia distraído. Os alto-falantes do ginásio tocavam música tecno em volume tão alto que ele não conseguia pensar ou encontrar seu jogo. Mas quer estivesse pronto ou não, o jogo tinha de começar, e Jake se alinhou no fundo da quadra esperando, talvez, melhorar tão logo o cronômetro fosse acionado.

Assim que o árbitro lançou a bola para cima, os Trojans começaram a lutar como se suas vidas dependessem daquilo. Ganharam a disputa pela bola lançada ao ar e logo marcaram a primeira cesta. Nomis arremessou para Jake que definiu a jogada a ser armada pelos companheiros de equipe. O técnico tinha insistido com eles para que batessem a bola baixa em posição de defesa, e Jake foi direto à ação. Arremessou a bola para Grant que girou ao redor do seu marcador e lançou a bola para a tabela a quase dois metros de distância para a primeira cesta do Louisville. *Ok, vai dar certo,* Jake encorajou a si mesmo enquanto voltava correndo para se defender.

Seu alvo, Tyreke Miller, era um novato All-American que, provavelmente, ficaria apenas um ou dois anos na faculdade antes de seguir para a categoria profissional. Jake interceptou o jovem de dezoito anos assim que ele cruzou a linha central, dando-lhe apenas poucos centímetros. O calouro arremessou para um companheiro do outro lado da quadra e, antes que Jake percebesse o que estava acontecendo, ele correu para a cesta e recebeu a bola de volta para uma bandeja fácil. *Droga!* Jake sentiu-se imediatamente desencorajado. Com o canto do olho, viu o técnico balançando a cabeça com veemência. Não foi um bom começo.

O jogo oscilou de um lado para o outro nos primeiros vinte minutos. Jake tentou envolver seus companheiros de equipe, quando, por diversas vezes, chegava até a cesta e devolvia a bola para que Nate marcasse três pontos ou lançava-a para o pivô logo abaixo da cesta. Embora naquela noite ele mesmo não conseguisse marcar, como faria qualquer bom armador, Jake cumpria seu papel, distribuindo a bola aos outros. Criou muitas oportunidades de cesta para seus companheiros, o que acabou acrescentando oito assistências ao seu recorde, mas Jake não conseguia se lembrar da última vez em que tinha ficado sem marcar por dois quartos inteiros.

Na metade do jogo, os Cardinals estavam sete pontos atrás e o técnico não estava nada feliz. Quando o time saiu do vestiário depois da conversa no intervalo, ele puxou Jake de lado.

"Jake, não sei bem o que está acontecendo com você hoje, mas não deixa eu me arrepender de te deixar mais um dia aqui. Não é da minha conta, mas se as suas escolhas fora da quadra começarem a afetar o seu jogo na quadra, nós vamos ter problemas. Eu vou começar com o Williams neste segundo tempo. A gente precisa muito de alguém que faça pontos neste momento, e hoje, essa pessoa não é você."

Impassível, Jake movia a cabeça de modo afirmativo enquanto ouvia, mas, por dentro, se sentia como se estivesse sendo dilacerado. Perder sua posição para um novato? *Isto não pode estar acontecendo*, lamentou. Jadon Williams, um calouro da faculdade, era um jogador decente, mas Jake não estava preparado para perder sua posição. Havia lutado muito para chegar até aqui. *Controle-se, cara!* — ralhou consigo mesmo enquanto se acomodava na extremidade do banco. Mas não conseguia evitar de se sentir distraído.

Quando o técnico fez sinal para que Jake entrasse no jogo, faltavam apenas 12 minutos para o final e o Louisville estava com uma confortável liderança de 9 pontos. Jadon havia feito um trabalho mais do que adequado como substituto de Jake, acumulando 8 pontos e duas assistências. Quando ele se agachou na mesa do apontador, Jake sentiu uma pontada de inveja. *Se o técnico quer um armador que possa marcar, então, eu vou mostrar a ele.*

Jake entrou no jogo e driblou pela quadra. Fingiu um passe para Nomis enquanto desviava de Tyreke na entrada do garrafão. Quando os pivôs da USC convergiram sobre ele, Jake parou de repente e preparou o arremesso. Mas assim que soltou a bola, as pontas dos dedos de Tyreke tocaram-na por trás e ela não chegou ao aro. *Não!* Jake se irritou e tentou deixar pra lá enquanto corria para a defesa, mas antes que chegasse ao meio da quadra, o pivô da USC arremessou a bola, como faz um zagueiro do futebol americano, sobre a cabeça de Jake para um iluminado Tyreke que subiu muito alto para uma enterrada com as duas mãos. *Fala sério!*

Os quatro minutos seguintes avançaram com a mesma sorte, e Jake logo foi retirado do jogo. O técnico nem mesmo olhou para Jake enquanto ele saía da quadra. Sucumbindo à tristeza, Jake sentou-se calado em seu lugar na extremidade do banco e assistiu aos companheiros levarem os Cardinals de volta à liderança. Quando a última sirene soou, eles tinham conduzido o time a uma vitória por três pontos e o bom humor da equipe, por certo, era justificado. Mas Jake sentia-se atordoado, com a cabeça a milhões de quilômetros de distância.

Quando atravessava a quadra atrás de seus alegres companheiros, por alguma razão, Jake ergueu a cabeça e olhou para o público... e de repente, o tempo parou. Ele estava vendo coisas? Balançou a cabeça para limpar sua mente conturbada, mas não, ela ainda estava lá, com os olhos fixos nele. Será que esteve ali o tempo todo, assistindo seu desempenho humilhante? Isso não parecia importar; seu sorriso iluminado o cumprimentou.

"Oi, Jake", Amy mexeu os lábios ao longe, e o coração de Jake começou a bater acelerado. O rugido da multidão e a música estridente emudeceram enquanto ele correu até onde ela estava. Ele foi desviando o corpo suado pelas várias fileiras de torcedores absortos até ficar cara a cara com ela.

"O que você está fazendo aqui?", Jake perguntou ofegante.

"Eu vim principalmente para fazer algumas apostas, mas imaginei que talvez pudesse assistir um jogo de basquete", Amy respondeu rindo. "Você não jogou muito bem."

"Eu... é... tinha outras coisas na cabeça."

Amy sorriu e desviou o olhar.

"Amy"-, Jake hesitou, tomado de emoção. "Você não faz ideia o quanto significa para mim o fato de estar aqui. Mas eu tenho que ir para a reunião do time. O técnico já está bastante irritado comigo..."

"Vai", ela ergueu a mão impedindo Jake de dizer qualquer outra coisa. "Vou esperar por você no café do seu hotel. Vá até lá quando estiver pronto."

"Espera. Como você...?", Jake só olhava para ela, incapaz de tirar os olhos do seu lindo rosto.

"Vai", ela riu baixinho, empurrando Jake na direção da escada.

O toque dela transmitiu palpitações por todo o seu corpo e ele permaneceu grudado no mesmo lugar.

"Jake!", ela insistiu. "Você não quer chegar atrasado."

Relutante, ele se virou para sair dali, mas olhava para trás a cada dois ou três passos a fim de se certificar de que não era um sonho. Chegou ao vestiário exatamente quando todos se sentavam para ouvir o técnico. Grant e Nomis se cutucaram e sorriram para Jake em cumplicidade. Jake tentava disfarçar o próprio sorriso, mas era impossível. Olhou direto para o técnico, esperando que ele não pensasse que Jake pouco se importava com seu mau desempenho, porém, embora seus olhos dessem a impressão de estar intencionalmente concentrado na análise pós-jogo, seus pensamentos estavam em outro lugar.

Com seus planos cuidadosamente elaborados agora lançados pela janela, Jake sentia a emoção extasiante de uma queda livre. Mas lá no fundo, espreitava um temor silente da aterrisagem difícil que talvez o aguardasse.

✤ ✤ ✤

Quase duas horas depois, Jake entrou no café quase vazio e, logo em seguida, localizou Amy, nos fundos, concentrada na leitura de um livro. *Puxa, ela está linda.* Ele detestava prestar atenção no superficial, mas era verdade. Muitos outros nós se juntaram àqueles já existentes em seu estômago. *Fica frio, cara. Fica frio!*

"O que você está lendo?", interrompeu, enquanto sentava-se à sua frente.

"Ah, bom, uma leitura agradável sobre o desenvolvimento cognitivo do cérebro. Coisa fascinante." Amy retribuiu o sorriso, parecendo o mais calma possível.

"Então, como os caça-níqueis estão te tratando?", brincou Jake, com receio de conduzir a conversa ao que precisava, de fato, dizer.

Amy riu, pegou um pedaço de papel e colocou-o sobre a mesa entre os dois.

"Na realidade, eu tive mais sorte com o PayPal."

O papel era uma cópia de sua doação anônima ao fundo para a viagem de Amy à Romênia. Como ela tinha descoberto que era ele?

"Puxa, parece que alguém realmente acredita em você", respondeu Jake vagamente. "Adoraria ouvir tudo sobre a sua viagem. Mas primeiro...." Desta vez, foi Jake que pegou um pedaço de papel e cobriu o recibo com o email de Amy. "Eu adoraria falar sobre isto aqui. O fato de você estar sentada aqui na minha frente me faz pensar que sabe que dia é hoje."

"O fato de você ter essa lista, me dá a esperança de não ter vindo por nada."

"Exatamente há dois meses, eu li a melhor mensagem da minha vida", declarou Jake com um sorriso. "Eu a colei na parede ao lado da cama e a estudei todos os dias."

Amy balançou a cabeça.

"Você não me achou uma psicopata ou algo assim?"

Jake deu risada.

"Pensei que você estava me escrevendo para contar que tinha decidido se casar com Steven. Sua lista foi a melhor notícia da minha vida."

Amy fitou Jake, pensativa.

"Não achou um pouquinho exigente demais? "

"Amy, você não merece nada menos que isso. E eu quero passar o resto da minha vida provando tudo isso para você. O que me leva à conversa que eu planejava ter com você na segunda-feira depois do jogo... mas daqui a pouco eu falo mais sobre isso."

Jake pegou uma folha de papel e pigarreou.

"Número um: esperar. Acho que me saí bem nesse aqui", sorriu. "E pode acreditar, eu levei esta lista muito à sério."

"Obrigada", Amy respondeu com suavidade.

Jake assentiu e continuou:

"Número dois: orar. Nunca orei tanto por algo em toda a minha vida, mesmo antes destes últimos dois meses. Quando sua lista chegou, foi apenas a confirmação de que Deus sorria para os meus desejos mais profundos. Amy, depois de tudo o que passamos, Deus deve ter um plano bem especial para nós — juntos — e estou ansioso para vê-lo acontecer. Enquanto isso, ainda estou longe de ser perfeito, mas vou fazer o que estiver ao meu alcance para guiar a nós dois pelo caminho que melhor nos prepare para esses planos. E isso leva ao número três: ser um líder espiritual."

Jake inspirou profundamente.

"Cara, este aqui exige humildade, especialmente considerando o quanto você amadureceu nos últimos dois anos. Amy, você é uma mulher incrível, e apenas o fato tê-la por perto me desafia a ser melhor."
Jake ergueu os olhos da folha e sorriu para ela. "Mas estou me esforçando para tentar te alcançar e, assim, como ferro afia ferro, vou fazer o que puder para fortalecê-la em sua fé.

"É difícil quantificar um relacionamento com Deus, mas deixe eu apenas dizer que nunca me senti tão perto dele como agora. No início do ano letivo, comecei um plano de leitura da Bíblia toda em um ano e estou aprendendo muito! Não fazia ideia de quantas histórias malucas há no Antigo Testamento e algumas delas estão realmente mexendo comigo. Para me ajudar com tudo o que estou aprendendo, tenho um mentor de oitenta e quatro anos de idade chamado Buddy que está me ensinando mais do que eu jamais poderia ter imaginado."

"Você mencionou o Buddy neste verão", interrompeu Amy. "Ele parece ser muito legal."

"Você não faz ideia. Ele orou por você... por nós... muito mesmo."

"Bom, espero poder conhecê-lo um dia. "

"Eu também espero... mas você está atrapalhando o meu momento, disse sorrindo, voltando sua atenção à folha. "Número quatro: ter iniciativa." Jake riu e pegou outro papel dobrado no bolso de trás. "Puxa, está ficando difícil começar com o pé direito aqui... mas eu tentei, pode ter certeza. Se não se importa, vou juntar o número sete e o número dez neste aqui."

Em vez de dizer mais alguma coisa, Jake simplesmente soltou sobre a mesa a folha impressa com os dados da confirmação do seu voo de Las Vegas à San Francisco.

Amy pegou a folha e arregalou os olhos:

"Isto é o que eu acho que é?"

"Consegui permissão do meu técnico para voltar um dia depois e pensei que poderia matar três coelhos com uma cajadada só. Já falei com o seu pai e combinamos de nos ver no domingo à noite antes da visita surpresa que eu faria a você na segunda de manhã. Mas você ganhou por pouco neste aqui."

"Desculpa", Amy franziu o nariz graciosamente. Seus olhos pareciam estar ficando um pouco marejado.

"Sem problema. Eu gosto mais do seu plano." Jake se inclinou para frente e, pela primeira vez, se atreveu a encostar na mão de Amy. Um arrepio percorreu o seu corpo. E como ela não se moveu, ele manteve o contato enquanto voltava os olhos para a lista. "Número cinco: casar com você. Eu já lhe disse o quanto desejo passar o resto da minha vida ao seu lado. Porém, obviamente, sua opnião nesse ponto é bem importante também. Eu me casaria neste segundo se você quisesse. Por outro lado, penso que talvez a gente deva esperar até que os dois estejam formados. Ainda tenho dois anos de currículo eletivo depois deste aqui, mas sei que você provavelmente vai terminar um ano antes. Com certeza, vamos ter uma montanha de detalhes para resolver, mas se é que ajuda, não vou ter que jogar no último ano. Eu desistiria de qualquer coisa para acordar todas as manhãs ao seu lado. E para garantir que terei meu diploma no tempo certo, estou com a carga horária completa este semestre e vou ter aulas durante as férias e fazer qualquer outra coisa que puder para adiantar a conclusão."

Amy só balançava a cabeça e as lágrimas corriam livremente pelo rosto. Jake não desejava nada além de envolvê-la num abraço terno, mas se conteve e passou para o próximo item da lista.

"Número seis: sonhar junto com você. Outra vez, Amy, você me encanta. Mal posso esperar para ouvir tudo sobre os seus sonhos para o futuro. Mas para ser sincero, eu ainda estou definindo os meus. É claro que eu adoraria jogar pela NBA e, em certos dias, isso parece uma possibilidade real. Mas então, há dias como hoje..." Jake fez uma pausa e os dois riram. "Sei que Deus está me usando agora, mas talvez, a gente consiga entender juntos como ele quer me usar depois de tudo isso.

Jake olhou para a Amy e tentou absorver seu resplendor. Embora ela não tivesse dito uma única palavra nos últimos minutos, ele estava certo de que a coisa estava caminhando bem. Ela parecia genuinamente tocada por seus esforços de não apenas ser o homem que ela desejava, mas o homem que ela merecia. *Só mais um pouco,* lembrou a si mesmo, ao voltar os olhos para a lista. De repente, ele se sentiu nauseado.

"Ah, eu acho que já abrangi o número sete a respeito da minha visita a você, o que me leva ao número oito: nada de segredos." O suor transbordou por seus poros e seus dedos tremiam enquanto ele segurava a lista. "Hum, eu realmente gostaria de deixar este por último se não for problema para você", pediu com voz trêmula.

Um ar de preocupação passou pelo rosto de Amy, mas ela fez um movimento afirmativo com a cabeça.

"Ok, número nove", Jake acelerou. "Nada de sexo." Ele colocou a folha ainda trêmula sobre a mesa e olhou com sinceridade nos olhos de Amy. "Amy, eu sinto muito, muito mesmo por ter levado o nosso relacionamento físico longe demais. Eu, de fato, não tinha ciência disso quando estávamos no Ensino Médio, mas sinto muito por toda a dor que causei. E sinto muito mais pela maneira como te pressionei quando deveria ter agido de outra forma. Fui totalmente inapropriado quando você veio me visitar e me sinto envergonhado. Você estava tentando ser honrosa, e embora eu não respeitasse isso na época, tenho muito orgulho de você hoje. Deus é nossa testemunha de que eu nunca, *jamais* vou forçá-la outra vez a ter relações sexuais — ou sequer chegar perto disso. Até a noite do nosso casamento, é claro, que estarei aguardando com muita expectativa... mas, provavelmente, eu não deveria ter dito a última parte em voz alta", Jake corou e sorriu de forma inocente.

Amy, brincando, franziu a testa, mas, claro, também tentava disfarçar um sorriso.

"Para falar a verdade, Amy, eu acho muito legal essa coisa de não haver beijo também. Quer dizer, você não faz ideia do quanto eu quero te beijar a noite inteira agora mesmo", Jake desviou os olhos, incapaz de manter contato visual. Deslizou o dedo pela borda da mesa. "Mas posso entender o valor da recompensa adiada. Já fizemos tudo, então, e se desta vez a gente começasse do zero e o dia do nosso casamento fosse uma grande celebração de um relacionamento correto?" Com esta proposta, ele finalmente olhou com ar inquisidor para Amy que simplesmente assentiu.

"Eu adoro a ideia, Jake", disse suavemente.

"Se bem que *estamos* em Vegas e fiquei sabendo de uma capela nos fundos do nosso hotel", Jake ergueu as sobrancelhas e segurou a mão de Amy. "Isso, é claro, se você quiser facilitar o número nove para nós."

"Tentador", respondeu Amy sorrindo. "Mas quem disse que eu quero facilitar as coisas pra você?"

"Ah, é mesmo. Tinha esquecido", riu Jake. Então, respirou fundo e esfregou as mãos na calça jeans. Quer estivesse pronto ou não, o número oito estava ali. E apesar de todas as razões que havia listado na noite passada para evitar revelar todos os detalhes, olhar nos olhos azuis profundos de Amy, agora, o convenceu de que a verdade completa era sua única opção. "E isso é perfeito, porque eu acho que este último item, talvez, seja a coisa mais difícil que já fiz na vida."

Amy olhou para Jake com ar curioso, mas ele se obrigou a seguir adiante. Era agora ou nunca.

"Não é que eu queira guardar segredos de você, Amy; é apenas que durante meu ano e meio de afastamento, eu fiz algumas coisas que me constrangem muito, muito mesmo... e acho que algumas delas podem magoar você profundamente."

Amy recostou-se na cadeira e mordeu o lábio. Jake olhou para a mesa para não se acovardar.

"Você tinha razão a respeito da Nicole. Eu jurei a mim mesmo que não havia nada ali, mas tenho que confessar que nós nos beijamos uma vez naquela primavera antes da sua visita." Jake estremeceu com as próprias palavras e olhou para Amy. Os olhos dela o encaravam com austeridade, sem dar uma pista dos seus pensamentos. "Eu poderia facilmente colocar a culpa nela, mas eu sabia o que estava fazendo e deveria ter evitado a situação." Jake inspirou fundo rapidamente. "E fica ainda pior. Depois que terminamos, eu voltei para Nicole bem rápido. Não foi um tempo bom para mim e...", Jake fechou os olhos para concluir a última parte, "fazíamos muito sexo". Jake voltou a fitar os olhos de Amy, desejando que ela não fechasse seu coração para ele. "Eu poderia te dar milhões de justificativas, mas o resumo de tudo é: eu errei. Errei muito, muito feio. E sinto muito, muito mesmo."

Completamente exausto, Jake ficou em silêncio e esperou que Amy lhe dissesse qual seria o seu destino.

"Quanto tempo você demorou para ficar com ela?", perguntou baixinho, depois de algum tempo de tensão.

Jake inspirou e sentou-se sobre as mãos.

"Um dia", respondeu envergonhado.

Amy segurou a respiração, obviamente surpresa.

"Uau... e quanto tempo ficaram juntos?"

"Terminamos no outono passado. Eu ainda a vejo de vez em quando no campus, mas raramente conversamos. Ela está com outro jogador do time; um cara com quem, sem querer, acabei fazendo amizade este ano. Mas pode acreditar; sempre que eu a vejo, lembro daquele tempo terrível na minha vida, um tempo que espero que não volte mais."

Amy batia de leve o copo vazio sobre a mesa, olhando para baixo. Jake a fitava em silêncio, triste em sua culpa. Depois do que pareceu uma eternidade, ela colocou o copo de lado e voltou os olhos para Jake.

"Jake, obrigada por levar minha lista tão a sério. Você superou as minhas expectativas e até as minhas esperanças de inúmeras formas. E obrigada por ser tão honesto comigo. Isso revela muito do seu caráter porque eu sei como teria sido fácil me contar apenas o que fosse seguro." Um longo suspiro escapou de seus lábios e seus olhos fitaram algo acima da cabeça de Jake antes de ela prosseguir. "Mas, nossa, a verdade dói mesmo. Para ser sincera, Jake, eu meio que esperava algo do tipo. Quer dizer, havia muitas fotos de vocês dois no Facebook. Porém, acho que eu quis acreditar que não era tão ruim quanto parecia. E nunca considerei de fato que ela estivesse na jogada antes mesmo de eu estar fora. Puxa, estou com alguns pensamentos nada cristãos a respeito daquela... garota."

Amy balançou a cabeça e olhou pela janela enquanto Jake aguardava seu veredito.

"Jake, eu não sei o que lhe dizer agora. Você se importaria em me dar um tempo para pensar? Eu sei que esta não é a resposta que esperava, mas eu... eu simplesmente não posso lhe dar nada mais neste momento."

"Leve o tempo que precisar", murmurou Jake, perguntando a si mesmo se era tarde demais para conseguir o reembolso das passagens.

25

"**CARI! EU PRECISO MUITO FALAR COM VOCÊ!**" Amy gritou ao telefone depois da terceira mensagem desesperada à sua mentora. Fazia três horas desde quando havia deixado Jake no café e ela sabia que Cari iria dormir a qualquer momento. Frustrada, desabou na cama do quarto de hotel simples e enterrou o rosto nos travesseiros. *Deus, por quê?* — clamou. *O que eu estou fazendo aqui?*

Muito antes de ter ouvido a resposta de Jake à sua lista, Amy tinha quase decidido que ele era a pessoa com quem Deus queria que ela vivesse o resto da vida — e tudo lhe parecia estar muito bem. A doação de quinhentos dólares dele era o selo de confirmação, e ela mal podia esperar para agradecê-lo pessoalmente — motivo pelo qual, por vontade própria, decidiu, esta manhã, fazer a visita surpresa à Las Vegas.

Mas a sua confiança havia sido bombardeada com a hesitação. Na volta, ela parou no acostamento pelo menos quatro vezes, impedida de continuar pelas emoções conflitantes que pairavam em sua mente. Ela sabia que Jake era um homem transformado, mas o passado deles era um grande obstáculo a ser vencido. E agora, acrescentar ao caos o seu envolvimento relâmpago com Nicole era mais do que ela podia suportar. *No dia seguinte! É um insulto* — ela ferveu de raiva.

Mas, no entanto, a atenção cuidadosa de Jake à sua lista havia sido no mínimo maravilhosa. Suas respostas a nove dos dez itens a tinham impressionado, e mesmo aquela penosa confissão final foi apenas uma tentativa de lhe dar o que havia pedido. *Mas por que ele tinha que ficar com a Nicole, para começar? Deus, o Senhor não poderia ter impedido?*

O toque do seu telefone interrompeu aquela sequência de pensamentos, e Amy atendeu, ansiosa.

"Cari!"

"Amy, o que aconteceu?"

"Bom... eu estou em Las Vegas..."

"O quê?", interrompeu Cari.

"Jake está aqui para um torneio, e eu pensei em fazer uma surpresa", explicou Amy.

"Amy! Você não vai fazer nenhuma maluquice, vai?"

"Maluquice maior do que dirigir nove horas para surpreender um cara com quem mal conversei nos últimos dois anos?"

"Bom... é. Então... achou o Jake? Vocês já conversaram? Ele está firme naquela lista. Eu não acredito que você está em Vegas!", Cari disse tudo de uma vez.

Amy lhe contou os primeiros noventa e sete por cento da conversa, mas antes de compartilhar o golpe final, teve de fazer uma pausa para que sua voz não falhasse.

"Uau" — soou a voz de Cari no silêncio. "O garoto não está de brincadeira. Então, qual é o problema?"

"Ele me traiu", a voz de Amy falhou quando ela dividiu a carga com a qual vinha lutando para levar sozinha. "Com a garota com quem fiquei durante a minha visita à Louisville. Eles já tinham se beijado antes, e depois...." — a voz de Amy falhou outra vez. — "transaram assim que fui embora".

"Ahhh."

Amy deitou-se.

"Peraí, o que quer dizer com 'Ahhh'? Você sabia disso? Por que não me avisou? "

"Puxa vida. Eu sabia que o Jake tinha compartilhado com o Chris alguns de seus arrependimentos, mas não fazia ideia de *quando* ele tinha cometido esses erros. Amy, eu sinto muito mesmo."

"Não preciso de pedido de desculpa. Preciso de conselho. O que eu faço, Cari?"

"Bom... você pediu que o Jake fosse sincero, certo?", perguntou Cari com a voz suave.

"Certo.".

"E ele foi. Assumiu um risco imenso ao deixá-la saber sobre o erro dele."

"Eu sei! Mas foi um erro *enorme*", exclamou Amy.

"É verdade. Mas é para isso que serve a graça. E você sabe que somos chamados para perdoar."

"Eu sei", Amy murmurou. "Mas não sei se um dia eu vou conseguir realmente esquecer."

"Com certeza vai ser difícil", concordou Cari. "Mas, basicamente, você tem apenas duas opções aqui", sua voz, de repente, adquiriu um tom sério. "Você pode perdoá-lo e permitir que o erro grave de Jake fique enterrado no passado ou pode apegar-se a este erro e presenciar a amargura consumir o resto da sua vida."

"Então, você está dizendo que eu devo aceitá-lo de volta?"

"Bom, esqueça tudo o que se relaciona à traição. Você o aceitaria assim?"

"Dããr..."

Cari riu do outro lado da linha.

"Tem medo de que ele seja infiel outra vez?"

Amy lembrou-se da expressão de total arrependimento no rosto dele.

"Não."

"Então, vou deixar você mesma responder essa pergunta."

Amy suspirou e se sentou.

"Obrigada, Cari."

"Vou estar em oração por você, menina. Você sabe que faço isso sempre." Cari fez uma pausa e depois exclamou: "Eu estou *tão* feliz por vocês dois! Preciso contar ao Chris onde estão!"

Amy desligou e caminhou pelo quarto segurando o telefone com os dedos trêmulos. Ela sabia o que deveria fazer, mas era um grande passo. *Jesus, o Senhor me deu um grande exemplo de perdão, mas, com certeza, preciso da sua ajuda para esquecer.* Ela tirou da mente as terríveis imagens de Jake com outra garota e rapidamente enviou-lhe um simples texto de apenas três palavras.

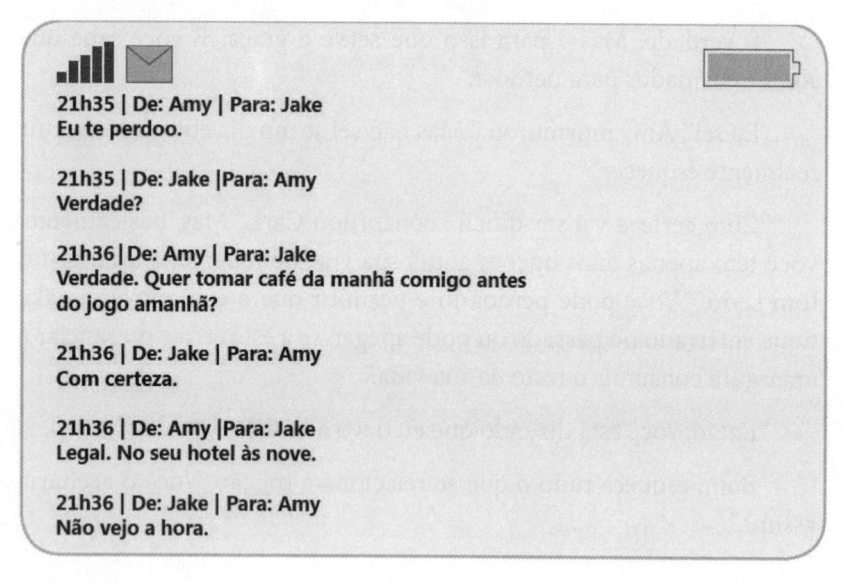

21h35 | De: Amy | Para: Jake
Eu te perdoo.

21h35 | De: Jake |Para: Amy
Verdade?

21h36 | De: Amy | Para: Jake
Verdade. Quer tomar café da manhã comigo antes do jogo amanhã?

21h36 | De: Jake | Para: Amy
Com certeza.

21h36 | De: Amy |Para: Jake
Legal. No seu hotel às nove.

21h36 | De: Jake | Para: Amy
Não vejo a hora.

✤ ✤ ✤

Depois de um papo maravilhoso sobre as panquecas medíocres do café da manhã no hotel de Jake, Amy acomodou-se para assistir ao jogo do seu novo *namorado* durante a tarde. No Ensino Médio, ela havia assistido Jake o suficiente para saber quando ele estava bem, e hoje, com certeza, ele estava focado. Desde o primeiro minuto, Jake jogou como um homem em chamas. A Universidade de Las Vegas — o time anfitrião — pegou a primeira bola, mas Jake a tirou do armador com facilidade e desceu rapidamente para uma bandeja incontestável logo nos primeiros quinze segundos. E não parou por aí. Quando seu técnico o tirou para um descanso de três minutos antes do meio tempo, ele liderava o time com doze pontos, cinco assistências e três rebotes. Embora no dia anterior ele parecesse estar envolto numa neblina letárgica, hoje, tinha energia extra nos passos, e Amy sorriu ao se dar contar da razão disso.

A segunda metade do jogo foi praticamente igual. O Louisville alcançou uma confortável liderança de dois dígitos, e os Running Rebels da UNLV tentaram a marcação por pressão na quadra toda. Porém, não funcionou com Jake. Todas as vezes, ele instintivamente encontrava o ponto fraco e fazia o passe perfeito para o pivô mais à frente na quadra ou passava ele mesmo pela brecha. Quando foi tirado do jogo pela segunda vez, Jake tinha acumulado vinte e cinco pontos e onze assistências. A plateia, em sua maioria torcedores da UNLV, pareceu emitir um suspiro de alívio quase audível quando o técnico do Louisville finalmente demonstrou misericórdia e tirou da quadra seu astro armador.

Depois do jogo, Amy ficou no ginásio até que terminassem as obrigações de Jake com o time e quando ele deixou o vestiário, recém saído do chuveiro e pronto para se divertir, ela não conseguia tirar os olhos dele.

"Jake Taylor, você está um gato!", sussurrou no ouvido dele enquanto ele lhe dava um abraço apertado.

Jake riu baixinho e a abraçou mais forte.

"O pessoal vai sair para jantar e eu adoraria que você viesse com a gente", pediu. "Eu prometo, que vai ser apenas diversão pura e limpa.

"Ótima ideia", sorriu Amy, e Jake a levou para juntar-se ao resto do time.

Enquanto se aproximavam da saída, Jake segurou a mão de Amy e um milhão de pequenos fogos de artifício explodiram dentro dela. Ela entrelaçou seus dedos nos dele; ele os apertou com firmeza e Amy não se lembrava de ter se sentido tão fantástica em toda a sua vida.

Depois de uma noite incrível, com karaokê e sushi, em que conheceu os companheiros de equipe de Jake, Amy voltou à academia da UNLV, no dia seguinte, para cumprimentá-los pelo último jogo contra o também invicto Tar Heels, da Carolina do Norte. Com a partida televisionada pela ESPN, os dois times jogaram como se tivessem algo a provar; mas no final, os Cardinals prevaleceram na prorrogação.

Buscando as bolas soltas em todas as oportunidades, com passes certeiros para os companheiros sempre que estavam livres, e arremessos precisos mesmo no escuro da linha dos três pontos, Jake liderou seu time o tempo todo, portanto, não foi surpresa para Amy quando o locutor o premiou com o troféu MVP ao final do torneio.

"Estou tão orgulhosa de você", Amy lhe disse enquanto caminhavam até o carro dela assim que o restante do time partiu para o aeroporto.

Jake ainda tinha o compromisso com o pai dela que pretendia cumprir, mas Amy o convencera a ir de carro com ela e não de avião, e ele conseguiu que a companhia aérea lhe desse um voucher para outro voo.

"Não acredito que tudo isso esteja realmente acontecendo", Amy disse baixinho, enquanto passava o braço pela cintura dele.

"Pode acreditar", respondeu Jake com um sorriso, passando o braço sobre os ombros de Amy.

Seu celular vibrou com uma nova mensagem de Debron.

"Quem é Debron?", perguntou Amy, curiosa.

"Acho que ele é a razão de eu estar em Louisville. "

26

DEPOIS DE LIDERAR O TIME EM SUA QUINTA e última final, Jake voltou ao seu apartamento e caiu no sofá. A semana anterior parecia um borrão pela rapidez com que tinha voado e ele precisava de um momento para se recuperar. Passar o fim de semana com a Amy havia superado tudo que ele jamais poderia imaginar, mas desde seu desembarque em Louisville há quatro dias, Jake ainda não tinha parado um minuto.

"Oi, amor! Eu te amo muito, e estou orando por você", foi a mensagem de voz de Jake para Amy, pois ele sabia que ela estaria em seu exame final. "Não vejo a hora de falar com você hoje à noite", completou, e desligou com um suspiro. Que vida boa. Que Deus bom.

Jack pegou o exemplar do jornal local sobre a mesa de centro e leu mais uma vez o artigo que o chamava de "Melhor Jogador da Big East da Semana". *Como se eu precisasse de mais alguma coisa para a semana ficar melhor!* Sorriu. Quando o técnico anunciou a honra durante o treino no outro dia, Jake levou um susto. Aparentemente, seu grande fiasco no primeiro jogo do torneio havia sido esquecido diante de suas participações mais inspiradoras nos últimos dois jogos. "Eu só estava me divertindo na quadra", disse ao repórter presente durante o treino.

"Isto é maravilhoso!", exclamou Buddy quando Jake lhe deu uma cópia autografada do jornal durante o rápido almoço dos dois no dia anterior.

Grant não pôde acompanhá-los, mas Jake simplesmente não podia esperar mais para contar a Buddy sobre seu tempo com Amy. Ele sabia que Buddy esteve orando pelo encontro dos dois e ficaria empolgado em saber como tinha sido.

"Jake, estou muito feliz por você", Buddy respondeu com alegria." 'A quem muito foi dado, muito será exigido.' Mal posso esperar para ver o que Deus preparou para você este ano."

Desde então, Jake não conseguia tirar aquele versículo da cabeça. Deus, por certo, havia derramado bênçãos ultimamente, e Jake estava pronto para retribuir. Não sabia bem o que Deus queria que ele fizesse, mas o lugar mais fácil para começar era certo adolescente que não conseguia manter a boca fechada por mais do que cinco segundos mesmo que sua vida dependesse disso.

✤ ✤ ✤

Naquela mesma noite, depois do treino, Jake e Grant saíram para sua corrida habitual. Apesar dos horários apertados dos dois, eles começaram a reprogramar as aulas de sexta para incluir uma partida de vinte minutos no parque próximo à casa de Debron com um grupo, que crescia a cada dia, de crianças.

"Olha lá, meus garotos chegaram", Debron gritou enquanto os corredores se aproximavam. "Acho que os técnicos mandaram os dois aqui para me levar para alguma universidade", gabava-se, diante do enxame de garotos. "Mas, não sei não. Acho que eu prefiro ir para a Europa; não estou muito a fim de continuar estudando."

"A Europa é um continente razoavelmente grande. Quase tão grande quanto a sua cabeça", Grant abraçou o menino por trás e aplicou-lhe uma chave de braço de brincadeira.

— "Ei! Respeita o afro aqui!" Debron parecia sério enquanto se contorcia para se livrar do golpe e tocava com cuidado a cabeleira para certificar-se de que não havia sido prejudicada.

Grant riu e começou a passar a bola para os garotos. Jake puxou Debron de lado.

"Cara, eu tenho um presente de Natal para você."

Debron logo se recuperou e olhou em volta para ver onde Jake estava escondendo o pacote.

"Não, não é isso. Eu te arrumei um emprego. Agora você é gandula oficial do Louisville."

"Maneiro! Eu vou ter uniforme e armário no vestiário?"

"Que tal uma camiseta?"

"Tá legal. Beleza! Ei, pessoal, ouve só essa", Debron começou a anunciar a quem quisesse ouvir. "Meus amigos aqui me arranjaram um assento na quadra para o resto da temporada", vangloriava-se enquanto se aproximava das crianças mais novas. Jake apenas ria, unindo-se ao jogo de Grant. Aquele menino ainda tinha muito a aprender.

Quarenta minutos depois, o que começou como um simples jogo de meia quadra havia se transformado em um vale tudo absolutamente ridículo, com aproximadamente quinze garotos de cada lado, todos pedindo a Jake e Grant que os colocassem nos ombros para uma enterrada fácil. No fim da noite, alguns pais curiosos até se reuniram nas laterais da quadra para assistir a atividade. Quando o jogo virou um caos irreparável, Jake e Grant saíram da quadra para conversar com eles. Jake tinha esperança de que uma das mulheres fosse a mãe de Debron, mas ela não fazia parte do grupo. No entanto, uma das mães contou que costumava haver uma liga de basquete municipal para aqueles garotos, mas devido a cortes no orçamento, há dois anos ela foi extinta. E como nenhum deles tinha dinheiro suficiente para ingressar num clube, tudo o que tinham eram esses jogos no parque.

"Não seria legal poder fazer algo mais por eles?", Jake sonhou em voz alta durante a corrida com Grant um pouco mais tarde.

"Talvez. Mas se o técnico descobrir que dois dos seus armadores estão batendo bola com uma penca de garotos numa quadra onde uma torção no tornozelo está só esperando para acontecer, você imagina a complicação para a gente?"

"É, acho que sim. Mas você precisa concordar comigo que é muito divertido."

"Verdade", admitiu Grant. "Você viu quando..."

Ele recordou a habilidade de drible de uma garotinha que não tinha mais de cinco anos de idade. Com uma mão, ela conduziu a bola pela quadra desviando de marcadores com o dobro do seu tamanho. Alguns dos meninos mais velhos, com certeza, não gostaram daquilo!

O restante da corrida de Jake e Grant de volta para casa foi recheada de risadas e histórias enquanto eles imitavam as jogadas malucas dos diversos garotos naquela noite. Jake não sabia o que Deus estava fazendo, mas aquelas crianças estavam encontrando um lugar no fundo do seu coração.

27

QUATRO DIAS DEPOIS, Debron fez sua estreia como gandula durante o jogo do Louisville contra Bellarmine. Em contraste com toda a sua tagarelice na quadra do bairro, ele ficou respeitosamente calado durante a competição e tinha se esforçado com afinco para buscar as bolas e enxugar o suor dos jogadores no piso da quadra. Os Cardinals saíram com uma vitória tranquila de dezesseis pontos, oferecendo a Jake e a Grant muitos motivos para comemorar enquanto levavam Debron para casa.

"Cara, eu parecia o Dwight Howard lá na quadra hoje à noite," gabou-se Grant, brincando.

"E daí?", retrucou Debron enquanto girava a bola nas mãos. "Ele não joga nem metade do que joga o Dwayne Wade!"

Jake geralmente odiava discussões sem sentido como essa, mas estava de bom humor e mordeu a isca.

"Do que você está falando? O Dwight Howard é o campeão dos rebotes e dos bloqueios de passes quase todos os anos", respondeu confiante.

"Rebote e bloqueio de passe! E daí, só isso?", zombou Debron.

"Como assim? Pegar rebote é muita coisa!", Grant defendeu sua opinião.

"Tudo bem, a gente joga um a um e você pega cem rebotes e eu marco só um ponto. Quem ganha?"

Ficaram todos em silêncio por um momento; Jake e Grant pouco dispostos a conceder a vitória.

"Pergunta boba", Jake respondeu finalmente. "Porque de jeito nenhum que você vai conseguir marcar um ponto em mim", Jake arrancou a bola das mãos do Debron para o assoalho da caminhonete.

"Ei!", protestou Debron. "Pelo menos eu não levei uma *lección* daquele cara do Bellarmine naquela jogada no fim do primeiro tempo."

"*Lección*????", repetiu Jake.

Debron inclinou-se para frente para pegar a bola e revirou os olhos para Jake.

"*Lección*" significa lição em espanhol. Então, você levou..."

"Uma lição. Entendi", Jake estendeu a mão para um toque de mão com o poliglota. Era bom ter uma criança como o Debron na sua vida, só para mantê-lo na realidade.

Apesar de ter levado uma lição do seu marcador aquela única vez, Jake havia sido um monstro na quadra outra vez. Vendo cada jogada em dupla como se estivesse em câmera lenta, ele tinha dividido a defesa do Bellarmine como manteiga em temperatura ambiente. Quando soou o último sinal, Jake liderava o time com dezenove pontos e oito assistências — apesar de o técnico ter dado a Jadon Williams os últimos doze minutos enquanto o placar abria ainda mais.

Jake não gostava de dizer isso em voz alta, mas não conseguia deixar de imaginar se este tipo de jogo seria suficiente para lhe dar uma chance real no draft da NBA em um ou dois anos. Que atleta não sonhou com a oportunidade de ser um profissional? *Puxa, eu jogaria até por um time meia-boca como o da Golden State ou Sacramento*, sorriu para si mesmo enquanto Debron continuava a tagarelar. O Warriors ou o Kings, talvez, não lhe desse uma chance no campeonato, mas ele ainda seria pago para praticar o esporte que amava... e ficaria bem pertinho de Amy.

"Então, o Natal é daqui a dois dias. Você pediu alguma coisa grande?", Jake ouviu Grant perguntar a Debron.

"Não. Eu não acredito mais em Papai Noel."

— "O quê? Então, quem vai trazer presentes pra você?"

"Presentes? Eu não estou no jardim da infância, cara."

Grant ficou em silêncio e Jake observou o seu olhar por cima do cabelo de Debron. *Será que entendi o que o Debron está dizendo?* indagou a si mesmo. Pelo olhar de Grant para Jake, os dois estavam pensando a mesma coisa: A família de Debron era muito pobre para comemorar o Natal.

Imediatamente, os motores na cabeça de Jake começaram a rodar. O técnico daria folga ao time no dia do Natal, mas com um jogo no dia seguinte, não seria possível que Jake ou Grant fosse para casa. Buddy havia sido gentil em convidar os dois para passar o dia na casa dele, mas como sua esposa estava presa à cama, eles não teriam comida caseira ou algo do tipo. Jake e Grant se ofereceram para buscar pizza e sobremesa, e Buddy tinha assegurado que cuidaria do aperitivo e das bebidas. Provavelmente, não seria muito diferente da forma como Debron passaria a data... mas, pelo menos, haveria alegria. Jake fez uma anotação mental para perguntar ao Buddy se poderia trazer um convidado.

"Daí eu estava fazendo uns lances livres hoje, e três chatos começaram a me perturbar", Debron continuava a falar.

"Por quê?", Jake e Grant perguntaram quase em uníssono.

Debron olhou para Jake com um sorrisinho convencido.

"Eu dei uma *lección* nos dois nos lances livres e eles ficaram envergonhados."

"E, deixa eu adivinhar: você não jogou bola apenas, também deve ter falado bastante", Jake cutucou.

"Eu só estava brincando. Eles não tinham senso de humor."

"E daí, o que aconteceu?", Grant quis saber.

"Bom, eu estava quase dando uma de Jaden Smith pra cima deles..." Debron cortou o ar com um golpe de caratê. "Mas a professora Williams me chamou, então, eu disse que tinha que puxar o carro."

"E eles deixaram você simplesmente puxar o carro?", Jake indagou enquanto estacionava em frente ao conjunto de edifícios de Debron, que agora lhe era familiar.

"Claro que sim. Você acha que eles iam querer que eu mostrasse isso?", Debron fechou o semblante e flexionou os braços magricelas.

Tanto Grant quanto Jake seguraram o riso.

"Sabe", Jake olhou bem sério para o seu amiguinho. "Um técnico me disse, uma vez, que só os perdedores ficam se gabando, aqueles que não ganham nunca."

"Que besteira", Debron retrucou. "Eu sempre ganho."

"Então, aja como um vencedor", Jake o enfrentou, olhando bem nos olhos dele. "Um vencedor não precisa ficar contando vantagem para todo mundo. Só sorria e vá em frente, e deixe as suas ações falarem por você."

Debron olhou sério para Jake, mas não respondeu, enquanto Grant descia da caminhonete para deixá-lo sair. Estava frio do lado de fora, e assim que saiu, Debron correu para seu apartamento, sem olhar para trás. Jake suspirou, imaginando o que seria necessário para chegar ao coração deste menino quando, de repente, Debron parou. Jake rapidamente abriu a janela do carro para ver qual era o problema, e Debron virou-se e correu de volta para o carro.

"Legal isso, mano. Talvez eu tente qualquer hora", Debron sorriu com sinceridade. "E obrigado pela carona." Com isso, afastou-se correndo de novo e desapareceu de vista.

28

13h22 | De: Amy | Para: Jake
Ni se embarca in avionul. Eu acho que isso quer dizer "Embarcamos no avião", em romeno.

13h22 | De: Jake | Para: Amy
Duh. Está achando que eu não falo romeno fluentemente?

13h23 | De: Amy | Para: Jake
Jake, eu estou tão animada.

13h23 | De: Jake |Para: Amy
Só me promete que não vai ficar lá muito tempo.

13h23 | De: Amy | Para: Jake
Haha. E se eu ficar?

13h24 | De: Jake | Para: Amy
Você acha que eu consigo jogar num dos times de basquete da Romênia?

13h24 |De: Amy | Para: Jake
Acho.

13h24 | De: Jake | Para: Amy
Então, acho que a gente consegue negociar.

13h24 | De: Amy | Para: Jake
Negociar o quê?

13h25 | De: Jake | Para: Amy
Você fica com a Romênia, e eu fico com você.
Um bom negócio.

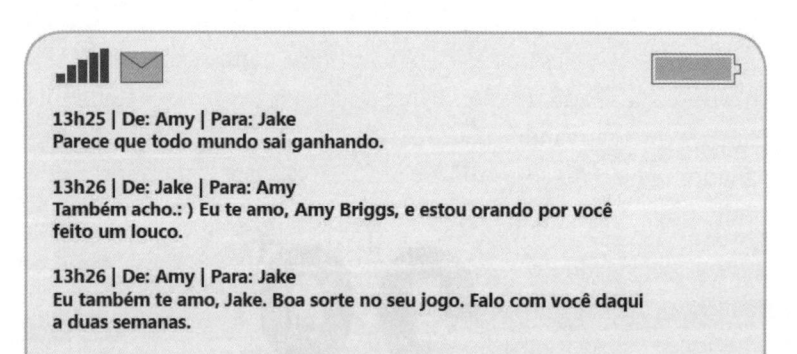

13h25 | De: Amy | Para: Jake
Parece que todo mundo sai ganhando.

13h26 | De: Jake | Para: Amy
Também acho.:) Eu te amo, Amy Briggs, e estou orando por você feito um louco.

13h26 | De: Amy | Para: Jake
Eu também te amo, Jake. Boa sorte no seu jogo. Falo com você daqui a duas semanas.

JAKE JÁ TINHA USADO A PALAVRA "A_ _ _" COM AMY facilmente muito antes de reatarem, mas esta era a primeira vez que tinha a recíproca de Amy. Enquanto os dedos dela digitavam na tela do celular, ela se deu conta do significado da mensagem. Ela amava Jake. Ela o amava de verdade. Importava-se com seu pai, sua mãe, Olívia, seu irmão e sua irmã, e é claro, Melia e Cari e Andrea e Renee e seus outros amigos. Ela tinha se importado muito com Steven. Mas há muito, muito tempo não sentia esta sensação de um amor que doía na alma e a consumia por inteiro. *Desde, bem, desde a última vez em que estive com Jake,* percebeu.

Era muito, muito bom... e, de repente, Amy sentiu um desejo desesperado de estar diante do Jake para que pudesse lhe dizer isso pessoalmente... e ver seu lindo rosto, sentir seu abraço forte, ouvir a sua voz tranquilizadora. Antes, assim que entregou sua inscrição, ela contava os dias para a sua viagem à Romênia, mas agora, presa ao cinto do estreito assento do avião, Amy foi tomada pela percepção do quanto sentiria falta do namorado.

Há apenas duas semanas eles tinham se encontrado em Las Vegas, e todas as emoções em relação a Jake que Amy havia negado, disfarçado, ignorado e reprimido nos últimos dois anos, haviam retornado com força. Amy não fazia ideia de como tinha obtido bons resultados em seus exames finais; tudo o que conseguia fazer era pensar no Jake! A semana anterior, no entanto, tinha sido alegria pura. Com o final das aulas para os dois, eles puderam passar horas conversando pelo Skype, e Amy descobria cada vez mais o que ela amava nesse novo homem. Sua humildade era cativante, sua integridade, inspiradora, sua fé simples, desafiadora, sua paixão em fazer a diferença em cada oportunidade, empolgante.

Deus, obrigada por me trazer de volta à vida, Amy orou provavelmente pela milionésima vez. O Senhor sabe o quanto já sinto saudade dele. Porém, eu sei que o Senhor quer que eu faça essa viagem para a Romênia. Ajude-me a estar naquele lugar por inteiro e a fazer aproveitar ao máximo cada oportunidade. Ela ouviu o avião começar a acelerar pela pista e abriu os olhos para assistir a decolagem. Não era possível voltar agora. E isso era algo bom.

Apesar da falta de Jake, Amy ainda estava extasiada por estar neste avião. Por um lado, seria sua primeira viagem para fora do país, sem contar algumas idas à Tijuana, do outro lado da fronteira, para fazer compras com a sua mãe. Embora o passaporte tivesse saído bem mais caro do que ela esperava, Amy ficou emocionada por conseguir seu primeiro carimbo. E, muito além da aventura, Amy mal podia esperar para demonstrar amor pelas crianças.

Além de "perseguir" Jake no Facebook, o outro vício online que Amy havia descoberto neste trimestre era olhar sites de orfanatos na Romênia. Muitas horas que ela deveria ter dedicado aos estudos voaram enquanto ela lia sobre as condições horrendas em que viviam algumas daquelas crianças. Ela ficava devastada com as histórias, mas ansiosa em fazer sua parte para ajudar algumas delas.

Parte desse desejo de fazer o que fosse possível para ajudar os inocentes, certamente, vinha de seu estágio no PACS durante os últimos meses. Era como se o trabalho com as vítimas de abuso a tivesse deixado ao mesmo tempo mais dura e mais sensível: dura no sentido de não se surpreender mais em ouvir o que as pessoas eram capazes de fazer as crianças indefesas, porém, ao mesmo tempo, mais sensível conforme sua compaixão crescia e se tornava cada vez mais difícil de conter. Muitas páginas de seu diário estavam manchadas com as lágrimas de suas conversas com Deus a respeito do sofrimento que ela testemunhava. Neste outono, Amy havia sido dominada, extraordinariamente dominada, pelo coração de Deus por aqueles que estavam em aflição.

Certa semana, um palestrante convidado da Intersect havia realmente tocado na ferida, na opinião de Amy. Ele compartilhou sobre o "descontentamento sagrado" — aquele estado pessoal de inquietação quando alguma questão de injustiça desperta uma indignação justa até que algo seja feito a respeito. Para Amy, o clamor das crianças em sofrimento era cada vez mais audível e essa viagem era mais um passo em seu desejo de estender a mão.

Agora voando sobre algum lugar da América, Amy descansou a cabeça no encosto rígido. Enquanto devaneava sobre as experiências que teria na Romênia, suas pálpebras começaram a pesar. Entre estudar para as provas finais, conversar o máximo possível com Jake, preparar-se para esta viagem e celebrar o Natal com duas famílias, nos últimos dias, ela não teve muito tempo para dormir. Sem nada melhor a fazer além de assistir o filme a bordo que em nada a interessava, ela apertou o botão para reclinar o assento e fechou os olhos. Antes que pudesse se dar conta, havia mergulhado na terra do sono onde os sonhos com Jake e com crianças subnutridas competiam por sua atenção no seu subconsciente.

✛ ✛ ✛

Amy não fazia ideia de que horas eram, mas estava escuro quando ela e os outros sete membros desembarcaram do avião no ar gélido da Romênia. O inverno em Palo Alto já parecia frio o suficiente para uma garota que tinha crescido na ensolarada San Diego, mas não era nada se comparado a essas condições árticas. Amy puxou sobre as orelhas o gorro que Jake lhe deu no Natal e deu mais uma volta no cachecol de lã, cobrindo rosto e pescoço.

Depois de passar pela imigração, a equipe foi recebida por Jim e Jodi, um casal sorridente que, ironicamente, vinha do sul da Califórnia.

Na realidade, eles ainda tinham uma casa lá, mas agora passavam a maior parte do ano ajudando as equipes missionárias de todas as partes do mundo a amar os órfãos da Romênia. Amy ficou maravilhada ao perceber como eram normais. Se cruzasse com eles na rua lá na Califórnia, não imaginaria que seriam missionários transformando o mundo, um órfão de cada vez. Mas lá estavam eles, recebendo cada membro da equipe com um abraço caloroso e uma expressão genuína de gratidão por estarem ali.

Já com as bagagens, todos entraram numa van com capacidade para quinze passageiros e Jim os levou numa viagem de uma hora a uma casa que ficava na área residencial onde ficariam hospedados. A parceira de Amy era Kelley, uma mulher de quarenta e poucos anos. Era mãe de dois adolescentes mas, assim como Amy, nunca esteve numa viagem como essa. Este era o maior passo de fé que já havia dado na vida e sua empolgação nervosa transparecia em tudo o que dizia.

Durante o jantar, Jim e Jodi compartilharam que sua jornada havia começado como a de todos da equipe: em uma viagem curta. Naquela viagem, Deus havia tocado profundamente o coração dos dois e eles foram transformados para sempre. Agora, quatorze anos depois, achavam que tinham o melhor trabalho do mundo, pois passavam seus dias amando os preciosos filhos de Deus e oferecendo a outros a chance de fazer o mesmo.

Enquanto a equipe devorava uma refeição típica romena, uma sopa azeda, porém, saborosa, chamada *cibora* com *chiftele*, um tipo de almôndega grande empanada, eles explicaram como seriam os doze dias seguintes.

"Nós trabalhamos com vários orfanatos, todos a uma hora de viagem da região de Bucareste", Jodi explicou ao grupo. "Durante esta viagem missionária de férias, passaremos algum tempo em todos eles, levando presentes de Natal e celebrando com as crianças o nascimento do nosso Senhor. Começaremos amanhã com um dos nossos projetos mais novos, um hospital de bebês a quarenta e cinco minutos daqui. Este, provavelmente, será o dia mais difícil porque as crianças ainda não estão familiarizadas com a atenção amorosa e as condições são bastante chocantes."

"Há mais de sessenta crianças entre zero e quatro anos de idade vivendo nesse lugar", Jim continuou. "Acima de qualquer outra coisa, essas crianças precisam do seu toque." Muitas delas ficam em seus berços vinte e três horas por dia, berço que se assemelha mais a uma situação de confinamento solitário do que a um local reconfortante para dormir. Mas graças às doações de sua equipe e de muitas outras, conseguimos comprar cinquenta berços novos que vocês podem ajudar a montar enquanto estiverem aqui.

"Mas, espera. Por que os funcionários do hospital não pegam as crianças no colo?", Amy disse, de repente, depois de engolir sua porção de almôndega.

"Infelizmente, muitos dos cuidadores ressentem-se de dar atenção às crianças porque acham que os órfãos estão recebendo muito mais deles enquanto trabalham muitas horas para alimentar seus próprios filhos", respondeu Jim. "Principalmente os órfãos com necessidades especiais. Mesmo as crianças que nasceram com estrabismo apenas são consideradas retardadas mentais e um desperdício de tempo, e são, consequentemente, deixadas à própria sorte.

Ao ver a expressão de horror no rosto de vários integrantes da equipe, Jodi os lembrou:

"Com certeza, aqui vocês verão algumas coisas que os deixarão frustrados, mas nosso papel não é julgar; nossa alegria é amar."

"Como vamos nos comunicar com as crianças mais velhas se não falamos romeno?", indagou Kelley.

"Temos vários tradutores, mas creio que vocês vão perceber que não precisarão muito deles. O amor é uma linguagem universal... especialmente com crianças pequenas", Jodi assegurou-lhe enquanto se colocava em pé para começar a limpar a mesa. Jim imediatamente se prontificou a ajudá-la.

Amy observou quando trocaram um sorriso ao caminharem para a cozinha e foi impactada pelo quanto amavam a sua vida... e um ao outro. Eles praticamente brilhavam de contentamento, e o prazer transparecia em tudo o que faziam. Amy ficou particularmente fascinada pela forma como as paixões dos dois se alinhavam e completavam uma à outra. *Será que um dia o Jake e eu vamos ser incríveis assim?* perguntou a si mesma.

29

NA MANHÃ SEGUINTE, depois de um prato cheio de *mămăligă* uma papa de milho que Amy ficou surpresa por apreciar, a equipe se dirigiu até o edifício de tijolo pintado com cal que mais parecia uma prisão do que um local onde viviam mais de sessenta crianças. Não havia playground ou grama onde brincar; nem um único sinal de que houvesse crianças por ali. Enquanto a equipe descia da van no estacionamento vazio e em péssimas condições, Amy avistou logo acima, numa janela do segundo andar, três rostos de criancinhas que olhavam para eles.

Jim e Jodi conduziram o grupo pelas grandes portas centrais enquanto davam instruções.

"Hoje será um dia de transição. Tudo o que queremos que vocês façam é amar as crianças. Entreguem os presentes que trouxeram e, então, ofereçam o seu amor. Se fizerem isso, eu garanto que quando chegar a hora de voltarmos para casa hoje à noite, vocês terão feito alguns novos amigos."

A equipe subiu as escadas e caminhou pelo longo corredor onde a pintura descascada cobria apenas parcialmente as rachaduras nas paredes. Teias de aranha penduravam-se em todos os cantos do teto e pequenos rolos de poeira moviam-se sobre o assoalho sujo. Um nauseante odor de mofo pairava no ar, despertando em Amy uma ânsia momentânea. *Este é o lugar mais deprimente em que já estive*, pensou, enquanto se preparava para o que viria a seguir.

Jim e Jodi viraram-se para olhar para o grupo pouco antes de abrir passagem entre duas largas portas de aço.

"Lembrem-se, seu sorriso pode ser o primeiro que eles veem há algum tempo", Jodi alertou.

Amy rapidamente reajustou os lábios num sorriso forçado quando os seguiu para dentro do primeiro quarto. Mas, imediatamente, seu coração pesou e seus olhos se encheram de lágrimas. Diante dela, havia cinco fileiras de berços em condições precárias, cada um deles alojando uma ou duas crianças em torno de um ou dois anos de idade que, de modo surpreendente, estavam absolutamente quietas. Na realidade, o quarto todo estava envolto num silêncio mortal. *Como pode haver tantas crianças em um quarto e não se ouvir qualquer ruído?* espantou-se Amy, com tristeza.

Como se lesse a sua mente, Jim falou para o grupo.

"Quando um bebê descobre que o choro não faz diferença, ele aprende a guardá-lo para si", explicou solenemente.

"Mas isto não é um velório; esta é a hora da brincadeira", a voz de Jodi soou alegremente. Tirou da mochila um iPod com alto falantes e trouxe ao silêncio sombrio a alegria e a suavidade da música de Natal cantada por crianças. Voltou-se para a criança mais próxima e envolveu a garotinha em seus braços. A princípio, a criança pareceu enrijecer-se, mas Jodi a segurou com firmeza, acariciando seu rosto e braço com um toque leve e segurando-a como a um recém-nascido. Em instantes, a garotinha relaxou visivelmente e chegou até a abrir um sorriso. Apoiando a criança temporariamente sobre o quadril, Jodi pegou um ursinho da sacola e virou-se para o berço seguinte. Colocou seu ocupante no chão com o animal de pelúcia, seguiu para o próximo berço e encorajou o restante da equipe a se envolver.

"Vamos lá, pessoal, vamos libertá-los!", disse, animada.

Amy seguiu o exemplo, a princípio com hesitação. Ignorando o fedor desagradável de urina seca, se aproximou de um dos berços mais próximos que tinha dois garotinhos de cabelos claros, ambos com traços evidentes de síndrome de Down.

"Oi!", tentou saudá-los jovialmente. "Salut!"

Seus olhares vazios voltaram-se para ela sem qualquer resposta.

"Uh, vocês querem brincar?", Amy optou pelo inglês enquanto segurava uma bola vermelho vibrante na esperança de que pudessem entender.

Uma pontinha de interesse pareceu brilhar nos olhos de um dos meninos e Amy entendeu isso como um sim. Tirou ambos detrás das barras descoloridas e sentou-se no chão com os dois no colo, próxima de onde Kelley estava sentada com uma garotinha.

"Olha só", disse, enquanto jogava devagar a bola para Kelley.

"Ah!", Kelley exclamou quando pegou a bola e a entregou à garota. Ela a tocou, mas logo retraiu a mão, então, Kelley lançou a bola de volta.

Amy colocou a bola nas mãos do menino sobre sua perna esquerda e guiou os braços dele num movimento de lançamento. A bola quase não chegou até Kelley, mas o garoto sorriu com a sua conquista. Continuaram o pequeno ciclo alternando a vez e, no espaço de quinze minutos, todas as três crianças estavam envolvidas na ação. Entre a mudança da vez da criança, Amy e Kelley davam muitos abraços e, em pouco tempo, a bola havia desaparecido pela sala e a brincadeira acabou virando um festival de cócegas.

Mais tarde, Amy e Kelley levaram seus novos amigos ao andar de baixo onde as outras crianças estavam aguardando. Enquanto Jodi entretia as crianças mais velhas com a história do Natal contada em meio a grandes figuras de feltro, os outros membros da equipe seguravam o bebê que parecesse estar mais carente de atenção. Amy segurava uma garotinha que parecia ter aproximadamente dois anos. Ela tinha cachinhos louros embaraçados, olhos azuis acinzentados e estava deitada apaticamente sobre um colchão rasgado. Amy olhou para seu rosto sujo, porém perfeito, e de repente, começou a pensar na garotinha que havia dado à luz há dois anos. Em sua garganta formou-se um nó que ela teve dificuldade de engolir.

Durante o verão, Amy viu Emily quase todos os domingos na igreja e, embora, sempre sentisse algum tipo de saudade maternal de uma criança que se parecia tanto com ela, Amy, na época, ainda pensava que iria se casar com Steven e se sentiu confiante em sua decisão de deixar Frank e Jan adotarem seu bebê. A família deles era adorável, e era lindo ver a maneira como amavam sua filha como se fosse do seu próprio sangue. Mas agora que Jake estava de volta à sua vida, Amy tinha uma nova compreensão: por melhor que pudesse ser o futuro dos dois, eles sempre sentiriam falta deste pedacinho do passado.

Com este pensamento triste e lidando com emoções em conflito, Amy fitou a órfã letárgica em seus braços. Em pouco tempo, vozes negativas começaram a abafar aquelas que demonstravam empatia. Quem era ela para se importar com estas crianças abandonadas pelos pais? Afinal, ela tinha feito a mesma coisa. Havia sido parte do problema! Era a última pessoa no mundo a ter o direito de tentar ajudá-las. Abriu mão de seu direito quando entregou a filha para adoção. Que tipo de mãe faz isso?

Não! Amy se controlou e afastou as mensagens nocivas. Ela já havia lidado com todas essas preocupações, graças à sabedoria tranquilizadora de Cari. Deus é um Deus de segundas chances, e havia usado o erro da gravidez para dar um filho a um casal incrível. *Ele nunca ignora uma ferida*, ela relembrava a si mesma. Esses órfãos estavam perto do coração do Pai e ele havia lhe dado esse grande desejo de ajudá-los. Se Deus achava que ela tinha valor, quem era ela para discutir?

A garota se mexeu em seus braços de Amy e ela tirou o cabelo que estava sobre olhos dela e lhe deu um abraço. Emily, talvez, fosse para sempre uma peça ausente do passado de Amy e Jake, mas muitas outras peças haviam partido também — coisas que precisavam ficar fora de cena. Deus havia lhes dado um novo começo e não havia espaço para cultivar arrependimentos. Além disso, Emily estava num lugar muito melhor do que estaria caso Amy tivesse tentado criá-la sozinha nos dois últimos anos.

Agarrando-se mentalmente a esse discurso de encorajamento, Amy dedicou sua atenção à garota em seus braços. Talvez, ela ficasse aqui um dia apenas, mas faria o melhor uso possível do seu tempo. Abraçou a garotinha e tentou fazer com que ela sorrisse. Limpou seu rosto com um lenço umedecido e delicadamente tentou desembaraçar seu cabelo. Depois de ter feito o melhor possível, colocou um delicado prendedor com um laço nos cachos e mostrou à ela sua aparência num pequeno espelho. A garota, que provavelmente nunca tinha visto um espelho na vida, fitou a imagem diante de si com admiração e espanto crescente ao perceber que o reflexo imitava cada movimento seu. Em pouco tempo, ela restava rindo, apontando para si mesma. Amy fez caretas no espelho, e a garota riu ainda mais.

Neste momento, a história já tinha acabado, e uma multidão de crianças rodeava Amy para olhar seus reflexos na nova engenhoca e também tentar fazer as próprias caretas. Felizmente, a equipe havia trazido uma dúzia de kits de escova e espelho, então, os distribuíram e tentaram ajudar as crianças a compartilhar. Foi impressionante ver como era fácil trazer alegria para aquelas crianças que nada tinham, e enquanto Amy, sentada no chão, era rodeada por crianças que se acotovelavam, seu coração esteve a ponto de explodir de felicidade.

Mas no meio de toda a alegria, outro pensamento sombrio a atingiu: por mais amor que conseguisse expressar a essas crianças hoje, seria apenas uma gota num balde comparado à solidão e ao abandono que elas enfrentariam pelo resto de suas vidas. Mais uma vez, as lágrimas brotaram nos olhos de Amy. *Deus, o que eu estou fazendo aqui?* — chorou em silêncio.

Amy queria fazer a diferença, transformar vidas. Mas o que somente um dia realizaria de fato? *O que vocês fizeram a algum dos meus menores irmãos a mim o fizeram* . As palavras de Jesus lhe vieram à mente. *Sim, mas é suficiente? Eu quero fazer mais, Deus!*

Quanto mais? A pergunta soou alto e claro em sua mente. Tão claro, que ela olhou para trás para ver se outra pessoa havia dito — ou escutado — alguma coisa.

A pergunta a deixou perplexa. Havia tanto a fazer! A qualquer momento, ela poderia abandonar sua vida na Califórnia e mudar-se para a Romênia como Jim e Jodi. Isso com certeza seria fazer muito. E Jake havia dito brincando que a acompanharia. Contudo, mesmo assim, ela não conseguiria solucionar o sofrimento e a solidão de todas as crianças. E ainda havia uma infinidade de crianças que sofriam nos Estados Unidos, sem mencionar em todo o resto do mundo. Era demais para ela.

Amy olhou à sua volta. Algumas crianças ainda estavam sentadas ali, fazendo caretas diante dos espelhos, mas a maioria delas havia engatinhado em busca dos outros brinquedos novos. Os três homens da equipe trabalhavam montando os novos berços e desmontando os antigos enquanto as mulheres se desdobravam para expressar amor às crianças mais próximas. No entanto, não havia forma humanamente possível de dedicar tempo "suficiente" à cada criança. Amy olhou para baixo onde a garotinha de cabelos loiros, ainda deitada em seu colo, admirava-se no espelho. A menina olhou para ela e sorriu, e novas lágrimas arderam nos olhos de Amy. É claro que ela estava alegre agora, mas Amy estremecia ao pensar na existência árida para onde essa criança retornaria amanhã... e no dia seguinte e no outro dia, pelo resto de sua vida.

Sentindo frio e preocupação e com a mente longe de estar tranquila, Amy conseguiu ficar em pé sem agitar muito a garota e se viu, por instinto, balançando para a frente e para trás, num ritmo inaudível. As pálpebras da menina começaram imediatamente a se fechar e, em minutos, ela se aninhou no abraço de Amy e caiu no sono; seus pequenos dedos segurando firmes a sua blusa. Amy sabia que provavelmente deveria colocá-la no berço para que pudesse interagir com as outras crianças, mas simplesmente não conseguiu resistir e aconchegou-se à menina um pouco mais.

✣ ✣ ✣

A noite caiu e chegou a hora de dizer adeus. Eles colocaram as crianças de volta em seus berços, e tudo o que Amy pôde fazer foi segurar as lágrimas. A alegria nos olhos das crianças imediatamente se transformou em temor e solidão. Pelo menos, elas tinham seus novos brinquedos aos quais se apegar, mas um objeto inanimado, claro, não chegava nem perto do que elas precisavam. Amy viajou calada no caminho de volta, olhando pela janela.

"Você está muito quieta", Kelley a chamou suavemente.

Amy virou-se para fitar a doce mulher ao seu lado.

"É muita coisa para digerir. Eu quero fazer muito mais."

"Eu sei", concordou Kelley e bateu de leve no joelho de Amy.

Amy pensou na garotinha que havia segurado toda a tarde e murmurou:

"Eu só queria levá-la comigo."

No momento em que disse isso, uma ideia surgiu em sua mente. Talvez, essa fosse a maneira de fazer mais. Talvez, ela pudesse adotar uma... ou mais... destas crianças! *Será que isto é muito estranho considerando que dei meu próprio bebê para a adoção?* — perguntou-se, mas logo deixou de lado a hesitação. *Queria saber o que o Jake diria.* Amy ignorou esse pensamento também e bateu no ombro da líder.

"Jodi, o que seria necessário para adotar essas crianças?", perguntou, empolgada.

Jodi virou-se e sorriu para Amy, mas seu sorriso era quase triste.

"Infelizmente, a Romênia fechou as portas para a adoção internacional há vários anos", respondeu. "Para que conseguisse entrar na Comunidade Europeia, essa foi uma das áreas que tiveram de ser retificadas. Havia muita corrupção, e assim, durante um período de muitos anos, eles eliminaram totalmente esta opção."

"O quê?", Amy exclamou, seu plano relâmpago em pedaços. "Eles querem que estas crianças sofram a vida inteira?"

"Bem, parte da revisão do sistema tem colocado grande ênfase em encontrar famílias romenas para adotar as crianças, e há um incentivo fiscal significativo para pais adotivos também... o que permite outras possibilidades para a corrupção, mas esta é outra história. O objetivo, na realidade é, até 2020, extinguir todos os orfanatos institucionais como aqueles em que trabalhamos. Não sei bem se é possível, mas eles estão realizando grandes avanços.

"Bom, não parece ser suficiente."

"Verdade, sem o poder do amor de Jesus, nunca será suficiente. Mas é por isso que estamos aqui, para trazer o ingrediente que falta. Lembre-se que dissemos que o hospital de bebês de hoje é um de nossos mais novos projetos. No restante da semana, você vai ver como as visitas de equipes como a sua estão realmente fazendo a diferença na vida de crianças como a Bogdana, por exemplo, que você vai conhecer amanhã. Quando começamos a visitar o orfanato dela, há mais ou menos oito anos, ela parecia um caso perdido. Tinha onze anos de idade e era a criança mais irada que já vi. Estava subnutrida e suja, e recusava contato visual com qualquer pessoa. Passava os dias sozinha na cama, puxando os próprios cabelos e arranhando-se com as próprias unhas."

"Coitadinha", reagiu Kelley em voz baixa.

"Não vou contar mais nada, mas estou ansiosa para que você a conheça." Os olhos de Jodi se arregalaram e a curiosidade de Amy foi definitivamente despertada. "Deus está usando vocês, mulheres, mesmo que nunca cheguem a ver os resultados. Há sempre mais a ser feito, mas Deus não pede que façamos tudo. Ele quer apenas que façamos o que for possível... pela força dele."

Amy refletiu naquelas palavras durante o resto da viagem, sabendo que se relacionavam com seu conflito atual, mas ainda sem entender os detalhes. Depois do jantar, eles tiveram um momento de devocional, e um dos rapazes falou sobre 2 Coríntios capítulo 1. Os versículos três e quatro saltaram aos olhos de Amy: "Bendito seja o Deus e Pai de nosso Senhor Jesus Cristo, Pai das misericórdias e Deus de toda consolação, que nos consola em todas as nossas tribulações, *para que*, com a consolação que recebemos de Deus, possamos consolar os que estão passando por tribulações". Mais uma vez, essas palavras ecoaram no coração de Amy, no entanto, sua mente permanecia inquieta.

Depois de passar algum tempo com seus colegas de equipe, ela fugiu para o quarto, ainda envolta por uma mistura paradoxal de emoções. Seu coração transbordava de compaixão, mas ansiava poder fazer mais. De repente, Amy imaginou como Deus devia se sentir ao ver toda aquela dor e sofrimento, principalmente, por saber ele poderia solucionar tudo se as pessoas apenas o buscassem em vez de buscar os seus próprios interesses. *Não sei como o Senhor aguenta, Deus,* — suspirou Amy. Mas ela sabia que ele apreciava quando pessoas como Jim e Jodi dedicavam suas vidas para conduzir outros na direção do Seu amor restaurador. *É isto que quero fazer, Deus. Quero que o Senhor me use.*

Mais uma vez a pergunta soou quase audível: *Quanto?*

E mais uma vez Amy não tinha uma resposta. Quanto Deus precisava que ela servisse? Hipoteticamente, ela sabia que ele queria tudo, mas o que isto significava exatamente? Ela teria de abrir mão de Stanford... de seu país... de Jake? *Ai.* Este último doía de maneira especial. Amy já tinha passado pela experiência de renunciar seus planos para o futuro com Jake uma vez e não estava muito disposta a fazê-lo novamente. *Acabamos de nos reaproximar, Deus. Quer dizer, eu achei que o Senhor tinha nos aproximado outra vez. O Senhor não quer que eu desista dele de novo, quer?*

Sua mente permaneceu em silêncio. Amy sabia que Deus queria que ela vivesse com as mãos abertas e que seus planos deveriam sempre ser submetidos à direção dele, mas não queria fazer algo sem o Jake. Estava muito animada com este novo capítulo do seu relacionamento e com a forma como isso iria ajudar no crescimento de ambos. E ela tinha certeza de que juntos, eles conseguiriam encontrar uma maneira de fazer com que os planos dos dois se amoldassem ao que Deus queria para a vida deles. *Não é suficiente, Deus?*

Ainda, nenhuma resposta.

Amy bufou e tentou imaginar maneiras de unir seus planos de trabalhar com aconselhamento aos planos de Jake no basquete. Nada específico veio à mente, mas isso não queria dizer que os dois não pudessem coexistir. É claro que nada disso servia para ajudar as crianças daqui. *Tudo bem, talvez, Jake e eu pudéssemos vir em missões aqui mais ou menos uma vez por ano. Seria suficiente?* Mas no instante em que teve a ideia, ela pareceu improvável. *Senhor, apenas me diga o que quer que eu faça.* Porém, em vez de esperar em silêncio, sua mente se agitava entre todas as soluções possíveis que ela conseguia imaginar.

Os obstáculos sempre surgiam, enormes, diante de cada ideia. Ele poderia se mudar para cá... mas como terminaria a faculdade? Poderia esperar até terminar a faculdade... mas o que Jake faria enquanto isso? Ela poderia passar os verões aqui... mas e o Jake e o resto da família dele? E como já havia percebido, por mais triste que fosse a situação na Romênia, dedicar seu tempo aqui não aplacava o clamor do seu coração por outras crianças que sofriam. *Deus, o que o Senhor quer de mim?*

Antes que a voz suave e tranquila de Deus tivesse qualquer chance de responder, no entanto, o cérebro de Amy acelerava novamente, girando e girando em círculos sem fim. Ela queria servir a Deus, mas para ser sincera, tinha medo de dar esse passo nos termos dele. Por alguma razão, pela primeira vez na vida, ela se sentia, de forma estranha, protetora dos planos que, na sua mente, pareciam ser os melhores. Seu coração não descansaria até que ela descobrisse como ajudar essas crianças, mas sua mente se recusava a dar *carta branca* a Deus e às ideias dele. Como resultado, Amy continuou lutando com as repercussões de suas perguntas sem resposta mesmo depois de Kelley deitar-se e cair no sono.

Finalmente, exausta e frustrada, Amy olhou as horas. Era 1:13 da madrugada. *Deus, por que isto e tão difícil? O Senhor sabe que eu só quero ajudar.*

Quanto? veio a incômoda e recorrente pergunta.

Quanto o Senhor quer? — Amy finalmente perguntou, exasperada.

Eu quero tudo.

A resposta era tão simples... mas ao mesmo tempo, tão aterradora. E ela não tinha mais forças para lutar. *Tudo bem, rendeu-se Amy. É tudo teu. Fique com o Jake, com Stanford, fique com a minha família. Fique com as minhas esperanças e sonhos e planos e alvos e use-os para a Tua glória.*

Assim que as palavras se formaram em sua mente, uma onda de paz e alegria instantâneas a cobriu. O desejo opressivo de fazer muito mais foi substituído por um renovado senso de propósito. Amy ainda não fazia ideia do que Deus esperava que ela fizesse, mas de alguma forma isto não a incomodava mais. Uma imagem dela mesma descansando no colo do Pai surgiu na sua mente e ela pôde perceber que o Senhor estava muito empolgado em lhe mostrar como eram todas aquelas coisas segundo os planos dele. Animada para ver o que ele parecia tão animado em lhe mostrar, ela caiu num sono reparador como não tinha há muito tempo.

✠ ✠ ✠

No dia seguinte, a equipe entregou presentes em outro orfanato. Este mantinha aproximadamente cinquenta crianças entre cinco e quinze anos. A missão Heart to Heart atuava ali há muitos anos e a diferença podia ser observada de imediato. As condições eram ainda um pouco dilapidadas, mas as crianças eram nitidamente mais sociáveis e felizes. Gostaram de brincar com seus novos brinquedos, de escovar os dentes com as escovas novas e comer laranjas frescas. No entanto, muito mais do que os presentes, elas gostaram da atenção. Cercaram os oito americanos, fazendo cócegas neles, brincando com seus cabelos e pendurando-se em suas pernas, braços e costas. Mais uma vez, o coração de Amy transbordou de compaixão, e ela se divertiu muito aprendendo com elas os cânticos de Natal em romeno, construindo um boneco de neve, dançando, colorindo, jogando e simplesmente abraçando-as.

Pouco antes do almoço, Amy sentou-se no chão, rodeada por quase uma dúzia de meninas. Cada uma delas coloria desenhos em seu próprio livro de colorir, novinho em folha. Com o canto dos olhos, Amy observou quando uma garota sorridente, provavelmente na adolescência, entrou na sala. Imediatamente, todas as garotas começaram a pular e a cumprimentaram com abraços e beijos. Ela retribuía com carinho a cada uma individualmente e todas conversaram em romeno durante um tempo até que as garotas voltaram aos seus desenhos. Embora já houvesse uma atmosfera alegre no local, assim que esta jovem chegou, a alegria ficou quase palpável. Amy se perguntou quem seria. Antes que dedicasse muito tempo à sua curiosidade, entretanto, a garota se aproximou e se sentou com eles, encostando-se numa parede e retirando de uma sacola um projeto de costura enquanto observava as crianças.

"Oi! Meu nome é Bogdana", disse à Amy com um forte sotaque. Seu inglês talvez não fosse o melhor, mas ela não permitia que isso a impedisse de ser amigável.

"Você é Bogdana?", surpreendeu-se Amy, sem esperar jamais que essa alegre jovem fosse a órfã de quem Jodi havia falado na noite anterior.

"Isso. Qual é o seu nome?", perguntou.

"É Amy", replicou Amy, ainda atordoada.

"Essas meninas te acham muito bonita, Amy", Bogdana informou, dando um grande sorriso.

"Ah.. bom, muito obrigada", respondeu Amy, corando. "Que trabalho é este que você está fazendo?"

Bogdana levou alguns instantes para imaginar o que gostaria de dizer em sua língua não materna, mas acabou transmitindo a mensagem.

"Estou fazendo uma boneca para cada criança. Se elas tiverem algo para amar, vão se sentir melhor a respeito de si mesmas."

"Uau", Amy estava genuinamente impressionada. "De onde você tirou essa ideia?"

"Foi o que me ajudou." Bogdana tirou de uma bolsa uma pequena boneca esfarrapada e mostrou-a para Amy. Presa à ela, havia um pequeno cartão com uma frase desbotada escrita em romeno.

"O que quer dizer?"

"É um versículo bíblico de Efésios. Diz que Deus nos vê perfeitos e nos adotou amorosamente como seus filhos por Jesus Cristo. Este versículo mudou a minha vida", Bogdana sorriu.

Amy moveu a cabeça concordando, tocada pela simplicidade — e pela profundidade — da mensagem que Bogdana tinha acabado de compartilhar. Poderia ser mais perfeita para essas crianças?

"Então, quantas bonecas você fez até agora?", quis saber.

"Só dezessete", respondeu Bogdana baixando a cabeça. "Tenho muitas mais para fazer, mas não sei bem como vou conseguir o material."

Realizar um projeto como esse não seria uma tarefa fácil para ninguém, mas quando não há um Wal-Mart ou loja de artesanato por perto... Amy não conseguia nem imaginar. Agora estava ansiosa para obter mais informações de Jodi a respeito dessa garota tão determinada.

✢ ✢ ✢

"A Bogdana é incrível!", Amy disse alto durante o jantar.

"Eu sei, não é mesmo?", completou Jodi rindo. "Seu orfanato foi um dos primeiros do nosso trabalho e, embora seu progresso não tenha sido imediato, o amor de Jesus a tocou radicalmente e não sei se já vi outra criança passar por uma transformação como a dela."

"Quantos anos ela tem?"

"Dezenove. No ano passado, ela alcançou a idade para sair do sistema, mas conseguimos transferi-la para o programa das garotas em transição. É difícil porque não há muitos empregos para jovens do sexo feminino — e por isso, muitas das órfãs acabam se prostituindo quando saem dos orfanatos. É muito triste."

"O que a Bogdana vai fazer?"

"Bom, num programa de transição, ela pode continuar os estudos, então talvez, possa se tornar professora ou algo assim. Mas sua paixão é realmente se dedicar aos órfãos. Sua expressão ganha vida quando consegue falar a eles sobre o amor de Jesus. Você viu as bonecas dela, não viu?"

"Vi sim, isso é muito especial."

"Com certeza! E uma ótima ideia. Essas crianças não têm nada, então, se recebem algo que elas mesmas podem amar e cuidar... é quase milagroso."

"É. Efésios 1:4-5. É um texto incrível para qualquer um de nós, mas para crianças como ela, faz todo sentido. Não importa quão pouco amadas e queridas por suas famílias e cuidadores essas crianças se sintam, Deus as ama... e quer adotá-las em Sua família. Quando você não tem uma família, esta é a melhor notícia que pode receber."

Amy comeu mais um pouco em silêncio, pensando no passado difícil de Bogdana e no fato de, mesmo assim, ela estar pronta a doar-se. Essa garota, poucos anos mais nova do que ela, estava transformando vidas. *Que inspiração ela é!*

"O que seria necessário fazer para que ela conseguisse realizar seu sonho de dar uma boneca a cada criança?", indagou Amy de repente.

Jodi pensou por alguns instantes.

"Provavelmente nunca haverá fim para os órfãos na Romênia", suspirou. "Há milhares deles hoje. É bastante trabalho. Muito tecido. Muito material... enfim, muito dinheiro."

Infelizmente, Amy não tinha muito a oferecer em nenhuma dessas áreas. Mordeu o lábio e olhou para a janela.

"Eu queria poder fazer alguma coisa", murmurou praticamente para si mesma.

"Bogdana é uma garota especial e Deus certamente tem Sua mão sobre a vida dela", Jodi lhe assegurou. "Sabe o que o nome dela significa?"

Amy balançou a cabeça negativamente.

"Presente de Deus. Pode ser mais perfeito? Eu sei que Deus vai usá-la de maneiras especiais, e Ele achará o meio de como fazer isso acontecer."

Naquela noite, Amy foi dormir com a cabeça dando voltas outra vez, mas agora de uma forma positiva. Alguma coisa a respeito daquela garota tocou o seu coração e ela queria muito mesmo poder lhe dar condições de ir atrás dos seus sonhos. *Deus, há alguma chance do Senhor me orientar a pensar numa forma de ajudá-la?*

30

> **Amy Briggs**
> Estou "gloriosamente destruída"!

PARA ATUALIZAR SEU STATUS NO FACEBOOK, Amy clicou na tecla do computador arcaico do cybercafé no centro de Bucareste onde Jim havia feito um plano especial para o grupo. Trinta minutos online não era muito tempo, mas obviamente, era muito melhor do que nada e Amy estava determinada a extrair o máximo de cada minuto. Sabendo que não haveria tempo para escrever uma mensagem pessoal para cada pessoa, como gostaria de fazer, ela decidiu postar algumas fotos e usar as legendas para contar a sua história.

Quando clicou nas fotos que melhor retratavam suas experiências até agora, Amy foi inundada por novas recordações. Uma semana de viagem apenas e seu cérebro já parecia estar sobrecarregado. Todos os dias, seu coração era tocado por mais e mais crianças, e todas as noites, ela ia dormir com a cabeça rodopiando de emoções. Contudo, Deus a estava moldando e amadurecendo da melhor maneira. Ela ainda não fazia ideia como Deus pretendia usar esta experiência a longo prazo, nem sabia como todos os seus planos com Jake, a universidade em Stanford e tudo mais se encaixariam nos planos do Senhor, mas em vez de sentir-se estressada a respeito, ainda estava empolgada para ver como tudo aconteceria.

Amy e Kelley tinham conversado a esse respeito até tarde, certa noite. Como esposa e mãe, Kelley tinha seus planos mais definidos do que Amy. A menos que Deus realizasse algumas grandes mudanças no coração de seu marido e de seus filhos, é claro que ela não poderia simplesmente mudar-se para a Romênia. No entanto, Kelley sabia que queria fazer algo mais. Enquanto tentavam imaginar juntas como seria uma rendição total de suas vidas, Kelley compartilhou uma frase de Kay Warren que havia lido. Quando a esposa do pastor famoso lutava para submeter seus planos futuros ao desejo de Deus de que ela se envolvesse mais no movimento contra a AIDS, Kay diz ter sido "gloriosamente destruída" pela graça de Deus. Amy podia identificar-se completamente com isso.

Ela aguardou que as fotos fossem carregadas e pensou em Bogdana. Desde o primeiro dia em que Amy a encontrou, Bogdana tinha se unido à equipe nos vários orfanatos todos os dias. Ela era uma ajuda incrível, sempre trabalhando muito e fazendo mais do que o possível para ser amável; e o fato de falar inglês facilitava muito a interação com as crianças. A cada momento em que ficava próxima a essa garota pouco mais jovem que ela, Amy se sentia mais motivada a fazer a diferença no mundo e ainda estava quebrando a cabeça para tentar descobrir maneiras de ajudar Bogdana a fazer suas bonecas. Nada definitivo tinha vindo à mente ainda, mas Amy sabia que havia pequenos sacrifícios que ela mesma poderia fazer com facilidade — como o Starbucks e outras amenidades — para ajudá-la pelo menos um pouquinho.

A última foto que Amy postou no seu álbum no Facebook era dela com Bogdana cercada por uma pequena multidão de crianças sorridentes. Amy achou que a foto resumia perfeitamente a viagem até agora. Na legenda, escreveu: "Sei que Deus ainda tem muito a me ensinar no restante da minha estadia aqui e não sei bem quais são as ramificações das mudanças que ele está fazendo em mim. Mas vou continuar a buscá-lo, manter meu coração aberto ao seu comando, e então, persistir no caminho que ele já preparou adiante de mim até que ele revele o próximo passo".

Amy clicou em Salvar e checou seu relógio. Ainda restavam quatro minutos, o suficiente para dar uma olhadinha na página do time de basquete de Louisville e ver como seu namorado gato tinha se saído no jogo contra o Georgetown no início da semana. A manchete dizia tudo o que ela precisava ouvir: "Taylor Alcança Triplo-Duplo em Hoya Rout". Amy riu em voz alta ao imaginar Jake — com um metro e oitenta e seis — lutando por dez rebotes contra jogadores muito mais altos do que ele. Aquele garoto era doido. Acessou a página dele e rapidamente postou uma mensagem na sua linha do tempo.

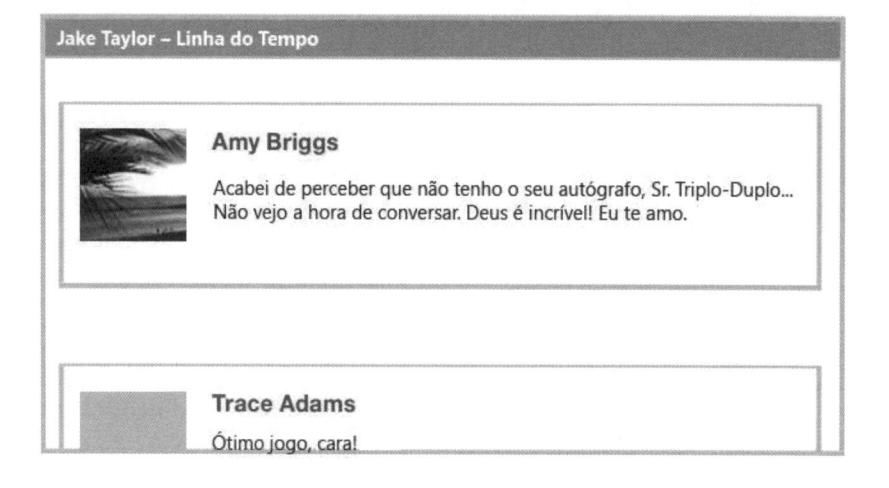

Jake Taylor – Linha do Tempo

Amy Briggs
Acabei de perceber que não tenho o seu autógrafo, Sr. Triplo-Duplo... Não vejo a hora de conversar. Deus é incrível! Eu te amo.

Trace Adams
Ótimo jogo, cara!

31

JAKE ABRIU A PORTA DE VIDRO da clínica do campus com um empurrão, apressado para entrar na sala de espera aquecida. Sentia-se péssimo. Depois de vários dias com a garganta arranhando, acordou esta manhã com uma daquelas gripes que correspondia a todos os sintomas relacionados na caixa de antigripal: febre, calafrios, dor no corpo, coriza, congestão nasal, sinusite e uma dor de garganta tão forte que ele mal podia engolir. Era a primeira vez que ficava mal assim desde quando começou a faculdade — ou seja, era a primeira vez que não tinha a mãe para cuidar dele. Felizmente, a clínica do campus estava ali para ajudar.

Este ano, o departamento de atletismo havia adotado uma abordagem mais agressiva para manter os atletas saudáveis e exigia vários exames durante a temporada para garantir que os competidores ficassem livres de substâncias proibidas e lesões, além de que se mantivessem uma boa saúde. Há apenas uma semana, Jake esteve ali para seu check-up de meio de temporada, que consistia de avaliação nutricional, amostras de sangue e urina e até vacina contra gripe. Pena que a vacina não tinha impedido que ele pegasse esse vírus! Com sorte, o médico conseguiria lhe dar algo para que se sentisse melhor antes do próximo jogo, dali a quatro dias.

Jake deu entrada na recepção, e então, seguiu em direção de uma das poltronas da sala de espera onde pretendia desabar. Enquanto se movia lentamente, viu-se frente a frente com Nate Williams que entrava na área da recepção vindo dos fundos da clínica.

"Oi, cara", Jake cumprimentou seu companheiro de equipe com uma voz grogue, mas Nate apenas olhou com uma expressão estranha e passou por ele em direção à porta. *Estou tão mal assim?* — lamentou Jake. No entanto, ele não poderia culpar Nate por querer manter distância. Ele também não ia querer pegar esse germe.

Jake amontoou-se na cadeira e encostou a cabeça na parede. Sua cabeça estava tão congestionada que ele não conseguia se concentrar em nada... exceto, é claro, em Amy. Ele tinha visto as fotos e comentários no Facebook e estava tão orgulhoso dela. Não via a hora de conversar com ela outra vez e estava ainda mais animado com a surpresa que havia lhe preparado. *Só mais cinco dias!* — pensou, perguntando-se como sobreviveria tanto tempo. Como as aulas não começariam até a semana seguinte, tudo o que ele tinha durante esta espera eram os treinos e um jogo para distraí-lo... e seu sofrimento atual, com certeza, não ajudaria em nada.

"Jake Taylor?", uma enfermeira chamou na sala de espera vazia enquanto mantinha a porta aberta.

Jake colocou-se em pé com esforço e seguiu-a pelo corredor. Ela o direcionou para a balança e Jake subiu nela: 83,460 quilos. Puxou a vara de medição e checou sua altura: um metro e oitenta e seis. Jake tinha certeza de que nada disso tinha mudado desde a semana passada, mas não tinha ânimo para discutir. A enfermeira conduziu Jake a uma das salas de exame onde verificou sua pressão sanguínea, fundo dos olhos, reflexos, e então, fez algumas anotações no prontuário.

"O doutor virá vê-lo em breve", disse friamente e saiu apressada da sala, fechando a porta atrás de si.

Jake imaginou por que ela estaria com tanta pressa. Como a maioria dos alunos ainda não havia retornado do feriado, não era como se houvesse uma longa fila de pessoas aguardando atendimento. *As pessoas estão sempre apressadas hoje em dia,* — devaneou, pensando em seu almoço na casa de Buddy no dia anterior depois da igreja.

Yvonne ainda não respondia e passava seus dias deitada olhando para o teto ou para a janela caso Buddy a colocasse sentada. Buddy ainda tinha Bunny, a enfermeira que vinha nas manhãs de domingo para que ele pudesse ir à igreja, mas seu dinheiro estava curto e ele odiava deixar sua amada esposa por mais tempo do que o necessário, então, passava o restante do seu tempo sentado ao lado da cama dela, lendo a Bíblia e outros livros, orando "com" ela e entoando cânticos.

Jake começou a levar mantimentos uma vez por semana e ficava ansioso para passar tempo com seu velho amigo. Às vezes, Grant juntava-se aos dois, mas ultimamente, ficava mais com um amigo chamado Rafael. Jake ficava um pouco incomodado com as prioridades do seu colega — e com o aparente retrocesso em seu progresso — mas Buddy continuava amoroso e cheio de graça como sempre, recebendo Grant de braços abertos todas as vezes que ele vinha.

Ontem, Jake havia perguntado ao Buddy se ele não se cansava de ficar em casa todo o tempo, especialmente porque costumava ser tão ativo, e Buddy prontamente respondeu:

"As pessoas estão sempre apressadas hoje em dia. Eu tenho sorte de ter uma desculpa para passar meus dias sentado com as duas pessoas que mais amo neste mundo: Deus e Yvonne."

Jake adorava a simplicidade daquela perspectiva, mas não sabia bem como conseguiria aplicá-la à sua vida, ainda mais quando as aulas começassem. Mesmo durante essas férias, seus dias eram regidos por qualquer coisa que fosse a próxima da lista. Ele tentava passar um tempo de qualidade com Deus todas as manhãs, mas havia sempre uma pequena pressão para terminar logo e se dirigir ao treino... ou arrumar o quarto, verificar o Facebook, jogar vídeo game com Grant e uma variedade de outras coisas importantes. No entanto, sentado aqui na clínica agora, ele não tinha nada mais a fazer, então, tentou curtir a vagarosidade do momento e falou com Deus sobre o Buddy, sobre a recuperação de Yvonne e, é claro, sobre Amy.

Quando Jake estava pronto para começar a orar por Grant, uma leve batida na porta o trouxe de volta ao presente. O Dr. Witherspoon, um homem de cabelos grisalhos que Jake via com muita frequência graças a todos os check-ups atléticos, entrou na sala. O Dr. Witherspoon era um fã incondicional do basquete do Louisville e, geralmente, papeava sobre a temporada durante alguns minutos antes de dar a Jake um atestado de saúde para continuar jogando. Mas desta vez, o Dr. Witherspoon sentou-se em sua banqueta em frente a Jake e foi direto ao assunto.

"Não está se sentindo muito bem, certo Jake?", o médico, geralmente amável, perguntou sem dar um sorriso.

"Muito mal", Jake admitiu.

O médico apalpou as glândulas inchadas no pescoço de Jake, checou as amídalas e auscultou o coração.

"Bem, a boa notícia é que não chegou ao pulmão", relatou. "Mas a má notícia é que não podemos fazer muita coisa por uma gripe comum. Vou pedir à Patrícia que lhe dê um antigripal na saída, mas a melhor coisa que você pode fazer é ficar na cama e descansar. E beber muita água para limpar o sistema, e talvez, também tomar suas vitaminas. Vou lhe dar um atestado de dispensa para entregar ao técnico. Provavelmente, você não deve treinar por pelo menos dois dias.

"Ai, isso é o que eu temia", suspirou Jake. "Há anos que não fico doente assim."

"Vocês atletas exigem demais de si mesmos. Seu corpo só está tentando dizer que precisa de um descanso."

"Pena que seja bem no meio da temporada", lamentou Jake. "Sinto muito incomodá-lo por nada, Dr. Witherspoon."

"É para isso que sou pago", disse piscando. "Mas na realidade, fico feliz que tenha vindo. Nós íamos mesmo chamar você para uma consulta de acompanhamento."

"Acompanhamento?"

"É. Preciso falar com você sobre os exames antidoping que fizemos na semana passada."

Algo no seu tom de voz alertou Jake de que este não seria um dos seus bate-papos amigáveis. Porém, não fazia sentido. Jake estava completamente limpo há mais de um ano e nunca tinha tomado nenhum tipo de esteroide em toda a sua vida. Não tinha como ele ser detido num exame.

"Exame antidoping?", reagiu Jake cautelosamente.

"Não se preocupe. Você passou", o Dr. Witherspoon o tranquilizou. "Mas há uma coisa que eu gostaria de trazer à sua atenção."

"Sim?"

"Com o seu consentimento nos documentos que assinou no início da temporada, fizemos exames para vários tipos de doenças sexualmente transmissíveis. Não sei se sabe, mas você tem Herpes Simplex vírus 2."

Jake jogou-se para trás como se tivesse trombado com um atacante de futebol americano.

"O quê? Mas eu não tenho relações sexuais... há mais de um ano", gaguejou. "E, ahh, eu usei camisinha com ela", a voz de Jake era quase um sussurro; ele se sentia humilhado por ter essa conversa, especialmente agora que tentava viver uma vida que glorificasse a Deus e fosse um exemplo a outros.

"Infelizmente, o Herpes é um vírus incurável e não desaparece. Você o terá pelo resto da sua vida. O Herpes é transmitido pelo contato da pele. Há muita pele que o preservativo não cobre", o Dr. Witherspoon respondeu com naturalidade.

"Mas eu nunca tive nenhum sintoma", Jake respondeu sem forças, ainda lutando contra a negação. No entanto, quando as palavras saíram de sua boca, ele se lembrou, de repente, de certo desconforto que sentiu logo após o rompimento com Nicole. Como já havia passado algum tempo desde que tinham estado juntos, Jake nem sequer considerou a possibilidade de ser uma DST. Fazia mais sentido atribuir a sensibilidade ao atrito durante o treino ou algo do tipo. Mas aquele havia sido o episódio de atrito mais duradouro e desconfortável que já tinha tido e no local mais estranho.

"Algumas pessoas passam muito tempo sem perceber o aparecimento de verrugas ou feridas, pois elas geralmente ocorrem em locais onde não olhamos com frequência." O Dr. Witherspoon deu um sorrisinho estranho. "Mas se de fato você não teve nenhum destes surtos, então, é provável que o Herpes não vá se manifestar. Mas preste atenção, mesmo que não tenha sintomas, você ainda pode transmiti-lo a qualquer parceira sexual no futuro."

O rosto de Amy pairou na mente de Jake. *Ah, não!* Ele já tinha sofrido bastante para lhe contar sobre Nicole. A ideia de lhe falar sobre esta nova revelação o deixava mortificado. De repente, Jake não estava nada animado com a volta dela.

"E talvez, seja bom falar com suas antigas parceiras, apenas para se certificar de que estejam cientes. Sua situação não é um caso isolado neste campus recentemente."

Imediatamente, o rosto perturbado de Nate surgiu na mente de Jake. *Eca!* Ele estremeceu, percebendo que agora os dois partilhavam algo mais pessoal do que apenas o amor pelo basquete. Não é de se estranhar que Nate tivesse passado por ele de forma tão abrupta. Provavelmente, também tinha acabado de descobrir. Nicole era a única garota com quem Jake havia dormido depois de Amy e, no mesmo período, ela terminou e voltou com Nate várias vezes. Pela primeira vez, a obscenidade do sexo casual com múltiplos parceiros atingiu Jake em cheio. Ele já sabia que era errado e se arrependia de fato, mas agora, sentia apenas nojo. Não surpreende que Deus tivesse planejado o ato íntimo do sexo restrito aos limites de um relacionamento comprometido pelo casamento! As pessoas não compartilhavam espontaneamente as escovas de dente umas das outras, então, por que todos eram tão obcecados em compartilhar os corpos uns dos outros? Era repulsivo.

"Se há alguma boa notícia nisso tudo", o médico interrompeu seus pensamentos, "é que não afeta a sua capacidade de jogar basquete. É só tentar jogar com um pouco mais de cuidado *fora* da quadra."

Jake ressentiu-se do trocadilho rude. O Dr. Witherspoon não fazia ideia. Assim que Amy descobrisse, Jake não sabia se voltariam a fazer sexo outra vez.

32

JAKE ARRASTOU-SE NA DIREÇÃO DO VESTIÁRIO minutos depois do último apito, sentindo como se caminhasse sobre cimento fresco. Ele se esforçou para dar tudo de si no jogo, mas agora estava esgotado. Com o corpo ainda fraco pela gripe e a mente ainda oprimida pela notícia desagradável recebida do Dr. Witherspoon, ele tinha mantido a defesa com dificuldade e seu ataque foi tão inconsistente que ele não fazia ideia como tinha conseguido marcar algumas cestas... nem por que o técnico insistiu em deixá-lo jogar mal por trinta e dois dos quarenta minutos.

"Bom jogo, Taylor!", um fã gritou da arquibancada próxima.

Jake fez um sinal e forçou um sorriso. Apreciava a generosidade do homem, mas sabia muito bem como devia ter se mostrado patético naquela noite. O resto do time jogou bem e acabou chegando a mais uma vitória, mas Jake sentia como se tivesse tateado na neblina durante todo o jogo.

"Você foi demais hoje, Jake", disse uma voz feminina estridente à sua direita.

Jake ergueu os olhos e, quando viu Nicole, levou um susto. Revirou os olhos e continuou andando. Mesmo que Nicole estivesse só esperando pelo Nate, ela era a última pessoa com quem ele desejaria conversar no momento. Com o canto do olho, viu Nate caminhar até sua namorada e lhe dar um forte abraço suado. Jake sentiu o estômago embrulhar e acelerou o passo para deixar a quadra.

Desde o encontro abrupto dos dois na clínica há alguns dias, Jake e Nate ainda não tinham conversado. No treino, Jake havia se mantido o mais distante possível do seu companheiro, e Nate, é claro, não tentou vir em sua direção. Não seria de se estranhar, portanto, que o jogo ensaiado dos dois estivesse claramente fora de sintonia esta noite. Todos os passes de Nate faziam Jake lembrar-se de muito mais do que uma bola de basquete e ele sentia aflição de qualquer contato que tivessem. Jake começou a imaginar onde sua contaminação em comum havia começado. Nate era o transmissor inicial, ou Nicole tinha sido infectada por outra pessoa e transmitido aos dois? Qualquer uma das opções era igualmente repulsiva e Jake não conseguia fugir da lembrança de sua recém-descoberta doença.

Quando se apressava para se retirar da quadra, um repórter de um jornal local o interceptou com o bloco em mãos para registar a humilhação de Jake.

"Está conseguindo descansar bastante nesta folga das aulas?", perguntou o jornalista, bem humorado.

Jake não reagiu, confuso.

"Bem, o que acha da especulação sobre o seu ingresso no draft este ano?"

Jake franziu as sobrancelhas, mais confuso ainda. *Que especulação?* — perguntou a si mesmo. A única especulação que ele tinha conhecimento era a fantasia em sua própria mente. E por certo, após um jogo como o de hoje, as fantasias seriam um desperdício.

"Uh, eu não sei", Jake murmurou enquanto cambaleava na direção da porta deixando o repórter com nada, exceto uma página em branco sob a caneta a postos.

Jake bateu na barra da porta com o máximo de força que conseguiu reunir, andou com dificuldade até os bancos onde o time se reuniria para a conversa pós-jogo e caiu sentado ali com a cabeça entre os joelhos. A dor latejante atrás dos olhos era quase insuportável e ele estremecia a cada grito e festejo de seus colegas de time que aos poucos chegavam da quadra. Sentiu alguns tapas nas costas, mas continuou curvado com os olhos fechados até ouvir a voz do técnico na sala.

"Parece que o Taylor devia ficar doente com mais frequência", brincou o técnico quando todos os caras se amontoaram no centro do vestiário. "Vinte pontos, nove assistências, oito rebotes. Você quase teve seu segundo triplo-duplo seguido", ele sorriu, e Grant, Nomis e alguns outros cumprimentaram Jake.

O técnico continuou falando, porém, sua voz reduziu-se a nada mais que um zumbido distante enquanto Jake lutava para manter o foco nas suas estatísticas. Ele não se lembrava de fazer tudo aquilo, mas o técnico tinha o livro de registro. Estava explicado o porquê ele não quis tirá-lo do jogo por mais que Jake tentasse atrair a sua atenção. *Uau, Deus, obrigado* — pensou Jake, grato por não ter jogado tão mal como imaginava. Mas isso não mudava a forma como se sentia; e certamente, não diminuía as consequências de sua doença. Amy voltaria para casa amanhã, e Jake estava aterrorizado com a ideia de lhe confessar essa nova vergonha.

As coisas estavam indo tão bem; havia tanta esperança. E ele estava tão animado com a surpresa que tinha preparado para o retorno de Amy da Romênia. Mas tudo aquilo estava ofuscado pela conversa extremamente dolorosa que agora deveria ter com ela. Amy voltaria com tantas coisas emocionantes para compartilhar, e tudo o que ele tinha a compartilhar era uma doença para o resto da vida. Ele se sentia um grande fracasso.

O técnico concluiu sua fala, e Jake passou para o processo de tomar uma ducha e colocar suas roupas enquanto os outros companheiros celebravam sua vitória. Cobriu-se com a sua parca quentinha e saiu para o estacionamento sem sequer se despedir. Assim que se sentou em sua caminhonete, uma onda de náusea o dominou e ele abriu rapidamente a janela e respirou o ar frio da noite. Sentia-se como se estivesse saltando de um penhasco. Quem se importava se tudo fosse bem no basquete quando ele poderia perder Amy graças a um erro no passado, o qual achava que já tinha enfrentado? Ele havia confessado, aceitado sua culpa, e feito o seu melhor para seguir adiante. No entanto, aqui estava o passado novamente para assombrá-lo, e Jake não sabia se ainda tinha forças para lutar contra ele.

Desesperado por um conselho, pegou seu telefone. Já passava das dez, o que significava que Buddy provavelmente estaria dormindo, mas ainda era cedo o suficiente na Califórnia, por isso, Jake ligou para o Chris, constrangido em admitir sua nova dificuldade, mas precisando da sabedoria de seu pastor de jovens.

"O que é que manda, Jake?", a voz conhecida, porém, aparentemente cansada de Chris atendeu depois de apenas um toque.

Jake tinha quase certeza de que nunca havia encontrado Chris de mau humor. Ele era um daqueles caras que não via apenas a metade cheia do copo. Para Chris, aquele copo sempre parecia estar transbordante para todos os lados.

"Você está bem?"

"Estou no meio de uma sessão de ioga extrema com a Cari", disse Chris, ofegante. "Este negócio está acabando comigo! Mas ela disse que eu posso fazer um intervalo de cinco minutos para falar com você. E aí?"

Jake imaginou Chris equilibrando-se desajeitadamente na sala de estar dos Vaughn e teve de rir.

"Hmmm, eu recebi uma notícia péssima na clínica esta semana", começou.

"Sim?"

"O médico disse que eu tenho Herpes."

Um silêncio pesado instalou-se e ao fundo soava apenas a voz fraca do instrutor de Ioga. Até que Chris finalmente falou:

"Uau."

"Eu sei", Jake murmurou. "O que eu faço?"

"Bem, obviamente você precisa contar para ela", Chris respondeu devagar, compreendendo claramente que o dilema de Jake estava muito mais relacionado à Amy do que à doença em si. "E quanto antes, melhor, sem dúvida." A mensagem era dura, mas a voz de Chris estava cheia de compaixão.

"Era isto que eu temia",- lamentou Jake. "Mas como posso dar essa notícia a ela? Quer dizer, eu não posso simplesmente comprar rosas e chocolate pra ela e dizer: 'Espero que você goste deste presente porque tenho outra coisa para lhe dar também.'"

Chris riu baixinho.

"É, com certeza isso não vai ajudar muito." Os dois permaneceram em silêncio por algum tempo antes de Chris voltar a falar. "Cara, que saco isso, Jake!", disse suavemente. "Sinto muito por você ter de lidar com isso", suspirou. "Acho que está tendo a chance de aprender em primeira mão o lado terrível do pecado. É uma pena que pela frente ele pareça tão atraente, né?"

"Fala sério. Por que a gente nunca pensa nos problemas *antes* de fazer a besteira? "

"Se isso acontecesse, Satanás se divertiria muito menos."

"Não era assim que eu queria recebê-la de volta da Romênia."

"É possível ela esteja tão empolgada que isso não a perturbe tanto?"

"É, talvez." Mas Jake não tinha muitas esperanças.

"Jake, vamos orar por você. Eu sei que isso é muito ruim, especialmente quando você achava que já tinha lidado com tudo o que estava relacionado às suas escolhas erradas. Mas Amy já o perdoou de todas as coisas. Tenho certeza de que não será diferente dessa vez."

Jake deixou as palavras entrarem profundamente em sua mente por alguns instantes, sabendo que Chris estava certo, mas desejando que houvesse alguma outra maneira. Uma música asiática calma tocava ao fundo, e Jake se lembrou de que estava interrompendo o exercício de Chris."

"Obrigado, cara. Eu sei que o Ioga o chama."

"Não conta para a Cari", sussurrou Chris. "Mas eu gostei da pausa. Aliás, como foi o jogo hoje?"

"Aparentemente, muito bem", Jake balançou a cabeça. "Eu não me lembro de quase nada, mas o técnico ficou feliz."

"Isso é maravilhoso, Jake." Jake podia perceber o encorajamento na voz de Chris. "Deus está fazendo alguma coisa. E seu novo problema não é surpresa para Ele. A verdade o libertará, cara."

Jake suspirou.

"Eu sei", respondeu em voz baixa.

Assim que desligou, Jake encostou a cabeça no volante, tentando formular as palavras que poderia usar para dar a notícia à Amy. Não havia uma maneira fácil de fazê-lo, mas ele sabia que só precisava acabar com isso. Não era assim que tinha imaginado o desenrolar da sua surpresa, no entanto, sabia o que precisava fazer. Ainda se sentia doente, porém, uma nova onda de força e esperança surgiu dentro dele. *Senhor, por favor me ajude,* — orou.

33

O AVIÃO DE AMY ATERRISSOU na pista do movimentado aeroporto internacional O'Hare, e assim que as comissárias de bordo deram permissão aos passageiros para ligarem seus equipamentos eletrônicos, Amy pegou o celular. Todos que a conheciam sabiam que ela não estava no país, portanto, não havia razão para que qualquer pessoa ligasse ou mandasse uma mensagem. Mas era difícil conter a esperança por qualquer coisa que demonstrasse que sentiam a sua falta.

Era bom estar de volta em solo americano, mas ela gostaria muito, muito mais de estar aterrissando em San Francisco neste momento e não ter de passar as próximas cinco horas numa escala em Chicago. Amy havia ouvido falar que Chicago era uma cidade divertida, mas o máximo que veria dela seria a praça de alimentação próxima ao seu portão de embarque e ela tinha quase certeza de que poderia viver sem isso. Tinha passado as últimas quinze horas viajando de Bucareste a Londres e depois a Chicago, e estava exausta; só queria chegar em casa. Seu último voo estava programado para chegar a San Francisco pouco antes das sete da noite, o que significava que ela estaria em Stanford às nove, a tempo de um descanso antes do início das suas aulas de inverno, menos de doze horas depois. *De quem foi esta ideia brilhante?* — queixou-se consigo mesma.

E, claro, assim que finalmente chegasse em casa, ainda ficaria acordada algumas horas colocando em dia o papo com Renee — o que talvez não fosse tão ruim, uma vez que seu corpo estaria no fuso horário de Bucareste, ou seja, acordando para o café da manhã às 7 horas. *Afff,* — murmurou, temendo os próximos dias. Todo mundo dizia que a melhor maneira de lidar com a diferença de fuso horário era beber muita água e ficar acordado até o horário normal de ir para a cama. A parte da água deveria ser razoavelmente fácil, mas como ela conseguiria se manter estimulada o suficiente para ficar acordada nas próximas horas?

O celular de Amy interrompeu sua reclamação quando começou a vibrar, indicando a chegada de suas mensagens. Ela olhou para ele, surpresa com a vibração incessante em sua mão. Quando o telefone silenciou, havia setenta e três mensagens de textos e dezesseis mensagens de voz à espera — todas de Jake. Imediatamente, um sorriso se abriu em seu rosto. De repente, a espera não parecia tão terrível. *Pelo menos ela poderia conversar com Jake.* Amy gostou da ideia.

Quando os passageiros a sua frente começaram a se movimentar e pegar a bagagem de mão para o desembarque, Amy abraçou a mochila e começou a ouvir a voz do seu namorado. Todas as noites em que Amy esteve fora, Jake havia ligado no horário de sempre, pouco antes de dormir, e orado por ela. Amy não conseguiu evitar os olhos úmidos quando ouviu as conversas de Jake com Deus a respeito dela. *Deus, eu tenho o namorado mais incrível do mundo!* — suspirou. Guardou todas as mensagens para ouvir mais tarde e começou então a ler as mensagens de texto. Tão tocantes quanto suas orações, cada mensagem expressava um encorajamento ou algo que ele amava nela. Amy pensou se haveria uma maneira de imprimir todas elas. Eram incríveis!

Os passageiros começaram a se mover duas fileiras à frente, então, Amy parou de ler para seguir os companheiros de equipe pelo corredor estreito até a saída do avião. Assim que chegaram ao portão, foram recepcionados por um apinhado labirinto de filas para alfândega e imigração. Os companheiros à sua volta conversavam enquanto se moviam à velocidade de tartaruga, mas Amy pôs-se novamente a ler as mensagens românticas de Jake. Cada uma delas a fazia abrir um sorriso ainda maior até que Kelley a cutucou.

"Parece que alguém recebeu boas notícias."

"São só algumas mensagens do meu namorado", informou Amy corando.

"Ele parece ser uma ótima pessoa", comentou Kelley sorrindo. Nas duas últimas semanas como colegas de quarto, elas puderam ter muitas conversas tarde da noite e compartilharam suas histórias. "Espero poder conhecê-lo algum dia."

Amy sorriu e terminou de ler as seis mensagens restantes. Chegou finalmente à última, enviada na noite anterior.

22h32 | De: Jake | Para: Amy
Sabe de uma coisa? Você chega amanhã. Eu te amo muito. Há algo que preciso conversar com você.

Amy suspirou de alegria, ansiosa por ligar para seu namorado. Estava curiosa para saber o que ele queria conversar com ela, mas achou melhor esperar até que tivessem chegado à ala de espera para o próximo voo. Ela queria desfrutar da conversa com ele com o mínimo de distração possível. Tentou se envolver nos papos dos membros da equipe, mas de repente, sentiu-se tomada por uma enorme impaciência.

Após o que pareceu ser uma eternidade, Amy finalmente conseguiu chegar ao oficial da imigração e ele escaneou rapidamente seu passaporte antes de despachá-la. Ela foi a última do grupo a ser liberada, e todos seguiram o caminho para a esteira de bagagens onde pegariam as malas antes de se apresentarem para o último trecho de sua viagem. Amy, no entanto, tinha doado todas as suas roupas para as garotas do programa de transição, portanto, a única bagagem que tinha era a mochila que levava a bordo. Quando todos se dirigiram ao carrossel que logo despacharia suas malas, o telefone de Amy vibrou. Assustada, ela estremeceu e checou a nova mensagem.

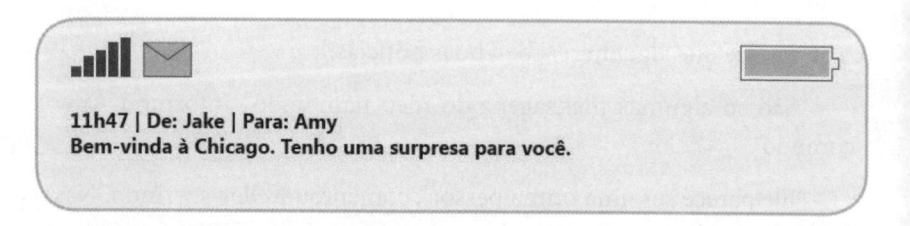

> 11h47 | De: Jake | Para: Amy
> Bem-vinda à Chicago. Tenho uma surpresa para você.

Amy ergueu os olhos, sem entender. Ele deve ter se lembrado que ela faria conexão em Chicago pelo itinerário de voo que tinha enviado a ele e aos pais. *Puxa, que boa noção de tempo!* — pensou, sorrindo. Curiosa com a surpresa, ela andava devagar para escrever a resposta.

> 11h48 | De: Jake | Para: Amy
> Qual é a surpresa?

Antes que Amy pudesse alcançar seu grupo, o telefone vibrou novamente.

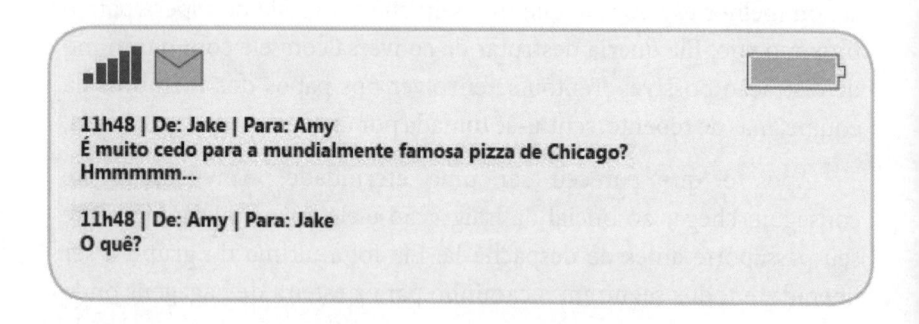

> 11h48 | De: Jake | Para: Amy
> É muito cedo para a mundialmente famosa pizza de Chicago? Hmmmmm...
>
> 11h48 | De: Amy | Para: Jake
> O quê?

Sim, a pizza parecia uma ótima ideia, mas não era nem meio-dia ainda e sabe lá que horas o estômago dela achava que eram. E aliás, o que a pizza tem a ver com a surpresa de Jake? Amy perambulava pela área de bagagens, olhos fixos no telefone, esperando que Jake explicasse alguma coisa.

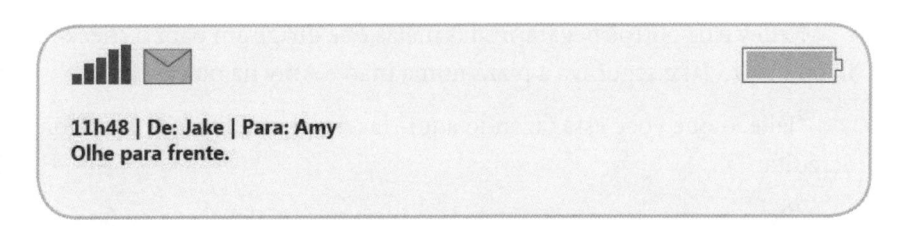

> 11h48 | De: Jake | Para: Amy
> Olhe para frente.

Amy balançou a cabeça, certa de que estava deixando escapar alguma coisa devido ao cansaço extremo. Ela não fazia ideia do que Jake estava falando, mas instintivamente seguiu as instruções e levantou os olhos para onde sua equipe estava reunida, logo adiante. Com o canto do olho, viu um homem sentado num banco com uma enorme caixa de pizza no colo e riu. *Não seria legal se esse fosse o Ja... peraí!*

"Não acredito!", Amy gritou e correu para o homem. "Você está aqui?"

Seu grito avisou a todos em volta que algo especial estava acontecendo e dezenas de observadores presenciaram quando Amy pulou nos braços de Jake e ele a girou. Logo, os companheiros de equipe se aproximaram, e ela, alegremente, fez as apresentações.

"Pessoal", disse agitada. "Este é o meu namorado, Jake, de Louisville. Jake... este é o pessoal."

Todos o cumprimentaram e trocaram brincadeiras enquanto Amy apenas se colocava sob o braço de Jake e se aquecia no aconchego de estar tão próxima a ele.

"Eu diria que esse aqui é um daqueles para guardar", Kelley fez um sinal de aprovação na direção de Jake. "Tenho certeza de que vocês têm muita coisa para colocar em dia. Amy, já que você não tem malas para embarcar, por que não se encontra com a gente no portão antes do embarque?"

Amy sorriu e concordou.

"Foi um grande prazer te conhecer, Jake", Kelley disse entusiasmada." Ouvi muito sobre você."

"Estou ansioso para ouvir sobre vocês e sobre a viagem", Jake retribuiu o sorriso.

Kelley e os outros pegaram suas malas e se dirigiram para o check-in enquanto Jake segurava a pizza numa mão e Amy na outra.

"Jake, o que você está fazendo aqui? Eu simplesmente não consigo acreditar!"

"Bom, uma pizza parecia uma boa ideia para o almoço, e eu fiquei sabendo que provavelmente certa pessoa tivesse uma escala aqui, então, achei que podia dar uma passada no caminho para casa."

"Caminho para casa! Quanto tempo você levou para chegar aqui?"

"Ah, não foi nada."

"Jake."

"Só cinco horas. Que passaram *muito* rápido porque eu fiquei pensando em você o tempo todo."

"Jake! Você vai dirigir dez horas hoje só para me ver um pouquinho?"

"Foi mais rápido do que ir de carro até a Califórnia. Por quê? Você tem coisa melhor para fazer durante sua espera aqui?"

"Não!", sorriu Amy. "É só que... isso é tão fofo. Por que você é tão maravilhoso?", Amy encostou a cabeça no ombro dele e o envolveu no abraço mais apertado que conseguiu. "Eu te amo tanto", sussurrou. "Sou a garota mais sortuda do mundo."

✠ ✠ ✠

Jake sabia que esta poderia ser a oportunidade perfeita para revelar a infeliz notícia a respeito de sua doença, e seu coração começou a bater forte no peito.

"Uhhh", gaguejou, tentando reunir forças para o que tinha a dizer. Mas Amy tinha acabado de chegar. Ele não quis arruinar o tempo que teriam juntos ali. Por isso desistiu. "Uh, eu vi um café logo ali. Estou louco para ouvir tudo sobre a sua viagem." *Quando ela terminar de contar, vai perguntar sobre minhas duas semanas, e eu abro o jogo,* — racionalizou.

"Bom, você quer a resposta de dois minutos, vinte minutos ou duas horas?", perguntou Amy, sorrindo.

Jake olhou no relógio e fez o cálculo.

"Sou todo teu pelas próximas três horas e mais quarenta e oito minutos... Se você estiver disposta a correr até o seu portão de embarque."

✜ ✜ ✜

Eles escolheram uma mesa isolada no pequeno café e Jake sentou-se ao lado de Amy no banco. Ela geralmente implicava com casais que se sentavam do mesmo lado da mesa quando havia só os dois, mas hoje, queria estar o mais perto possível de Jake, portanto, a disposição dos lugares lhe pareceu perfeita. Amy olhou em volta e só pôde rir. Estava evidente a razão pela qual Jake havia escolhido este lugar — televisores com programas esportivos eram visíveis de todos os ângulos. Porém, quando Amy colocou os olhos em Jake depois de sua breve avaliação do local, percebeu que estava bem óbvio que ele não dava a mínima para isso. Seus olhos estavam completamente grudados nela, mesmo quando ela estava calada. E assim ficaram pelas três horas e meia seguintes enquanto ela compartilhava suas experiências na Romênia."

Ele sorriu quando ela descreveu a alegria de levar o Natal a cada orfanato diferente. Ouviu atentamente enquanto ela contava sua batalha para entregar seu futuro — incluindo Jake — a Deus. Estudou cada foto que ela mostrou em sua câmera enquanto explicava a história por trás da imagem. E Amy poderia jurar que Jake chegou a ter até lágrimas nos olhos quando ela lhe contou tudo sobre Bogdana e seu sonho de ajudar outros órfãos.

Muito tempo depois da pizza ter sido devorada e das bebidas ficarem aguadas, Amy finalmente ergueu os ombros e disse:

"Acho que é isso. Foi incrível."

Jake sorriu e segurou suas mãos gentilmente.

"Orei durante todo este mês para que você voltasse uma nova pessoa. Parece bem óbvio que Deus respondeu essa oração."

"O quê? Pensei que você gostasse da velha Amy", ela brincou.

"Não, não. Eu amo a velha Amy!", Jake corrigiu sem perder tempo.

"Eu sei", Amy o tranquilizou. "E sim, foi com certeza uma experiência absolutamente transformadora."

"Então, como você será diferente agora que está em casa?"

"Você está parecendo o Chris!", Amy bateu de brincadeira no ombro de Jake.

"Como?", Jake parecia cauteloso.

"Não, não. Isso é bom. Você seria um ótimo pastor de jovens." Amy sorriu enquanto puxava de sua mochila uma página de revista. "Então, eu acho que tive uma ideia."

"Você arrancou isso aí de uma revista do avião?"

"Arranquei."

"Isso não um tipo de roubo?", o rosto de Jake estava totalmente inexpressivo.

"Mas eu não peguei a revista inteira. Além disso, eles tinham umas quinhentas cópias."

"E o banco tem centenas de notas de dólar, mas tenho certeza de que não está certo rasgar uma nota na metade e levá-la embora."

"O quê?", Amy olhou confusa para Jake, imaginando de onde viria essa repentina aula de ética.

"Brincadeira", Jake abriu um largo sorriso. "Acho que aquelas revistas estão ali para serem levadas mesmo. Mas adoro ver que você tem um pouquinho de malandragem. Então, qual é sua ideia?"

Amy colocou diante de Jake um anúncio colorido cheio de crianças sorridentes fazendo coisas divertidas.

"É da organização *Make-a-Wish* que torna realidade os desejos de crianças com enfermidades graves."

"Então...?", respondeu Jake, parecendo um pouco confuso. "Você quer se voluntariar para ajudar crianças doentes agora?"

"Não, embora eu tenha certeza de que seja muito legal", suspirou Amy. "Jovens como a Bogdana têm desejos que também precisam da ajuda de outras pessoas. E se eu conseguisse descobrir uma maneira de levantar dinheiro para permitir que elas realizem seus sonhos? Isso seria... incrível."

"Você poderia chamar de *Make-a-Dream*", brincou Jake.

Amy riu.

"Talvez. Você acha que é uma ideia boba?"

"Não! Eu tenho muito orgulho de você. E estou ansioso para ver como colocará isso em prática."

"Esta é a parte difícil. A ideia foi fácil. Mas como eu posso levantar dinheiro suficie..." De repente, o telefone de Amy começou a vibrar sobre a mesa. "Droga!", ela exclamou, verificando a hora acima do nome de Kelley. "Alô?"

"Oi, Amy. Você já está chegando?", Kelley perguntou.

"Uh, estou... Para falar a verdade, eu ainda tenho que passar pela segurança."

"Bom, a gente vai tentar segurar para você, mas dá um beijo de despedida neste doce de pessoa ao seu lado e vem correndo pra cá porque eles estão se preparando para o embarque."

"Entendi. Obrigada, Kel." Amy desligou e voltou-se para Jake, que já havia limpado a mesa e estava em pé esperando com a mochila dela.

"Puxa! Eu estava odiando essa espera e agora não quero que termine", queixou-se, enquanto caía nos braços de Jake.

Dezessete abraços depois — quando precisou de muita força para ficar firme e não beijar Jake como se não houvesse amanhã — Amy separou-se de Jake na entrada para a segurança. Ele ficou olhando até que ela virasse para correr para o avião que a aguardava. Amy entrou na fila atrás das últimas pessoas e em poucos minutos estava em seu assento, já com o cinto afivelado, entre Kelley e um desconhecido de meia idade.

Enquanto Amy se acomodava e tentava recuperar o fôlego, observou que o homem ao seu lado lia um artigo da Sports Illustrated sobre os melhores times de basquete universitário no meio da temporada. Com a curiosidade aguçada, ela tentou sutilmente esticar o pescoço para ver se o time de Louisville era mencionado. Como era de se esperar, depois de esquadrinhar o artigo inteiro, Amy viu uma linda foto do homem dos seus sonhos na extremidade da outra página e, sob ela, um parágrafo sobre o Cardinals. Era difícil ler as letras miúdas, mas entre todo o jargão do esporte, Amy identificou algo sobre Jake ser o líder de assistências da conferência Big East e potencialmente uma grande chance no draft da NBA.

Uau. Amy relaxou a cabeça contra o encosto e tentou entender a dimensão do sucesso do seu namorado enquanto seu avião deixava a pista rumo ao céu aberto. *Parece que ele também teve duas semanas incríveis! E tudo o que fez foi me ouvir tagarelar o tempo todo!* Este novo Jake estava ficando cada vez mais atraente, e ela se sentia cada vez menos merecedora dele. De repente, lembrou-se da mensagem de Jake na noite anterior, a respeito de precisar conversar com ela. *Droga! Nem perguntei o que era!* — lamentou, arrependida. Ela sabia que chegaria tarde demais para falar sobre isso ainda hoje, então, fez uma anotação mental para que fosse sua primeira pergunta amanhã.

34

AS CINCO HORAS DE ESTRADA DE VOLTA DO AEROPORTO para casa não chegaram nem perto de ser tão excitantes como a ida a Chicago, mas Jake sentia certa sensação de alívio. Embora estivesse *pronto* para revelar à Amy a notícia devastadora, certamente, não era algo que *sentisse vontade* de fazer. Ficou feliz demais apenas por deixá-la preencher todo o tempo juntos com suas próprias histórias. Claro, ainda havia uma sensação incômoda de medo que espreitava nos recônditos escuros da sua mente, mas era muito mais fácil ignorar aquela voz pessimista no subconsciente lembrando-se da empolgação de Amy com relação às crianças que ajudou na Romênia.

Ela era tão inspiradora! Parecia um vulcão em erupção quando lhe contou sobre sua ideia de ajudar crianças desprivilegiadas de todo o mundo a realizar seus sonhos.

"Quem pensa assim?", Jake disse em voz alta aos carros que passavam por ele no outro lado da rodovia de seis pistas. *Ah, sim, a minha namorada pensa* — Jake sorriu.

Como acontecia sempre, o exemplo encorajador de Amy estimulava Jake a querer fazer mais com sua própria vida. Ele estava vivendo seus sonhos em Louisville e, considerando seus erros passados, as coisas não poderiam estar caminhando melhor. Mas...

Jake balançou a cabeça. Quantas pessoas em sua posição — bolsa integral, jogando basquete por uma das melhores universidades do país, com possível carreira na NBA até, e acima de tudo, com uma namorada gata que tem uma personalidade à altura — pensariam num "mas"? Porém Jake não conseguia evitar. Mas... *e se Deus quiser de mim mais do que tudo isso?*

Ele pensou em Amy, determinada a mudar o mundo por uma criança maltratada de cada vez, quer fosse aqui, na Romênia ou em qualquer lugar onde Deus lhe enviasse. No entanto, o que ele estava fazendo para ajudar os outros? Claro, ele servia em alguns ministérios na igreja, e juntamente com Grant, ainda jogavam basquete com Debron e os outros meninos do bairro uma vez por semana. Porém, ele estava, de fato, deixando um impacto duradouro? Estava verdadeiramente fazendo algo que pudesse honrar a Deus com todas as bênçãos que ele havia lhe dado? *A quem muito foi dado, muito será exigido* — Jake lembrou o que Chris disse certa vez. *Deus, o que mais o Senhor quer que eu faça?*

Jake rodou mais algumas milhas; a mente agitada com possibilidades ainda sem forma. Então, quando estava em algum lugar próximo a Indianápolis, uma ideia surgiu tão definida que parecia que Jake praticamente podia tocá-la. Conforme se aproximava de casa, ele ficava cada vez mais empolgado para revelar seu plano a Debron e aos meninos. É claro que primeiro ele precisaria conseguir a aprovação do técnico, e convencer Grant e os outros caras a participar, e obviamente, conversaria com Amy e Buddy e ouviria suas sugestões de como tornar a ideia ainda melhor. Mas quando Jake estacionou em frente ao seu apartamento, mal conseguia tirar o sorriso do rosto. *Obrigado, Deus! Vai ser incrível.*

✞ ✞ ✞

Três dias depois, Jake bateu à porta do escritório do técnico muito nervoso e com as palmas das mãos úmidas de suor. Ele tinha um bom relacionamento com o técnico, e todos, incluindo o pessoal do time, achavam que era uma boa ideia, mas Jake tinha um grande pedido a fazer aqui e não conseguia evitar um pouco de nervosismo.

"Entre", uma voz rouca instruiu lá de dentro.

Jake abriu a porta do conhecido escritório acarpetado que parecia uma mescla entre o espaço de um professor de educação física e o de um advogado e esperou até que o técnico levantasse os olhos das anotações que lia com atenção.

"Oi, Jake!", o técnico o cumprimentou com entusiasmo enquanto tirava do rosto os óculos de leitura. "Ótimo treino ontem. Está tudo bem?" Ele acenou para que Jake se sentasse no sofá em frente à sua grande mesa de mogno.

"Sim, sim." Jake respirou fundo, ainda sem saber como o técnico reagiria à sua ideia. Por um lado, desde que a ideia ganhou vida na sua mente há alguns dias, seu coração queimava com o impulso de fazer algo a respeito. Mas por outro lado, Jake sabia que as únicas coisas que o técnico realmente queria que ele pensasse a esta altura do ano eram basquete e aulas — e esta última, somente o suficiente para ser aprovado e estar apto a jogar basquete. Todo o resto era distração indesejada. Assim, pisando com cuidado sobre ovos, Jake cautelosamente começou.

"Técnico, sabe aquele garoto, o Debron, que eu trouxe para ser gandula do nosso time?"

"Uh-huh", o técnico assentiu.

"Então, hum, o Grant e eu conhecemos muitos amigos dele ultimamente."

"Eu não acho que a gente vá precisar de mais garotos a essa altura da temporada, Jake", interrompeu o técnico.

"Eu sei. É só que, bom, todos moram do outro lado da cidade, sabe, e eles não têm muita coisa. São garotos de quem a sociedade desistiu e, se as coisas continuarem assim, a maioria deles provavelmente vai acabar correspondendo às suposições negativas de todos."

Jake fez uma pausa para tentar ler a expressão do técnico, mas seu rosto estava impassível.

"Mas eles adoram basquetebol", continuou Jake, "e adoram o Cardinals de verdade. E eu estava pensando que uma maneira muito legal de mostrar que as pessoas se importam com eles seria trazendo todos a um de nossos jogos em casa."

O técnico uniu as mãos sobre a mesa e estudou Jake.

"De quantos ingressos estamos falando?"

Como o tempo agora estava mais frio, a multidão costumeira de fãs do basquete ao jogo de Jake e Grant havia diminuído significativamente, mas ainda havia um grupo de quinze ou vinte persistentes que vinham todas as semanas para jogar com eles.

"Eu estava pensando nuns vinte."

O técnico moveu a cabeça pensativamente e a sombra de um pequeno sorriso surgiu no canto esquerdo de sua boca.

"Essas crianças são lá de onde você e o Grant ganharam alguns daqueles arranhões e hematomas que reparei?"

Jake assentiu envergonhado, esperando que as consequências por suas contusões extracurriculares não afetassem os garotos.

"Às vezes, a gente se diverte um pouco demais lá com eles", admitiu relutante e depois acrescentou rapidamente," mas eles são bons meninos."

O técnico encostou-se em sua cadeira colocando as mãos atrás da cabeça.

"Vamos fazer um trato. Você e o Grant reduzem esses jogos à noite até o final da temporada e eu vou ver o que posso fazer. Jogos apenas de lances livres, sem contato físico, também podem ser divertidos, sabia?"

Imediatamente, Jake abriu um sorriso imenso.

"Fechado! Muito obrigado, técnico."

"Você é um bom garoto, Jake", disse o técnico com uma piscada.

Jake se levantou para sair e, então, se lembrou de mais uma parte do seu plano que precisava da aprovação do técnico.

Ah, eu estava imaginando, também, será que os garotos poderiam vir ao vestiário depois do jogo para conhecer o time?", disse de repente, antes que ficasse com medo de falar.

O técnico sorriu e balançou a cabeça.

"Vou te dizer uma coisa. Se você conseguir um triplo-duplo numa vitória contra o Marquete esta semana, pode trazer ao vestiário o cachorro do tio da sua mãe, se quiser."

✚ ✚ ✚

Naquele sábado, Jake aterrorizou o Marquete Golden Eagles nos dois lados da quadra. Ele já tinha uma média de dezessete pontos e oito assistências por jogo, mas sua estatura de um metro e oitenta e seis o tornava um anão na quadra e geralmente não ajudava muito nos rebotes. Esta noite, no entanto, parecia que todas as bolas soltas voavam em sua direção.

Com trinta e dois segundos restantes no placar e o Louisville numa liderança confortável de dois dígitos, Jake ainda defendia seu time com fervor. Conquistou brilhantes vinte e três pontos e onze assistências... mas apenas nove rebotes... um abaixo do seu cobiçado triplo-duplo. Conforme o relógio avançava, Jake facilitou um pouco as coisas para seu adversário, quase desejando que ele arriscasse um arremesso de três pontos. O jogador mordeu a isca e arremessou. Com muita vontade e pouca precisão, a bola bateu descontrolada na tabela e foi direto para as mãos de Jake, próximo à linha de falta. Um sorriso iluminou seu rosto enquanto ele subia a quadra driblando lentamente até o tempo se esgotar. Jake olhou de relance para o técnico que lhe deu um discreto sorriso.

35

UM MÊS E MEIO DEPOIS, no último jogo em casa daquela temporada, a ideia de Jake finalmente se concretizou. O técnico havia concedido ingressos para que vinte crianças do bairro o assistissem — e mais dois para pais que acompanhassem o grupo. Jake achou tristemente irônico como os usuais e não envolvidos pais simplesmente mostraram súbito interesse no que ele e Grant estavam fazendo com seus filhos quando souberam dos ingressos gratuitos. No fim, Jake e Grant pediram aos únicos pais que haviam passado *antes* dos ingressos gratuitos para acompanharem o grupo ao jogo.

Depois da vitória confortável do Cardinals, Jake e Grant levaram as crianças maravilhadas ao vestiário onde nem mesmo os repórteres tinham permissão para entrar. Para tornar a noite ainda mais especial, Jake havia conversado com Sid, supervisor do equipamento, e pediu a doação de bolas usadas às crianças. Um a um, todos os jogadores do time cumprimentaram pelo nome cada um dos jovens fãs e deixaram seu autógrafo nas bolas. Em completa admiração, os pré-adolescentes, geralmente extrovertidos, ficaram mudos enquanto admiravam a bola nas mãos e os astros diante deles. Todos os membros do time tiveram uma atitude admirável, oferecendo a cada criança toda a sua atenção. Jake sentiu muito orgulho deles... e das suas crianças também.

Depois de tudo dito e feito, Jake estava em sua caminhonete levando Debron para casa pela última vez naquela temporada. As outras crianças haviam partido de ônibus uma hora antes, mas Debron, convenientemente, havia perdido a carona enquanto Jake tomava uma ducha e se vestia. Enquanto o menino, agora com doze anos, falava incessantemente sobre o jogo e sobre todas as coisas que teria feito diferente caso estivesse jogando, ele girava distraído sua "nova" bola de basquete coberta de autógrafos de todos os jogadores do time de Louisville. Debron havia se acostumado a ficar próximo ao time na quadra durante sua função como gandula na temporada, mas esta noite havia sido especial até para ele.

"Acho que esse foi o melhor dia da minha vida", Debron concluiu quando Jake estava parando em frente ao edifício malcuidado. "Obrigado, cara... por tudo."

Antes de abrir a porta, o garoto estendeu os braços e deu um abraço inesperado em Jake.

Enquanto o vento frio do inverno invadia o carro e Debron saía rápido, Jake refletiu por um instante nas palavras de seu amiguinho. *O melhor dia da vida dele. E foi tão fácil. Deus!* Jake acompanhou o balanço do penteado afro de Debron passar em frente à caminhonete e, depois, correr espontaneamente até a janela do motorista. Jake abriu a janela para ver o que ele queria.

"Sabe, você provavelmente teria conseguido outro triplo-duplo hoje à noite se tivesse usado alguns daqueles lances que eu te ensinei semana passada."

"Eu sei, cara, mas não consigo fazer tão bem quanto você."

"Verdade. É por isso que eu te digo, eles têm que deixar os mais novos jogar. Eu conseguiria aquele triplo-duplo, sem dúvida."

"Não sei", Jake disse com uma risada. "Já te vi na quadra. Você é rápido, cara. Provavelmente, conseguiria roubar dez bolas também... acho que isso se chama quádruplo-duplo."

Debron sorriu e os dois fizeram seu cumprimento, então, ele correu em direção ao seu prédio. Jake sabia que não fazia sentido algum, mas por alguma razão, esta noite estava, certamente, entre as melhores de sua vida.

✦ ✦ ✦

Mais tarde naquela noite, Jake ficou acordado durante horas, incapaz de controlar a alegria que fervia dentro dele. Finalmente, por volta de uma hora da madrugada, ele acendeu a luminária de cabeceira e começou a registrar os pensamentos em seu diário de oração.

Querido Deus,

Aqui estou eu, em Louisville, vivendo meus sonhos. Tem sido tão divertido... e eu tenho jogado tão bem. Quer dizer, o que são algumas cestas de três pontos comparadas à criação do universo? Mas o Senhor sabe do que eu estou falando. A parte maluca disso tudo é a seguinte: no final, o sorriso no rosto daquelas crianças é o que eu não consigo tirar da cabeça. E estou muito mais animado com o abraço que recebi do Debron do que em ser citado no programa SportsCenter essa noite. É tão bom fazer a diferença na vida deles. Não sei bem o que tudo isso significa. Eu estou louco? Mostre o que o Senhor quer que eu faça, Deus. E obrigado por essa noite. Foi tudo incrível.

Com amor, Jake

36

"**ENTÃO, JÁ CONTOU PARA ELA?**", Buddy foi direto ao ponto assim que ele, Grant e Jake se sentaram com os pratos bem servidos de comida chinesa.

O pedaço de rolinho primavera na boca de Jake logo se transformou em algodão e entalou na garganta. Já era bem estranho que este senhor, seu mentor de oitenta e quatro anos, fosse uma das primeiras pessoas a saber sobre sua DST, mas às vezes, parecia ainda mais estranho que ele fosse tão franco a respeito. Era algo muito pessoal e um lembrete constante dos seus erros passados. No entanto, Buddy nunca se concentrava no passado e nem chegava perto de reforçar a culpa. Ele queria apenas ajudar Jake a manter o seu futuro limpo — algo que Jake não tinha realizado completamente até agora.

Grant olhou para Jake e balançou a cabeça. Ele sabia que Jake ainda não tinha uma resposta satisfatória a essa pergunta semanal.

"Ainda não surgiu uma boa oportunidade", Jake murmurou. "Eu estou tentando."

Grant bufou ao seu lado.

"É sério! Estou mesmo", completou Jake.

"Jake, você teve a oportunidade perfeita quando se encontrou com ela no aeroporto", Grant o repreendeu. "Tenho certeza de que ela estava derretida nas suas mãos depois de você ter viajado até lá para fazer uma surpresa. Você poderia ter informado ali mesmo que tinha assassinado o gato dela e ela ainda pensaria que você era a melhor coisa que já inventaram desde a fatia de pão!"

"Ela não tem gato", Jake corrigiu, mal-humorado. "Eu sei. Pisei na bola. Mas ela estava tão animada para me contar sobre a viagem que eu não quis estragar. Não é que eu tenha tentado evitar. Só que ela tinha muita coisa para falar."

"E desde aquele dia?", Buddy interferiu pela primeira vez na conversa desde quando a iniciou.

"Ele sempre tem uma desculpa", Grant respondeu por Jake.

Jake não podia argumentar; era verdade. E sabia que quanto mais esperasse, mas difícil ficaria. Nunca haveria um momento perfeito para soltar essa bomba.

"Quando se trata de amor, Jake, é tudo ou nada", disse Buddy calmamente. "Você a ama?"

"Você sabe que sim."

"Estou começando a temer que ele a ame demais além da conta", brincou Grant.

Buddy sorriu e descansou o garfo no prato.

"Isso é impossível. O amor verdadeiro é cem por cento ou não é verdadeiro. Eu sei que a nossa cultura tem tentado transformar o amor numa sensação agradável que você tem quando uma jovem que acha atraente entra no recinto. Mas isso não é amor... é desejo. E qualquer moleque de treze anos com espinhas na cara pode fazer isso. Mas para amar, é preciso ser homem."

Jake olhou para Buddy e refletiu sobre suas palavras.

"Então", começou lentamente. "O que isso tem a ver com meu dilema atual?"

"Muito bem, uma aula rápida de gramática", Buddy respondeu, repentinamente animado. "Quando você diz que ama alguém, a qual classe gramatical pertence a palavra amar?"

"Verbo?", Grant respondeu prontamente.

"Bingo!", exclamou Buddy. "Acho que isso diz tudo, né?", Ele pegou novamente o garfo e voltou a comer seu arroz frito.

Jake balançou a cabeça, confuso.

"Espera, eu não entendi."

"Se amar é um verbo, então, é uma ação e não um sentimento", retrucou Grant.

"Obrigado." Buddy bateu no ombro de Grant com sua mão livre. "Se eu apenas fizesse coisas boas para minha esposa quando sentisse vontade, então, seria um marido terrível. Mas são aqueles momentos em que expresso meu amor com minhas ações quando *não* estou com vontade que demonstram meu verdadeiro amor por ela."

"Mas Buddy, você é a pessoa mais amorosa do mundo. É fácil para você", afirmou Grant.

O idoso soltou uma sonora gargalhada.

"Essa é boa. Você acha mesmo que eu adoro trocar as fraldas da minha esposa? Acha que gosto de passar horas conversando com ela todos os dias sabendo que talvez ela nunca consiga voltar a falar comigo? Yvonne e eu tivemos nossos momentos difíceis no passado, mas estes últimos sete meses têm sido o tempo mais difícil da minha vida."

Tanto Jake quanto Grant ficaram imóveis, com os garfos suspensos no ar. Esse era um lado do Buddy que nunca tinham visto. Geralmente, ele era muito positivo, sempre enxergando o melhor lado das coisas. Fazia sentido que estivesse sofrendo com a deterioração de sua esposa, mas nunca antes tinha deixado Jake e Grant cientes daquela verdade. Jake procurou palavras de encorajamento para dizer ao velho amigo, mas nada lhe veio à mente.

"Mas o mais maluco de tudo isto, meninos: Quando amo minha esposa por meus atos é que realmente percebo meus sentimentos ganharem nova força. Posso dizer, com sinceridade, que sou mais apaixonado por Yvonne hoje, depois de tudo o que enfrentei com o derrame dela, do que jamais fui." Buddy enxugou uma lágrima que começava a brilhar no canto do olho. Jake apertou a mão de Buddy, que retribuiu o gesto batendo de leve na mão de Jake e, em seguida, tirou duas canetas do bolso da camisa. Jogou-as sobre a mesa para Jake e Grant e disse: "Anotem aí num guardanapo, meninos." Fez uma pausa para que eles se preparassem para a pérola: "Homens de verdade aprendem a conduzir seu coração."

"Então, eu acho que isso quer dizer que preciso contar à Amy agora mesmo, né?", disse Jake depois de anotar a frase.

"Diz pra gente, Jake. Quanto você a ama? Coloque todo o seu dinheiro naquilo que a sua boca responder."

"Puxa, você sabe mesmo como colocar o dedo na ferida", Jake queixou-se com um leve sorriso.

Buddy piscou para Jake e voltou os olhos para as últimas garfadas.

"Você sabe que vou continuar lhe perguntando sobre isso."

"Eu sei." Jake mordeu um pedaço crocante de frango empanado, imaginando como levaria adiante aquela missão.

"Bom, há outra coisa que eu queria falar com vocês que é muito mais agradável."

"É?", Jake e Grant perguntaram quase em uníssono.

"Contem-me sobre este ministério com o basquete que vocês estão promovendo com as crianças."

"Está falando do fato de levar os meninos ao jogo de basquete e essas coisas?", Jake esclareceu.

"Não sei se eu chamaria de ministério", corrigiu Grant, "Não se esqueçam que eu não sou como vocês dois. Ainda não tenho muita certeza sobre essa coisa de Jesus, etc."

Buddy estendeu a mão e bateu de leve no braço de Grant.

"Há um ano, você tinha certeza de que não queria nada com Jesus. Adorei o progresso." Voltou para Jake. "E como foi o jogo na semana passada?"

Jake virou-se para Grant e sorriu.

"Foi um tanto épico", compartilhou animado, e relatou todos os pontos altos da noite, especialmente o abraço de Debron no final. Grant contribuiu com seus próprios momentos favoritos, e Buddy sorriu o tempo todo.

"Parece ter sido ótimo", afirmou quando eles terminaram. "Não me importa que nome dão a isso, mas vocês estão levando a luz de Deus à vida dessas crianças, e ministério é isso."

Jake hesitou por alguns momentos antes de responder.

"Acho que sim. Eu queria fazer mais, algo além de levá-los a um único jogo ou jogar com eles uma vez por semana."

"Como o quê, por exemplo?", atiçou Buddy, inclinando-se para frente.

"Não sei." Jake cutucou o macarrão e o enrolou ao redor do garfo. "Eles gostam muito de estar perto do time. Imagine se a gente conseguisse alguns jogadores para participar de um acampamento gratuito para as crianças depois da temporada."

"Adorei!", Buddy exclamou sem hesitação.

"Eu também", concordou Grant.

Buddy recostou-se em sua cadeira com uma expressão contente e bateu de leve na barriga.

"Uma coisa desse tipo exigiria mais do que alguns jogadores de basquete. Com certeza, você precisaria de voluntários para levar a comida e a bebida, e ajudar a preparar e..."

"Ei, Buddy", Jake interrompeu. "Você não está se precipitando? Eu não conheço tanta gente assim!"

Buddy sorriu.

"Ah, mas *eu* conheço algumas pessoas. Isso vai ser ótimo."

37

DEPOIS DE DUAS SEMANAS EXTREMAMENTE OCUPADAS, Jake estava no banco, aguardando que seu nome fosse anunciado no primeiro jogo do Louisville no torneio da NCAA. A difícil derrota para o Georgetown no último jogo do Big East havia derrubado o time no ranking, mas eles ainda estavam facilmente qualificados as quartas de final. Enfrentavam, agora, o time, na 14ª posição, Santa Bárbara, uma universidade do norte da Califórnia que havia recrutado Jake, mas que ele nem sequer cogitou aceitar apesar da localização muito mais próxima à sua casa em Oceanside. A Universidade da Califórnia em Santa Bárbara, UCSB, seria, aparentemente, um adversário fácil, mas o técnico deixou totalmente claro no discurso pré-jogo que o time não deveria encarar com displicência nenhum adversário.

Jake olhou em volta para as arquibancadas lotadas de milhares de torcedores e maravilhou-se por estar sentado naquele lugar. Era um sonho que se tornava realidade. Sua mente percorreu o último ano que o tinha levado até ali. Foi mesmo há apenas um ano que Nate contundiu o tornozelo, oferecendo a Jake a esperada oportunidade de se apresentar e brilhar? Tantas coisas haviam mudado nos últimos doze meses. Sentindo a pressão extra, consequência de seu novo papel como líder do time, Jake percebeu o suor se acumulando nas palmas das mãos.

"E começando com o armador, com um metro e oitenta e oito, Jake Taylor!", anunciou o narrador, despertando Jake de suas reflexões.

Ele não sabia quando tinha crescido dois centímetros. Da última vez que verificou, ainda media um metro e oitenta e seis. Mas aquela era a menor de suas preocupações naquela noite. Jake levantou-se rapidamente de seu lugar para unir-se ao resto do time próximo à linha de lance livre.

O Cardinals disparou logo de cara e, quando a primeira metade do jogo chegou ao fim, estava evidente que o time de Santa Bárbara não seria páreo para tudo que o Louisville tinha a oferecer. Embora Jake estivesse distante da timidez de mostrar seu próprio jogo, ele se saiu ainda melhor passando a bola a qualquer um que estivesse com a mão quente. Hoje, por acaso, essa pessoa era Grant, seu colega de quarto. Ele parecia uma máquina de fazer cestas, convertendo cada passe em pontos de qualquer lugar da quadra. As assistências nunca tinham sido tão fáceis para Jake.

Grant tinha começado os lances na maioria dos jogos do ano, mas, no meio da temporada, seus saltos para o arremesso esfriaram, fazendo com que o técnico o mandasse de volta para o banco. Jake havia treinado com Grant os saltos para arremesso por horas sem fim, tentando afiar novamente o seu toque, o que tornava o desempenho dele hoje ainda mais especial. O técnico tirou os dois nos últimos seis minutos quando estava evidente que a vitória estava na mão. Eles precisariam estar bem descansados para seu adversário na semifinal.

✚ ✚ ✚

Dois dias depois, na mesma quadra, Jake e seus companheiros enfrentaram o time da 11° posição, a Virginia Commonwealth University. O Rams tinha sido uma das surpresas da última rodada, dando uma surra no Kentucky, arqui-inimigo do Louisville. O técnico deixou absolutamente claro que isso não aconteceria com o time dele naquela noite. Seu time era mais rápido, mais forte, mais talentoso... e mais bem treinado. Eles precisavam chegar na quadra e tomar conta do negócio como haviam feito durante toda a temporada.

Embora o papo encorajador soasse bem no vestiário, quatro minutos depois do início do jogo, ele certamente não estava surtindo efeito. Em teoria, talvez, o time de Virginia fosse inferior, mas na realidade, eles estavam marcando mais, pegando mais rebotes e jogando melhor do que tudo que Jake e seu time podiam oferecer.

O marcador individual de Jake estava grudado nele como um pernilongo incômodo que não parava de zunir a centímetros do seu rosto. Para piorar as coisas, tinha um hálito de ovo podre. Jake tentava não deixar que isso o afetasse, mas a boca do sujeito também despejava um fluxo constante de palavras provocativas que humilhariam até o Debron, e Jake estava ficando cheio.

Infelizmente, com esse garoto no seu caminho, Jake parecia não conseguir realizar um passe decente e qualquer bom arremesso estava ainda mais difícil de concretizar. No meio tempo, as estatísticas de Jake incluíam patéticos quatro pontos e três assistências. Louisville perdia de apenas seis pontos, mas Jake sabia que se as coisas não mudassem, ele assistiria em casa o resto do campeonato.

O Cardinals voltou mal-humorado para o vestiário, parecendo derrotado. Eles precisavam do técnico para animá-los outra vez, mas, aparentemente, ele não tinha muito a dizer porque não acompanhou o time. Lá estavam eles então, sentados em silêncio, com nada além do som de uma torneira gotejante como companhia.

"Esses caras são rápidos", Nate finalmente falou do canto da sala com uma toalha sobre a cabeça.

Em seguida, como se aquele comentário desse a todos a permissão para expressar suas próprias queixas, o círculo começou a dar voz aos murmúrios.

"Parece que este é o último jogo da vida deles enquanto nós só estamos tentando nos segurar no Sweet Sixteen", Nomis esbravejou, jogando a bandana na porta do armário.

"A gente tem que segurar esse jogo", disse Tyler, irritado. "Não dá para deixar que eles forcem a gente a entrar no jogo deles."

"Eles estão arremessando extremamente bem", lamentou-se Jadon.

"E nós não conseguimos pegar um rebote para salvar a casa!", Grant acrescentou.

Jake ouvia tudo isso, irritado demais para falar. Não conseguia acreditar que estava permitindo que um garoto de dezoito anos invadisse a sua redoma. Abriu com força a porta do armário e procurou na mala de ginástica pelas balas de hortelã que sabia que estavam ali. Todo aquele ar poluído que tinha respirado o tinha deixado com um gosto ruim na boca. Finalmente, ao encontrar o que procurava, Jake colocou uma bala na boca... e imediatamente, a ideia que surgiu na sua mente o levou a sorrir. Com os pequenos, porém, potentes tabletes de canela na mão direita, ele finalmente falou:

"Talvez, o que a gente precise é parar de inventar desculpas e começar a jogar melhor", fez uma pausa. "Talvez, a gente precise assumir o controle deste jogo e não deixar que eles nos forcem no jogo deles." Os olhos de Jake fitavam cada um dos jogadores à sua volta. "Se eles querem correr, vamos mostrar para eles como se corre. Vamos colocar esse negócio na sexta marcha e ver até que velocidade a gente consegue chegar. Estou cansado de deixar que um garoto metido pense que me tem na mão. Não sei quanto a vocês, pessoal, mas eu vou fazer alguma coisa a respeito."

Durante o discurso de Jake, simples como foi, as cabeças se ergueram, os corpos se endireitaram e a atmosfera como um todo ficou mais leve. Um coro de concordância agitou a sala e alguns jogadores começaram lentamente a aplaudir a proposta de Jake. Seu ritmo constante ganhou força e cresceu até uma estrondosa salva de palmas. O técnico entrou no centro da confusão com um leve sorriso no rosto e, simplesmente, ergueu a mão para o grito do time.

"Um, dois, três..."

"Cardinals!", todos gritaram e correram de volta para a quadra, parecendo um time completamente diferente.

Quando Jake passou, o técnico segurou em seu ombro e sussurrou em seu ouvido:

"Um dia você será um excelente técnico."

Jake fez um sinal ao elogio, mas sua mente estava em outro lugar. Estava ansioso para mostrar ao número onze como realmente se praticava o seu esporte.

"Tenho uma coisa pra você", Jake sussurrou ao calouro pouco antes da bola estar pronta para a segunda metade do jogo.

"O que é, veterano?", ele respondeu com um sorriso irônico.

Jake abriu a mão para mostrar a bala.

"Sem ofensa, mas você tem bafo."

Com um tapa irritado na mão de Jake, o número onze jogou longe a bala e baforou com força bem em cima dele.

"Como quiser", disse Jake com um sorriso enquanto recebia um passe de Grant e corria pela quadra com mais rapidez do que durante toda a primeira metade do jogo.

O novato o marcava bem, mas Jake o forçava cada vez mais. Na entrada do garrafão, fingiu se preparar para um arremesso de três pontos e lançou sem olhar para Nate, que voou pela linha de fundo e subiu numa bandeja reversa para a cesta praticamente sem resistência.

Para não ficar atrás, o número onze tentou correr quadra acima em seu próprio jogo rápido, mas não viu Grant se adiantar para garantir a marcação dupla. O cara do bafo perdeu o controle da bola e Grant rapidamente a recuperou e arremessou para Jake, que instintivamente havia acelerado para trás na direção do outro aro. Jake subiu do chão para sua primeira enterrada da temporada e para o grito de aprovação de seus companheiros e dos fãs do Louisville presentes no ginásio.

Geralmente, Jake gostava de preservar sua energia e deixar os lances com saltos para os jogadores mais altos do time, mas hoje não estava poupando nada.

✣ ✣ ✣

"Não acredito que estou assistindo as reprises do programa SportsCenter só para te ver outra vez", Amy riu ao telefone naquela noite.

"Tem certeza de que não é para ver os melhores momentos do hóquei? Tem uns bonitões ali também", brincou Jake de seu assento no ônibus do time na mesma noite, um pouco mais tarde. Pelo menos três companheiros roncavam ali por perto, mas para Jake, não importava o quanto estivesse cansado; ele sempre ficava na expectativa de conversar com Amy.

"Verdade, verdade, mas eles não são Jake Taylor. Ei, depois do jogo, aquele locutor, o Burnt Mushbooger..."

"Brent Musburger?"

"Isso mesmo, sei lá. Ele fez um comentário sobre o possível futuro de Jake Taylor no ano que vem, jogando entre os profissionais."

Jake ficou esperando que Amy expressasse sua opinião a respeito do comentário, mas ela permaneceu calada como se aguardasse uma explicação dele. Jake olhou rapidamente em volta para ver quem poderia ouvir. Além das conversas cheias de sonhos exagerados que ele tinha com Grant tarde da noite, Jake não tinha contado a ninguém que considerava, em secreto, deixar a faculdade dois anos antes para entrar no draft. Obviamente, ele não queria despertar nenhuma suspeita agora, há apenas dois jogos do torneio da NCAA. Imaginou que teria muito tempo para se preocupar com suas opções lá no fim da temporada que, se tudo desse certo, seria dali a dois fins de semana.

"Huh, que engraçado", Jake finalmente respondeu. "Acho que vou ter que ver. Não foi Jesus que disse: 'Não se preocupe com o amanhã, porque o hoje já tem suas próprias preocupações'?"

"Touché, Sr. Espiritual", Amy replicou, bem humorada. "Mas promete que você nunca vai me transformar numa daquelas esposas da NBA."

"Fechado." Jake riu. Esta seria uma conversa séria que precisariam ter em algum momento, mas hoje, este não era o ponto. Além disso, ele tinha outro assunto mais sério sobre o qual precisava conversar com Amy primeiro... e com certeza, não queria fazer isso ali, no meio de todos os seus companheiros de time. O peso daquele fardo se acomodou sobre seus ombros e ele bocejou.

"Desculpa, amor, eu vou deixar você dormir", disse Amy.

"Eu te amo, Amy Briggs."

"Eu também te amo, Jake Taylor."

✦ ✦ ✦

Os quatro dias entre as quartas de final e a semifinal pareceram ser a semana mais longa da vida de Jake. Ficar sentado nas aulas e ouvir palestras sobre variável fisiológica e biomecânica, e unidades padrão de medidas, tornava tudo ainda pior. Jake tentava prestar atenção e tirar boas notas, mas só conseguia se concentrar, de fato, no grande jogo do fim de semana.

Como se não bastasse sua própria luta pessoal para ficar concentrado nas aulas, as outras pessoas tornavam isso quase impossível. Jake sabia que se pudesse dedicar aos estudos o mesmo tempo que gastava em conversas com estranhos, em entrevistas de rádio e em autógrafos, era provável que conseguisse a média sem problemas. Ele achava ter conseguido atingir um equilíbrio saudável para lidar com sua populaidade no campus, mas durante o March Madness, a atenção constante já existente cresceu ainda mais. E sua enterrada monstruosa no último jogo fez qualquer coisa, exceto amenizá-la. Parecia que todos sentiam certa compulsão por recordá-la com ele.

Quando o time, por fim, embarcou rumo ao Texas para a semifinal do campeonato regional do Sul, Jake estava animado por finalmente concentrar-se somente no basquete. Ironicamente, seu adversário era o time da 2ª posição, San Diego State, dentre os times da região. O Aztecs havia ficado entre os dez melhores o ano inteiro e terminado a temporada com apenas duas derrotas.

Mais uma vez, Jake começou a imaginar se estaria numa situação melhor caso tivesse decidido ir para lá em vez de Louisville. Não que estivesse infeliz com sua escolha por Louisville, mas se tivesse ficado perto de casa, provavelmente, nunca teria deixado de ir à igreja, o que significava que nunca teria cometido os erros dos quais ainda sofria as consequências. *Não seria ótimo?* — Jake sorriu, ainda sentindo o peso da necessidade de ser sincero com a Amy.

O passado é passado. Viva o presente — Jake disse a si mesmo, tentando deixar para lá. Apesar de todos os seus erros, ele sabia que Deus o estava usando em Louisville, e isso era o que realmente importava.

Jake recostou-se no assento e direcionou seus pensamentos ao videoteipe do jogo que passou horas assistindo durante a semana. Sua tarefa seria marcar Demetrius Nichols, capitão do time Aztec e escolhido na loteria da NBA. Conterrâneo de San Diego, Demetrius havia jogado para uma escola que o Pirates de Jake enfrentava todos os anos na final e o confronto entre os dois sempre atraía muita atenção. Jake sabia que Demetrius poderia ser perigoso se ele não tomasse cuidado, mas tinha de admitir que estava ansioso pelo duelo, como nos velhos tempos.

✥ ✥ ✥

O jogo do Sweet Sixteen, televisionado em cadeia nacional, correspondeu além de seu faturamento. Com ação nas alturas e velocidade de tirar o fôlego, o jogo seguiu acelerado de um lado para outro durante todos os quarenta minutos sem que nenhum time conseguisse abrir uma liderança confortável.

Jake se lembrava de que Demetrius era rápido no Ensino Médio, mas aquilo seria câmera lenta comparado ao seu jogo hoje. Uma vez após a outra, o jovem de vinte e um anos corria com Jake pela quadra, pressionando tanto que, às vezes, uma colisão parecia inevitável. Era como se ele tivesse olhos tanto nas costas quanto em algum lugar próximo às orelhas, pois, por mais marcado que estivesse, sempre parecia encontrar um companheiro livre na quadra. Jake contava com isso porque, quando Demetrius parava para um arremesso perfeito, ele se tornava realmente perigoso. Era como se não conseguisse errar, de qualquer lugar de onde arremessasse. Não era de se espantar toda a discussão sobre qual time levaria o astro no draft.

Felizmente, para Jake e toda a nação de Louisville, no entanto, o elenco coadjuvante de Demetrius estava sofrendo. Se eles jogassem bem, o Cardinals estaria em grande dificuldade, mas conforme o tempo avançava, seus arremessos continuavam a falhar e o placar mantinha-se próximo.

Jake estava exausto de tentar manter um corpo diante de seu extremamente talentoso adversário, mas ficou firme. O que lhe faltava em velocidade, ele compensava em persistência. Como o coelho da pilha Energizer, ele simplesmente continuava em frente, graças às suas frequentes corridas noturnas com Grant, sem dúvida. De modo geral, seu ritmo acabava prevalecendo em jogos assim, mas o júri ainda não tinha um veredito se ele conseguiria cansar Nichols. Os dois pareciam estar jogando em outro nível esta noite, desejando que seus companheiros triunfassem com cada grama de esforço que pudessem reunir.

Faltando quarenta e cinco segundos para o final, o placar estava congelado no sessenta e três. Demetrius subiu a quadra batendo a bola, olhos no Jake, na cesta, no relógio e em seus companheiros, tudo, aparentemente, de uma só vez. Jake o interceptou na linha do meio, erguendo as duas mãos como foi ensinado desde quando tinha cinco anos. Suas pernas pareciam bambas de tanto percorrer a quadra para cima e para baixo durante trinta e sete dos trinta e nove minutos até o momento, mas ele sabia que precisava superar os seus limites.

Demetrius levantou dois dedos para chamar a jogada e instantaneamente acelerou à direita de Jake. O alerta de Nate de que um bloqueio estava a caminho foi abafado pelos gritos de 19 mil fãs, e Jake foi de cara no peito de uma força contrária cujo uniforme ensopado de suor encharcou seu nariz e olhos. Jake gritou para voltar ao seu alvo, mas a fração de segundo que levou foi exatamente o que Demetrius precisava, e tudo o Jake viu foi a bola escorregando pela rede. Os torcedores da SDSU colocaram-se em pé na arena lotada, mas Jake não tinha desistido.

Ele olhou para o relógio enquanto corria para ficar livre e assim receber o passe de Nate. *Quatorze segundos*. Assim que a bola chegou às suas mãos, Jake ouviu o técnico gritar para que subisse com ela. A defesa imediatamente veio marcá-lo, e Jake tentou olhar acima deles para achar seu homem livre.

Dez segundos. Por estarem todos a caminho da cesta, nenhum deles estava livre.

Sete segundos. O tempo estava se esgotando. Jake tinha de achar alguém. De repente, ele jogou a cabeça para trás como se fosse tentar arremessar a bola acima dos braços estendidos de sua marcação. Mordendo a isca, ambos pularam alto para bloqueá-lo, oferecendo a Jake exatamente o espaço que precisava para passar por baixo e sair da marcação. Jake correu na direção da linha de três pontos, mas ainda não via um homem livre.

Três — dois — um. Jake lançou a bola na direção da cesta um metro e meio antes da linha dos três pontos. Jake, Demetrius, seus companheiros e milhões de telespectadores acompanharam o trajeto da bola no ar sem respirar. Ela bateu forte na tabela... e caiu direto para dentro da cesta para os pontos da vitória. Louisville tinha chegado aos oito times principais, o Elite Eight!

✤ ✤ ✤

Dizem que no esporte, os picos mais altos não são tão intensos quanto os vales mais profundos. Isso não poderia ser mais verdadeiro para Jake e seus companheiros no dia seguinte. Num embate com o primeiro colocado, o Florida Gators, o Louisville ficou atrás desde a bola inicial.

Florida tinha um par de gigantes que obstruíam a linha como o trânsito de Los Angeles em horário de pico. A única maneira de passar por eles era arremessando de fora, mas, infelizmente, o perímetro também estava bastante trancado. Jake e seu time lutaram até o fim com tudo o que tinham, mas nunca foi o suficiente para dominar o jogo e sua derrota por sete pontos fez o fim parecer mais próximo do que realmente estava.

Sentindo como se tivesse sido atropelado por uma jamanta, Jake e seus companheiros caminharam devagar até o vestiário. A alegria e a euforia que haviam sentido apenas vinte e quatro horas antes eram nada se comparadas à sensação deprimente da derrota. As dores e os incômodos ficavam piores, as pequenas irritações ganhavam força e Jake não conseguia deixar de pensar se tinha valido a pena. Colocou um grande saco de gelo sobre o joelho direito e recostou a cabeça no armário frio enquanto ouvia o técnico em seu previsível discurso de fim de temporada: ele os amava como filhos e se orgulhava deles por levar o Louisville ao primeiro Elite Eight em mais de uma década e blá, blá, blá.

E então, tudo estava acabado. Não havia mais a expectativa, nem a excitação confiante. Tudo o que tinham a fazer agora era ficar em dia com todas as matérias em que estavam desanimadoramente atrasadas. Eles haviam sido bem sucedidos nesta temporada, mas em algum momento, tudo precisava terminar. Pena que o fim tivesse chegado antes da final do campeonato.

Muito tempo depois de o técnico terminar de falar, Jake permaneceu no banco, sem se mover, desejando que o gelo pudesse entorpecer suas emoções também, além do joelho dolorido. Ele não tinha vontade de conversar com ninguém, então, pegou o telefone da sacola para parecer ocupado. Na avalanche de mensagens de amigos e familiares, somente três fizeram seu coração acelerar.

19h27 | De: Amy | Para: Jake
Muito orgulhosa de você. Queria estar aí para tirar sua tristeza com um abraço.

19h32 | De: Debron | Para: Jake
E aí cara, até os melhores perdem às vezes. Isso quer dizer que você vai jogar com a gente de novo?

19h33 | De: 646-555-3111 | Para: Jake
Meu nome é Jordan Spiro e eu gostaria de ajudá-lo a participar do draft neste verão. Quero te convidar para um café da manhã na próxima semana quando podemos conversar sobre sua ida ao basquete profissional no próximo ano.

PRIMAVERA

38

SE HOUVE ALGUMA COISA POSITIVA na derrota do Louisville ontem, foi o fato do time não precisar ficar na faculdade durante a semana de recesso escolar. A temporada havia terminado; os jogadores estavam dispensados. Assim que Jake se deu conta disso, uma nova sensação de aceitação o dominou e ele imediatamente acessou a internet e procurou pelo voo mais barato para São Francisco. Uma passagem por seiscentos e cinquenta dólares estava longe de ser uma pechincha, mas valia muito a pena para passar uma semana com a Amy.

Quinze horas depois de sua derrota devastadora, Jake fechava o zíper da sua mochila do Cardinal e não conseguia tirar o sorriso do rosto. Em pouco mais de oito horas, estaria frente a frente com sua namorada e mal podia esperar. Amy ainda teria aulas enquanto Jake estivesse por lá, então, ele ajeitou alguns livros na mochila para que pudesse colocar em dia suas próprias matérias. Empurrou a roupa suja para dentro do armário, fez uma pilha apresentável de todos os papéis que estavam sobre a escrivaninha e arrumou a cama rapidamente. Qualquer outra faxina teria de esperar pelo seu retorno. Em onze minutos, ele estaria partindo para o aeroporto.

Jake atravessou o hall e bateu na porta de Grant.

"Só mais dez minutos, mano", avisou. Dez e meia da manhã não era absurdamente cedo, mas para o primeiro dia de férias, e depois de chegar tarde ontem à noite, Jake reconheceu o sacrifício que seu amigo estava fazendo em levá-lo ao aeroporto.

Depois de deixar a mochila perto da porta da frente, Jake andava pela sala de estar enquanto aguardava. A exaustão da noite anterior havia se dissipado milagrosamente e agora ele era um poço de energia acumulada. Olhou para o relógio. *Mais seis minutos.* Estava pensando em bater novamente na porta de Grant, apenas para se certificar de que estivesse acordado, quando, de repente, uma batida na sua porta o assustou.

Jake abriu a porta rapidamente e viu Nicole ali em pé, em toda a sua glória. Contra a sua vontade, ele se impressionou, mas assim que conteve sua masculinidade natural, uma onda de repugnância o cobriu.

"Jake!", Nicole exclamou timidamente. "Você está bem para esta hora da manhã. Eu nem sabia se estaria acordado." Estendeu a mão e tocou o braço dele fazendo charme.

Jake retraiu o braço disfarçadamente.

"Tudo bem?", perguntou

Nicole tirou de trás de si uma cópia do jornal local que mostrava uma foto de Jake no jogo de ontem, arremessando sobre um adversário.

"É uma pena mesmo vocês terem perdido ontem, mas segundo este artigo, alguns recrutadores da NBA estão de olho em você. Estava guardando esse segredo de todos nós?", perguntou brincando.

Só a forma como ela disse "todos nós" incomodou Jake. Desde quando ele lhe devia explicações por qualquer coisa que fizesse? Esse era um assunto pessoal, sobre o qual ele ainda nem tinha conversado com a Amy, e certamente, não deixaria Nicole a par do que pensava.

"Hmm, é. Eu acho que também não estou sabendo desse segredo." Pegou o jornal e colocou a outra mão na porta para levar a conversa ao seu final. "Mas obrigado por me trazer o jornal aqui. A Amy vai adorar lê-lo."

"Vocês dois ainda estão juntos, é?"

Mais uma vez, a forma como ela falou irritou Jake profundamente. Ele queria responder que não era da conta dela, mas pensou que talvez fosse melhor manter a cordialidade.

"É. Na realidade, eu estou de saída para o aeroporto para visitá-la. "

"Ah, que bonitinho", Nicole parecia genuinamente feliz por ele, mas Jake sabia que era apenas fachada. Então, seu sorriso diminuiu um pouquinho e um ar de preocupação transpareceu nela. "A Amy... hmm... sabe sobre nós?"

Jake não podia acreditar que estava tendo esta conversa pouco antes de sair para encontrar-se com Amy. Isso sim é que senso de oportunidade.

—"Sabe sim, Nicole. E ela me aceitou de volta mesmo assim. Vai entender."

"Uau, mesmo com o seu, hmmm, probleminha?"

Algo no olhar de Jake deve ter denunciado seus sentimentos porque Nicole imediatamente se aproveitou de sua hesitação.

"Ah. Você ainda não falou com ela sobre *isso*. Acho que eu não deveria estar surpresa", completou.

"O que está querendo dizer?"

"Parece que o Nate já está lidando bem com essa questão agora, mas ficou muito bravo por você sair por aí espalhando isso sem contar para nenhum de nós."

"O quê? Foi você que passou para mim!"

Nicole fez cara de espanto.

"Como você sabe que não foi o contrário? Homens. Vocês sempre querem culpar a garota."

"Que seja, Nicole. Você sabe que a Amy é a única garota com quem dormi, e ela está limpa. Fez o exame quando ficou grávida."

"Que seja. Acredite no que quiser. Isso não quer dizer que vá fazer diferença alguma quando a Amy descobrir", Nicole virou-se e caminhou para saída, falando sarcasticamente por sobre o ombro: "Tenha uma boa viagem".

Jake a viu sair, pasmo com a sua lógica ridícula. O que ele tinha visto nela? Mas ela havia levantado um ponto importante: Jake precisava contar à Amy sobre o herpes. E esta viagem era a oportunidade perfeita. Ele odiava a ideia, mas sabia que precisava fazer isso.

"Aquela era a Nicole?", a voz grogue de Grant soou atrás de Jake, trazendo-o de volta ao presente.

Jake revirou os olhos e balançou a cabeça.

"Era. Você está pronto?"

39

AMY AGUARDAVA ANSIOSA pela chegada de Jake perto da esteira de bagagens do aeroporto de São Francisco. Desde quando ele lhe telefonou na noite anterior com essa ideia repentina, ela ficou desassossegada e impaciente, e estudar estava fora de questão. Uma semana inteira com seu namorado? Seria o tempo mais longo que passariam juntos, lado a lado, desde que haviam reatado, e ela tinha tantas ideias empolgantes de coisas que poderiam fazer. Passeios no Fisherman's Wharf em São Francisco, corridas no parque, sair com Renee e Brian... Amy estava extasiada.

É claro que, em meio à expectativa, ela não pôde evitar a lembrança de sua desastrosa visita à Louisville nessa mesma época há dois anos. Porém, não tinha como essa viagem ser tão ruim como aquela. Jake tinha sido um perfeito cavalheiro nesses últimos três meses de seu novo relacionamento. Nos breves momentos em que estiveram juntos, nem ao menos tentou beijá-la, algo que a havia impressionado, porque todas as vezes em que ele olhava nos seus olhos, ela parecia tornar-se uma massa maleável nas suas mãos.

Amy tirou a tampa de sua garrafa de água para dar um gole enquanto andava pelo terminal do aeroporto. Infelizmente, não havia água alguma. Durante a espera, distraída, ela havia bebido tudo... e agora, todo aquele líquido, de repente, clamava para deixar seu corpo. Amy deu uma olhada rápida no relógio. O avião de Jake deve ter aterrissado há dez minutos, o que quer dizer que ele estaria chegando pela escada rolante a qualquer momento agora.

Pesando freneticamente suas opções, Amy concluiu, com rapidez, que, exceto se encontrasse logo um banheiro, ela não estaria apta para desfrutar da chegada de Jake. Deu uma fugida calma ao toalete, desejando estar de volta a tempo de receber seu namorado.

Ela não deve ter demorado mais do que um minuto ou dois, porém, quando voltou, o espaço das esteiras de bagagens tinha mudado drasticamente. Por todos os lados, havia um enxame de pessoas aguardando suas malas, e Amy se deu conta de que Jake estaria em algum lugar entre elas. Seus olhos examinaram a multidão desesperadamente. E então, ela o viu. Em pé, ao lado do carrossel número três, com o celular ao ouvido. Ela só viu a parte de trás de sua cabeça, mas foi o suficiente. Acelerou o passo com um sorriso estampado no rosto e, quando seu telefone tocou, ela atendeu sem nem mesmo verificar quem era.

"Desculpa, Jake. Eu sei que devia ter te esperado! Tive que correr até o banheiro."

"Hum, Amy, aqui não é o Jake", uma voz feminina vagamente familiar falou ao seu ouvido.

Amy baixou o telefone de forma brusca para verificar o número. Não o identificou.

"Quem é?", perguntou, um pouco irritada.

"É a Nicole."

Amy congelou. Quem essa garota achava que era? E por que ela estava telefonando exatamente neste minuto?

"Uh, o que você quer? Esta não é mesmo uma boa hora."

"Olha, eu sei que você deve me odiar. E acho que não posso te culpar. O Jake é um cara ótimo e sinto que tive sorte de poder conhecer esse lado dele", Nicole continuou, sem consideração.

Amy podia sentir seu sangue começar a ferver em consequência da conversa frívola de Nicole sobre o passado deles.

"Nicole", Amy interrompeu. "Eu estou no aeroporto para buscar o Jake agora. Isso pode esperar? "

"Ah, desculpa!", exclamou Nicole. "Não sabia que ele iria viajar na semana de recesso. É que recentemente eu conheci um lado mais negro de Jake e achei que, talvez, você quisesse saber também, sabe, antes que as coisas fiquem muito..." Sua voz sumiu.

A seis metros de distância, Jake virou-se e viu Amy. Com tanta agitação à sua volta, ela não conseguia ouvir nada, mas leu os lábios dele chamando o seu nome enquanto se abriam num lindo sorriso. No entanto, toda sua excitação ao vê-lo foi distraída por sua tentativa de se concentrar no que Nicole estava dizendo.

"O quê? Eu não..."

"Só pergunte ao Jake o que ele sabe sobre herpes", Nicole interrompeu e, em seguida desligou, exatamente quando os braços de Jake envolveram a cintura de Amy.

"Oi amor, como você está?", ele falou em seu ouvido.

Amy tentou absorver o calor do seu abraço, mas o pedido estranho de Nicole tinha despertado uma reserva repentina. Nicole estava insinuando o que Amy achava que estava? Jake sabia disso? E por que a informação vinha pela Nicole? Com que frequência Jake conversava com esta garota? O que estava acontecendo aqui? Todas essas perguntas se trombavam em sua mente enquanto seu corpo tentava cumprimentar seu namorado.

"Você acabou de chegar?", Amy murmurou, tentando se controlar.

"É, eu estava te procurando."

"Desculpe, eu precisei ir ao banheiro."

"Com quem você estava falando?", Jake perguntou despreocupadamente, segurando a mão de Amy enquanto caminhavam na direção do estacionamento.

"Ah, só uma velha amiga. Sinto muito, estava difícil cortar o papo." Amy decidiu deixar os detalhes para outro momento. Se Nicole estivesse falando a verdade, então, Jake tinha muitas explicações a dar, e Amy gostaria que ele iniciasse a conversa. Ela decidiu lhe dar oportunidades suficientes no jantar daquela noite. "Então, eu estava pensando que já que estamos aqui em Frisco poderíamos passar a tarde visitando alguns lugares e depois jantar no Fisherman's Wharf. Eles têm o melhor creme de mariscos no pão."

"Qualquer lugar onde você esteja parece perfeito para mim", disse Jake passando o braço sobre o ombro de Amy.

✚ ✚ ✚

Oito horas depois, Amy entrou em silêncio no quarto escuro para não acordar Renee.

"Então? Como foi? Seus lábios ainda estão puros?", Renee acendeu a luz e sentou-se na cama.

"Nem chegou perto de um beijo", Amy sorriu. "E eu tenho uma aula às 8h amanhã, então, vou dormir."

"O quê? É só isso que você me conta? Onde estão todos os detalhes saborosos, menina?"

"Tomamos sorvete no Ghirardelli Square, creme de marisco no Fisherman's Wharf e passeamos por lá. O que mais você quer saber?"

"Afff!", Renee reclamou de brincadeira. "Acho que já é suficiente. Você se divertiu? Não parece nem um pouco entusiasmada como eu ficaria se visse meu namorado pela primeira vez depois de dois meses e meio."

"Só estou cansada", Amy desviou o assunto enquanto pegava seu nécessaire e se dirigia ao banheiro.

A verdade, entretanto, era que Amy não conseguia tirar da cabeça o alerta de Nicole e, apesar de ter dado muitas oportunidades para que Jake falasse, ele não tinha nem chegado perto do assunto. Amy estava começando a ficar mais do que apenas incomodada. E amanhã, eles não teriam tempo para conversar sério. Amy tinha aulas na maior parte do dia, e à noite, eles estariam com Renee e Brian. Talvez, um encontro com outro casal a ajudasse a tirar o assunto da cabeça, mas Amy não tinha certeza de quanto tempo mais conseguiria continuar sem colocar tudo em pratos limpos.

✣ ✣ ✣

Após uma noite de sono agitado, Amy sofreu durante as aulas, sentindo-se cada vez pior. Encontrou Jake para um almoço rápido no restaurante da faculdade e conseguiu manter uma conversa decente sobre amenidades, mas Jake deve ter percebido que alguma coisa não estava normal. *Bom! Talvez, isso o faça começar a falar!* — pensou Amy enquanto corria para a aula seguinte.

Por volta das 16h30, Renee pegou uma carona com Jake e Amy para Oakland. Lá, eles se encontrariam com Brian na escola de Ensino Fundamental onde ele supervisionava um programa de atividades extracurriculares. Quando eles entraram, Brian estava ajudando um garoto a terminar uma tarefa de matemática.

"Oi, amor!", Renee exclamou animada enquanto corria para dar um abraço no namorado.

"Oi, amor. Bem na hora! O Javier está quase acabando."

"Obrigado, Brian", disse Javier fechando seu livro e despedindo-se de seu tutor com um toque de mão. "Até amanhã."

"Amor, este é o Jake. Jake, este é o Brian", Renee fez as apresentações.

"Muito prazer, Jake. Tenho te visto bastante na ESPN ultimamente. Sinto muito pelo jogo com o Florida, cara."

Jake riu.

"Olha, se eles não tivessem eliminado meu time, eu não estaria aqui agora."

Brian bateu de leve no ombro de Jake.

"Boa maneira de encarar as coisas, cara. Bom, olha, se você estiver sentindo falta da quadra, amanhã nós temos um treino depois da aula. As crianças vão adorar ter a visita de um astro como você."

Jake revirou os olhos e olhou para Amy buscando a aprovação.

"Sim, claro. Eu tenho aula à tarde de qualquer maneira. Você pode ir com meu carro." Amy sabia que seria bom para Jake ver o trabalho de Brian com as crianças, especialmente devido ao envolvimento de Jake com Debron e seus amigos, mas ela podia sentir sua tensão aumentando quanto mais evitava o assunto que Nicole havia instigado. *Deus, me ajude com isso,* — orou baixinho. *Eu nem sei se é algo com o qual eu deveria me preocupar, mas nós precisamos falar sobre isso abertamente. Puxa! Isso é tão irritante!*

✦ ✦ ✦

Jake retornou de Oakland totalmente empolgado com o que viu ali. O programa extracurricular de Brian lhe deu tantas ideias para suas pequenas atividades com Debron e seus amigos. Todos os dias da semana, as crianças tinham algo a fazer, sempre num ambiente positivo. A lição de casa e o basquete eram as duas áreas mais importantes, mas eles também faziam excursões a museus e parques, empresas e fábricas, e tinham atividades que envolviam música, arte e culinária. No intervalo entre elas, eles faziam exercícios. Brian conseguiu realizar tudo isso com a ajuda de muitos voluntários mobilizados de várias igrejas e alguns pais que acabaram se interessando.

Jake sabia que seu horário estava limitado pela programação de jogos, mas agora que estava entre temporadas, podia fazer muito mais. Durante toda a tarde, ele absorveu ideias da mente de Brian e, quando finalmente foi embora, transbordava de inspiração. Ele já havia falado um pouco com Buddy e Grant sobre suas ideias de uma clínica de basquete no verão, porém, agora aqueles esboços de sugestões ganhavam asas.

Amy tinha mostrado a Jake como conectar seu telefone ao Bluetooth do seu carro, então, ele pediu que fizesse a ligação para Buddy. Ele precisava compartilhar algumas de suas reflexões imediatamente.

"Alô?", Buddy atendeu, soando um pouco rouco.

"Oi! É o Jake. Sabe a ideia que tivemos do acampamento de basquete para as crianças do bairro de Debron? Bom, eu acabei de ter um monte de ideias novas."

"Ah, Jake. Que bom."

Jake, de repente, percebeu que Buddy não parecia nada bem.

"Buddy, você está bem?" Uma longa pausa se seguiu e, então, Jake pensou ter ouvido um suspiro. "Buddy? O que está acontecendo?"

Mais alguns soluços abafados vieram do outro lado da linha até que Buddy finalmente conseguiu falar:

"Yvonne morreu."

Aquelas duas palavras atingiram Jake no peito como uma tonelada de pedras. Jake sabia por suas visitas semanais que o estado de Yvonne não havia progredido — em nada — durante os nove meses após o seu derrame. Mas ela havia resistindo tanto tempo em seu estado vegetativo que Jake simplesmente presumiu que continuaria assim por muito tempo.

"Buddy! O qu...? Por quê? Quando?"

"Não sei", Buddy fungou. "Ontem de manhã, ela parecia... diferente, então, chamei a enfermeira. Bunny ficou com a gente o dia inteiro e só foi para casa à noite. Eu dormi ao lado de Yvonne a noite passada e esta manhã, quando acordei, ela simplesmente... tinha partido." Neste momento, Buddy caiu num choro profundo, e Jake não pôde evitar a própria comoção.

"Ah, Buddy. Eu sinto muito", disse com suavidade afinal, quando as lágrimas diminuíram. Ele sabia que o único filho de Buddy e Yvonne havia morrido com vinte e poucos anos, o que significava que Buddy agora estava completamente só neste mundo. "E-eu posso mudar meu voo e voltar amanhã."

"Bobagem!", Buddy exclamou com uma força repentina. "Fique aí com sua linda garota e aproveite bem seu tempo com ela. Você nunca sabe quando esse tempo será abreviado."

Jake achou uma graça o fato de Buddy considerar seu tempo com Yvonne "abreviado", pois passaram juntos sessenta anos de suas vidas. Ele esperava ter a mesma sorte de desfrutar tanto tempo assim com a Amy.

"Só não quero que fique sozinho, Buddy. Você sempre esteve presente quando eu precisei. Seria o mínimo que eu poderia fazer."

"Sozinho?", perguntou Buddy. "Você faz ideia de quantas senhoras de cabelo azul vieram me trazer o jantar nas últimas dez horas? Quando elas pararem de vir, eu vou ter ensopado como companhia durante anos. O que significa que eu adoraria se você viesse jantar algum dia na semana que vem."

Jake se maravilhava com a perspectiva positiva que Buddy conseguia ter.

"Tudo bem. Está marcado. Mas agora que a temporada acabou, talvez, eu queira ir mais vezes na semana."

"Acho que seria bom. E assim nós podemos definir todos esses novos detalhes para o seu acampamento de basquetebol."

"Parece ótimo."

"Mas... Jake?"

"Sim?"

"Você já falou com ela?"

Ele estava falando sério? Tinha acabado de sofrer a perda devastadora de sua esposa. Era ele quem deveria estar recebendo conforto e encorajamento neste momento. No entanto, ainda encontrava uma maneira de cutucar Jake com a pergunta da responsabilidade que havia repetido nos últimos meses.

"Uh... não", Jake confessou, envergonhado.

"Jake", Buddy repreendeu, com sua maneira amorosa e gentil.

"Certo. É sério. Eu tenho tentado. Mas parece que não surgiu a oportunidade certa. Não dava para chegar e cumprimentar a Amy no aeroporto dizendo: 'Oi, que bom te ver. Eu tenho herpes'. E além disso, ela planejou um dia especial em São Francisco e eu não quis estragar tudo. E além disso, nós não ficamos realmente sozinhos desde então, exceto por tipo, quinze minutos no almoço antes dela correr para a aula."

"Hmm", Buddy reconheceu a situação complicada de Jake. "Então, quando você vai contar?"

"Bom, hoje nós não temos nada planejado... que eu saiba."

"Então..."

"Então, eu acho que será hoje à noite."

"Tudo bem. Estarei orando por você."

"Buddy, você já tem muita coisa na cabeça. Não precisa se preocupar comigo."

"Jake, você acha que eu quero ficar sentado aqui, lamentando a minha perda? A Yvonne partiu e vou sentir a falta dela feito um louco. Mas eu sei que ela está num lugar melhor, correndo e pulando e, provavelmente, até voando. E isso é muito melhor do que ficar deitada nesta cama velha aqui. Estou triste por mim, porém, feliz por ela. E você vai me deixar muito mais feliz se simplesmente falar a verdade para essa sua garota."

"Tudo bem, Buddy. Eu entendi", Jake fez uma pausa, tentando colocar em palavras seu próximo pensamento. "Obrigado... por tudo. Você é como o avô que eu nunca tive... e eu... eu te amo."

No silêncio que se seguiu, Jake começou a pensar que tinha perdido a conexão. Mas finalmente Buddy respondeu, com a voz solene mais uma vez:

"Eu também te amo, Jake."

✠ ✠ ✠

Naquela noite, Jake se ofereceu para levar Amy a um pequeno restaurante italiano da cidade. Os dois conversaram sobre amenidades com cordialidade suficiente, mas qualquer conversa mais profunda não fluía. Além de carregar o fardo de ter que contar à Amy sobre sua doença esta noite, Jake ainda estava abalado com a morte de Yvonne. Mas havia algo errado com Amy também, e ele não conseguia entender o que era. Então, agora preocupado com a possibilidade de ela já estar chateada com ele por algum motivo, Jake começou a recuar em sua decisão de abrir o jogo esta noite, imaginando que, talvez, fosse melhor deixar uma notícia tão desastrosa para um momento em que ela estivesse mais receptiva.

"Então, uh, como está a sua lasanha?", perguntou, provavelmente pela terceira vez.

"A lasanha ainda está ótima, Jake. Eu sei que você está triste por causa da Yvonne e tudo mais, por isso, me sinto mal por abordar esse assunto agora, mas não consigo mais guardar para mim. A Nicole me ligou no dia em que você chegou. Ela disse alguma coisa sobre herpes. Jake, há alguma coisa que você tenha que me contar?"

O rosto de Jake perdeu a cor e ele sentiu como se tivesse sido lançado numa fornalha. *Nicole! Aquela...* — Jake se controlou, sabendo muito bem que isso era culpa sua tanto quanto de Nicole. Se ele tivesse aberto o jogo desde o início, Nicole não teria poder sobre ele agora. Ainda assim, o que aquela garota tinha na cabeça?

"Uh...sim."

O olhar de Amy para ele poderia ter fervido água, mas era tarde demais para recuar agora, então, Jake respirou fundo e mergulhou de cabeça em sua confissão.

"Amy, quando você estava na Romênia..."

"Romênia!"

"...eu fiz um daqueles checkups de rotina, e eles fizeram um exame e descobriram que eu...", Jake fez uma pausa, inalando mas um pouco de ar. "Eu tenho herpes."

Amy parecia estar sendo esfaqueada pelas costas e seus olhos se encheram de lágrimas. Jake queria poder envolvê-la em seus braços e prometer que tudo ficaria bem, mas sabia que isso não estava em seu poder, assim, em vez disso, continuou explicando.

"A Nicole é a única pessoa com quem eu... eu fiz qualquer outra coisa, e Nate também tem herpes", Jake estremeceu. "Então, eu devo ter sido infectado por ela. Nunca percebi que tinha os sintomas até conversar com o médico. Infelizmente," Jake fez mais uma pausa, "é algo que nunca vai me deixar. Há medicamentos para tratar os sintomas, mas não há cura para a doença. O que significa...", Jake vacilou, convencendo-se a compartilhar a pior parte. "O que significa que eu serei contagioso para sempre para minha futura parceira. Eu sinto muito, Amy. Sinto muito, muito mesmo. Eu teria feito qualquer coisa possível para reparar aquele meu ano de mau comportamento, porém, o pecado tem sua própria maneira de encravar profundamente suas garras, fazendo com que a gente pague por um erro muito tempo depois dele ter sido cometido. Eu estaria disposto a levar sozinho a minha parte desse fardo, sabendo que fui eu mesmo quem o trouxe sobre mim, mas levar você comigo nesta punição, me consome. É por isso que demorei tanto tempo para lhe contar. Eu sinto, muito, muito mesmo. Porque sei que seria simplesmente justo que..." Jake desviou os olhos, incapaz de enfrentar por mais tempo o olhar triste de Amy. "Eu entendo se você não quiser compartilhar esse fardo comigo. Você merece muito mais, e eu sei que terá, se for a sua escolha."

Jake não conseguia mais encarar os olhos de Amy, então, passou a olhar para o seu prato de nhoque, agora frio.

✣ ✣ ✣

Bem, lá estava a verdade, clara e simples. Era o que Amy tinha pedido. Mas agora que a tinha, ela praticamente desejava não tê-lo feito. A verdade era uma coisa tão complexa. Assim como quando pediu que Jake falasse sobre Nicole, havia algumas coisas que ela preferia não saber. Por outro lado, ignorar a verdade não alterava os fatos — neste caso, que Jake tinha herpes graças ao seu relacionamento com Nicole, e isso nunca mudaria. A questão agora era o que Amy faria com essa verdade.

Amy olhou para o seu namorado. Ele parecia tão bonitinho, tão doce em sua agonia. Uma pequena parte dela estava frustrada por esta nova consequência do seu passado, mas outra parte, ainda maior, queria abraçá-lo e beijá-lo e dessa forma mandar embora todas as preocupações. Com certeza, ele havia errado muito naquele ano em que se separaram, mas desde então, havia amadurecido e se tornado um homem que superava os sonhos mais incríveis de Amy.

Durante uma de suas aulas menos atraentes naquela manhã, Amy tinha deixado seus pensamentos voarem livres em relação ao alerta da Nicole. Ali mesmo no telefone, ela leu um pouco sobre os detalhes da doença. O que descobriu era repulsivo e deprimente, porém, não tão ruim quanto ela temia. Como acontece com qualquer doença sexualmente transmissível, o herpes, definitivamente, não foi algo que Deus pensou quando criou o sexo como um presente para maridos e esposas. Verrugas e feridas transmitidas por outros não faziam parte do prazer íntimo que Deus planejou. E a ideia de que Jake — e eventualmente Amy também — teriam sempre um lembrete tangível de seu relacionamento com Nicole entristecia Amy no fundo de sua alma.

Mas quando ela buscou a Deus por sabedoria, entendeu que a situação não precisaria arruinar o relacionamento deles. Era mais um obstáculo a ser superado e eles já haviam lidado com a entrega de seu próprio bebê para a adoção. Conseguiriam enfrentar isso. Conforme orava mais por isso, sua irritação com o fato de Jake aparentemente evitar o assunto também se dissipou. Ela sabia como devia ser difícil para ele se abrir e pediu a Deus que lhe desse forças para falar.

Ouvir a confissão sincera de Jake à noite foi a resposta desoladora de suas orações. Ela nunca sequer considerou que ele poderia estar sofrendo com a possibilidade dela deixá-lo. Que triste. De repente, ela se lembrou da mensagem na noite anterior à sua viagem de volta da Romênia — e como ela tinha sido quem dominou toda a conversa. Repassou o que se lembrava dos papos desde então e percebeu que ele havia tentado lhe contar em inúmeras ocasiões, mas sempre havia alguma distração para impedi-lo. Então, finalmente, ele até lá para revelar sua vergonha. Jake havia tentado agir de maneira honrável e agora dependia de Amy responder com graça compatível.

✚ ✚ ✚

Alguns minutos se passaram num silêncio tenso até que Jake sentiu um toque suave em sua mão. Olhou para Amy e a expressão de amor que emanava dos olhos dela pegou-o de surpresa.

"Jake. Já enfrentamos muita coisa juntos", começou com doçura. "E embora a ideia de compartilhar este vírus com aquela... garota, Nicole, me enoje profundamente, eu sei que você já pagou várias vezes o seu preço. Você é um homem muito além do que eu poderia sonhar. Você é perfeito para mim e eu te amo. Na melhor ou na pior situação. Na saúde ou na doença. Eu sei que ainda temos algum tempo antes de fazer esses votos, mas quando o dia chegar, eu ficarei feliz em me tornar uma só carne com você. Com herpes ou sem."

O discreto sorriso no rosto de Amy oferecia mais esperança do que ele jamais imaginou ser possível depois de uma conversa como aquela, e era tudo o que ele poderia fazer para se conter de puxá-la num beijo longo e apaixonado.

40

JAKE VOLTOU DE SUA VIAGEM a Stanford em plenas nuvens. Os poucos dias que tiveram depois de, finalmente, ter derramado a alma para Amy chegaram bem perto de ser os melhores de sua vida. Eles riram e se divertiram todos os segundos em que estiveram juntos, e Jake mal podia esperar até que pudessem morar na mesma cidade outra vez. Assim, quando aquele agente ligou para dar andamento à mensagem que havia enviado, Jake estava mais interessado do que nunca em falar sobre suas chances no draft. Decidiram marcar um café da manhã esta manhã, e Jake estava tão empolgado quanto nervoso. Como apoio moral e um par extra de ouvidos perspicazes, Jake havia pedido a Buddy que o acompanhasse, e Buddy, é claro, disse que de maneira alguma abriria mão de uma refeição gratuita.

Assim que entraram no elegante clube de campo na periferia de Louisville, Buddy já começou a exprimir sons de admiração. Ricos painéis de madeira cobriam as paredes do hall, fotos em preto e branco elegantemente emolduradas adornavam o local e mostravam as celebridades que haviam visitado o ostentoso estabelecimento nas últimas décadas. Estofados luxuosamente revestidos ofereciam acomodações espaçosas para os convidados e um opulento candelabro pendia de um imponente teto abobadado.

O lugar era bonito, mas o pai de Jake foi sócio de um clube de campo na Califórnia, e Jake, quando criança, tinha passado muitos verões desfrutando da piscina, das quadras de tênis e de outras amenidades. Desde então, uma das vantagens de ser um atleta universitário de elite eram os vários convites para diversos tipos de jantar em lugares como este. No entanto, Jake não havia se tornado esnobe demais para reconhecer um tratamento especial e olhou à sua volta em apreciação. De repente, ele também se sentiu grato pela dica de moda que Amy lhe deu no último segundo, convencendo-o a trocar o jeans e a camisa polo por calças e camisa sociais.

Uma recepcionista jovem e atraente os cumprimentou à entrada do restaurante.

"Você deve ser o Sr. Taylor. Estão aguardando pelo senhor. Eu vou acompanhá-los até a mesa."

Jake e Buddy trocaram sorrisos e a seguiram para o outro lado do restaurante. Janelas imensas se abriam para uma vista perfeita dos primeiros buracos de um campo de golfe privativo, mas o que realmente chamou a atenção de Jake foi um rosto que reconheceu na mesa em frente à janela. Jamal Taylor, seu ex-colega de time, a quem ele nunca considerou um amigo, estava sentado ao lado de um homem estranho e bem vestido que Jake presumiu ser Jordan Spiro. Os dois se levantaram para cumprimentar os recém-chegados.

"Jake, meu armador. É bom te ver", Jamal disse com um sorriso enquanto abraçava seu antigo companheiro de time.

"Bom te ver também, Jamal. Você não está no meio da sua temporada?"

"Por sorte minha, amanhã jogamos contra os Grizzlies e, quando o Jordan me contou com quem se encontraria no café da manhã, eu me convidei.

"É muito bom conhecê-lo pessoalmente, afinal Jake. Meu nome é Jordan Spiro. Pode acreditar, eu sou um grande fã seu", disse o italiano de quarenta e poucos anos e cabelo grisalho penteado para trás enquanto estendia a mão.

Nos dias seguintes ao segundo contato de Spiro, Jake havia buscado o máximo de informações possível sobre o homem e sua agência de esportes. Pelo que pôde descobrir, o cara era sério e representava vários atletas que jogavam atualmente na NBA. A princípio, ele também tinha ajudado Jamal a ser contratado pelo Minnesota no draft do verão anterior.

"O prazer é meu, Sr. Spiro. Este é meu amigo e mentor, Buddy Riha", apresentou Jake.

"Ah, pode me chamar de Jordan. E como vocês dois se conheceram?"

Jake olhou para Buddy e sorriu.

"Nós dois trabalhamos na recepção da Igreja Grace Fellowship aqui em Louisville. E aliás, ele também foi jogador do Cardinals."

"Bom, fico feliz que possa estar conosco hoje", disse Jordan sorrindo, mas Jake teve certeza de que seu tom de voz não era tão caloroso. Jordan fez um sinal indicando os lugares ao redor da mesa redonda.

Depois de alguns minutos de papo, um garçom anotou os pedidos e eles continuaram a jogar conversa fora até os pratos serem servidos. Jordan continuou recordando vários momentos heroicos e marcantes de Jake, o que, no começo, foi até que divertido, mas depois de certo tempo, Jake queria que conversassem a respeito de outra coisa — ou outra *pessoa*! As omeletes e as panquecas chegaram, e todo o diálogo girou em torno de Jake e de seu sucesso nesta temporada. Quando os pratos foram tirados da mesa e a conversa silenciou, Jordan, finalmente, limpou a garganta e tirou da maleta uma folha de papel.

"Bem, Jake. Você sabe que não viemos aqui apenas para falar sobre o passado. Eu acho que todos nós sabemos que você tem um belo futuro pela frente."

Jake sentiu os joelhos bambos. Este era o momento. As fantasias secretas de seu coração que ele havia tentado sufocar durante toda a temporada estavam agora prestes a vir à tona.

Jordan deslizou o papel sobre a mesa na direção de Jake.

"Este é um relatório de projeção dos principais atletas de universidades e de outros países para o draft deste ano. Não é nada além de uma previsão de probabilidade, mas os analistas que compilam a lista recebem uma boa grana para acertar."

Os olhos de Jake correram pela lista de nomes familiares até que congelaram no número trinta e oito. *Jake Taylor, Universidade de Louisville.* Lá estava ele, no início do segundo grupo. Isto era real mesmo? Jake quase se beliscou para certificar-se de que não estava sonhando.

"Bom, você pode ficar um pouco acima ou abaixo dependendo de quem realmente entrar no draft, ou de como você se sair nos combines[2] essa primavera, e é claro, de como os times da NBA se comportarem durante o resto da temporada. Mas até agora...", Jordan ergueu os olhos, fitou o rosto ainda pasmo de Jake e sorriu, "você está muito bem."

Jamal estendeu a mão sobre a mesa para um toque de mão em Jake.

"Eu sabia que este garoto branquelo da Califórnia seria um astro no instante em que ele chegou para treinar."

Jake retribuiu o sorriso, mas não conseguiu evitar rir por dentro. Ele se lembrava claramente de quando foi apresentado a Jamal e ao resto do time do Louisville. Recém-chegado da Califórnia, Jake foi desafiado por Jamal, Nate e Tony Anderson a entornar três doses de vodca e provar seu talento numa quadra de basquete do pátio da escola no frio congelante. O ultimato não tão sutil havia sido arriscado: Fazer uma cesta de três pontos senão... Jake pensou muitas vezes, no que implicaria aquele "senão...". Felizmente, sua bola passou direto pela cesta maltratada pelo clima. Mas e se ele não tivesse acertado? Teria, de fato, feito a diferença aquele ano em que ficou no banco? Será que conseguiria recuperar o respeito? Estaria sentado ali, agora? Jake tentou afastar todos os 'e se...', e voltou a olhar para Jordan Spiro.

Jordan pegou outra folha com uma lista semelhante, mas essa tinha nomes diferentes, e ao lado de cada nome, havia uma quantia em dólares.

"Este é o draft do ano passado. Como você pode ver, ao lado de cada nome está a quantia pela qual cada jogador assinou o contrato com o seu respectivo time. Posso lhe dizer, por enquanto, que os números para este ano serão equivalentes."

Jake desceu os olhos até o jogador número trinta e oito da segunda lista: Brandon Westbrook, contratado no ano anterior, da Universidade de Washington. Os olhos de Jake se arregalaram quando viram quanto o Orlando Magic estava lhe pagando este ano para, de vez em quando, deixar o banco. *799 mil dólares!* Jake pensou em seu pai que tinha trabalhado mais de oitenta horas por semana nos últimos vinte anos e recebido apenas uma fração daquilo. *E eu poderia ganhar tanto assim jogando bola!* Esse era o tipo de negócio que parecia bom demais para ser verdade.

Jake olhou para Buddy. O homem de oitenta e quatro anos ergueu a sobrancelha com um sorriso astuto e o cutucou levemente com o cotovelo. Seu assobio a seguir expressou exatamente o que Jake estava pensando. Depois de ficar calado praticamente durante toda a refeição, Buddy finalmente falou.

"É muito dinheiro! E percebo que quanto mais alta a colocação no draft, maior a quantia."

Jordan sorriu, condescendente.

"Sim, geralmente é assim que funciona."

"Hmm", Buddy murmurou e voltou ao seu silêncio.

Jordan começou a falar.

"Obviamente, nós tentaríamos colocar você o mais alto possível e sempre há espaço para a negociação, é claro. Se colocarmos as cartas certas, quem sabe, poderíamos, talvez, até chegar perto de um milhão. O que você acha desse número?"

Seu sorriso era contagioso e Jake não pôde evitar de ser envolvido. Ele poderia fazer tantas coisas com um milhão de dólares. Mas então, Buddy falou novamente.

"Sr. Spiro, eu observei alguns traços ao lado de alguns nomes. Veja, aqui mesmo, no número trinta e dois e no trinta e seis. O que eles significam?"

"Bem, às vezes, um time escolhe um jogador e depois percebe que não foi uma escolha certa. Ou, às vezes, o jogador simplesmente não tem um desempenho à altura. Não é..."

"Então, o que eles fazem?", Buddy questinou.

"Uh... nada." A resposta saiu quase como um gemido.

"Uau", Buddy disse impressionado. "Isso não parece justo. Mas estou vendo que nenhum dos jogadores escolhidos no primeiro grupo está zerado."

"Bem, sim, é verdade. As escolhas da primeira rodada têm um lugar garantido, mas os da segunda rodada não têm esse benefício."

"E esses jogadores que são cortados conseguem voltar para seus times universitários?", perguntou Buddy.

"Uh... não", Jordan respondeu irritado.

"Puxa!", Buddy exclamou. "Isso parece mais um jogo de azar. O Jake aqui poderia aceitar o risco de trabalhar com você este ano e arriscar perder tudo para entrar numa vaga do segundo grupo ou poderia esperar mais um ano ou dois e ter perspectivas muito melhores."

"É um jogo arriscado de qualquer maneira, Sr. Riha", Jordan respondeu bruscamente. "Claro Jake, você poderia ter outra temporada fantástica no ano que vem e passar para o primeiro grupo com todas as regalias. Mas nada é garantido neste mundo, meu amigo. Você também pode se dar mal, pode se machucar, seu time pode jogar mal. E então, suas opções, talvez, desapareçam como fumaça ao vento. A escolha é sua. Só estou aqui para lhe informar a respeito de suas opções e disponibilizar o meu trabalho como fiz aqui com o seu amigo Jamal."

"Melhor decisão que já tomei", Jamal completou. "Quando fui chamado, eu era o número quarenta e sete e agora estou nadando em tanta grana que nem sei o que fazer com ela", disse, rindo. "O basquete profissional é muito melhor do que o da universidade. Sem aulas, sem lição de casa. Só basquete. E ainda me pagam para jogar. Nada supera isso."

Jake trocou olhares com Buddy, esperando por mais conselhos sábios. Suas perguntas e observações haviam sido boas, melhores do que ele jamais imaginaria sozinho, e Jake queria que ele perguntasse mais. Contudo, seu mentor permaneceu calado, o rosto parecendo uma caixa trancada.

"Uau!", Jake finalmente preencheu o silêncio. "Bom, você certamente me deu muito para pensar. Nunca imaginei que minhas opções parecessem tão boas."

"Jake, elas parecem ótimas. E se eu fosse você, não perderia esta chance. Não seja um daqueles que ficam sonhando sobre o que poderia ter sido. Exija o controle do seu futuro neste instante. Eu vou estar aqui para garantir que você não se arrependa." Jordan entregou a Jake seu cartão de visita e uma pasta. "Dê uma olhada nisto e fique à vontade para me ligar caso tenha qualquer dúvida. Eu ligo em alguns dias para saber sua decisão."

"Obrigado", murmurou Jake enquanto folheava as páginas com fatos e números.

"Há muita informação aí. Leve o tempo que precisar, mas lembre-se de que precisa declarar sua elegibilidade antes do prazo final da NBA em três semanas."

Três semanas não era exatamente uma montanha de tempo para decidir o rumo do seu futuro. Jake tentou engolir a ansiedade que começava a chegar na garganta.

"Está certo, obrigado."

Depois de mais alguns minutos de bate-papo, Jake se despediu de Jamal e Jordan, e Buddy fez o mesmo. Os dois caminharam em silêncio pela saída do suntuoso clube de campo e não disseram palavra alguma até estarem seguros na caminhonete de Jake.

"Uau!", Jake finalmente falou assim que a porta se fechou. "É muito dinheiro. E o Jamal realmente parece feliz", exclamou. Buddy permaneceu em silêncio enquanto passavam pelos gigantescos portões de ferro forjado do clube de campo. "Mas aquele cara, o Spiro, tentou forçar um pouco a barra. Não sei. O que você acha que eu devo fazer?", perguntou.

"Eu acho que o importante mesmo é o que Deus pensa."

"Então, o que você acha que ele pensa?", Jake suspirou.

"Não sei. Você vai ter que perguntar a Ele."

"Eu vou, eu vou", Jake respondeu, achando engraçado. Ele adorava o fato de Buddy sempre o levar de volta para o lado espiritual das coisas. "Mas às vezes, Deus fala por meio dos amigos cristãos, e eu esperava que essa pessoa pudesse ser você."

Buddy retribuiu o sorriso.

"Bem, vou passar algum tempo falando com Deus a respeito, mas tenho uma sensação aqui dentro de que para Ele qualquer das opções está boa. Meu pai costumava me dizer: 'Deus está muito mais preocupado com sua conduta e com seu caráter do que com sua vocação e contexto.'"

Jake riu.

"Essa é boa."

"Então, o que você *quer* fazer?", questionou Buddy.

"Tudo o que sempre sonhei foi jogar pelo Louisville. Jogar como profissional era uma fantasia distante, mas nunca consegui pensar além da faculdade."

"E você está realizando esse sonho."

"É, mas o pano de fundo daquele sonho era ganhar um campeonato com o meu Cardinals."

"Bom, vocês conseguiram chegar no Elite Eight este ano. Está quase lá."

"Mais ou menos", Jake concordou sem entusiasmo enquanto sua mente acelerava adiante imaginando como seria o próximo ano se ele ficasse com o time. Tyler era o único que tinha sonhos de sair cedo para tornar-se profissional. Jake tinha quase certeza de que nenhum dos outros calouros iria a lugar algum. Se é que ganhariam algum dia, a grande chance poderia ser no próximo ano.

Ao mesmo tempo, seria muito bom passar para a próxima fase da sua vida. Se ele saísse da faculdade e ganhasse bem, então, poderia sustentar Amy, e isso significava que eles poderiam se casar. *Puxa, se tudo desse certo, talvez, nós pudéssemos até casar este ano!* Jake pensou em como seria divertido passar todos os dias — e todas as noites! — com ela. Bastou pensar no assunto para seu coração acelerar.

É claro que Amy queria terminar o curso em Stanford, por isso, estaria ocupada até o final da próxima temporada. Mas se Deus estava nisso, talvez, ele permitisse que Jake fosse escolhido por um dos times do norte da Califórnia. *Isso seria maravilhoso!* Jake sorriu.

Então, começou a pensar no dinheiro. Jake havia sido criado com mais do que o suficiente, mas isso agora era mais do que ele poderia imaginar.

"Não há dúvida de que eu poderia fazer muita coisa boa com tanto dinheiro assim", pensou em voz alta.

"Verdade. Mas o dinheiro não torna ninguém generoso; ele simplesmente revela a generosidade."

"Uau, mais uma muito boa. Essa veio do seu pai também?"

"Que nada, acabei de inventar. Pense a respeito. O que o dinheiro poderia ajudá-lo a fazer que você já não esteja fazendo?"

Jake recostou-se e dirigiu em silêncio por um momento.

"Não sei. Eu acho que poderia ajudar com o nosso acampamento de basquete."

"Jake, já estamos fazendo isso."

"É, mas o dinheiro poderia facilitar as coisas."

"Claro, claro. Mas também te afastaria das suas crianças. Como você vai jogar com Debron e seus amigos se estiver viajando pelo país com a NBA?"

Jake mordeu os lábios. Não tinha pensado nisto. É claro que ele teria de deixar Debron algum dia. Só não tinha planejado que fosse tão cedo.

"Cara, há muitos fatores a considerar nesta decisão."

"Se fosse fácil, todos fariam." Buddy bateu de leve no joelho de Jake enquanto eles aceleravam pela estradinha sinuosa.

Deus, me ajude a fazer a coisa certa — implorou Jake.

41

AMY DESLIGOU O TELEFONE DEPOIS DE FALAR COM JAKE e se jogou na cama. Ela não conseguia tirar o sorriso do rosto. *Meu namorado no basquete profissional!* riu baixinho. Por mais que odiasse a ideia de se tornar uma daquelas esnobes e dramáticas esposas dos astros do basquete, pensar em ingressar no estilo de vida dos ricos e famosos ao lado de um cara como o Jake deixava suas fantasias a todo vapor. Sem querer, sua cabeça foi adiante, sonhando com jantares sofisticados, roupas da moda e uma casa estilosa que ela poderia desfrutar. Que vida incrível eles teriam, cheia de diversão e aventura!

Mas em seguida, o pêndulo voltou para o lado da realidade, e como uma bola de demolição, destruiu seus castelos construídos no ar. A aclamada visão do estrelato talvez parecesse divertida, mas Amy sabia que a versão do dia a dia seria muito menos glamorosa. Já era bastante difícil manter um relacionamento à longa distância com Jake; como é que seria com ele perambulando por todo o país durante a maior parte do ano, sem nunca passar mais do que alguns dias no mesmo lugar, cercado por lindas mulheres cujo único objetivo era conquistar uma celebridade?

Jake havia mencionado com empolgação a possibilidade de eles se casarem antes do planejado... talvez, até mesmo neste verão. Mais uma vez, o pêndulo voou até as fantasias de Amy. Sua mente embarcou em imagens de um casamento de conto de fadas, e de um caminho na direção do pôr do sol da perfeita felicidade matrimonial. No entanto, por mais que desejasse viver com Jake o seu "felizes para sempre", isso significava que ela teria de desistir de seu curso em Stanford, a menos que ele fosse escolhido por universidades da região, como Sacramento ou Golden State. E, embora a ideia não parecesse tão apavorante como há um ano quando Steven lhe pediu que considerasse, faltava apenas um ano para terminar seu curso e ela tinha algumas possibilidades interessantes para o ano seguinte.

Há pouco tempo, um de seus professores havia sugerido que ela se inscrevesse no programa especial de pesquisa para alunos do último ano. Era uma prestigiosa distinção ser selecionado e lhe daria liberdade para programar o último ano da graduação conforme os seus interesses. Graças ao seu trabalho com Melia e na Romênia, ela cogitava a ideia de estudar como as atividades e o comportamento centrados no outro podem auxiliar na resiliência e na recuperação das vítimas de abuso. Se fosse escolhida, a experiência poderia ser incomparável.

E a educação de Jake? Amy achava que se ele fosse para o basquete profissional não precisaria de um diploma. Mas ele não ficaria ali para sempre. E educação universitária gratuita era algo terrível de se desperdiçar.

Ah! Amy gritou por dentro. Era uma decisão extremamente difícil — e não seria nem ela quem realmente a tomaria. Coitado do Jake. Estava levando sozinho o peso do seu fardo. Quando conversaram, Amy tentou deixar claro que o apoiaria em qualquer decisão, mas quanto mais pensava no assunto, mais tinha esperanças de que ele decidisse não entrar no draft... pelo menos neste ano. Eles tinham feito uma extensa lista de prós e contras e os dois lados eram bem convincentes em seu próprio direito. Mas se Jake pudesse adiar o plano por mais uma temporada, parecia que eles teriam o melhor das duas opções.

Uma das razões de Jake para ficar que mais chamou a atenção de Amy foi Debron e o ministério com os meninos do bairro. Amy estava muito impressionada com a preocupação e a compaixão de Jake por aqueles garotos. Era muito tocante... e convincente. Além de tocar a vida deles todas as semanas, Jake também havia organizado o grande evento para levá-los ao jogo do Louisville e apresentá-los a todos os jogadores, e agora estava pilhado com os planos para o acampamento de basquete no verão. Ele garantia ter sido Amy quem o tinha inspirado com todas as suas histórias da Romênia, mas a verdade era que ela não tinha feito nada com relação a todos os seus planos emocionados para ajudar Bogdana. Três meses e meio haviam se passado desde a sua viagem e ela não tinha dado um único passo para levar adiante o seu plano.

Chris costumava dizer ao grupo de jovens que ele era especialista em ser desafiado e depois não fazer nada a respeito. Aquelas palavras soavam assustadoramente verdadeiras para Amy neste momento. Com a carga total de aulas que se revezavam em castigá-la no campus, seu estágio no PACS, seu envolvimento na Intersect e com a igreja aos domingos e seu relacionamento cada vez mais profundo com sua nova família, ela praticamente não tinha horários livres. Ah, e também havia um namorado que morava do outro lado do país. De certa forma, a distância era um dos males que vinha para bem. Porém, o Skype — e assistir o Jake na TV várias horas por semana durante os últimos meses — lhe custaram mais tempo do que ela havia poupado. Não que Amy não gostasse de papear com ele ou torcer nos jogos! Mas cada minuto que passava assistindo Jake, eram minutos preciosos que poderia estar usando para estudar... ou para imaginar como ajudar as crianças da Romênia.

É claro que o cheque polpudo que acompanharia Jake na NBA, com certeza, ajudaria, e muito, a vencer seu maior obstáculo: levantar dinheiro para financiar o sonho de Bogdana. Jake havia lhe contado sobre o comentário de Buddy a respeito de o dinheiro servir apenas para revelar a generosidade já existente no coração, e aquilo pareceu correto e bom, mas ela não sabia como se aplicava à sua situação. Amy tinha mais do que aspirações generosas; só não fazia ideia de como transformá-las em realidade.

Talvez, seja porque você não tenha dedicado tempo para refletir sobre isso, uma vozinha lá dentro a repreendeu.

E quando eu tive tempo? — ela reagiu.

Que tal, agora mesmo?

Amy bufou e sentou-se na cama. A voz estava certa. Talvez, em vez de deixar sua mente vagar no país das maravilhas, sonhando acordada com todos os benefícios de ser casada com um astro do basquete, seu tempo pudesse ser mais bem aproveitado se ela desenvolvesse um plano para ajudar os órfãos da Romênia. Afinal, ela não conseguiria mesmo se concentrar nos estudos neste momento.

Amy foi até a escrivaninha e abriu seu laptop. Quer Jake viesse a ganhar milhões no basquete profissional ou não, Deus havia despertado o sonho de ajudar Bogdana agora. Era ela quem tinha de fazer isso. Seus dedos pairavam sobre o teclado, aguardando o comando do cérebro. Nada. *Deus* — Amy implorou, *se isso vem de ti, o Senhor vai ter que falar aqui.*

Lentamente, seus dedos começaram a tocar nas teclas num ritmo hesitante. Amy duvidava que alguma coisa boa saísse dali, mas continuou devagar, registrando no documento cada pensamento aleatório.

O Sonho de Bogdana

Objetivo: Capacitar crianças de difícil histórico familiar a fazer parte da solução de tornar sua comunidade um lugar melhor. Quando uma criança aprende que pode não somente superar uma situação de abuso, como também ajudar outras crianças a fazer o mesmo, ela está sendo preparada para transformar o mundo, literalmente.

Contexto: Em minha recente viagem à Romênia, conheci Bogdana, uma jovem de dezenove anos. Apesar de ser, ela própria, uma vítima das terríveis condições dos orfanatos na Romênia, Bogdana foi transformada pelo amor de Cristo e está fazendo tudo o que pode para partilhar este amor com os outros. O instrumento de sua escolha é a confecção de bonecas acompanhadas de cartões com o texto de Efésios 1: 4-5. Seu desejo é confeccionar bonecas para todos os órfãos do sistema. Infelizmente, Bogdana não tem material suficiente nem condições financeiras para adquiri-lo. Quero ajudar a financiar Bogdana e outros como ela a realizar seus sonhos.

Solução: Primeiro, levantar dinheiro para comprar material para Bogdana. Por fim, encontrar outros jovens que tenham objetivos tão nobres quando esse de ajudar os desamparados e necessitados e levantar recursos para financiar seus sonhos também.

Amy teve uma ideia repentina que a inspirou ainda mais. Bogdana era quem tinha o sonho, mas havia algumas dezenas de jovens que viviam na casa de transição e que poderiam ajudá-la a realizar seu objetivo. Se Amy conseguisse levantar dinheiro suficiente, todas elas poderiam receber um valor por hora para a confecção das bonecas, como se fosse um trabalho regular. Dessa forma, elas não somente tornariam o sonho de entregar uma boneca a cada criança uma possibilidade real como também ganhariam habilidades de corte e costura, e *ainda* estariam desenvolvendo um coração voltado para os outros. Era perfeito.

Amy fez uma rápida pesquisa online. As estimativas atuais mostravam que havia vinte mil crianças hoje nos orfanatos da Romênia. *Uau!* Esse número era definitivamente assustador, mas se a tarefa fosse dividida entre vinte garotas, seriam apenas mil bonecas por pessoa. Ainda era muito, mas se elas estabelecessem a si mesmas um prazo de um ano para alcançar seu objetivo, ele certamente seria viável.

Amy encontrou um pedaço de papel de rascunho. Digamos que elas possam fazer cada boneca por um dólar. Parecia razoável. Fez mais algumas pesquisas online e descobriu que os trabalhadores não qualificados na Romênia ganhavam o equivalente a um dólar por hora. Assim que as garotas entrassem numa rotina, Amy imaginou que poderiam terminar uma boneca em uma hora, talvez, duas no máximo. Portanto, se elas recebessem um salário normal, isso elevaria o custo das bonecas a quase três dólares cada uma. *Três dólares vezes vinte mil, igual a... nossa! É muito dinheiro.* Amy encostou-se na cadeira completamente desencorajada. Digitou os números na tela e eles pareciam gritar, em zombaria. Onde no mundo, ela imaginava encontrar 60 mil dólares?

De repente, o salário de Jake na NBA pareceu muito mais atraente. Porém, seria como se Jake levantasse recursos para as crianças e, no entanto, o chamado de Deus era para que ela fizesse alguma coisa. O que ela poderia fazer? *Mas não tem como eu conseguir levantar toda essa quantia, Deus!* Amy clamou no seu coração.

Deus não nos chama para fazer tudo. Ele quer apenas que nós façamos o que podemos... em Sua força. A voz de Jodi, no primeiro dia de Amy na Romênia, ecoou em sua mente. Ela suspirou e olhou para sua foto com Bogdana sobre a escrivaninha. Viu-se entregando a Bogdana uma caixa imensa com todo o material de que precisava e depois se imaginou com todas as garotas ao redor de uma grande mesa, onde juntas, confeccionavam as bonecas. Um riso alegre enchia o ar e os sorrisos iluminavam a sala. Garotas que, de outra forma, poderiam estar nas ruas, como prostitutas, estavam vivas e tinham esperança porque trabalhavam com o objetivo de levar alegria a outros.

Uma batida repentina na porta assustou Amy e a trouxe de volta ao seu quarto, mas aquela imagem momentânea foi apenas o impulso de que precisava para continuar sonhando por aquelas garotas. Ela verificou as horas — quase meio-dia! Ela tinha levado mais de uma hora só para digitar aqueles poucos parágrafos. E agora tinha de correr para a sessão de estudo com alguns colegas da Psicologia.

"Pode entrar", Amy gritou lá de dentro, presumindo que fosse Katarina, uma das garotas do curso de Psicologia Cultural. Rapidamente, copiou e colou o resultado de seu trabalho naquela última hora em um e-mail para Jake, Cari e seu pai. Talvez, eles pudessem ajudá-la a aperfeiçoar suas ideias.

"Não sei como vou fazer para levantar 60 mil dólares", escreveu no final, "mas com certeza quero tentar. Jim e Jodi trabalham diretamente com cerca de mil órfãos. Talvez, este deva ser meu alvo. Eu só quero fazer alguma coisa. Qualquer ideia que tenham será bem-vinda. Amo vocês".

Clicou em "enviar" e pegou seus livros. *Deus, esses planos são Teus* — orou. *Mostre-me o que o Senhor tem.*

✚ ✚ ✚

Depois de oito horas e uma forte dor de cabeça, Amy voltava extremamente cansada para o seu quarto. O projeto do seu grupo de Psicologia Cultural estava bem encaminhado e seu trabalho de Ciência Afetiva e Personalidade, concluído. Ela se sentia exausta, mas com o senso de missão cumprida, e agora, estava animada para seu encontro com Jake pelo Skype. Ver aquele rosto lindo, ouvir sua bela voz, ou apenas estar na presença dele era a recompensa perfeita para uma tarde fatigante.

Amy abriu o laptop, e como de costume, seu namorado bonitão já esperava online. Ela adorava que ele fizesse questão de chegar antes todos os dias. Também tinha certeza de que ele fazia questão de estar bem arrumado para aqueles encontros à noite. Seu cabelo estava sempre penteado, seu rosto bem barbeado e sua camisa sempre limpa e bem passada. Embora fossem 10 horas da noite em Louisville e Jake, sem sombra de dúvida, fosse muito mais uma pessoa matutina do que noturna, era evidente que ele tentava se apresentar para ela da melhor maneira possível. Amy clicou no botão para chamá-lo e aguardou que ele atendesse.

"Oi, amor! Você não faz ideia como eu estou animado com a ideia da Cari", Jake começou a falar no mesmo instante. Como sempre, tudo nele estava impecável.

"Oi!", Amy respondeu, confusa. "Do que você está falando?"

"Você não verificou o seu e-mail, garota? Eu estava pronto para mergulhar naquele draft, algo que, você sabe, talvez eu ainda faça, porque aquela grana toda com certeza poderia fazer um monte de bonecas, mas então, eu vi a ideia da Cari e também achei muito boa. Provavelmente não pague por todas as bonecas, mas faria com que mais pessoas se envolvessem, o que é muito legal. Amy, seu coração é muito contagiante. Eu adoro isso."

"Ei, espera, calma", Amy disse em meio à risada. "Eu fiquei estudando o dia inteiro e não faço ideia do que você está falando. Mas você está lindo!"

"Está na hora de você começar a usar seu telefone para outras coisas além de mandar mensagens de texto e ver fotos minhas", Jake respondeu brincando. Ele estava claramente de muito bom humor. "Você mesma vai ter que ler, mas a Cari tem uma ideia ótima de como levantar dinheiro."

"Sério?", o coração de Amy começou a bater acelerado.

"E eu falei com a minha mãe. Ela concorda totalmente e acha que a gente deveria passar o evento da sala de reuniões para o auditório principal da New Song. Ela tem alguns contatos com muitas empresas diferentes do tempo em que trabalhava com meu pai e acha que pode conseguir que eles se envolvam. Um artigo no Times, algumas entrevistas nos programas matinais da rádio local... esse tipo de coisa pode ser viral e tomar uma grande proporção. E seu pai também teve algumas boas ideias. Quem sabe? Talvez, a gente consiga mesmo levantar o suficiente para fazer bonecas para todas as crianças. Amy, isso é tão legal!"

Amy adorava o fato de Jake estar tão animado com a ideia dela e de se incluir automaticamente como parte da solução. E achava ótimo que ele já tivesse começado a planejar os detalhes com sua mãe. Mas começava a se sentir por fora e deve ter demonstrado em seu rosto.

"Querida, você está bem?", perguntou Jake.

"Estou sim", Amy tentou se recuperar. Ela odiava jogar água fria na conversa quando tinha sido a sua ideia que o tinha deixado tão empolgado. Afinal, pela manhã que teve com o agente, Jake, por si mesmo, já tinha bastante coisa para comemorar e se concentrar.

"Desculpe. Eu estou me adiantando", Jake falou de repente. "Já sei. Vai verificar seus e-mails, liga para a Cari, e depois me chame outra vez", Jake sorriu. "Eu te amo muito, gata. Adoro fazer parte da sua vida incrível. Você é minha inspiração." E com isso, ele desligou.

Amy balançou a cabeça e sorriu. *Como foi que eu consegui um cara tão incrível, Deus? O Senhor é generoso demais.*

Amy clicou em sua caixa de entrada e leu depressa as respostas de Cari e de seu pai, mas seu coração começou a bater rápido demais para que sua mente conseguisse absorver totalmente o que eles diziam. Ela verificou as horas. Se pretendia falar com a Cari à noite, precisava ligar agora, por isso, sem hesitar, digitou o número.

Depois de apenas um toque, Cari atendeu falando baixo, o que só podia significar uma coisa: Caleb tinha acabado de ser colocado na cama. Amy sabia, por experiência própria, que o rapazinho não aguentava saber que as pessoas estavam se divertindo sem ele, e a menor agitação era o suficiente para mantê-lo acordado por horas.

"Desculpe!", Amy sussurrou ao telefone, esquecendo-se de que não era a sua voz que Caleb poderia ouvir. "Eu não sabia se ele já estava dormindo."

"Tudo bem! Eu estava ansiosa pela sua ligação", Cari respondeu com uma exuberância controlada. "Vou passar para a outra sala." Amy ouviu o som abafado dos passos e uma porta se fechando, e então, a voz de Cari ficou mais audível. "Eu disse à Melia que iria até o quarto para arrumar o cabelo dela, então, não posso demorar, mas o que você acha?"

"Então, eu só dei uma lida no seu e-mail por cima, mas puxa! Quero saber mais."

"Bom, uma das alegrias da minha função de esposa de pastor é ser chamada para me envolver em vários eventos... muitos deles tão atraentes quanto um tratamento de canal."

"Sorte sua", zombou Amy.

Cari riu.

"Neste ano, me chamaram para liderar o evento anual do Chá de Natal para as Mulheres. E eu nem gosto de chá! Senti claramente que poderia usar melhor o meu tempo. E bem hoje de manhã, eu estava discutindo com Deus sobre o assunto, e ele me repreendeu. Condenou minha atitude negativa e me disse para transformar o evento em algo que me empolgasse e que glorificasse o nome dele. Bom, tudo isso parece ótimo, mas eu não fazia ideia do que seria. Pensei o dia inteiro, e então, finalmente, verifiquei o meu e-mail, li sua mensagem sobre o Sonho de Bogdana e imediatamente uma luz se acendeu. E se nós transformássemos o Chá num evento para levantar fundos para uma causa digna como a sua?"

"Gostei disso", Amy respondeu, sorrindo.

"Mas espera, ainda vai ficar melhor. Bem quando eu estava esboçando algumas ideias simples, a mãe de Jake me ligou depois de ter conversado com ele. Amy, aquela mulher é uma mina de ouro! Eu estava pensando em, talvez, uma reunião simples onde as pessoas levassem alguns comes e bebes e com um ingresso de 5 dólares ou algo assim, mas ela foi muito além disso. Começou a falar sobre rifa, comidas sofisticadas, música ao vivo, uma feira de artesanato e todo tipo de instrumentos para captar dinheiro. Amy, se formos bem sucedidos em apenas uma fração do que Pam estava imaginando, vamos levantar milhares de dólares."

"Uau", Amy deixou escapar, sem fôlego.

"Agora, o único problema que temos é encontrar um palestrante que queira compartilhar a visão... de graça."

"Ah", Amy gaguejou, ainda tentando acompanhar todas as ideias de Cari.

"Estou brincando, menina! Obviamente que essa pessoa teria de ser você! Eu sei que o fim do trimestre é um período complicado para quem estuda, mas você acha que poderia arranjar um fim de semana no início de dezembro para vir até aqui?"

"Uh, claro! Cari, vocês são incríveis. Eu estou me sentindo uma preguiçosa. Só apresento um problema que precisa de solução e, antes de me dar conta, todo mundo faz o trabalho necessário para solucioná-lo. Eu não sirvo pra nada mesmo!"

"Amy, seu coração contagia. E eu acho que Deus quer que isso seja maior do que você."

Amy ponderou nessas palavras muito tempo após o fim da sua conversa com Cari, e elas ainda ecoavam dentro dela quando sua cabeça finalmente encostou no travesseiro depois de conversar com Jake por mais uma hora. Enquanto ela começava a adormecer, a imagem que continuava presente em sua mente mostrava os sorrisos no rosto de Bogdana e das outras garotas diante da caixa de material para a confecção das bonecas.

VERÃO

42

JAKE SAIU DE SUA ÚLTIMA PROVA e respirou profundamente o ar quente do verão de Louisville. Ele tinha conseguido. Com tantas considerações de peso se agitando em sua mente no último mês, ele não fazia ideia de como, mas se aquele último exame tivesse sido mesmo tão fácil quanto parecia, então, ele tinha passado em todas as matérias deste semestre com pelo menos um B- e agora tinha terminado tudo. A sensação era boa.

"Tenha um ótimo verão, Taylor", uma morena bronzeada de minissaia interrompeu sua sensação de satisfação quando passou por ele e acenou.

Jake sorriu e esforçou-se para manter contato com os olhos dela. Ele costumava aguardar com expectativa esta época do ano quando o clima mais quente deixava menos terreno para a imaginação no que se refere às roupas femininas. No entanto, agora que tentava glorificar a Deus em todas as coisas — inclusive com seus pensamentos — ele se via cantando "O Primeiro Natal" com mais frequência. Obviamente, não era época para cânticos de Natal, mas Chris o ensinou essa valiosa tática quando Jake ainda estava no Ensino Médio. Sempre que via uma garota que fizesse seus pensamentos se fixarem *na tal* lascívia, ele simplesmente começava a cantarolar "Na-tal, Na-tal, Na-tal" e sua mente rapidamente voltava à retidão.

Inspirando profundamente mais uma vez, Jake voltou ao seu apartamento desfrutando da leve sensação de liberdade.

"Bom saber que você vai voltar, Jake", — uma linda garota, vestindo uma regata decotada o cumprimentou com um charmoso sotaque sulista. E apertou o seu braço ao passar bem perto dele na calçada.

Com a música de Natal ecoando por dentro, Jake manteve o nível de seu olhar e sorriu.

"Obrigado", respondeu e continuou andando.

Ele tinha tentado manter o bico calado no que se referia às suas opções na NBA para o ano seguinte, mas suas considerações a respeito de se tornar profissional, de alguma forma, vazaram, e as duas últimas semanas haviam sido uma explosão de opinião pública sobre a sua decisão. Mais do que nunca, Jake encontrava fãs e adversários aonde quer que fosse — nos intervalos das aulas, no restaurante, na malhação, por toda a cidade. Alguns o pressionavam a ir, outros diziam que ele seria egoísta se fosse, alguns avaliavam sua carreira profissional com expectativa enquanto outros rudemente previam o seu fim. Alguns lhe desejavam sorte, outros imploravam para que ficasse e muitos simplesmente o seguiam com os olhos com expressões cheias de admiração ou desprezo.

Estava difícil lidar com toda aquela notoriedade, especialmente quando seus próprios amigos e colegas de time estavam entre os seus maiores críticos. Ele tentava lhes explicar que estava apenas mantendo abertas as suas opções, mas compreendia porque eles não gostavam da possibilidade de sua saída. O próximo ano seria o ano deles. O restante do time permaneceria intacto. Até mesmo Tyler tinha decidido ficar. Se Jake ficasse, eles realmente teriam uma chance de vencer o campeonato. Caso contrário, quem saberia?

Jake carregou aquele fardo pesado e todo o processo de decisão se tornou uma incômoda fonte de esgotamento da sua alma. Ele havia procurado o conselho sábio de parentes e amigos mais próximos e passado horas pedindo a Deus direção quanto a essa questão. Mas nada o deixava completamente em paz.

Além dos pontos para reflexão que Buddy trazia e a preferência de Amy de que ele ficasse na universidade, embora ela o apoiasse em qualquer decisão, Jake havia recebido de seu pai um retumbante pegue o dinheiro e vá embora e um igualmente decisivo não faça nada até terminar a faculdade por parte de sua mãe. Chris havia reagido como Buddy, fazendo perguntas norteadoras para ajudá-lo a chegar às suas próprias conclusões. O técnico foi surpreendentemente compreensivo, mas, definitivamente, encorajou Jake a ficar por pelo menos mais um ano para aprimorar suas habilidades — e, é claro, ter a chance de vencer tudo no próximo mês de março. Grant tinha ficado em silêncio por um minuto antes de encorajar fortemente Jake a ir em frente e guardar um lugar para ele onde quer que estivesse. Com cada pessoa lhe dizendo algo diferente, a cabeça de Jake estava uma confusão só.

Conforme se ampliavam as opções no draft, no entanto, tornou-se dolorosamente claro que Jake estaria longe de ser o peixe mais cobiçado do lago. Chegava a quarenta e três o número de jogadores que concentravam seus talentos na posição de armador e estavam à procura de chances na NBA este ano e, embora poucos dentre eles tivessem estatísticas como as de Jake, a maioria deles tinha mais altura. Por mais rapidez e paixão que Jake demonstrasse, ter um metro e oitenta e seis limitava suas perspectivas, pelo menos um pouquinho. Como não cresceria mais, ele não tinha certeza se suas chances no draft seriam muito melhores no ano seguinte, porém, concluiu que dedicar ainda mais tempo à academia para ganhar força e aperfeiçoar seu arremesso de fora, além de aumentar suas estatísticas de assistências e sua habilidade de criar jogadas na quadra na próxima temporada, certamente não faria mal algum.

Como não pôde jogar em sua primeira temporada por ter perdido um semestre para ajudar Amy durante a gravidez, Jake ainda tinha mais duas temporadas de elegibilidade, portanto, mais duas temporadas para construir seu perfil para os olheiros da NBA. Com a graduação de Amy no ano seguinte, no entanto, ele estava bastante certo de que não se interessaria em continuar em Louisville pelo quinto ano. Amy poderia visitá-lo até que ele se formasse, mas como ele não conseguiria sustentá-la financeiramente, não fazia sentido se casarem, e esperar mais um ano inteiro para isso acontecer não parecia nada interessante para Jake. Sendo assim, no fim, tudo se resumia ao que Jake queria fazer no próximo ano. Estava disposto a abrir mão de seu sonho com o Louisville para arriscar uma tentativa no basquete profissional? Ou valia a pena enfrentar mais um ano de incerteza da NBA para desfrutar de sua última temporada na universidade?

Após três semanas de difícil ponderação, Jake finalmente tomou uma decisão em público, via Twitter, no último dia do prazo da NBA. Entre todas as especulações e sugestões que o cercavam, ele decidiu, por fim, manter intacta a sua elegibilidade universitária e abrir mão de entrar no draft deste ano. Ao tornar formal a sua decisão, seu alívio havia sido instantâneo e o apoio dos fãs veio como uma inundação.

"Boa decisão, mano! Te vejo no ano que vem", cumprimentou um atleta conhecido — Jake achava que ele jogava baseball — ao passar por ele em frente ao seu apartamento, lembrando-o mais uma vez que a maioria das pessoas concordava com sua decisão.

Jake tinha de admitir que aquilo era muito bom. De vez em quando, no entanto, ele ainda sentia uma pontinha de curiosidade lá no fundo ao imaginar como as coisas teriam se desenrolado caso tivesse colocado seu nome à disposição. *Bom...*, — suspirou, quando olhou no relógio. *11h42!* Aquele último exame havia levado mais tempo do que ele imaginava. Com planos de se encontrar com Buddy ao meio-dia para um almoço de comemoração, ele decidiu chegar lá alguns minutos mais cedo e desviou para o estacionamento a fim de pegar sua caminhonete. Agora que não havia mais exames a fazer ou decisões a tomar, era hora de começar a trabalhar para planejar os detalhes do acampamento de basquete no verão. Eles tinham muito a discutir.

"Então, mais trinta e dois voluntários se ofereceram para ajudar", Buddy anunciou animado, dez minutos depois quando cumprimentou Jake à porta.

"Não brinca, isso é ótimo!", Jake abraçou o idoso.

No último domingo, na igreja, Buddy havia feito um convite especial para o acampamento. Bem diferente dos tradicionais e educados pedidos de ajuda, Buddy havia convocado os idosos, dizendo que se eles não se mexessem, tomassem a iniciativa e fizessem a sua parte, seria melhor que trancassem as portas da igreja, murchassem e morressem. Jake ficou impressionado com sua maneira de falar, mas se perguntava se as palavras não teriam sido duras demais para o rebanho de cabelos brancos. Aparentemente, não. Em uma igreja com menos de cem membros regulares, mais de sessenta serviriam de alguma forma no evento de uma semana de duração.

"Vamos ter trabalho suficiente para todos eles?", perguntou Jake.

"Pode apostar!" Buddy conduziu Jake até a mesa da cozinha onde sanduíches, um pacote de batatinhas e uma jarra de limonada aguardavam ao lado de um bloco de papel já com algumas anotações.

Jake o acompanhou e não pôde evitar certa tristeza quando viu o retrato de Yvonne em seu novo lugar sobre a mesa. Menos de um mês havia passado desde a morte de Yvonne e, embora Buddy estivesse alegre e encorajador como sempre, era evidente que sentia a sua falta. Mantinha uma foto emoldurada de sua amada esposa próximo à cadeira dela como sua maneira de tê-la por perto. Depois de mais sessenta anos de casamento, seguir em frente, obviamente, não estava nos planos de Buddy e Jake não podia culpá-lo.

"Rapaz, rapaz, nós temos muito o que conversar!", Buddy transbordava de entusiasmo enquanto enchia de limonada o copo de Jake e lhe entregava um prato. "Então, o que descobriu sobre as suas aulas de verão?"

Todas as considerações a respeito do draft haviam forçado Jake a pensar de forma mais concreta sobre seu futuro como nunca havia feito antes. Assim que decidiu ficar por mais um ano, ele percebeu que precisava acelerar nos estudos se é que pretendia chegar perto de cumprir todos os créditos. Logo, quando descobriu que poderia eliminar três matérias participando do programa de aulas de verão da universidade, ele se inscreveu logo depois de conversar com Amy. Tanto ela quanto sua mãe estavam na maior torcida para que ele recebesse o diploma antes de prosseguir com sua carreira, por isso, ela lhe dava todo o apoio. Também por essa razão, não foi tão ruim saber que Amy tinha recebido um convite para um trabalho remunerado durante o verão no centro de aconselhamento onde fazia seu estágio. Nenhum dos dois estava muito animado em passar mais alguns meses distante um do outro, mas eles sabiam que seria melhor para os seus objetivos a longo prazo e aceitaram a condição de bom grado.

Jake imaginou que, talvez, fosse melhor para os seus objetivos de pureza também, uma vez que bastava ver Amy pelo Skype para que seus hormônios se agitassem quase além das suas forças. Relacionamentos à longa distância eram difíceis, mas ele só podia imaginar como seria muito mais difícil refrear sua paixão caso estivessem juntos todos os dias.

Como não podiam se tocar, eram forçados a conversar, e todo o mundo dizia que a comunicação era uma das partes mais importantes num relacionamento. Sem querer ser superconfiante, Jake sentia que comunicação não era problema algum para os dois. Eles não tinham atritos desde... bem, ele não conseguia se lembrar de ter brigado com a Amy desde que começaram a se falar novamente. Houve momentos tensos, é claro, centrados em seus próprios erros anteriores, mas mesmo durante esses momentos, eles haviam conseguido conversar de uma forma saudável.

"Então, eu termino todos os dias às 11h30 durante a semana do acampamento de basquete." Jake afastou Amy de seus pensamentos e forçou-se a focar nas perguntas de Buddy. "Eu sei que a parte da manhã é o melhor período do dia porque não está quente demais e tal, mas você acha que vamos nos matar se fizermos tudo à tarde?"

"Que nada, vamos fazer dar certo", Buddy respondeu mexendo a mão e começou uma nova lista em seu bloco de anotações. "Tenho certeza de que podemos encontrar alguns toldos de armar e há várias senhoras que adorariam oferecer a sua melhor limonada."

Jake deu um gole em sua bebida gelada.

"Grant e eu arranjamos mais quatro jogadores para nos ajudar: Nomis e Tyler, além de dois calouros chamados Travis e Jadon. Nem acredito que todos eles estão dispostos a ficar por aqui durante um mês."

"São bons rapazes", Buddy concordou. "E acho que a sua paixão é contagiante."

Jake ergueu os ombros, timidamente. Gostava de pensar que estava fazendo a diferença, brilhando nas vidas de seus colegas de time, mas era difícil saber.

"Eu estava conversando com Debron", Jake mudou de assunto. "Você sabe como ele está sempre exagerando. Mas ele acha que conseguimos cinquenta crianças fácil se divulgarmos bem. Você acha que podíamos pedir a essas senhoras para costurarem mais alguns coletes, só no caso de precisarmos?

"Sem dúvida!", exclamou Buddy enquanto fazia mais algumas anotações em seu bloco.

"E eu sei que falamos sobre um lanche para as crianças todos os dias porque muitos deles almoçam de graça na escola, mas como estarão em férias, eu estava pensando que, talvez, seria bom se pudéssemos oferecer um almoço de verdade também."

"Eu cuido disso!" Buddy virou a página e acrescentou alguns itens à lista anterior. "Sabe...", ergueu os olhos e parou. "Lembro que antes, você estava meio desanimado com a falta de envolvimento dos pais. Acha que poderíamos fazer alguma coisa para envolvê-los mais?"

Jake refletiu em silêncio sobre a sugestão. Ele era bastante cético nesta área, mas não faria mal tentar.

"Comida de graça costuma funcionar com qualquer idade. E se tivéssemos algum tipo de jogo especial de apresentação no último dia e, depois, servíssemos um jantar gratuito a todos?"

"Agora sim!", Buddy bateu no ombro de Jake e voltou a trabalhar na mesma lista. "O que mais?"

"Então", começou Jake, hesitante. "Eu sei que, quando contamos com todos esses voluntários da Igreja Grace Fellowship, estamos enviando uma mensagem positiva à comunidade. Mas eu estava pensando, e se isso não for o suficiente? Talvez, algumas destas crianças acabem se interessando pela igreja como resultado do evento, talvez, elas venham à Escola Bíblica de Férias ou algo assim, mas é provável que a maioria delas não faça nada a respeito, especialmente se seus pais não quiserem trazê-las. Então, onde elas poderão ouvir sobre Jesus? Eu sei que precisamos ter cuidado porque o nome da Universidade está associado ao evento e tal, mas... eu não queria desperdiçar tudo isso... do ponto de vista eterno das coisas, entende?"

Buddy olhou para Jake e seus olhos brilhavam, cheios de lágrimas.

"Então, o que vamos fazer a respeito?", perguntou o idoso com um sorriso.

"Não sei. Talvez pudéssemos chamar alguém famoso para falar no final."

"Excelente. Alguma ideia?"

Jake rachou a cabeça, tentando pensar em seus possíveis contatos.

"Acha que poderíamos encontrar um jogador profissional para passar uma tarde aqui?", perguntou.

"Ora, por favor, eles são fãs do Louisville", Buddy ralhou. "Não precisam de um jogador profissional."

"Acho que eu consigo falar com um dos técnicos da FCA", — organização de atletas cristãos — sugeriu Jake.

"Que tal alguém que quase se tornou profissional?"

"É, eu conheci um cara que jogou pelo Louisville e depois teve um teste com o Denver Nuggets há dez anos!"

"Não...", Budy torceu o nariz. "E que tal alguém mais jovem?"

"Uh..."

"Alguém que tenha uma paixão verdadeira por eles... alguém que já tenha conquistado a confiança deles..."

Jake deixou de olhar para a janela e virou-se para Buddy que sorria de uma orelha à outra.

"Espera um minuto", seus olhos se arregalaram enquanto Buddy continuava a sorrir para ele. "Como assim? Eu jogo basquete; não faço discursos."

Buddy bateu de leve nas costas dele.

"Não há momento como o presente para experimentar algo novo."

43

JAKE CORREU ATÉ O PARQUE DETERIORADO depois da sua aula da manhã, desejando que uma hora fosse suficiente para colocar tudo em ordem antes da chegada das crianças às 13h. Ele e Grant haviam percorrido o bairro com Debron na semana passada, distribuindo folhetos a quem quer que os aceitasse, mas as pessoas pareciam bem desinteressadas e as previsões ousadas de Debron de que teriam, pelo menos, cinquenta crianças pareciam um grande exagero. Eles tinham uma média de vinte e cinco crianças nos jogos semanais das noites de sexta-feira, portanto, Jake achou que ficaria satisfeito com trinta.

Nada o preparou para o que viu quando estacionou sua caminhonete próximo às quadras de basquete. Grupos de tendas já estavam armadas de cada lado da quadra. Sob as tendas mais ao norte, havia mesas cobertas de cachorros-quentes, batatinhas, bacias de melancia cortada e pratos de biscoitos. Atrás das mesas, uma dúzia de vovós de cabelos brancos servia o almoço a uma fila organizada de crianças enquanto outras continuavam trazendo mais comida. As senhoras da Grace Fellowship haviam se superado!

Os olhos de Jake seguiram todo aquele turbilhão de atividade até as tendas na outra extremidade da quadra onde uma fila crescente de crianças e pais se estendia até a rua. Jake estimava que os cinquenta de Debron já estavam ali e outros continuavam a chegar. Um amontoado de voluntários da igreja comandava a mesa de inscrição, entregando aos pais formulários para que preenchessem enquanto seus filhos escolhiam um dos coletes: vermelho, preto, cinza, ou branco. Jake jamais teria pensado em organizar as crianças em times separados por cores, mas felizmente, alguém tinha feito isso. *Brilhante!* — comemorou, enquanto um sorriso crescente se estampava em seu rosto.

"Sua igreja é incrível", a voz de Grant soou ao lado de Jake. Nomis, Tyler, Travis e Jadon o acompanhavam.

"Isso é muito legal, cara", Nomis concordou, dando um toque de mão com Jake.

"É mesmo", Jake respondeu com um movimento afirmativo da cabeça e deu um abraço em cada companheiro. "Obrigado por terem vindo."

Jake tirou do bagageiro da caminhonete uma sacola de bolas de treino. Grant pegou o megafone e uma pilha de pranchetas com uma mão e um saco de apitos e cronômetros com a outra. Os outros dois pegaram os cones e o resto do material que Jake havia trazido. O técnico tinha demonstrado seu apoio aos esforços de Jake arranjando uma tonelada de equipamentos para o evento.

"Então, estamos prontos?", perguntou Jake, respirando profundamente.

"Vamos nessa!", Travis vibrou.

Manter as crianças fora das quadras enquanto eles preparavam o espaço provou ser um desafio inesperado, mas cinco minutos antes do horário de início, tudo estava finalmente no lugar e os jogadores, prontos para começar. Jake tinha planejado que cada um de seus companheiros de time acompanhasse um grupo de crianças por uma série de estações. Porém, quando avaliou a multidão, de repente, se perguntou como todos caberiam ali — e, mais importante, como eles conseguiriam manter o controle.

Jake dirigiu-se às mesas de inscrição para ter um número preciso, trombando com Buddy no caminho. Embora Jake se controlasse para não entrar no modo pânico, Buddy parecia estar adorando toda aquela loucura.

"Isso não é incrível?", exclamou. "Yvonne teria adorado toda essa agitação."

"Buddy, há crianças demais. O que vamos fazer?"

"Demais?" Riu em voz alta. "Isso não é possível."

"Como vamos ter comida suficiente... ou uniformes? E, com certeza, não temos técnicos em número suficiente."

"Não se preocupe. Algumas das garotas já estão trabalhando nos dois primeiros itens. De quantos técnicos mais você precisa?"

Jake examinou a multidão impressionante de crianças correndo por todos os lugares. Parecia haver quase cem delas."

"Hmm, não sei. Talvez, mais cinco?"

Dessa forma, as crianças seriam divididas em aproximadamente dez por técnico, o que ainda permitia chance para o caos, mas era melhor do que nada.

Buddy piscou para Jake.

"Considere feito. Eu ainda tenho alguns contatos dos meus dias de jogador."

As horas seguintes foram uma mistura maluca de pandemônio e comédia pura e simples enquanto Jake e seus companheiros faziam tudo o que podiam para ensinar aquelas crianças a jogar basquete. Começaram com condicionamento básico e exercícios fundamentais para todo o grupo durante a primeira meia hora, tempo necessário para que os antigos companheiros de time de Buddy chegassem para ajudar a controlar o caos.

Jake fez dupla com Buddy, os antigos companheiros de Buddy se uniram a um dos Cardinals atuais, e as crianças foram divididas conforme as cores dos uniformes (incluindo um grupo sem uniforme). Os mais velhos, talvez, não conseguissem adotar a postura defensiva tão bem como costumavam fazer, mas podiam ensinar um passe com drible tão bom como sempre e, no final da tarde, o ciclo de estações de exercícios que Jake havia imaginado estava funcionando tão bem como ele tinha desejado. O espaço da quadra era limitado, e as tabelas e os aros enferrujados dificultavam os exercícios de arremesso, mas de alguma forma, eles se saíram bem com o que tinham.

Por volta das 17h30, todas as crianças haviam ido para casa, todas as tendas e mesas estavam carregadas na antiga van da igreja, e Jake e seus amigos se sentaram exaustos na grama das laterais da quadra.

"Sabe, eu cresci neste bairro", disse Jadon, assim, do nada. "Até minha mãe se casar de novo e irmos morar no outro lado da cidade. Isso foi a coisa mais legal que já vi por aqui. Obrigado por me chamar para fazer parte desse evento, Taylor."

Jake não sabia como responder.

"É mesmo", Nomis completou. "Já vi muitos jogos de rua no meu bairro, mas nada tão organizado quanto esse."

"Organizado?", riu Jake.

"Não, eu estou falando sério", continuou Nomis. "Claro, não foi perfeito, mas essas crianças nunca viram nada melhor. Esse teria sido o ponto alto do meu ano se eu tivesse alguma coisa assim quando era criança."

"Bom, você não faz ideia do quanto eu agradeço por vocês estarem nessa comigo... com a gente." Jake olhou para Grant e sorriu.

"Sabe, algumas amigas da minha namorada vão ficar por aqui no verão", sugeriu Travis. Ele namorava uma das garotas do time feminino de basquete. "Eu aposto que consigo trazer as meninas aqui amanhã."

Jake e seus colegas olharam para o calouro.

"Dāār!", Tyler exclamou num sotaque engraçado.

Todos caíram na gargalhada enquanto puxavam uns aos outros para se colocarem em pé e seguirem para seus carros. Jake olhou em volta e suspirou contente. A vida era boa. E Deus era ainda melhor.

✥ ✥ ✥

No decorrer da semana, mais crianças chegavam todos os dias e, de alguma forma, mais comida e uniformes continuavam a aparecer para suprir a necessidade. Jake sentia como se estivesse no meio de um daqueles milagres em que Jesus alimentou as multidões. O corpo de voluntários continuava a crescer também. A mãe de Jadon frequentava uma igreja do outro lado da cidade e, quando ficou sabendo como as coisas caminhavam, mobilizou outro exército de voluntários para servir lado a lado com o esquadrão da Grace Fellowship, incluindo um grupo de homens que poderiam ajudar como técnicos.

Na última tarde do evento, Jake fez um intervalo de trinta segundos e avaliou toda a atividade à sua volta. Quatro grupos enormes divididos por cores se espalhavam por todo o parque, supervisionados por uma mistura incomum de voluntários que se faziam, às vezes, de técnicos. Pais e mães curiosos se mesclavam em todas as atividades e pilhas de cachorros-quentes e hambúrgueres, assim como toneladas de outros tipos de alimentos, aguardavam à sombra de meia dúzia de tendas. Várias estações do noticiário local haviam montado acampamento e faziam gravações naquela última hora, para a alegria das crianças sorridentes em direção às câmeras. Jake fez uma estimativa superficial de mais de duzentas pessoas reunidas e todas pareciam estar se divertindo. Era mais do que jamais poderia ter sonhado e ele sabia que devia todo o crédito a Deus.

Com base no número total de crianças que tinha comparecido, Jake tinha descartado a ideia de um jogo final de apresentação. Portanto, agora, tudo o que faltava no acampamento de uma semana — além da festa final, é claro — era a sua palavra de encerramento. O clima começava a esfriar um pouco, mas Jake transpirava como nunca. Não se sentia nervoso assim há muito tempo.

Jesus, me ajude, disse em voz baixa enquanto soprava em seu apito e tocava o sinal no megafone como medida extra. Cada grupo se reuniu para uma comemoração final antes de virem todos em massa ao centro do espaço, e Jake colocou uma música alegre nos alto-falantes trazidos pela igreja da mãe de Jadon. A atmosfera estava eletrizante e Jake não tinha como não se sentir energizado apesar de sua semana exaustiva. *Deus, esse é o motivo de estarmos aqui. Por favor, fale por mim agora.*

Em poucos minutos, o grupo havia se reunido e estava tão silencioso quanto se poderia esperar de uma grande multidão indisciplinada. Jake viu aquele mar de gente, os câmeras e seus companheiros de time todos de olhos fixos nele, esperando que falasse e, de repente, sua boca pareceu estar cheia de bolas de algodão.

"Ah, oi", gaguejou no microfone; a cabeça completamente vazia do que intencionava falar. Grilos cricrilavam em sua mente enquanto ele tentava se controlar e o suor fluía por todos os poros. *Deus, me ajude!* — clamou.

Com o canto do olho, observou um pequeno grupo de pessoas de sua igreja reunido a certa distância da multidão. Sua postura revelava que estavam orando e, de repente, uma onda de paz o encobriu. Com a confiança renovada, Jake falou ao microfone.

"Obrigado a todos pela presença durante esta semana. Quando comecei a sonhar com a ideia desse acampamento de basquete, pensei que se tivéssemos cinquenta crianças aqui seria um milagre." Risadas ecoaram na multidão. "Nunca, em meus sonhos mais malucos, eu teria imaginado isto." Jake fez um movimento com a mão, mostrando toda a área. "E nada disso teria acontecido sem tamanha ajuda de todos esses voluntários. Obrigado igrejas, Grace Fellowship e New Life Christian, por patrocinar este evento. Antes do jantar desta noite, peço que procurem pelo menos um desses voluntários para lhe dar um abraço."

Uma salva de palmas se espalhou rapidamente e algumas crianças praticamente atacaram seus técnicos em agradecimento.

"Sabe, nada disso teria acontecido sem muita ajuda de Deus também", disse Jake, afinal. A atmosfera tornou-se um pouco estranha, mas Jake respirou fundo e seguiu em frente. "Eu sei que Deus recebe palavras de gratidão em milhares de discursos, mas o que eu digo é sincero. Eu sei, com certeza, que não estaria aqui se não fosse por ele."

"Tudo o que sempre quis fazer quando pequeno foi jogar basquete. Quando eu era criança, por alguma razão, minha mãe me deu uma camisa do Louisville e, daquele dia em diante, eu levei no sangue o vermelho do Louisville. O dia em que recebi uma oferta de bolsa de estudos para jogar aqui foi o melhor dia da minha vida. Eu estava vivendo o meu sonho, conseguindo tudo o que queria... e então, minha vida se despedaçou." Jake limpou a garganta e olhou rapidamente para Buddy que lhe fez um sinal afirmativo como só ele conseguia fazer.

"Meu melhor amigo de infância cometeu suicídio bem na minha frente. E eu sabia que, se tivesse sido um amigo melhor, ele nunca chegaria a esse ponto. A garota que era minha namorada há três anos rompeu comigo... e depois, me disse que estava grávida. E então, quando pensei que minha vida não poderia ficar pior, minha mãe flagrou meu pai com outra mulher e todas as coisas no meu mundinho perfeito desmoronaram." Jake olhou para a multidão à sua volta e percebeu que, pela primeira vez naquela semana, o local estava silencioso o suficiente para se ouvir o ruído de um rato. Estava tão silencioso que chegava a ser lúgubre. Sentindo-se confortável com a atenção de sua plateia, Jake continuou.

"De alguma forma, no meio de tudo isso, Jesus Cristo apareceu e me salvou. Ele lançou uma corda para mim na forma de um pastor chamado Chris que esteve ao meu lado durante todo o meu sofrimento. Ele me ajudou a concertar o que eu podia concertar e a aprender com o que eu não podia mudar. O Senhor restaurou minha vida destruída e me colocou num caminho com novo propósito e nova esperança. E até devolveu meu sonho de retornar ao Louisville." Jake respirou fundo novamente e sorriu.

"Eu gostaria de poder dizer a vocês que a minha vida tem sido perfeita desde então, mas não é bem assim. Apesar de tudo o que Deus me deu, eu ainda encontrei maneiras de pisar na bola. Cometi alguns erros grandes e trouxe um monte de problemas para mim mesmo." Jake olhou para Grant. "Mas mesmo assim, Deus nunca desistiu de mim. Nada que eu pudesse fazer o faria me amar menos do que ele já ama. E isso também serve para vocês."

"Sabe, Deus nos criou para sermos amigos dele. E Ele é o melhor amigo que existe. É o tipo de amigo que está sempre presente, a qualquer hora do dia ou da noite, em qualquer momento quando precisamos dele. Porém, há um problema. A Bíblia chama de pecado. O pecado é qualquer ato nosso que não é perfeito. Como quando temos inveja, ou roubamos, ou dizemos palavrões, ou sentimos raiva de alguém. Todo mundo peca. E como todos nós já sabemos, há consequências. Infelizmente, como Deus é perfeito, ele não pode estar num relacionamento com a imperfeição, por isso, a consequência final do pecado é a separação eterna de Deus num lugar muito real chamado inferno. O Senhor não quer que a gente vá para o inferno, mas consequências são consequências.

"Por isso, quando Deus estava lá no céu, observando todos aqueles que queria ter como amigos pecarem, ele pensou: 'Isso não está legal. Eu preciso fazer alguma coisa'. Então, foi por isso que ele enviou Jesus à terra como homem. Como Jesus era perfeito, ele pôde levar o castigo em nosso lugar. Sua morte na cruz veio limpar a nossa ficha para que pudéssemos voltar a ter um relacionamento perfeito com Deus. Não temos que *permanecer* perfeitos porque a morte de Jesus limpou a nossa ficha do passado e do futuro. Tudo o que temos a fazer é dizer a Deus que sentimos muito, e ele apaga o nosso passado dos livros. Essa é uma boa notícia."

"O truque é que, na realidade, nós temos que aceitar o trato. É um tipo de negociação da pena. Temos que admitir que somos culpados e aceitar a vida que Ele nos oferece ao seu lado, caso contrário, é forçado a nos punir nos termos da lei. Deus nos oferece a salvação, como um bote salva-vidas a um homem que está se afogando, mas nós temos de estender a mão para pegá-lo. Muitas pessoas o ignoram e preferem tentar nadar até o outro lado com as próprias forças. Mas é impossível. Ninguém consegue fazer isso. É logicamente impossível que uma pessoa imperfeita alcance a perfeição."

"Não sei se você já sentiu como se estivesse se afogando, sozinho diante das dificuldades da sua vida. Caso não tenha tido uma experiência assim, um dia ainda vai ter. Quero dizer a vocês neste momento: agarrem-se em Jesus. Ele te ama e quer ser Seu amigo para sempre. Ele quer lhe dar uma segunda chance. Ele quer lhe dar força. E quer usá-lo para alcançar outras pessoas que estão sofrendo à sua volta."

No que pareceu ser uma experiência extracorpórea, Jake ouviu a si mesmo concluindo aquelas palavras e viu todas as pessoas que olhavam para ele. Não fazia ideia de onde vinha a maior parte das suas palavras, mas, de alguma forma, parecia que todos ainda estavam prestando atenção. *Aterrisse, Jake,* ouviu a voz de Chris no fundo da mente. Apesar de todos os seus esforços para brilhar para Deus, nem uma única vez na vida, ele havia conduzido uma pessoa numa oração para receber Jesus. Uma onda de nervosismo começou a se formar em seu coração. *Você consegue,* a frase soou em seus pensamentos, repelindo a crescente apreensão.

"Então, essa é minha história e eu adoraria que fosse a sua também." Jake concluiu. "Vou orar rapidamente por nossa refeição, mas antes de fazer isso, quero dar a todos vocês a oportunidade de convidar Jesus para entrar na sua vida. As palavras não são mágicas, mas é a sua intenção que conta. Vocês poderiam baixar a cabeça e fechar os olhos comigo?"

Jake tentou desesperadamente se lembrar como Chris fazia, mas somente alguns trechos lhe vinham à mente.

"Se você está pronto para se agarrar em Jesus, tudo o que precisa fazer é dizer a Deus algo como: 'Jesus, obrigado por morrer na cruz para pagar as consequências dos meus pecados. Eu sinto muito. Quero que o Senhor faça parte da minha vida de hoje em diante. Amém.'"

Num momento de inspiração repentina, Jake acrescentou rapidamente:

"Ah, todos continuem com os olhos fechados; se você fez essa oração pela primeira vez, por favor, levante a sua mão para que eu possa vê-lo." *Por favor, pelo menos um* — disse Jake rapidamente para si mesmo enquanto abria um de seus olhos com hesitação.

Ao olhar para a quadra de basquete lotada, Jake quase perdeu o fôlego. Havia mãos levantadas em todos os lugares, de muitas crianças e até de alguns adultos. Seus olhos se arregalaram e tentaram absorver toda a cena. À direita, um garoto magricela, com cabelo afro, tinha a mão erguida com orgulho. Debron abriu para Jake um sorriso vencedor, e foi tudo o que Jake conseguiu fazer para segurar as lágrimas. *Obrigado, Deus!* — comemorou enquanto continuava a examinar a multidão.

De repente, seus olhos foram atraídos por outra inesperada confissão de fé: a mão erguida hesitante lá no fundo da quadra pertencia a um adulto; ninguém além de Nomis. Os dois colegas fizeram contato visual e ambos abriram enormes sorrisos. As lágrimas escorreram pelo rosto de Jake e ele teve dificuldade de engolir o nó que havia se formado na garganta.

"Eu sei que o Senhor está feliz por se reencontrar com todos esses amigos, Deus", Jake finalmente concluiu sua oração. "Obrigado por essa semana e obrigado por este alimento que vamos comer... Amém."

Um grito espontâneo de comemoração ecoou assim que todos abriram os olhos e Jake teve que rir.

"É isso mesmo. A Bíblia diz que quando novas pessoas entram no Reino de Deus, os anjos celebram no céu. Pode acreditar, já há uma festa enorme acontecendo lá em cima neste instante. E podemos celebrar aqui embaixo também. Foi uma semana incrível. Vamos encerrar a farra com um jantar!"

Outro grito ecoou pelo grande grupo, e Jake liberou o time de cor cinza para que se servisse. Quando todos aguardavam em fila e Jake estava prestes a colocar a música novamente, ele teve outra ideia súbita.

"Ei, mais uma coisa, já que vocês estão aguardando com tanta paciência. Aqueles que oraram comigo hoje, eu quero que saibam que é muito mais divertido andar com Deus na companhia de outros. Há duas igrejas ótimas nos ajudando aqui esta semana que adorariam incluir vocês na família deles. Por favor, converse com um dos voluntários se quiser saber mais detalhes."

Jake ligou a música bem alto e se sentou num dos coolers que estava próximo enquanto toda a organização se desfazia e uma multidão dispersa se dirigia para as filas.

"Estou tão orgulhoso de você, Jake", Buddy sussurrou para ele ao passar apressado na direção das filas com outra bandeja de cachorros-quentes.

Jake sorriu. *Obrigado, Deus. Isso foi incrível.* Ele sabia que havia tropeçado em sua fala, mas o fato de Deus ter usado suas palavras simples para trazer, pelo menos, cinquenta pessoas para um relacionamento com ele, surpreendeu Jake. Esse só podia ser, sem dúvida alguma, o momento mais legal da sua vida até aquele momento. Ele não via a hora de contar tudo à Amy.

"Oi, Jake. Isso foi maravilhoso."

A voz desconhecida assustou Jake. Ele ergueu os olhos e viu um homem corpulento de trinta e poucos anos cujos bíceps eram tão largos quanto a sua cintura.

"Ah, obrigado", Jake levantou-se para ficar na mesma altura que o rapaz.

"Meu nome é Kevin Ross. Eu sou um grande fã", segurou a mão de Jake e balançou o braço vigorosamente. "E depois de hoje, eu gosto mais ainda de você", disse sorrindo.

Jake retribuiu o sorriso.

"Sou um dos diretores regionais da FCA, uma organização para atletas cristãos. Você já considerou a hipótese de atuar como técnico em um dos nossos acampamentos?"

"Ah..."

"Você tem algumas semanas livres neste verão?"

44

Querida Amy,

Fiquei muito feliz ao receber a sua carta dizendo que você gostaria de me ajudar com meu projeto de bonecas. É uma grande honra você ter se lembrado de mim, e mais ainda, se importar a ponto de querer ajudar. A Jodi me contou tudo sobre sua ideia para levantar fundos e eu nem acredito. Sei que ainda faltam muitos meses, mas todos os dias eu acordo pensando nisso. As outras garotas aqui em nossa casa estão empolgadas em fazer bonecas também. Você é a reposta às nossas orações e eu espero que Deus se lembre muito de você em suas bênçãos.

Agora vou começar minhas provas finais, então, por favor, lembre-se de mim em suas orações. Eu oro muito por você também. Espero que tenha um verão muito bom.

Com amor, Bogdana

AMY LEU PELO MENOS TRÊS VEZES a carta de Bogdana do começo ao fim enquanto caminhava da caixa de correio até o seu carro e seus olhos estavam mais do que apenas úmidos. Palavras de encorajamento com aquelas a faziam desejar trabalhar muito mais para fazer do Chá de Natal um sucesso. Nos meses seguintes ao nascimento da ideia para o "Sonho de Bogdana", nenhum dia havia se passado desde então sem que ela tenha pedido a ajuda de Deus e mal podia esperar para ver o que ele faria.

Amy pulou para dentro do carro já carregado e saiu rapidamente do estacionamento, dando início à longa viagem de Stanford a Oceanside. *Senhor, o evento para arrecadar fundos está nas tuas mãos* — orou mais uma vez. *Mas, com certeza, eu adoraria conseguir uma montanha de dinheiro.* Embora soubesse que Deus era mais do que capaz de fazer qualquer coisa, na sua mente, 60 mil dólares ainda era um alvo muito grandioso para se atingir. Um terço daquilo já parecia milagroso, mas era o que ela esperava arrecadar. Amy ficaria satisfeita com qualquer coisa, mas ninguém sabia o que Deus tiraria da manga.

O dinheiro ainda não tinha aparecido, mas o potencial crescia mais do que ela havia sonhado. Era agosto ainda e outras seis igrejas já se preparavam para promover eventos semelhantes para o "Sonho de Bogdana". Quatro delas foram recrutadas pela influência de Chris e Cari, e duas delas embarcaram no projeto graças aos contatos da madrasta de Amy. Enquanto isso, a própria mãe de Amy usava sua capacidade perspicaz para os negócios a fim de atrair outros doadores, e sabe lá o que a mãe de Jake arranjaria a seguir! Tudo estava uma loucura!

Inicialmente, Amy tinha presumido que todo o dinheiro passaria pela Igreja New Song antes de ser enviado ao Ministério Heart to Heart em nome de Bogdana. No entanto, quanto mais igrejas e empresas se envolviam, essa opção se tornava mais complicada. Entra em ação Edward Cunningham, um dos amigos de seu pai, autodeclarado filantropo, que gostava de unir causas dignas a somas significativas de dinheiro. Ele não havia apresentado nenhuma contribuição financeira real, mas tinha se envolvido e impulsionado Amy no sentido de transformar sua simples ideia em uma instituição de caridade sem fins lucrativos, de fato. Como já tinha feito isso inúmeras vezes, ele cuidou de toda a papelada, dos honorários advocatícios e de um detalhe e outro, assim, antes que Amy percebesse, ela era a fundadora de uma instituição de caridade sem fins lucrativos a caminho de uma condição fiscal dedutível do imposto de renda.

Amy entrou na rodovia e balançou a cabeça. Deus era tão incrível! Ela pensou nas outras bênçãos da sua vida: sua amizade com Renee, sua educação de qualidade praticamente gratuita, os sábados com sua família... sua correspondência frequente com o tio. Tudo bem, ela tinha de admitir que a última era um pouco bizarra.

Depois de sua primeira carta, Amy não tinha mais recebido notícias de Harold até o seu retorno da Romênia. Na resposta dele, havia muitos pedidos de desculpas e um excesso de gratidão, mas ainda era meio assustadora para Amy. Ela a deixou sob uma pilha de papéis na escrivaninha até depois das provas finais, quando, finalmente, não teve mais desculpas para evitá-la. Depois de lê-la pela segunda vez, decidiu responder, sendo breve em seus detalhes pessoais e preenchendo o texto com todos os tipos de versículos bíblicos e pensamentos que vinha aprendendo na Intersect e na igreja. Harold tinha respondido prontamente outra vez, cheio de gratidão pelas palavras dela. Ele compartilhou a respeito de sua vida na prisão, e ela tinha de admitir que soava bastante austera.

Sua intenção inicial ao escrever aquela primeira vez era apenas lhe transmitir seu perdão e pronto, mas algo a impulsionava a responder as cartas. Nos dois meses desde a primeira carta, eles haviam se correspondido várias vezes, e a cada uma delas, Harold se tornava cada vez menos o monstro que merecia punição pelas coisas horríveis que havia feito a ela, e cada vez mais, um homem necessitado do amor de Jesus. Era uma transformação estranha e, às vezes, ela ainda se incomodava por estar se correspondendo com o homem que a havia molestado, no entanto, no seu caso, parecia o correto a se fazer. E aqui a bênção se faz presente: Deus a tinha curado por completo, a tal ponto que ela conseguia ser uma bênção para o homem que a tinha ferido. Isso sim era amar o inimigo! Aquela cura completa foi, com certeza, uma enorme bênção.

Obviamente, a maior bênção de Amy era Jake. Todos os dias com ele eram um belo lembrete de como Deus age de forma maravilhosa para produzir o bem a partir do sofrimento. Embora Amy nunca desejasse passar outra vez por aquele tempo difícil, ela compreendia, de forma clara, quão valiosa havia sido a experiência para a formação do caráter dos dois e como agora ambos estavam muito mais aptos para uma vida em comum. E hoje, ela tinha sorte de estar a caminho de casa para passar as próximas duas semanas com Jake. O que mais ela poderia pedir?

Ah, sim, um cargo pago incrível no PACS neste verão que havia lhe dado duas semanas de folga no meio de seu período de trabalho.

Ela ainda não conseguia acreditar que o Dr. Teddy e sua equipe haviam lhe dado graciosamente um período de folga para visitar Oceanside. Com toda a competição por empregos por aí, ela sabia que eles não precisavam dar férias tão generosas a uma simples estagiária. Esse era mais um dos exemplos da incrível graça de Deus na sua vida.

Ela dirigia com as janelas abertas, curtindo o vento quente que batia à sua volta. Eram quatro horas, o que significava que, se fizesse a viagem em um bom tempo, estaria em casa aproximadamente meia-noite. A princípio, Amy estava ansiosa para fazer uma visita rápida a Jake assim que chegasse a Oceanside, mas Cari tinha apresentado forte oposição a isso. Ela disse que nada de bom acontecia àquela hora da noite quando um casal ficava sozinho, especialmente, um casal que não se via há muito tempo. Jake tinha concordado. Então, em vez disso, eles decidiram simplesmente falar ao telefone mais uma vez e passar juntos todo o dia seguinte. Amy mal podia esperar.

Sabendo que aquelas duas semanas voariam, eles tinham, intencionalmente, tentado não sobrecarregar seu tempo. Além de falar ao grupo de jovens na noite da próxima terça-feira e passar a sexta-feira com Johnny e Andrea — que no mês passado haviam se tornado um casal oficial — sua programação estava relativamente livre. Eles tinham muitos planos, sem compromisso, de passar tempo com familiares e amigos, mas nada estava definido e isso parecia maravilhoso.

Cari havia alertado Amy, no entanto, a respeito de deixar o tempo livre demais, afirmando que aqueles momentos de liberdade sem supervisão se tornariam as oportunidades de maior tentação. Não importava o quanto o relacionamento deles havia se fortalecido durante os meses afastados; hormônios misturados com paixão reprimida, com certeza, não era uma boa combinação, e se Jake e Amy não tomassem cuidado, poderiam facilmente acabar fazendo algo de que se arrependeriam mais tarde, especialmente, considerando que haviam estabelecido um padrão alto para si mesmos de nem mesmo se beijarem até o dia do casamento.

De certa forma, Cari afirmou que o fato de estarem distantes há tanto tempo piorava as coisas, pois suas defesas provavelmente haviam se tornado um pouco preguiçosas. A solução que sugeriu foi conversar muito sobre o assunto antes, encontrar pessoas que os mantivessem alertas diariamente e evitar oportunidades de estar a sós. Permanecer constantemente na presença de amigos ou em lugares públicos, especialmente quando escurecesse.

Amy sabia que Cari estava certa — ela já tinha trilhado essa estrada com Jake antes. Contudo, tinha esperança de que tivessem amadurecido e aprendido o suficiente para simplesmente desfrutarem da companhia um do outro sem sequer se preocuparem com os limites. Eles não iriam se beijar. Eles não teriam relações sexuais. E ponto final. No entanto, guardou no coração os conselhos sábios de Cari. Nas semanas anteriores, ela e Jake haviam conversado muito sobre seus limites e se comprometido a serem fortes quando o outro fosse fraco. Decidiram manter suas atividades em lugares públicos. E concordaram em ligar para Chris e Cari todas as noites, compartilhando como tinha sido o dia.

Deus, eu sei que o Senhor está sempre presente. Ajuda-nos a glorificá-lo em nosso tempo juntos — Amy orou enquanto sorria e suspirava. Olhou no relógio. Jake deveria estar quase chegando em casa depois de uma semana de trabalho voluntário no acampamento promovido pela organização de atletas cristãos, a FCA, no sul da Califórnia. O encerramento havia sido naquela tarde e sua mãe foi buscá-lo, pois Jake havia deixado a caminhonete em Louisville para aquela viagem rápida à Califórnia.

Amy tinha a sensação de que o seu verão havia sido bem agitado no trabalho de tempo integral no PACS, mas a programação de Jake fazia a dela parecer um tempo de férias. Depois de comandar aquele incrível acampamento de basquete, ele havia concluído todas as três matérias do curso de verão e se mantido em dia com as tarefas de um curso online que viu no último minuto e que lhe garantiu mais três créditos. O curso terminava na semana seguinte, e, presumindo que fizesse sem problemas o trabalho final, Jake ficaria com apenas duas matérias para colocar em dia antes de sua formatura na primavera. Ele já tinha avaliado as opções e descoberto mais dois cursos online que poderia fazer para sanar aquele déficit, incluindo um que concluiria antes de a temporada de basquete começar a esquentar em outubro. Amy não sabia como ele havia conseguido, mas sentia muito orgulho dele.

Luzes de freio começaram a brilhar à frente e Amy bufou. *Congestionamento, não!* — reclamou. Mas, de qualquer maneira, o que seria uma hora a mais quando ela teria de esperar até a manhã do dia seguinte para ver Jake? Aumentando o volume do rádio, Amy soltou a voz ao ritmo da música contagiante. Ela estava a caminho de casa para ver seu namorado e nada poderia desanimá-la.

45

QUE DIA GLORIOSO! Amy festejou enquanto seus olhos se adaptavam à luz do sol que raiava pela sua janela. Olhou rapidamente para o relógio na cabeceira perguntando-se até que horas tinha dormido: 6h30? Obviamente, chegar à uma da madrugada não a tinha deixado tão cansada quanto ela imaginava.

Sem querer despertar Jake assim tão cedo, ela tentou voltar a dormir, mas seus olhos continuavam a se abrir, em expectativa. Esse era o dia que passaria com seu namorado e ela simplesmente não podia esperar mais. Rendendo-se finalmente à falta de sono, Amy sentou-se na cama e tentou ler a Bíblia, mas aquilo também não adiantou. Tudo o que ela conseguia pensar era em se encontrar com Jake.

Por fim, o relógio apontou sete horas, e Amy imediatamente pegou seu telefone. Quer Jake estivesse acordado ou não, ela não conseguia mais esperar.

Seu receio provou-se totalmente desnecessário — a voz desperta de Jake indicava que ele também já estava acordado há algum tempo.

"Oi, Ames! Não acredito que você já está acordada!"

"Eu sei", Amy murmurou. "Mas eu simplesmente não posso mais esperar para te ver." Bastou o som da voz de Jake para colocar um sorriso em seu rosto que não podia ser apagado.

"Quer me encontrar na pista para uma corrida?", Jake sugeriu. "Ou está muito cansada da viagem?"

"Não, não. Ótima ideia. Acho que eu chego lá em quinze minutos."

"Não vejo a hora."

Obviamente, Amy também não. Parecia que não conseguia se vestir ou dirigir rápido o suficiente. Treze minutos depois, quando chegou ao parque regional perto da casa de Jake, ele já estava lá, adiantado, como sempre. Sentado a uma mesa de piquenique, vestindo bermudas de basquete e uma camiseta para a corrida, Jake não parecia tão arrumado quanto costumava estar em suas ligações pelo Skype, mas havia algo no fato de vê-lo pessoalmente que o tornava mais gato do que nunca. Amy tinha a impressão de que o seu coração desceria para o estômago e correu para jogar-se em seu abraço.

Era incrível como um abraço podia ser tão íntimo quando o beijo não era uma opção e, depois de vinte minutos simplesmente abraçando apertado um ao outro, Amy se sentiu mais unida a Jake do que nunca.

"Talvez, seja melhor a gente começar a correr", Jake disse enfim, com um sorriso. "Ou meus joelhos podem ficar tão fracos que você vai precisar me carregar. Amy Briggs, você está linda."

"Você também está bem atraente, Sr. Taylor." Amy retribuiu sorrindo e o cutucou na lateral onde ele sentia cócegas.

Partiram num bom ritmo e sua corrida de oito quilômetros passou sem que percebessem enquanto eles preenchiam com brincadeiras os espaços entre as passadas. Como todo o seu relacionamento recente baseava-se completamente em conversas a longa distância, eles tinham adquirido muita prática em conversar um com o outro; compartilhar o que estava se passando no coração e na mente tinha se tornado algo tão comum como respirar.

"Está pronta para tomar café?", Jake perguntou quando eles reduziram a marcha até caminhar de volta ao ponto de partida para se alongarem.

"Desse jeito?"

"Com suor e tudo mais", Jake sorriu.

"Você está com tanta fome assim?"

"Fome de você", Jake piscou brincando. "Mas algumas panquecas resolvem. "

"Uuuh, olha só, falou o Sr. Poeta. Tudo bem. Vamos nessa."

"Infelizmente, sem você, eu estou na rua. Se importa de pegar seu carro?", Jake perguntou timidamente.

"Ah, homens. O que vocês fariam sem nós, mulheres?", provocou Amy, jogando a chave para Jake. "Mas você dirige. Eu já dirigi o suficiente por um bom tempo!"

Jake levou os dois a uma parte da cidade que Amy geralmente não frequentava, mas, por alguma razão, lhe despertou uma sensação de déjà vu. Pararam em frente a um pequeno café dentro de uma galeria em péssimas condições e, no mesmo instante, Amy soube onde estavam. Naquele lugar, eles reataram seu relacionamento no último ano do Ensino Médio, na manhã em que Jake a convenceu a não optar pelo aborto. Tanta coisa havia acontecido entre eles desde então, mas, se Jake não tivesse rendido tudo a ela naquela manhã, ela tinha certeza de que não estaria ali hoje.

"Jake?"

Jake apertou a sua mão e, então, correu para a abrir a porta para ela e conduzi-la ao pequeno restaurante. Sentados à mesa de um charmoso bistrô, eles fizeram seus pedidos e ficaram apenas olhando um para o outro.

"Na última vez em que comemos aqui, nossa aparência também não era das melhores." Jake sorriu e pegou a mão de Amy. "Amy, eu fiz muitas promessas naquele dia e sei que você abriu mão de muita coisa quando confiou em mim e naquelas promessas. Sinto muito por não ter mantido o meu lado do trato. Sinto muito por ter te desapontado tanto. Quando penso na minha jornada a partir daquele ponto, eu me sinto envergonhado."

"Jake", Amy interrompeu. "Tudo isso está no nosso passado. Você sabe que eu te perdoei."

"Eu sei", Jake continuou. "Porque você é incrível. Mas por mais que eu quisesse poder refazer todos os acontecimentos que nos trouxeram a este lugar e tudo o que aconteceu depois, eu não trocaria aquela manhã aqui por nada. Talvez, eu tenha errado — grosseiramente — mas eu só quero que saiba o orgulho que tenho da pessoa que você se tornou desde então."

Amy se lembrava de ter derramado muitas lágrimas naquela manhã, há mais de três anos, mas as que ardiam em seus olhos hoje eram muito mais cheias de esperança e alegria.

"Jake, você pode ter cometido seus erros, mas, se não fosse por você, eu nunca teria começado."

"Bem, eu acho bom que Deus esteja agindo todo o tempo, né?"

Os dois sorriram em concordância enquanto seus dedos se entrelaçavam sobre a mesa... bem no momento em que a garçonete trouxe à mesa os pratos muito bem servidos, e Amy se afastou para dar espaço.

"Ah, não se importe comigo, meu bem. Eu vou deixar vocês à vontade assim que pegar o refil do suco de laranja para este bonitão aqui", informou alegremente a garçonete.

Com ovos e panquecas, Jake e Amy recordaram aquele último ano do Ensino Médio e todo o drama que se desenrolou. Várias vezes eles imaginaram como as coisas poderiam ter sido diferentes, mas essas estradas opcionais nunca pareciam trazê-los ao momento presente. Mesmo em todas as dificuldades, Deus os havia trazido a um lugar realmente bom, e eles não trocariam por nada.

Duas horas depois, por fim, eles saíram e pararam o carro na casa de Amy para que ela tomasse um banho e se trocasse.

"Sabe, acho que vou esperar no carro", Jake sugeriu quando percebeu que a mãe de Amy não estava em casa.

Amy sorriu a apertou sua mão.

"Eu te amo. Vou tentar ser rápida."

Querendo desperdiçar o mínimo de tempo possível longe de Jake, Amy correu para o banheiro, ligou o chuveiro e foi correndo para o quarto pegar uma muda de roupas limpas. Imediatamente, percebeu um problema. Ansiosa para usufruir dos benefícios da roupa lavada de graça, as únicas roupas que havia trazido estavam sujas.

Droga! exclamou em silêncio. Seu primeiro dia com o namorado e ela não tinha nada limpo para vestir.

Correu para o armário que havia limpado drasticamente no ano anterior, esperando encontrar algo que pudesse quebrar o galho. Nada chamou a sua atenção, exceto uma saia branca de babados. Teria que servir. Vasculhou algumas blusas que haviam restado, mas não encontrou nada que combinasse. *Putz!*

De repente, Amy teve uma ideia. Correu para o quarto da mãe e analisou as opções no armário. Eu outros tempos, isso teria sido inaceitável, mas como as duas tinham se aproximado bastante no ano passado, Amy esperava que ela não se importasse. A primeira coisa que chamou a sua atenção foi uma blusa cinza justa que ela pegou sem pensar duas vezes.

O banheiro estava agora cheio de vapor, e Amy entrou no chuveiro e tentou se apressar o máximo possível. Um pouco de maquiagem, um toque no cabelo, sandálias e ela estava pronta para sair. Certamente, estava mais bem vestida do que planejava para um dia casual com o namorado, mas dadas as circunstâncias, ficou satisfeita com o que havia encontrado. E tinha certeza de que Jake não se importaria.

Pegando a bolsa, Amy correu para a porta e percebeu que Jake conversava descontraidamente ao telefone. Mas assim que ela se sentou ao seu lado, no banco do passageiro, a atenção dele era toda para ela.

"Uau!", Jake segurou na cintura de Amy e se inclinou como se fosse beijá-la.

Instintivamente, Amy se afastou.

"Esqueci que não tinha nenhuma roupa limpa, então, tive que caçar alguma coisa no armário da minha mãe", explicou rapidamente.

Jake corou e prontamente se afastou.

"Sua mãe tem bom gosto", murmurou, olhando para frente. Depois de alguns segundos, ele limpou a garganta e se voltou outra vez para Amy. "Bom, antes que alguém pergunte como uma bela assim pode estar ao lado desta fera, você se importa de ir à casa da minha mãe para que eu me arrume um pouco? Ela está em casa e adoraria conversar com você."

"Ótima ideia!", Amy exclamou. Estava querendo mesmo passar algum tempo com a mãe de Jake.

Durante os anos em que Amy e Jake namoraram da primeira vez, Pam nunca havia sido muito presente. Assim que Jake partiu para a universidade, Pam começou a se envolver mais na New Song, o que permitiu à Amy algumas oportunidades para conversas breves. Agora que estavam juntos outra vez, no entanto, Amy estava ansiosa para conhecê-la melhor, especialmente, por toda a contribuição que ela deu à arrecadação de fundos para Bogdana.

No momento em que entraram na casa de Jake, Amy sentiu-se coberta de amor. Pam a tratou com uma filha perdida há muito tempo e elas começaram a conversar como se fossem grandes amigas há anos. Depois de algumas amenidades, Pam a levou para a sala, e elas começaram imediatamente a falar sobre as novas ideias para o Chá de Natal. Amy estava tão envolvida na conversa que nem percebeu quando Jake escapou para tomar seu banho e não fazia ideia de quanto tempo havia passado até que Pam olhou em seu relógio e se assustou.

"Minha nossa! Eu me esqueci completamente da minha reunião às 15h30. Tenho que estar na igreja em sete minutos." Levantou-se num pulo e pegou a bolsa. "Amy, me desculpe por te deixar assim, correndo, mas acho que você vai estar por aí, certo?"

"Claro, Sra. Taylor", Amy sorriu. "Obrigada por levar meu sonho tão a sério."

"Amy, você é uma pedra preciosa. Obrigada por dar uma segunda chance ao meu filho."

"Bem, eu não dei simplesmente a ele. Ele fez por merecer." Amy piscou para Jake que acabava de entrar.

"Tchau, mãe". Jake lhe deu um abraço e um beijo no rosto.

"Tchau, gente. Divirtam-se." Ela saiu rapidamente da sala e bateu a porta atrás de si.

"Oi amor. Quanto tempo". Amy sorriu enquanto dava uma olhada geral no seu namorado. Vestindo uma camisa de abotoar com as mangas dobradas, bermudas cargo e chinelos, Jake transpirava charme da cabeça aos pés. Se Amy não soubesse, pensaria que estava diante de um anúncio da Abercrombie.

"Eu sei. Estava com saudades." Jake sentou-se no sofá ao lado dela e a puxou com seus braços fortes.

Amy recostou-se naqueles braços e Jake inclinou-se sobre ela. Enquanto ficavam ali, olhando um para o outro, um momento tentador se passou em que ambos pareceram perceber que tinham a casa toda para si. Velhos hábitos retornaram para assombrá-los muito depois de terem sido quebrados, e quando Amy olhou nos encantadores olhos azuis de Jake, não pôde evitar as lembranças de tantas tardes divertidas que passaram no quarto de Jake quando estavam no Ensino Médio. Sua cabeça ficou embassada pela emoção e ela deslizou o dedo pelo braço de Jake, tentando se lembrar as razões pelas quais voltar àquele tempo seria uma péssima ideia.

De repente, Jake se levantou e puxou-a para que ela ficasse em pé.

"Vamos sair daqui!", disse, e a empurrou na direção da entrada.

Assim que chegaram à segurança do carro, os dois se entreolharam, envergonhados.

"Desculpe por aquilo", Amy sorriu, grata pelo fato de Jake ser mais firme do que ela nas convicções deles.

Jake balançou a cabeça.

"Não, não. É minha culpa. Sou eu quem não consegue manter a cabeça fria. Desculpe-me." Olhou para Amy com uma expressão suave. "Você está tão linda; sua beleza é intoxicante."

Amy revirou os olhos diante da cantada brega.

Jake riu.

"Eu sei, essa foi péssima. Mas estou falando sério", falou, tirando uma mecha de cabelo que cobria um dos olhos dela. "Bom, mas, uh, você quer ir ao Costco? Fiquei sabendo que eles têm umas amostras ótimas, hoje."

"Como ficou sabendo disso?"

"Com o Chris. Eu estava conversando com ele enquanto você se arrumava e ele tinha acabado de ir até lá com um aluno."

Amy sorriu, achando divertida a segunda escolha de Jake para comer alguma coisa.

"Parece que aquele é um outro lugar onde temos alguma história."

Jake sorriu com ar de quem sabia do que estavam falando.

"Você acha que vamos encontrar o Doug lá hoje?"

"Espero que não."

"Verdade?", perguntou Jake. "Você parecia bem feliz por se encontrar com ele naquele dia. Não imagina o quanto eu adoraria dizer ao Doug que nós estamos juntos de verdade."

Amy riu.

"Eu peguei pesado com você naquele dia, né?"

"Nem fale. Você deu aquele abraço apertado nele de propósito?"

"Você percebeu, é?"

"Uh, claro!", Jake desviou os olhos da estrada e olhou Amy nos olhos. "Eu sei; você teve que fazer aquilo. Tinha um namorado e não queria me dar esperanças. Sua atitude foi honrável de todas as maneiras e eu não teria esperado nada menos de você."

Amy descansou a mão sobre o joelho de Jake e se lembrou daquela tarde no Costco no verão passado. Tanta coisa havia mudado desde então e ela não poderia estar mais feliz.

"Jake, eu tentei negar isso, mas naquele dia, eu soube que queria passar o resto da vida com você. Obrigada por ser tão respeitador, mas obrigada também por não desistir de mim. Eu sei que deve ter sido difícil."

Jake apenas sorriu.

"Mas valeu a pena?", Amy perguntou.

"Você não faz ideia", Jake segurou a mão de Amy e a trouxe aos seus lábios. "Eu merecia punição um milhão de vezes pior do que a que você me deu. Só fico feliz que tenha terminado assim."

Algumas horas depois, Jake e Amy saíram do Costco de mãos dadas e absolutamente empanturrados. Além do cachorro-quente e do sorvete que comeram assim que chegaram, as amostras estavam inacreditáveis. Cheesecake, sanduíche de carne, fatias de pizza, chocolate, ravióli... Eles poderiam ter desfrutado de uma refeição completa se ficassem apenas nas pequenas porções servidas de amostra. No fim, não compraram nada, mas foi divertido andar pelos corredores e observar os outros clientes.

Quando finalmente saíram, já passava das seis horas, e Jake olhou para o sol que se punha. Passou o braço sobre o ombro de Amy.

"Eu não vejo o pôr do sol na praia há muito tempo. Você estaria interessada em assistir um comigo?"

"Um romântico pôr do sol na praia com o cara mais gato do planeta? O que mais eu poderia querer?"

Eles foram de carro até o porto e estacionaram de frente para a água. Sentados em silêncio com os dedos entrelaçados, eles contemplaram as ondas quebrando ao longe.

"Jake", murmurou Amy, satisfeita. "Acho que este foi o dia mais perfeito da minha vida. Obrigada."

"Ei! Ainda não acabou. Nós temos, pelo menos, uma hora antes do sol dar boa noite. Vamos caminhar."

Querendo de fato ficar atenta ao conselho de Cari de não ficar a sós depois do escurecer, especialmente depois de se exporem ao perigo durante todo o dia, Amy hesitou:

"Não sei... tem certeza... você sabe, né?"

"Tenho", Jake respondeu resoluto e correu para abrir a porta para ela.

O ar de agosto estava ameno e a água agradável, portanto, não demorou até que Amy e Jake estivessem brincando ao longo das ondas, chutando a água, desviando de pedras, perseguindo um ao outro com algas do mar e procurando conchas interessantes.

Eles haviam caminhado uma boa distância e deixado bem para trás todos os outros banhistas até que Amy, finalmente, olhou em volta para ver onde estavam. De repente, ela congelou. A poucos metros dali estava a pequena enseada escondida onde ela e Jake haviam trocado o primeiro beijo, ainda no nono ano, e desfrutado de muitos outros momentos íntimos depois.

Amy não podia pensar em um lugar mais romântico para assistir ao pôr do sol do que o cantinho "deles", mas ao mesmo tempo, não podia pensar em lugar mais tentador do que aquela praia reservada que guardava tantas lembranças.

"Jake... eu não acho que seja uma boa ideia", Amy hesitou.

"Confie em mim", garantiu Jake, e veio até ela, entrelaçou seus dedos nos dela e a levou para mais perto das rochas escarpadas.

Deram a volta numa grande pedra e Amy perdeu o fôlego com o que viu. Por todos os lados, centenas de velas brilhavam dentro de vidros; sobre as rochas, encaixadas nas fendas e espalhadas na areia. Dezenas de rosas vermelhas aveludadas cercavam todo o perímetro e, no meio, havia um ninho de travesseiros sobre um macio cobertor.

"Jake", Amy reagiu assustada enquanto olhava em volta, tentando absorver toda a cena. "Acho que estamos interrompendo algum...", sua voz ficou entalada na garganta quando se virou para Jake que agora segurava um violão e tocava alguns acordes. Seu rosto reluzia de orgulho e Amy não sabia se ria ou chorava. *Isso é o que eu acho que é?* — perguntou a si mesma, sem acreditar. Mas antes que tivesse tempo para pensar, Jake começou a cantar:

"Foi uma longa estrada", cantarolou com uma voz surpreendentemente suave e grave,

"Mas chegamos até aqui, baby.

Com certeza fui um sapo

Mas você me perdoou, talvez.

Só quero dizer que sou grato

Por ter você em minha vida

E quero passar o resto dos meus dias amando você."

"Não sabemos para onde vamos

Mas nos divertiremos, baby

NBA ou Palo Alto

Ou até na Romênia, talvez

Só quero dizer que estou feliz

Por ter você ao meu lado

E quero passar o resto dos meus dias amando você."

"Você me trouxe uma vida nova

E eu lhe devo muito, baby

Mas se quiser ser minha mulher
Talvez, eu possa retribuir
Só quero dizer que te amo
Você é a melhor coisa no mundo
E quero passar o resto dos meus dias amando você."

Quando as notas finais se desfizeram no ar salgado, Jake se ajoelhou e tirou do bolso uma caixa. Ao abri-la, revelou um lindo solitário cujo diamante devia ter pelo menos um quilate. Atraindo os raios do pôr do sol, a pedra brilhava como uma gota de orvalho em chamas, e Amy estava hipnotizada.

"Amy, você sabe que conversamos muito sobre o resto das nossas vidas, mas estou cansado de apenas falar sobre isso como algo vago, num futuro distante. Em dez meses, aconteça o que acontecer, eu quero que nosso relacionamento à distância termine e que o nosso futuro a dois comece. Mal posso esperar para passar todos os dias ao seu lado, sonhar com você, rir com você, servir com você e brincar com você pessoalmente. Você é a minha melhor amiga, e eu te amo. Amy Briggs, quer se casar comigo?"

Talvez, não houvesse fogos de artifício no céu naquele momento, mas as explosões no peito de Amy foram mais que suficientes. Amy puxou Jake para cima e abraçou-o sobre o violão.

"É claro", sussurrou, incapaz de encontrar sua voz. As lágrimas desciam pelo rosto e ela não conseguia parar de sorrir.

Jake colocou o anel no dedo de Amy, tirou o violão e colocou-o sobre o cobertor. Sentou-se ao lado dele e trouxe Amy para sentar-se ao seu lado. O sol descia imponente lá no horizonte e era uma questão de tempo antes que mergulhasse nas profundezas das águas logo abaixo. Cercada pela luz tremulante das velas, Amy se aconchegou ao lado de seu noivo — ah, como ela adorava o som daquela palavra! — e assistiu a chama gigante da Terra realizar sua mágica sem pressa diante deles. Pensou naquele dia, valorizando de maneira diferente cada parada, maravilhada pela forma como Jake havia conseguido capturar a essência da história deles de maneira tão insuspeita e descontraída.

"Jake, este dia inteiro foi maravilhoso demais para colocar em palavras. E agora isso. Você é brilhante e me pegou completamente de surpresa." Amy descansou a cabeça no ombro dele e tentou curtir aquele cenário de contos de fadas. "Como é que você conseguiu fazer tudo isso?"

Jake riu baixinho.

"Johnny e Andrea. Eles ficaram aqui o dia inteiro, preparando tudo e protegendo o lugar."

"Uau." Mais uma vez ela não tinha palavras e tentou apenas absorver tudo aquilo. Porém, outro pensamento lhe veio à mente. "E o violão?"

"Eu não queria que o Steven fosse melhor do que eu em nada, então, pedi a um amigo da faculdade para me ensinar alguns acordes. Acabou se tornando um dos meus hobbies", Jake riu outra vez e escondeu o rosto no cabelo dela.

Amy envolveu os ombros de Jake em seus braços.

"Eu queria muito te beijar nesse instante", sussurrou no ouvido dele.

Jake virou-se e puxou-a num abraço.

"Por favor, não faça isso", sussurrou de volta. "Tenho quase certeza de que não conseguiria resistir."

O sol se pôs no Pacífico. Muito lentamente, a esfera de cor vermelho vibrante afundou mais e mais até se tornar nada além de uma metade brilhante sobre a superfície plana do mar. Logo depois, ela também foi engolida pelo oceano e o céu implodiu em tons profundos de azul, rosa e lilás.

OUTONO

46

OUTUBRO CHEGOU E FOI EMBORA e Jake se viu mais uma vez em meio à excitação que tinha nome: temporada de basquete. Aquela seria sua noite de abertura na temporada e Jake, ali no banco, absorvia o grito do ginásio lotado. Enquanto aguardava o locutor chamar seu nome, maravilhou-se com o fato de estar ali vestindo um uniforme do Cardinal e vivendo seus sonhos. Era completamente surreal.

No caminho de volta da casa de Buddy outro dia, ele havia contado nada menos que dezessete outdoors e faixas. As pesquisas pré-temporada previam que ele seria considerado o jogador mais valioso — o MVP — do Big East deste ano. E Louisville se classificou como o sétimo melhor em todo o país. As expectativas eram grandes. E seus objetivos eram ainda maiores.

Este era o momento: sua última temporada, sua última chance de ganhar um campeonato, sua última tentativa de garantir um lugar na NBA. Claro que ele tinha mais um ano de elegibilidade, mas, em sete meses, se casaria com Amy e nem cogitava a ideia de voltar à Louisville. Era agora ou nunca, e ele estava pronto para dar tudo de si.

Nos últimos meses, Jake havia trabalhado mais do que nunca. Entre as aulas e os deveres de casa, ele tinha passado praticamente todo o tempo acordado na na sala de musculação, na academia ou no escritório do técnico, estudando filmagens. Havia ganhado quase cinco quilos de massa muscular, dois centímetros em seu salto vertical e mais constância nos seus arremessos de fora. Sua confiança como líder estava nas alturas e Jake estava ansioso para testar tudo isso.

Por mais excitantes que fossem suas perspectivas nesta temporada, ele ainda não conseguia afastar a incômoda dúvida de que, talvez, devesse ter arriscado na NBA. Afinal, o draft havia sido menos concorrido do que se imaginava e jogadores que ele havia levado à universidade no último ano foram escolhidos facilmente na primeira rodada. Pensando logicamente, Jake sabia que havia feito a melhor escolha na época, mas em retrospectiva, não conseguia evitar o pensamento de que sua decisão de esperar um ano poderia significar o seu fim. Se alguma coisa desse errado, ele passaria o resto da vida olhando para o passado, especificamente para o ano em que desistiu do seu futuro?

As mensagens de Jordan e de seu pai soavam repetidas vezes em sua cabeça. *Pegue o dinheiro e vá embora. Não perca o que, talvez, seja a sua melhor chance. Você quer se arrepender desta decisão pelo resto da vida?* No entanto, esta era a vida de Jake, não de Jordan, de seu pai, nem mesmo de Jamal. E a maioria dos comentaristas concordava: a menos que um atleta tivesse boas condições de ser escolhido na loteria, ele deveria continuar na universidade. Jake tentou fazer a escolha sensata e mal podia esperar para provar a todos que estava certo.

Além disso, não se tratava apenas do basquete. Jake avaliou seu time alinhado na quadra e não conseguiu evitar a sensação de admiração pelos avanços que Deus havia lhe dado com eles. Desde o acampamento de basquete no verão, Jadon tinha voltado a frequentar a igreja com sua mãe e sua vida tinha dado uma volta de 180 graus. Embora no ano anterior sua boca suja e a tendência à bebida e às drogas o tivessem trazido vários tipos de problemas, neste ano, Jadon havia se transformado num cidadão modelo, sempre disposto a compartilhar sua história de redenção com qualquer um disposto a ouvir. Nomis também havia se tornado outra pessoa desde quando levantou a mão durante a oração de Jake. Praticamente todos os dias, ele procurava Jake com novas perguntas a respeito do que lia na Bíblia e, nos três primeiros meses, já havia lido a Palavra de Deus de capa a capa pelo menos uma vez.

Os dois agora se uniram a Jake e a Grant em suas visitas semanais ao parque, o que havia promovido uma multidão ainda maior de crianças. Jake já tinha começado a ver algumas crianças e seus pais na Igreja Grace Fellowship, e Jadon contou que pelo menos uma dúzia delas havia começado a frequentar a sua igreja. Jake não podia acreditar que uma ideia tão simples pudesse ter tamanho impacto.

Jadon e Nomis também se uniram a Jake em seus almoços semanais com Buddy. Grant também tinha começado a vir regularmente outra vez, embora ainda deixasse claro que não estava nem próximo de cruzar aquela ponte. Certa noite, no apartamento, Jake lhe perguntou a respeito de sua hesitação, e Grant, no geral, disse que, embora gostasse da ideia de Deus e de tudo o que um relacionamento com ele tinha a oferecer, sabia que seu estilo de vida era claramente condenado na Bíblia e não estava disposto a mudar. Jake esperava que Grant desse uma chance, mas respeitava o fato de ele não encarar de modo leviano as expectativas de Deus.

Uma das áreas de impacto favoritas de Jake era Debron. Jake o via agora agachado na extremidade da quadra, pronto para realizar sua função de gandula. Desde quando levantou a mão, o garoto havia desabrochado. Ainda tinha uma boca que nunca se fechava, mas em vez de usá-la constantemente na provocação de outros e na autopromoção, seu relacionamento crescente com Deus havia gerado uma mudança e, agora, ele era uma das pessoas mais encorajadoras que Jake conhecia. Debron agora também era o elemento mais jovem que a recepção da Grace Fellowship já tinha tido, e Jake se divertia muito na companhia dele recebendo as pessoas todos os domingos. Ele amava aquele garoto e queria investir nele o máximo possível este ano antes de partir.

O impacto daquele acampamento de basquete no bairro havia se estendido além do círculo imediato de Jake. Nem por um segundo ele fez aquilo para receber qualquer reconhecimento, mas neste verão, a NCAA havia reconhecido seus esforços e os de Grant e presenteado os dois com um Prêmio Humanitário pelo seu desejo de investir na próxima geração. A FCA também reconheceu o seu trabalho e Kevin Ross já tinha o contato de cinco universidades que queriam que Jake viesse ao "campus club", na hora do almoço, para falar e contribuir com aquele ministério. Jake sabia que seus horários estavam para lá de lotados, mas como poderia recusar? Deus estava preparando oportunidades e Jake estava maravilhado.

O ruído no ginásio se tornou um rugido ensurdecedor e Jake tinha dúvidas se conseguiria ouvir seu nome quando fosse chamado. Viu Nate se levantar e correr para a quadra, e então, finalmente, chegou a sua vez. A multidão foi à loucura, e Jake fez todo o possível para se concentrar apenas no jogo.

"Estão prontos?", Jake gritou aos seus companheiros quando se reuniram no meio da quadra. "Vamos nessa!"

Com o coração batendo forte e a adrenalina a mil, Jake se preparou para o lance de abertura. Tyler dominou e lançou a bola exatamente nas mãos de Jake enquanto os outros jogadores corriam quadra abaixo. Jake lançou uma ponte-aérea perfeita para Grant que culminou numa sensacional enterrada nos primeiros cinco segundos de jogo. Eles estavam a caminho de um belo começo.

INVERNO

47

DEPOIS DE MESES DE PLANEJAMENTO, finalmente, chegou o Chá de Natal da Igreja New Song. Graças a algumas ofertas de companhia aéreas que sua mãe havia descoberto, Amy tinha conseguido comprar uma passagem de ida e volta para San Diego por menos de cem dólares, o que, com certeza, era melhor do que fazer a longa viagem de carro sozinha para um curto fim de semana. Agora, portanto, ela estava nos fundos do auditório principal da New Song, acompanhando a enxurrada de atividades à sua volta com uma admiração contida. Além de Cari, da mãe de Jake e de sua própria mãe — pessoas cujo desejo de ajudá-la era suspeito — grupos de mulheres que ela nunca tinha visto corriam para cima e para baixo colaborando na organização.

Cada mesa havia sido adotada por uma anfitriã diferente que dava o máximo de si para decorá-la de forma tão linda quanto podia imaginar. Ao longo da parede do fundo, havia estandes elegantes cobertos com deliciosos salgados e doces doados por várias padarias da cidade. Na parte da frente do auditório, uma fileira de atraentes cestos para a rifa. E no saguão, um autêntico mercado de artigos de origem comprovada e objetos feitos à mão havia se formado, oferecendo aos convidados uma oportunidade de fazer algumas compras éticas de Natal. Todo o ambiente era festivo, sofisticado e estimulante, e Amy estava transbordando de alegria.

Um coral começou a cantar hinos alegres de Natal, e Amy se dirigiu até a mesa de Cari lá na frente onde tinha um assento reservado ao lado de Pam, Cari, Melia, Jan e Emily — que, aos três anos de idade, havia implorado para vir e se sentar ao lado de Amy. Nem é preciso dizer o quanto Amy ficou tocada. Mas o ponto alto para ela foi ver sua mãe cercada por todas essas novas amizades de qualidade. Desde que tinha concordado em ajudar no evento, sua mãe havia começado a vir à New Song ocasionalmente, e Amy estava muito ansiosa para ver o que Deus faria na vida dela.

Depois de mais alguns cânticos jubilosos, o coral desceu do palco e Cari subiu.

"Sejam bem-vindas senhoras e Feliz Natal! Não sei se tiveram a chance de olhar em volta, mas não parece que estamos no país das maravilhas?" Senhoras em todos os lados vibraram com vozes estridentes. "Nossos sinceros agradecimentos a todos os que tiveram sua participação na realização deste evento espetacular." Mais aplausos a interromperam. "E obrigada a todos vocês. Com mais de trezentas mulheres aqui nesta tarde, a presença de vocês torna este o maior evento de mulheres que nossa igreja já realizou." Mais uma vez, uma comemoração eufórica teve início.

Quando as palmas finalmente cessaram, Cari continuou.

"E embora seja gostoso entrar no espírito do Natal e começar mais cedo a nossa comemoração, não se esqueçam de que também estamos tornando realidade o sonho de uma jovem na Romênia." Seu tom tornou-se um pouco mais solene e o silêncio se espalhou a seguir.

"Graças à visão de uma mulher que vim a conhecer e amar nos últimos anos, não estamos transformando apenas uma vida hoje, mas muitas. Para sabermos mais alguns detalhes mais sobre isso, Amy Briggs veio compartilhar um pouco de sua paixão. Amy era uma aluna do nosso grupo de jovens a três anos atrás. Por meio de muitas lutas pessoais, ela descobriu Deus e seu amor sem limites, e desde então, tem proclamado as boas-novas a outros. Eu tenho testemunhado sua influência na vida de várias jovens do nosso ministério e, agora, enquanto estuda na Universidade Stanford, ela ministra às crianças que tiveram uma experiência de abuso. Por favor, vamos receber com carinho, Amy Briggs!"

Amy subiu os degraus timidamente, desconfortável com a apresentação lisongeadora de sua mentora. Ela sabia que não era o ponto principal; era simplesmente uma peça no quebra-cabeças do grande plano de Deus. Sentindo as orações de sua família e amigos, inclusive de Jake que se preparava para um grande jogo no outro lado do país, Amy se aproximou do palco com confiança e olhou rapidamente em suas anotações.

"Quero contar a vocês sobre uma garota que vim a conhecer e amar há pouco tempo." Uma fotografia de Bogdana apareceu na tela atrás dela. "Bogdana é uma vítima do abuso e da negligência, tanto de sua família de origem como do sistema para o bem-estar do menor que, teoricamente, interferiu para protegê-la. Eu a conheci em minha recente viagem à Romênia e ela mudou a minha vida."

Amy continuou a compartilhar sobre o passado terrível de Bogdana e, em poucos minutos, não havia um olho sem lágrimas no auditório. É claro, o que ela poderia esperar de um ambiente tão cheio de estrógeno como este? Amy passou, então, a descrever a transformação radical de Bogdana graças ao amor de Cristo. Descreveu em detalhes seu sonho de fazer bonecas e explicou como o versículo bíblico anexado às bonecas transmitia de forma tão apropriada o amor inabalável de Deus por todos.

"É por isso que o sonho de Bogdana é único", continuou Amy. "Enquanto outras organizações tentam atender às necessidades físicas dessas crianças, como comida e abrigo, Bogdana descobriu uma maneira brilhante de satisfazer, de modo concreto, as necessidades intangíveis de amar e ser amada dessas crianças enquanto lhes apresenta o amor perfeito do Salvador."

Essas palavras foram a transição perfeita para que Amy transmitisse a bela verdade do amor inabalável de Deus por todos os que estavam ali também. Ela descreveu o glorioso presente que Deus tinha ofertado a todas e as desafiou a receber a presença de Cristo em suas próprias vidas nesta época em que se comemorava o seu nascimento.

"Muitas de vocês vieram aqui hoje para levar esperança a uma garota da Romênia. Porém, talvez, você esteja aqui carente de sua própria dose de esperança. Bem, você não está só, e eu adoraria conversar com você e apresentá-la ao Autor do amor que não falha." Amy parou e respirou fundo.

"Bogdana é uma garota com um sonho", concluiu. "Ela quer compartilhar o amor de Jesus a todos os órfãos do disfuncional sistema de orfanatos da Romênia. Estatísticas recentes mostram que há ali cerca de 20 mil órfãos, portanto, obviamente, Bogdana não pode fazer isso sozinha. Mas com a nossa ajuda, ela pode fazer mais. Obrigada."

O auditório explodiu em aplausos e as senhoras se colocaram em pé. Em nenhum momento, Amy pediu doações adicionais — ela simplesmente quis explicar para onde seria encaminhada a renda obtida com a venda dos ingressos — mas observou mulheres em todos os lados, revirando as bolsas e retirando carteiras e talões de cheques. *Isso está acontecendo?*, espantou-se quando se retirou do palco. Fosse lá o que Deus estivesse fazendo, ela se sentia honrada de fazer parte.

✚ ✚ ✚

No final do evento, o rosto de Amy doía de tanto sorrir e ela estava cansada de conversar com tantas mulheres. Mas tudo isso não era nada comparado à alegria que crescia dentro dela. Além de todo o apoio ao sonho de Bogdana, ela tinha orado com, pelo menos, uma dúzia de senhoras para que recebessem o presente de Cristo em suas vidas e este tinha sido o ponto alto da tarde, sem dúvida.

Ela pegou uma carona com Cari de volta à casa dos Vaughn onde mais ou menos uma dúzia de pessoas já se reunia para assistir o importante jogo de Jake contra o Butler. Enquanto Cari apurava a arrecadação com a venda de ingressos, a rifa, o rendimento dos produtos e as doações em geral, Amy afundou no sofá e curtiu o prazer de assistir seu noivo jogar basquete. Este dia estava melhor do que ela imaginava que seria, então, não a surpreendeu ver que o Louisville Cardinals liderava por nove pontos, a doze minutos do final, e a participação de Jake no jogo estava espetacular.

Amy sabia que Jake ainda, vez ou outra, se perguntava se tinha tomado a decisão certa de evitar o draft, mas com base em sua participação até agora na temporada, a resposta era um sonoro "Sim!". Mais forte do que nunca e cheio de segurança, ele estava liderando seu time com uma média de dezenove pontos e impressionantes doze assistências por jogo. Tinha levado o Cardinals a um recorde de 7-0 e eles haviam chegado ao quinto lugar do país na semana passada. Os números de Jake estavam no topo dos gráficos e de forma alguma seu crescente potencial passaria despercebido pelos recrutadores. Amy sentia muito orgulho dele.

Distraída, estudou a pedra em sua mão esquerda e sussurrou para que ninguém ouvisse:

"Meu noivo vai jogar na NBA."

As palavras pareciam boas demais para ser verdade, mas ela gostava de como soavam.

"Vai sim", Cari sussurrou, sentando-se ao lado dela no sofá.

Com vergonha por ter sido pega sonhando acordada, Amy corou.

"Achei que você gostaria de saber o total da arrecadação de hoje", comentou Cari. "Mas se você preferir continuar falando sobre o Jake, eu entendo", concluiu, cutucando Amy com o ombro, de brincadeira.

"É claro! Eu não achei que você saberia assim tão cedo."

"Eu tive nota máxima em Cálculo no Ensino Médio. Sou ótima em matemática."

Amy riu.

"Então, quanto foi?"

"Bom... quanto é que você esperava mesmo?"

"Puxa, você vai fazer isso comigo?" Amy balançou a cabeça. "Hmm, eu disse a Deus que adoraria ver vinte mil no final de tudo, mas isso inclui a arrecadação das outras igrejas também. Então, da New Song, eu acho que ficaria impressionada com cinco mil."

Cari continuou em silêncio e só olhou com ar de dúvida para os números no papel.

"É muito?", perguntou Amy. "Eu vou ficar feliz com qualquer coisa!"

Cari olhou para o papel e de volta para Amy.

"Cari! Me fala agora!"

"Eu só estava pensando que você precisa renegociar seus planos com Deus. Porque, garota... ele acaba de te dar vinte e dois mil dólares hoje!"

"O quê?", perguntou Amy abismada. "Isso é impossível! Está falando sério?" Amy sentia como se lhe faltasse o ar.

"Nada é impossível com Deus, minha amiga. E acho que ele está tentando lhe provar isso."

"Uau." Amy se recostou e fechou os olhos, tentando compreender a magnitude daquele momento.

"NÃO!", a voz de Chris num grito de horror do outro lado da sala instantaneamente atraiu a atenção de todos para a TV. Na tela de 42 polegadas, bem diante deles, Jake segurava o joelho em agonia enquanto colegas de time e técnicos corriam para perto.

"O que aconteceu?", Amy se colocou imediatamente em pé com os olhos fixos no rosto contorcido de Jake.

Chris começou a explicar, mas os narradores se anteciparam à explicação com um replay do confronto em câmera lenta. Quando Jake fintou para escapar de seu marcador a caminho da cesta, um ala desajeitado do Butler tentou impedir a passagem, mas só conseguiu deixar a perna no caminho de Jake. O impulso havia levado o corpo de Jake para a frente enquanto a parte inferior do corpo ficava estacionada, e os movimentos opostos haviam torcido o joelho direito de Jake, derrubando-o no chão. Vez após outra, os locutores repassavam um close do joelho torcido de forma nada natural, e Amy, de repente, se sentiu mal.

"Chega de mostrar isso. Quero ver o Jake", implorou, mas em vez disso, eles interromperam para um intervalo comercial. "Nãããão", ela lamentou, aflita por esperança.

Cari a envolveu num abraço apertado e maternal e Chris começou imediatamente a orar.

"Senhor, o Jake está sofrendo. Por favor, faça com que ele saiba que o Senhor está ali com ele. E por favor, permita com que ele fique bem." Chris também se levantou e envolveu Amy com um abraço carinhoso. "Vai ficar tudo bem, Amy. Vai ficar tudo bem."

O comercial terminou e a estação voltou ao jogo onde Jake estava sendo carregado da quadra diretamente para o vestiário.

"Puxa, é horrível ver isso", um dos locutores afirmou, demonstrando empatia.

"Eu sei. Só podemos esperar que não seja uma ruptura do ligamento cruzado anterior (ACL). Geralmente, esses indicam o fim da temporada, e a gente não quer ver uma coisa assim com um cara promissor como o Taylor."

Os dois locutores continuaram falando sobre a gravidade da contusão, mas Amy não conseguia se concentrar em nada mais depois das palavras "fim da temporada". *Deus? Não é o que o Senhor quer, é?* Era a última temporada de Jake. Não podia ter acabado tão cedo.

Com nada mais a fazer, Amy digitou o número de Jake. Ela não esperava falar com ele, mas queria apenas ouvir a sua voz, mesmo que fosse numa gravação.

"Jake, eu te amo", disse ao telefone depois do bipe. "Estamos todos orando por você aqui. Cari e eu, Chris e Billy, e Jonny e Danny e muitas outras pessoas. Aguenta firme, ok, amor?" A voz de Amy começou a falhar e ela sabia que precisava desligar para que ele não a ouvisse desmoronar. "Ligue para mim quando puder."

Amy clicou para encerrar a ligação e olhou para a frente, paralisada. De repente, seu dia perfeito havia se transformado num pesadelo.

48

QUINZE HORAS DEPOIS, Jake estava na sala de exame do cirurgião ortopedista, aguardando ansiosamente os resultados da Ressonância Magnética. Desde o choque na noite anterior, seu joelho estava três vezes o seu tamanho normal, apesar do uso constante de gelo e ibuprofeno, e ainda latejava de dor. Dormir tinha sido impossível, e com isso, ele teve tempo suficiente para examinar cada cenário negativo e sentia-se totalmente sem ânimo.

Deus, o que o Senhor está fazendo? — orou em desespero. *As coisas estavam tão bem — até melhor do que ele poderia ter desejado — e agora, isso. Era algum tipo de punição? Ele tinha perdido a direção de Deus e isso aqui era um redirecionamento drástico? Se há alguma lição que o Senhor quer que eu aprenda, Senhor, me ajude a entendê-la rapidamente. Mas, por favor, não me tire o basquete* — implorou.

Arrancando-o de sua melancolia introspectiva, o médico entrou na sala com um olhar inflexível.

"Bom, eu tenho boas e más notícias", começou. "A boa notícia é que seu ligamento cruzado anterior está apenas distendido. A má notícia é que há uma ruptura no seu menisco. Lesão clássica do basquete."

"E o que isso significa para a minha temporada? "

O doutor riu.

"Talvez, a melhor pergunta seja o que isso significa para o seu joelho, não?"

"E então?", Jake perguntou com cuidado, tentando não cair no abatimento.

"Seu menisco não está muito bom... mas já vi piores. Você tem algumas opções. A cirurgia não é necessária; é só você poupar seu joelho por alguns meses e acompanhar o processo natural de cura."

"Alguns meses? Mas a temporada já terá acabado."

"Ou, você pode optar pela cirurgia para corrigir o dano. Ironicamente, a recuperação da cirurgia tende a ser mais rápida."

"O que exatamente seria 'rápida' no meu caso?"

"Há muitos fatores envolvidos na recuperação, mas eu diria que, se for tudo bem e se você for disciplinado na terapia como um trabalho em tempo integral, podemos colocá-lo de volta na quadra dentro de seis a oito semanas."

"Ufa", Jake expirou ao contemplar a importância de suas opções. Oito semanas lhe deixariam apenas os últimos jogos em fevereiro... mas era melhor do que nada. "Qual o dia mais perto para eu marcar a cirurgia?"

✣ ✣ ✣

Duas semanas depois, Jake acordou na sala do pós-operatório do Hospital Tri-City, na sua cidade de Oceanside, com a perna imobilizada e elevada. Grogue por conta da anestesia, ele ficou olhando para o teto, tentando se recordar de onde estava.

"Oi, amor. Você conseguiu", A voz de Amy soou suave bem ao lado da sua cabeça.

Jake virou-se para olhar para ela e tentou falar, mas as palavras se recusaram a tomar forma.

"Só descanse", ela acariciou sua testa. "O médico disse que a cirurgia correu bem como se esperava. Tudo vai ficar bem."

Jake fechou os olhos sob seu toque macio e concentrou-se em tentar clarear a mente. Pelo menos o joelho não estava doendo. Lentamente, seus pensamentos recuperaram a coerência e, depois de ficar deitado ali pelo que pareceu ser um longo tempo, ele decidiu se sentar. O movimento abrupto não caiu bem com a anestesia e seu estômago revirou. Seu rosto deve ter demonstrado a náusea repentina porque Amy se levantou num pulo.

"Jake! O que você está fazendo? Fique relaxado."

"Tudo bem. Eu estou bem. O médico está por aí?"

"Uh, está. Ele disse que voltaria em alguns minutos para te ver." Amy parecia preocupada. "Amor, você não pode começar a reabilitação neste segundo. Relaxe e curta esta pequena folga. Você acabou de terminar os exames finais. Precisa ir para casa no Natal. Precisa ficar comigo."

Jake percebeu a ênfase na última frase.

"Eu sei, eu sei. Só estou cansado de ficar deitado... Espera, ele disse alguma coisa sobre reabilitação?"

"Não, Jake. Mas eu sei que você está louco para voltar para a quadra."

"Como vai o meu garoto?", uma voz conhecida e retumbante soou no quarto. Um segundo depois, o pai de Jake afastou a cortina e entrou. "Você está sentado. Muito bom. Não vai querer ficar preguiçoso por muito tempo. Isso pode te deixar mole."

"Oi, pai", Jake estava surpreso de ver seu pai ali e tinha de admitir que preferia muito mais a gentil companhia de Amy.

"Então, eu acabei de falar com aquele cara, o Spiro. Ele mandou lembranças e disse para você não se preocupar. Dependendo da rapidez e força que você conseguir retornar, ele acha que deve conseguir uma boa classificação para você neste verão, graças ao seu impressionante início de temporada."

"Verdade?", perguntou Jake, feliz com a primeira boa notícia verdadeira que ouvia há algum tempo. A pressão que seu pai sempre colocava sobre ele costumava ser profundamente irritante, mas hoje parecia música aos seus ouvidos. Havia esperança, e ele estava pronto para enfrentar o desafio.

"Oi, Jake!", o cirurgião entrou com um sorriso. "Parece que alguém está pronto para sair daqui."

Jake retribuiu o sorriso.

"Bom, nós corrigimos seu menisco muito bem. Quando a reabilitação terminar, você nem vai notar a diferença. Mas quero que tome cuidado com esse ligamento cruzado anterior. A distensão deve se curar por si mesma, mas está bem enfraquecida no momento, por isso, não queremos que você se esforce demais muito cedo. Encontramos alguns outros tecidos lesionados aqui e ali, então, fizemos as correções também. Parece que você tem exigido demais desses seus joelhos nesses anos. Eu acho que isso tem a ver com a região, né? O basquete é um esporte que pega pesado nesta articulação com todas aquelas largadas e paradas bruscas, e as torções e os giros, sem falar nas faltas. Para um esporte sem contato físico, ele é bem puxado."

"Então, quando posso começar a jogar outra vez?"

"Ei, ei, calma aí, caubói. Uma coisa de cada vez. Você está pronto para começar a falar em reabilitação?"

Jake moveu a cabeça em afirmação. O médico prescreveu alguns exercícios de força e mobilidade mínimas que ele poderia fazer sozinho durante os próximos dias antes do Natal e, depois disso, sessões diárias de fisioterapia na sua clínica para lesões do esporte até que Jake retornasse a Louisville logo após o Ano Novo. Jake aceitou de todo o coração, prometendo a si mesmo superar e ir além do que o médico havia lhe pedido. Se Deus estava disposto a lhe dar uma segunda chance, de forma alguma ela a desperdiçaria.

Seu pai empurrou a cadeira de rodas até o carro de Amy e o ajudou a se acomodar no assento do passageiro antes de sair rapidamente para outra reunião. Amy parecia mais calada do que de costume, mas Jake não teve oportunidade de lhe perguntar a respeito antes de seu telefone tocar.

"Buddy!", atendeu assim que viu quem estava ligando pelo identificador de chamadas.

"Jake, como você está?"

"Estou muito bem. O médico acabou de me dar alguns exercícios que já posso começar a fazer e disse que as condições parecem boas para uma recuperação rápida. E meu pai falou com Jordan Spiro e ele disse que as coisas ainda pareciam positivas para o draft também."

"Uau. Bem, pode ter certeza de que estou orando por você."

"Obrigado, cara. Eu acho que Deus está ouvindo."

Buddy riu gentilmente.

"Ele está sempre ouvindo, Jake, quer as coisas caminhem como queremos ou não. Bom, eu não vou te prender. Com certeza, deve haver muitos parentes e amigos que querem passar com você todo o tempo que puderem. Mas eu li este versículo esta manhã e pensei em você. Em Salmo 37:4 está escrito: 'Deleite-se no Senhor, e ele atenderá aos desejos do seu coração.' Continue focado em Deus, Jake, e ele não vai falhar com você."

"Adorei. "

"Mande um oi meu para a sua linda garota por mim."

"Pode deixar", Jake desligou, com um grande sorriso no rosto. "O Buddy mandou um oi."

Amy sorriu, mas continuou em silêncio.

"Está tudo bem, amor? Você está tão calada."

"É, está sim."

"Mas...?" Depois de tantas horas de conversa, Jake agora tinha certeza de que alguma coisa não estava bem.

Amy olhou para Jake e sorriu.

"Não é nada muito importante, amor. Só não queria que você tivesse expectativas tão altas, sabe, e acabasse se esforçando demais."

Entrelaçou os dedos com os de Jake e suspirou. "As coisas acontecem por uma razão, sabe, e eu me pergunto se, talvez, Deus tenha outros planos."

"Que não sejam o basquete, você quer dizer?"

Amy deve ter detectado o tom impaciente na voz de Jake porque ergueu a mão dele e a beijou.

"Não sei o que eu quis dizer, amor. É que toda essa conversa sobre o seu retorno tão rápido me leva a perguntar se estamos correndo à frente de Deus."

"Amy, por que Deus não iria querer que eu continuasse jogando?"

"Não estou dizendo que ele não quer. Mas você já perguntou isso para ele?"

"Sim!... mais ou menos." Jake teve de admitir que sua pergunta tinha, provavelmente, soado mais como uma súplica... para o que ele mesmo queria.

"Tudo o que eu sei é que você estava disposto a desistir do basquete com bastante facilidade por mim e me parece que Deus merece pelo menos a mesma coisa."

"Você está falando sobre nós dois, Amy?", perguntou Jake, um pouco irritado. "Isso tem a ver com a fama? Com toda a publicidade? Você está se sentindo de fora? Se *você* não quer que eu jogue mais, é só me dizer."

"Jake. Isso não tem nada a ver comigo. Não se trata do que eu quero..."

— "Bom, com certeza, é isso que está parecendo. Eu achei que você estava empolgada com a chance de eu me profissionalizar."

"Eu estava! E estou... se for o que Deus quer."

"Deixa pra lá."

"Jake, ouça o que você está dizendo..." Neste momento, Amy entrou na garagem dos Taylor, e Jake abriu a porta para sair. — "Jake, espera! Você precisa da minha ajuda!" Freou bruscamente e desligou o carro. Jake apenas bufou.

"Estou cansado de me dizerem o que eu posso ou não posso fazer." Conseguiu sair do carro usando a perna boa e tentou adaptar-se às novas muletas.

Amy correu do outro lado e tentou ajudá-lo a equilibrar-se.

"Jake."

Jake sabia que deveria ouvi-la, mas estava irritado e nada disposto a isso. De jeito nenhum Deus estaria tentando impedi-lo de jogar basquete, não depois de ele ter desistido do draft no último verão por causa de Amy, Buddy, Debron e de seus companheiros do time. Ele havia oferecido a Deus mais um ano de ministério em Louisville. Não seria justo que Deus não mantivesse seu lado do trato e o deixasse realizar seus sonhos este ano. Jake estava determinado a voltar às quadras, a qualquer custo. Ele já tinha se dedicado muito nesse sentido para desistir agora.

Jake subiu as escadas pulando até o seu quarto e bateu a porta atrás de si. Ligou o som e caiu na cama. Amy deve ter entendido o recado porque não o seguiu. Ele ficou ali parado, olhando para o teto. *Deus, o Buddy disse que o Senhor me realizaria os desejos do meu coração. Bom, é isso o que eu realmente quero!*

A dor difusa no joelho começou a ficar mais forte. Pena que ele tinha se esquecido de pegar o remédio com a Amy. De forma alguma ele desceria agora. *A dor é apenas a fraqueza abandonando o corpo*, pensou com os dentes cerrados enquanto se virava e tentava dormir para esquecê-la.

49

JAKE SABIA QUE SE HAVIA UMA BOA DESCULPA para cancelar um compromisso, com certeza, uma cirurgia no joelho se encaixaria na categoria. Mesmo assim, no entanto, poucos dias depois de seu retorno à Louisville, se pegou viajando no banco de trás da minivan de Kevin Ross a caminho de outro encontro da FCA. O joelho ainda estava numa joelheira ortopédica, esticado rigidamente no meio do carro enquanto Jake, desconfortável, se inclinava para frente para participar da conversa.

Sua cirurgia tinha acontecido há quase três semanas e, graças a uma fisioterapia rigorosa e persistente, ele estava praticamente livre de dores e se sentia quase tão forte quanto antes. O médico aqui em Louisville havia insistido para que ele usasse a joelheira e evitasse qualquer exercício específico do basquete por mais uma semana, mas estava satisfeito com o progresso de Jake até agora e insinuou que o seu retorno à quadra, talvez, ocorresse antes do planejado. Jake agarrou-se à boa notícia e levou-a consigo, mantendo os olhos no grande jogo do Louisville contra Syracuse — em casa — no dia 2 de fevereiro. Que emocionante para os fãs seria esse retorno!

Amy não tinha mencionado outra vez as suas preocupações e todo aquele incidente no carro se desfez no ar como pólen ao vento. Jake sabia que, provavelmente, deveria ter se desculpado por sua atitude, mas como ela não dissera mais nada, ele deixou para lá e tudo parecia águas passadas. As coisas estavam indo bem, ela encorajava a sua rápida melhora, e ele entendia sua recuperação acelerada como uma demonstração de que Deus estava realmente ao seu lado.

"Certo, Jake?" Debron virou-se para trás e sorriu de forma cativante.

Jake balançou a cabeça para retomar o foco na conversa que se desenrolava no banco da frente. Debron não tinha aula naquele dia por algum motivo relacionado à jornada de trabalho dos professores e, como Jake tentava investir o máximo de tempo possível no garoto, imaginou que essa experiência seria boa para ele. Debron, é claro, estava extasiado.

"Eu estava aqui falando para o Sr. Ross como o acampamento de basquete este ano vai ser muito maior."

"Maior? Você não acha cem crianças um número suficiente? Teriam que ser, então, todas as crianças do bairro mais algumas outras. Acho legal se o acampamento fosse *melhor*, mas maior...?"

"Que nada, tem muito mais gente nos prédios. E um monte de crianças da minha escola disse que querem vir este ano."

"Parece que você começou alguma coisa, Jake", disse Kevin, ao volante.

"Você não se lembra a loucura que foi no ano passado?"

"É. Incrivelmente louco. Mas é lógico que a gente vai ter que expandir. Acho que a gente precisa de pelo menos mais duas quadras. Aquelas quadras de tênis que ninguém usa vão servir. De quem foi a ideia idiota de construir quadras de tênis naquele bairro? Todo o mundo sabe que os pobres não jogam tênis. E com certeza, a gente vai precisar de mais técnicos também", Debron continuou tagarelando. "Jake, vou deixar você cuidar disso, mas escuta, Sr. Ross, o senhor também tem alguns contatos né?"

Pelo espelho retrovisor, Jake viu um sorriso surgir no rosto de Kevin.

"É, eu acho que posso te ajudar a encontrar mais alguns caras para colaborar."

"Legal. E os coletes do ano passado foram legais e tal, mas acho que a gente deveria ganhar camisetas também. Sabe, aquelas que parecem oficiais como as que os garotos ricos ganham nos acampamentos. Seria demais."

Jake riu.

"Tudo bem, tudo bem, sonhador. E onde a gente vai achar dinheiro para tudo isso?"

"Não sei. Eu estou conversando com Deus sobre isso. Tenho certeza de que Ele vai dar um jeito", Debron respondeu com toda a naturalidade.

Jake recostou para ouvir Debron falar de seus sonhos e sorriu. Isso sim era um progresso acelerado. Ele gostava muito de observar o quanto o garoto tinha amadurecido naqueles seis meses desde quando levantou a mão para convidar Jesus a entrar em sua vida. Embora antes ele revirasse os olhos todas as vezes que Jake falasse sobre Deus, hoje, devorava tudo o que Jake lhe dizia e era um exemplo vivo daquela fé igual a de uma criança sobre a qual Jesus tinha falado de forma tão apaixonada. O garoto que nunca parava de falar, na realidade, ouvia!

✚ ✚ ✚

Chegando à escola, Jake mancou até a sala de aula onde deveria falar e imediatamente os alunos começaram a olhar para ele e cochichar. Após o sinal do intervalo para o almoço, alguns alunos permaneceram ali e muitos outros começaram a se aproximar. Quando Jake foi apresentado, a sala estava tão lotada que havia pessoas sentadas no chão e entre as carteiras, em pé ao longo do fundo da sala e das paredes laterais, e em todos os lugares onde houvesse um pequeno espaço. Jake imaginou que a multidão tinha menos a ver com ele e mais com a pizza de graça, mas mesmo assim, foi emocionante.

Sentado na grande cadeira giratória do professor e com a perna sobre a mesa, ele começou seu testemunho enquanto aproximadamente cem jovens comiam o almoço gratuito.

"O dia em que recebi minha bolsa de estudos para jogar no Louisville foi o melhor da minha vida", começou. "Eu estava vivendo o sonho, conseguindo tudo o que sempre quis: popularidade, sucesso, e até uma namorada gata..." À essa altura, ele já havia compartilhado sua história tantas vezes que poderia contá-la sem precisar pensar. Mas hoje, a joelheira desconfortável imobilizando sua perna direita, antes tão ágil, acrescentava um toque perfeito.

"Eu sei que muitos de vocês, provavelmente, já ouviram sobre Jesus. Talvez alguns façam uma oração rápida antes do jogo, pedindo para ganhar ou para não se machucar." Jake olhou para seu joelho. "Acho que eu não orei o suficiente." Risadinhas abafadas ecoaram pela sala. "Mas, o negócio é o seguinte: você não sabe de verdade a fé que tem até estar no meio de uma tempestade. Como vocês devem imaginar, eu estou aprendendo tudo isso de novo neste momento. Mas no final, a única coisa que realmente importa na vida é a sua fé. Sem fé, estamos fritos."

Jake tirou algumas canetas do bolso e começou a abrir o velcro da joelheira enquanto falava: "Então, quero fazer um trato com vocês. Onde quer que você esteja na sua caminhada com Deus — quer só esteja verificando para ver como ele é ou esteja nessa por inteiro — eu quero que vá um pouco mais fundo. O Salmo 34:8 diz: 'Provem, e vejam como o Senhor é bom'. Então, vá em frente e pise fundo. Veja como ele deixa sua vida muito mais rica."

"Dizem que são necessários vinte e um dias para começar um hábito. Entregue a Deus suas próximas três semanas e fique só observando a sua fé crescer. Leia a Bíblia todos os dias, envolva-se com seu grupo de jovens, dissemine e compartilhe o amor de Deus com outras pessoas. Quanto mais fizerem, garanto a vocês, mais crescerão." Jake levantou seu joelho que agora estava coberto apenas com uma bandagem cor da pele. "Então, o trato é o seguinte. Eu ainda tenho três semanas de recuperação até poder voltar a jogar. Enquanto enfrento a minha tempestade nos próximos vinte e um dias, vocês se comprometem a exercitar a sua própria fé? Quase sempre, as pessoas me pedem autógrafos, mas hoje, quero inverter os papéis. Se vocês estão dispostos a aceitar meu desafio, então, poderiam vir até aqui e me dar o seu autógrafo, bem aqui nesta bandagem. Se fizerem isso, eu me comprometo a orar por cada um de vocês, pelo nome, todos os dias até me livrar dessa coisa suja.

Os alunos riram e, quase imediatamente, começaram a se aglomerar à frente da sala. Cercaram Jake muito tempo depois de soar o sinal que os chamava para voltar às aulas, até que por fim, o professor teve que colocá-los para fora. Finalmente, Jake se levantou, tendo em sua perna um patchwork* colorido de vários nomes. Sua mensagem parecia mesmo ter mexido com eles. Agora ele só precisava se lembrar de cumprir a sua parte de orar por eles todos os dias.

"Uma bela aula prática essa que você deu aqui", Kevin disse enquanto saíam da escola na direção da van. "É um lembrete poderoso para esses alunos de como o estrelato do atleta pode ser efêmero... e que a vida vai muito além disso. Vitória ou derrota, sucesso ou fracasso, a única coisa que realmente importa é o nosso relacionamento com Deus. Às vezes, a gente se esquece disso, sabe? Obrigado pelo lembrete."

Debron pegou uma caneta do bolso de Jake.

"É cara, eu quero deixar meu nome aqui também. Mas, talvez, seja melhor não jogar fora o meu nome porque, com certeza, ele vai valer uma grana algum dia", disse rindo, com um sorriso charmoso que transformava a sua ironia arrogante em algo muito mais cativante. "Brincadeira, cara. Acho que vou começar a ler a minha Bíblia todos os dias. O Buddy disse que o livro de Marcos é um bom lugar para começar. Tem um moleque chamado Marcos na minha escola que é muito chato, mas talvez, eu possa aprender alguma coisa..."

Debron continuou matraqueando, mas a mente de Jake começou a frear. Ficou animado com o elogio de Kevin, mas tocado pelo comprometimento de Debron. Quantas crianças do sétimo ano do Ensino Fundamental estariam interessadas em ler a Bíblia todos os dias? Jake tinha quase certeza de que não era a regra. E pensar

---

* Patchwork significa remendos ou restos de vários tecidos reunidos.

que ele havia contribuído para trazer Debron até aquele ponto... era impressionante! Jake imaginou se era assim que Chris se sentia todos os dias no ministério de jovens. *Não é para menos que ele goste tanto do seu trabalho!*

50

AMY TERMINOU SEU PAPO NOTURNO COM JAKE apaixonada por seu noivo, como sempre. Sentia muito orgulho do quanto ele estava se esforçando para se recuperar totalmente e embora, às vezes, se perguntasse se não estava pegando pesado demais, Deus, com certeza, parecia estar ao lado dele. Esta noite, Amy ficou emocionada ao ouvir Jake falar sobre o comprometimento dos jovens na escola FCA. A ideia de fazer com que os jovens autografassem sua bandagem foi brilhante. Que ótima maneira de usar sua provação num objetivo prático.

Amy também estava absolutamente impressionada com Debron. Que garoto especial! Era tão nobre seu objetivo de proclamar o amor de Jesus por meio do acampamento de basquete. Ele a fazia lembrar-se de Bogdana.

O Sonho de Bogdana estava indo muito bem. Pouco mais de um mês depois de todos os eventos natalinos para arrecadação de recursos, o dinheiro não parava de entrar, e Amy estava estupefata com o apoio que as pessoas demonstravam. Elas não apenas superaram sua esperança remota de chegar à marca dos 20 mil dólares como também haviam ultrapassado em muito sua proposta dos 60 mil dólares. Na última soma, as contribuições tinham excedido os cem mil dólares e continuavam chegando. Graças aos contatos do Sr. Cunningham, mais captadores de recursos estavam em ação, e ele também estava ensinando Amy a encontrar oportunidades e redigir pedidos de subsídios para obter fundos adicionais.

"Então, qual o próximo passo?", ele havia lhe perguntado assim que o sonho para confecção de bonecas estava completamente patrocinado. A pergunta veio acompanhada de uma promessa de mais cem mil dólares caso Amy encontrasse um alvo que valesse a pena para a generosidade dele.

Amy nunca tinha pensado além de arrecadar o que lhe parecia ser a soma impossível exigida para fazer todas as bonecas de Bogdana. E ela não tinha tanto tempo assim para sentar e ficar pensando em novas ideias. Sentia-se fazendo apenas o mínimo nos seus estudos este semestre. Embora o convite para o programa de pesquisa fosse uma oportunidade incrível, com certeza, não seria um passeio no parque. E, somando todas as suas responsabilidades, a impressão de Amy era de estar conseguindo apenas manter a cabeça fora da água.

Exatamente na noite anterior, deixou seu registro desesperado no diário de oração: "Deus, o Senhor obviamente está muito acima dos meus pensamentos nisto aqui. Preciso da sua ajuda! Se o Senhor quer que eu faça qualquer outra coisa, então, me arranje mais tempo livre e me dê uma ideia."

Sentada diante de sua escrivaninha agora, pensando em Bogdana, Debron, Jake e na sua vida maluca, de repente, ela teve uma ideia. Conforme refletia mais sobre ela, um plano maravilhoso começou a se desenrolar em sua cabeça. Rapidamente, abriu uma nova mensagem para Edward Cunningham e começou a digitar sem parar. *Bem, esta ideia é ótima, Deus. Agora eu só preciso de tempo!*

51

POR MAIS DIFÍCIL QUE TENHA SIDO A FISIOTERAPIA para Jake, a pior parte, sem dúvida, foi estar separado de seu time. Ele ainda aparecia para os primeiros minutos de treino todos os dias, mas o início dos exercícios e da corrida eram a deixa para que Jake fosse para a piscina, sala de musculação ou terapia. Exercitar-se sozinho tinha seus benefícios, mas o basquete é um esporte de equipe e ele sentia falta dos companheiros.

Ainda pior do que não participar dos treinos era ficar fora dos jogos. Assistir do banco era pura tortura, principalmente quando o time começou a perder para os adversários difíceis do Big East. O que havia começado como uma temporada 9-0, antes da lesão de Jake, desintegrou-se rapidamente num 13-5, e a colocação do time despencou do quinto lugar para quase fora da tabela. Mantendo com muito esforço a colocação de número vinte e cinco nas duas últimas semanas, eles precisavam desesperadamente de um milagre para recuperar a sua temporada brilhante, e Jake desejava desesperadamente que o milagre pudesse ser o seu joelho.

Embora afastado da quadra, ele estava determinado a melhorar seu jogo de outra forma e, conforme as semanas avançavam, Jake aprofundava mais do que nunca a sua análise das filmagens. Estudava os melhores times do país com espírito de vingança e passava para o time uma inúmeras anotações. Começou a gostar desse lado racional do jogo; ficou fascinado pela estratégia que os times adotavam explorando pontos fortes e fracos e intrigado pelas tendências idiossincráticas que mesmo os melhores jogadores geralmente seguiam. Quanto mais ele escrutinava seus pontos fracos, mais fácil parecia tirar proveito deles, e Jake mal podia esperar para ele mesmo colocar em prática estas novas descobertas durante os jogos.

O dia 2 de fevereiro estava circulado em seu calendário desde a cirurgia, e como o Syracuse continuava invicto na temporada, Jake estava cada vez mais ansioso para derrubá-lo. Era só nisso que conseguia pensar nesta tarde quando entrou para sua consulta de acompanhamento.

"Uau", foi tudo o que o médico disse depois de tirar medidas e aplicar em Jake uma bateria de testes.

"'Uau' é bom ou ruim?", Jake quis esclarecer.

O médico sentou-se novamente na banqueta e olhou nos olhos de Jake.

"Definitivamente bom. Dá para perceber que você tem trabalhado bastante."

"Tenho mesmo!"

"Muito bem. Bom trabalho. Estou orgulhoso de você. Sua amplitude de movimento está cem por cento, o inchaço desapareceu por completo, os músculos de suporte estão fortes... seu joelho parece ótimo."

"Verdade? Quer dizer que eu posso jogar outra vez?"

"Sim. Aos poucos. Seu ligamento cruzado anterior ainda está um pouco fraco, o que deixa seu joelho um pouco instável e propenso a outra lesão, mas se você pegar leve, ele vai continuar o processo de cura e estará pronto para entrar em ação quando você precisar."

"Uma joelheira ortopédica não ajuda?"

"Sim... e não. Quero que você continue usando nas próximas semanas, mas ela não faz milagres. Vai lhe dar um suporte extra, mas acima de qualquer coisa, vai segurá-lo e impedi-lo de fazer alguma loucura."

Aquilo fazia sentido. Jake não conseguia se imaginar rápido e ágil enquanto estivesse usando aquele aparato incômodo.

"Então...", começou hesitante, "o senhor acha que eu vou estar pronto para já?"

O doutor sorriu e bateu de leve no joelho de Jake.

"Continue o que está fazendo, Jake, e acho que ainda pega um pouco desta temporada."

Recebendo aquelas palavras como se fosse um pote de ouro, Jake saiu do consultório sentindo-se um novo homem. Naquela noite, depois do jantar, convenceu Grant a acompanhá-lo na primeira corrida juntos em meses.

"Tem certeza de que deveria estar correndo por aí na rua? Esse impacto não pode ser bom para o seu joelho."

"Grant. O médico me liberou para voltar. Como eu vou poder jogar basquete se não puder correr? Além disso, a gente pode ir devagar." Entrou em seu quarto e rapidamente trouxe uma bola. "E imaginei que você pudesse ser o primeiro a fazer uns exercícios comigo." Lançou para Grant um firme passe de peito com um sorriso.

"Tudo bem, cara, mas é melhor você não se machucar por lá. O técnico me mataria."

"Ninguém vai saber."

É claro que era uma promessa impossível. No momento em que chegaram à sua quadra favorita, a notícia se espalhou como fogo na floresta e as crianças saíram aos montes de suas casas.

"Ei, cara, por que você não me ligou?", Debron chegou, um pouco irritado.

"Desculpa aí, mano", desculpou-se Jake, com sinceridade. "Foi uma decisão, assim, de repente. O médico me liberou hoje para começar a treinar outra vez e pensei em fazer um teste por aqui."

Debron olhou para ele com uma expressão séria, e então, abriu um sorriso.

"Claro, cara. Ei, pessoal!" Dirigiu-se à plateia que se aglomerava e começou a espantar todos com os braços. "Vamos dar espaço pro cara. Ele não joga há algum tempo, então, nada de pegar no pé dele se ele for mal." Olhou para Jake por sobre o ombro e piscou.

Jake começou com uma série de bandejas. Intencionalmente, não subia muito alto a fim de evitar colocar muito peso sobre a perna direita, mas a sensação era muito boa. Depois, passou aos arremessos com pulos ao redor do garrafão. Grant dificultava os rebotes que não caiam na cesta. Mais uma vez, Jake mantinha os pulos bem baixos como cautela, mas sentia as pernas fortes e queria subir mais. Ganhando certa ousadia, moveu-se alguns passos para trás na direção da linha invisível de três pontos. Com um pouco mais de força no joelho, encestou um arremesso atrás do outro exatamente como tinha sonhado nos últimos meses.

Grant conhecia seu companheiro muito bem e começou a narrar.

"Jake Taylor, o recém-recuperado astro do Louisville, faz seu retorno em grande estilo. Marcando cestas de três pontos sem esforço algum, ele emociona o ginásio lotado..." — as crianças começaram a torcer com entusiasmo — "e prova que, definitivamente, não perdeu seu toque." Grant passou a Jake o rebote.

Sentindo-se melhor do que esperava, Jake agachou-se um pouco para sentir o joelho. Ainda parecia perfeito. Lentamente, deixou cair a bola e pegou-a com a mão esquerda. Driblando de uma mão à outra, ele absorvia o poder de cada recuo, sentindo-se mais e mais energizado a cada toque da bola. Devagar, começou a se mover para frente.

Grant se adiantou para marcá-lo de leve.

"Intrépido diante da formidável marcação, ele avança para a cesta."

Jake inclinou-se para a direita e, então, tomou impulso em sua perna direita para passar por Grant.

"Ele finge ir para a direita, mas sai pela esquerda, quebrando os tornozelos de seu marcador como se fossem lápis número dois", olhou para Debron e piscou.

"Uff", Jake gemeu quando tropeçou. Ele sentiu um pequeno clique e seu joelho falhou, mas agora estava bem — ou quase. Uma dor discreta começou a latejar na parte anterior da articulação, mas nada tão ruim que o fizesse parar.

"Jake! Tudo bem?", Grant correu atrás dele.

"Tudo, tudo, eu estou bem", mentiu, correndo sem esforço até a cesta e subindo com a bola. "Eu devo ter escorregado numa pedra ou algo assim. Esta quadra maluca com todas essas rachaduras, sabe", disse por sobre o ombro.

Grant olhou desconfiado para Jake, mas se afastou quando ele veio driblando até metade da quadra e depois seguiu para outra bandeja.

O leve desconforto não desapareceu, por isso, depois de mais alguns minutos de jogo, Jake entendeu que precisava encerrar a noite. Deram um boa-noite aos seus jovens fãs e voltaram num trote leve ao apartamento onde Jake, de pronto, preparou uma bolsa de gelo e acomodou-se no sofá para cuidar de seu joelho.

Exceto aquele pequeno puxão, ele havia se sentido bem a noite inteira, o que o enchia de esperança. No entanto, deitado ali, tentando descansar, ele simplesmente não conseguia afastar o pressentimento horrível que continuava a tentar se instalar em sua mente. E se o seu joelho não curasse a tempo? E se ele o lesionasse outra vez? Ele estava fazendo tudo o que os médicos e técnicos lhe haviam dito para fazer — tudo e mais um pouco. Mas, e se tudo isso não fosse o suficiente? *Você está bem!* — repreendeu a si mesmo. *Foi só uma dorzinha. Não fique tão preocupado!* Encostou a cabeça e fechou os olhos, tentando concentrar-se na sensação agradável daquelas cestas de três pontos. De repente, seu telefone tocou.

Era Chris.

"Oi, Jake!", a voz do seu pastor de jovens soou ao telefone.

"Oi! Adivinha onde eu estava agora há pouco!"

"Uh... no banheiro?"

"Ha. Boa tentativa." Jake riu. "Que nada. O Grant e eu corremos até o bairro do Debron e eu fiz minha estreia de retorno às quadras."

"Não brinca! Como foi?"

"Foi incrível! Sério, Chris, eu sentia tanta falta disso, foi muito bom fazer aquilo outra vez."

"Que legal, Jake. Estou orgulhoso de você. Eu sei que se dedicou muito."

"É", ele balançou a cabeça e expirou. Infelizmente, a parte mais difícil, talvez, estivesse apenas começando. Ficar à vontade com a bola de novo e evitar a hesitação nas cortadas e giros... isso ia ser difícil.

"E como vai seu objetivo de orar por todos aqueles alunos?"

Jake riu. Chris sempre sabia como mantê-lo desafiado.

"Está indo bem, na realidade", respondeu sorrindo.

"Me conta."

"Bom, eu tenho que admitir que foi difícil começar. Eram muitos nomes e estava complicado manter controle de todos eles. Sem falar que só *ler* os nomes estendia minha oração um bocado."

"Aposto que sim."

"Mas eu disse a eles que faria a oração, por isso, me senti mal nas noites em que não consegui. Então, decidi ser criativo. Reescrevi todos os nomes em ordem alfabética e plastifiquei a lista para poder levá-la comigo a todo o lugar, inclusive para a piscina. Assim, eu posso unir a oração por eles e a malhação."

"Brilhante!"

"Você acha? Não sei. Mas funcionou. E tem sido muito legal. Deus continua me lembrando quem são os vários alunos, portanto, eu tenho rostos que conecto aos nomes. Nunca fui bom em lembrar de pessoas, então, isso é uma loucura. E Deus está fazendo com que eu me importe de fato com eles. Fico lembrando de mim mesmo lá no Ensino Médio e o impacto que você teve na minha vida. Eles estão num momento de tantas mudanças e sinto que é um privilégio ter a chance de orar por eles enquanto eles tentam tomar o rumo certo. Não sei, isso faz algum sentido? Eu só estou tagarelando aqui."

"Com certeza, Jake. É por isso que eu faço o que faço."

"Mas eu não sei. Às vezes, me pergunto se só orar vai fazer alguma diferença. Parece que há mais coisas que eu poderia fazer."

"Talvez sim. Mas Deus está muito mais preocupado com a sua obediência do que com o seu impacto."

Jake riu.

"Isso está parecendo uma coisa que o Buddy me disse quando eu estava pensando em tentar o draft da NBA. 'Deus está muito mais preocupado com a sua conduta e com o seu caráter do que com a sua vocação e contexto.'"

"Ele é um homem sábio. Os dois ficaram em silêncio por alguns momentos antes de Chris voltar a falar. "Jake, tem uma coisa que eu sinto que Deus está querendo que eu lhe pergunte já há algum tempo, mas eu estou com medo."

"Tudo bem", Jake disse com cautela.

"E se a NBA não estiver no seu futuro? Você aceitaria bem isso?"

Jake expirou lentamente, sentindo a mesma irritação que sentiu naquela conversa tensa com Amy após a cirurgia.

"Uhhh...", começou, sem saber como responder.

"Olha, eu não estou querendo jogar água fria nas coisas e não poderia estar mais feliz por saber que sua recuperação está indo tão bem. Mas às vezes, temos que fazer a nós mesmos as perguntas difíceis."

"É", Jake respondeu secamente; a cabeça fervendo com tantas emoções.

Mais tarde, naquela noite, Jake estava deitado, ainda sem conseguir cair no sono depois de horas revirando-se na cama. A pergunta de Chris era apenas a primeira de inúmeras outras dúvidas que pessoas como Amy, Buddy, Kevin Ross e até sua própria mãe haviam levantado. Jake não queria ouvi-los porque, em sua cabeça, isso seria admitir a derrota, mas Deus não parecia deixar que ele se afastasse do assunto.

Tudo bem, Deus, é o que o Senhor quer? — perguntou Jake, irritado. *O Senhor quer que eu simplesmente desista, assim? Não parece justo que o Senhor tenha me deixado chegar até aqui somente para puxar o meu tapete. Eu não sei, Deus. As pessoas continuam a colocar essas dúvidas na minha cabeça, mas o Senhor é quem está permitindo que meu joelho se recupere tão rápido. Eu quero fazer o que o Senhor quiser; de verdade. Mas eu adoro jogar basquete. E imagino quantas coisas boas eu posso fazer pelo Senhor se for um jogador profissional.*

Jake deitou-se de costas e olhou com raiva para o teto. Um pensamento silencioso encheu sua mente. *Jake, eu posso usar você para fazer coisas boas em qualquer lugar.*

Ah! Jake irritou-se. *Mas por que não me usar onde eu mais gosto de estar?*

Tem certeza de que este é o lugar de que mais gosta?

Suspirando, Jake cedeu. Quem era ele para informar a Deus os fatos? *Tudo bem. Que seja o que o Senhor quiser. Só saiba que eu acho que gostaria, pelo menos, de ver como é a NBA.* Virou-se abruptamente sobre o lado esquerdo e bateu a cabeça no travesseiro para encontrar o lugar certo.

Enquanto ficava ali, de cara feia, ele poderia jurar que a voz de Deus foi praticamente audível. *Obrigado.*

52

O DIA 2 DE FEVEREIRO CHEGOU ANTES QUE JAKE SE DESSE CONTA, e estar ali no banco, aguardando para ser apresentado no início do jogo, foi uma experiência surreal. Por várias vezes, ele balançou a cabeça só para se certificar de que não estava sonhando. Depois de discutir com o técnico sobre o seu retorno, ficou decidido que Jake voltaria à sua posição de liderança, mas pelo menos neste primeiro jogo, sua participação seria mínima. Jake odiava o tratamento tipo luva de pelica que estava recebendo, mas qualquer coisa era melhor do que nada, e ele imaginava que quanto mais agressivo fosse seu jogo, mais o técnico — e os olheiros — perceberiam que a sua saúde estava totalmente recuperada.

Os fãs vibraram quando seu nome foi chamado e por toda a arena lotada, cartazes e faixas com boas-vindas pelo seu retorno eram agitados animadamente. Jake tentou controlar o ego, mas não podia negar que a valorização recebida provocava uma sensação incrível.

A bola foi colocada em jogo e Tyler a passou para Nate, que arremessou para Jake, que começou a correr pela quadra. Nomis cortou na direção da cesta e Jake, com precisão perfeita, colocou a bola na sua mão, que já estava a postos. Nomis subiu até a cesta e a enterrou com um forte ruído surdo. *Nada mal para começar,* Jake sorriu para os amigos e recuou rumo à defesa.

Seu marcador era um aluno brilhante do último ano que também havia decidido adiar sua entrada no draft. Obviamente, ele sabia que Jake tinha acabado de sair de uma cirurgia e tentou capitalizar naquela possível fraqueza, cortando e costurando por toda a quadra. Jake percebeu que reagia com hesitação algumas vezes, mas quanto mais seu adversário o pressionava, mais o estimulava a aniquilá-lo. Para Jake, o ponto alto da noite foi quando o técnico do Syracuse o tirou do jogo para um descanso antes que o técnico decidisse tirar Jake.

Quando o técnico finalmente o chamou para fora do jogo, Jake havia conseguido oito pontos e quatro assistências. Nada mal para seus primeiros dez minutos. Jadon, o substituto de Jake na posição de armador, pareceu acelerar um pouquinho assim que entrou no jogo, e no meio tempo, o Cardinals derrotava o Orangemen por 44 a 41. O jogo estava longe de seu final, mas todos estavam cheios de energia.

O técnico foi muito mais cauteloso em relação a Jake na segunda metade e fez um sinal para que ele saísse depois de apenas quatro minutos. Jake ficou desapontado, mas seu joelho estava começando a ficar meio sensível, então, ele correu para fora da quadra com a melhor atitude que pode ter.

"Fique preparado para o final", avisou. "Quero que se lembre de como é a sensação.", Deu um breve sorriso, e voltou sua atenção para a ação na quadra.

Jake juntou-se a alguns dos calouros na extremidade do banco e massageou, com cuidado, seu joelho levemente inchado.

"Você está bem?", um deles perguntou.

"Tudo bem", sorriu Jake. "Só quero deixar o joelho preparado para o retorno."

O restante daquela metade de jogo foi uma batalha, com o Syracuse chegando à liderança por alguns momentos e o Louisville recuperando a posição; um vai e vem semelhante a uma gangorra instável. De olhos atentos à ação, Jake quase não ouviu o grito do técnico a dois minutos do final. Mas, quando o calouro ao seu lado o cutucou, Jake colocou-se em ação num pulo, jogando de lado o casaco que o mantinha aquecido e correndo para se apresentar. Esse era o momento — sua oportunidade de ajudar o time, seu espaço para ver se ainda estava com tudo, sua chance de brilhar.

Jake pegou a bola a um minuto e quarenta e três segundos do fim do jogo e percebeu imediatamente que a defesa do Syracuse estava bem dispersa.

"Carta Quatro!", gritou em seguida e ergueu quatro dedos. Instantaneamente, Nomis fez cobertura para Nate e Tyler cruzou para Grant enquanto Jake corria para o outro lado. O marcador de Grant recuperou-se rápido demais, mas Nate teve uma fração de segundo de abertura na entrada do garrafão. Jake lançou para Nate e ele pegou a bola e a arremessou num movimento fluido. Chuá! O Louisville estava um ponto à frente.

O Syracuse colocou a bola em jogo sem hesitação e seu pivô abriu passagem na direção da cesta. Jake era o único nas redondezas e saiu rápido para frustrar o arremesso aberto. Ao perceber que seguia um caminho reto em direção à colisão, alertas soaram na cabeça de Jake, mas ele sabia que se desse ouvido a eles, ficaria receoso demais numa próxima vez e não havia lugar para o medo na mente de um atleta de elite. Por isso, pressionou à frente, observando que o braço do lançador do Syracuse estava lançando a bola numa trajetória ligeiramente diferente da adotada pelo pivô. Jake corrigiu levemente seu caminho e uma fração de segundos depois, interceptou o passe. A multidão levantou-se em aprovação, e Jake não conseguiu evitar o sorriso. Era a compensação depois de estudar tantos filmes!

Jake trouxe a bola de volta ao meio da quadra e chamou o time para armar o Três Alto. Tyler apareceu na linha do lance livre bem na hora de receber o passe. Como previsto, o marcador de Jake ficou alguns passos atrás para obstruir a ameaça enquanto Tyler lançava a bola de volta a Jake que enfiou uma cesta de três pontos fácil da lateral. O Louisville liderava por quatro pontos.

O Syracuse decidiu ir com calma na posse de bola, mas o Cardinals fez seu trabalho na marcação e, no fim, eles tiveram que se contentar com um arremesso feio sem olhar, pouco antes do alarme soar.

A bola bateu dura e veio direto para as mãos ansiosas de Jake e imediatamente dois homens do Syracuse partiram para cima dele. Com menos de trinta segundos, uma falta era a única saída para eles, mesmo que fosse sua décima segunda naquela metade do jogo. Jake caminhou com calma para a linha de lance livre. Até ser liberado para começar a treinar novamente, esse tinha sido o seu santuário. Religiosamente, ele arremessava pelo menos cem cestas por dia para manter-se em forma e deixar afiada a memória do músculo. O árbitro lhe entregou a bola e ele a bateu no chão, uma, duas, três vezes, então, a ergueu e a lançou num único movimento gracioso. O Louisville estava cinco pontos à frente. Jake marcou o segundo lance livre com a mesma facilidade, ampliando a liderança do Cardinals para seis, com vinte e sete segundos restantes.

O Syracuse colocou a bola em jogo outra vez e o Louisville os recebeu com marcação sob pressão. Jake correu com Nate para segurar o armador e tirou proveito do drible caracteristicamente alto de seu oponente, encontrando uma brecha para roubar-lhe a bola. Correndo de volta à cesta, Jake se sentiu tão bem que pensou em dar uma enterrada, só para se divertir. Mas a razão prevaleceu, pois se lembrando de como seria difícil a aterrissagem, contentou-se com uma bandeja fácil. Dezenove segundos para o fim e o Louisville estava bem na fita com 76-68.

Com mais uma posse de bola, o Syracuse deu tudo o que tinha, mas os homens do Louisville ficaram firmes e a bola desviou para fora da tabela sem marcar enquanto soava o último sinal. O Louisville tinha quebrado a invencibilidade do Syracuse, e Jake jogou melhor do que jamais imaginaria. Dezenove pontos e seis assistências, mais um rebote e duas bolas roubadas no bolso seria um ótimo jogo mesmo antes da cirurgia. Naquela noite, a sensação era excepcional.

Ele não conseguia tirar o sorriso do rosto quando correu de volta para o banco em meio a muitos tapas nas costas tanto de seus companheiros de time quanto de seus oponentes. Noites como esta eram a razão pela qual Jake não podia se imaginar longe do esporte que amava e ele se sentia muito grato a Deus por tê-lo ajudado no seu retorno.

Na lateral da quadra, Jake foi repentinamente cercado por uma multidão de repórteres ansiosos por sua atenção.

"Jake, seu retorno à quadra hoje foi notável. Como você se sente?"

Jake balançou a cabeça com um sorriso.

"Eu implorei a Deus que não tirasse o basquete de mim, e está parecendo que ele me deu uma segunda chance", disse, sem fôlego. "Não posso agradecê-lo o suficiente."

Mais repórteres se aproximaram, mas Jake havia dito tudo o que tinha a dizer. Abriu caminho para o vestiário, colocando-se entre Grant e Tyler assim que teve a oportunidade.

✦ ✦ ✦

O restante de mês de fevereiro também correu muito bem. A média de Jake foi de dezoito pontos e as assistências subiram para nove por jogo. O técnico ainda o limitava a aproximadamente vinte e cinco minutos de jogo todas as noites, lembrando-o que ainda precisava dele na pós-temporada. Com mais seis vitórias e somente uma derrota, eles terminaram a temporada regular com um recorde de 21-8, que os levou de volta ao número dezessete na classificação. Ainda estavam bem longe de seu belo início, mas os rankings não tinham nenhum valor quando a pós-temporada começasse.

O Louisville acabou perdendo para o Syracuse por quatro pontos no jogo do campeonato do Big East. Uma derrota difícil, porém, não chegou a ser o fim do mundo, uma vez que a temporada continuava no torneio de maior importância — o da NCAA. Ocupando o quinto lugar da sua chave, eles passaram sem esforço pelas primeiras três rodadas até o jogo do campeonato Sweet Sixteen contra o número sete, o Texas A&M. Terminaram vitoriosos daquela batalha fortemente disputada, mas ficaram exaustos no processo. Chegando com dificuldade à rodada do Elite Eight dois dias depois, eles levaram o negócio a sério, no entanto, e ficaram felizes por encerrar a campanha do Gonzaga, um improvável décimo primeiro colocado.

A temporada de sonho do Cardinals estava de volta nos trilhos depois de ser abalada temporariamente por um pesadelo inesperado e, agora, eles mantinham os olhos no ilustre Final Four — os quatro melhores — que aconteceria no fim de semana seguinte. Só de estar ali já era uma realização incrível, e todos eles tentaram desfrutar o máximo possível daquele evento cheio de publicidade. Mas no que realmente estavam de olho era o jogo do campeonato, e "tudo" que precisavam fazer era derrubar o Kansas, o número um, para chegar lá.

O jogo foi físico desde o início, e próximo ao meio tempo, Jake estava de fato começando a se sentir cansado. Ele tentou ignorar, mas os estalos e pontadas que tinha escondido de todos — inclusive de si mesmo — durante todo aquele mês estavam realmente começando a afetar seus movimentos. Sua agilidade gravemente reduzida, ele compensava com esforço, mas toda a energia gasta para manter o ritmo estava exigindo seu preço. Mesmo assim, ele teve uma noite extraordinária. Quatorze pontos já estavam no bolso e suas oito assistências o colocavam em ritmo de topo de carreira. Todo o time estava à altura do desafio e, com outros três jogadores do time se aproximando dos dois dígitos na pontuação, eles venciam o Kansas por 43-35 a caminho do meio tempo.

Jake se levantou depois da conversa de estímulo ocorrida da metade do jogo, e seu joelho travou, fazendo com que caísse sobre Nate.

"Ôpa, tudo bem com você, cara?"

"Desculpa. Eu só perdi o equilíbrio por um segundo."

Nate acreditou, mas Jake ficou um pouco preocupado. Aquele curto período de tempo parado tinha permitido que certa rigidez se instalasse e ele se perguntava se conseguiria aquecer seu joelho a tempo. Tentou não mancar, mas não sabia bem se conseguiria, e antes que chegasse ao túnel dos jogadores, o técnico o viu.

"Jake, seu jogo está fenomenal hoje, mas acho melhor deixar o Jadon começar a segunda metade."

"Não. Técnico, eu estou bem. Só preciso me aquecer outra vez."

"Concordo. Por isso, vamos deixar o Jadon te substituir enquanto você se aquece. Se o time precisar de você, eu quero que esteja pronto."

Sem outro recurso, Jake ficou um passo atrás do técnico. Começou imediatamente a trabalhar com a compressa quente e quando o jogo começou, ele o assistiu da bicicleta, desejando que o movimento constante relaxasse sua articulação.

Como era de se esperar, alguns minutos depois, a diferença do Louisville tinha sido reduzida a um ponto e o técnico fez um sinal para Jake entrar. Ele não perdeu tempo, atacando a defesa do Kansas como se fossem feitos de palha. Cinco minutos depois, ele havia elevado novamente a diferença para seis e conseguiu mais três assistências no processo. O ataque do Cardinal se movimentava como uma máquina bem lubrificada, e Jake estava se divertindo como nunca.

Durante toda a segunda metade até agora, ele havia poupado o joelho evitando a movimentação por dentro da quadra e optando, em vez disso, por distribuir passes oportunos para seus companheiros irrefreáveis. Porém, dessa vez, depois de algumas fintas incríveis e passes lindamente executados pelo seu time, o garrafão estava escancarado e Jake não conseguiu resistir. Foi em direção à linha e se lançou ao ar exatamente quando o pivô do Kansas recuperou-se a tempo de jogar seu corpo contra o de Jake. No mesmo instante, Jake ouviu um estalo e sentiu uma dor torturante em toda a perna. Soltou a bola e caiu no chão, em agonia, automaticamente segurando o joelho. O jogador do Kansas caiu sobre ele e todo o seu corpo pesado aterrissou sobre a perna de Jake enquanto a bola, que por algum milagre entrou na cesta, batia a milímetros do rosto de Jake antes de sair pela linha lateral. Jake gemia enquanto a agitação à sua volta desapareceu gradualmente num real desalento excruciante.

✣ ✣ ✣

Quando recuperou a consciência, Jake estava numa ambulância, deitado e imobilizado. Tentou erguer a cabeça e falar, mas isso exigia muito esforço e ele sucumbiu a outro apagão.

Ao voltar a si pela segunda vez, Jake se viu sozinho no Pronto-Socorro de um hospital atrás de uma cortina. Ouviu certa agitação e ruídos à sua volta, mas dentro de seu pequeno "quarto" tudo estava calmo. Aproveitando a tranquilidade, fez uma autoavaliação gradual. Moveu a cabeça e os ombros, mexeu os dedos e tentou se sentar... isso imediatamente enviou choques de dor em toda a extensão da perna direita. Ele esticou o pescoço para ver o que estava acontecendo lá embaixo, mas a única coisa que conseguia ver era uma enorme bolsa de gelo. Não precisava saber de mais nada.

Já tinha sofrido contusões muitas vezes antes, e sua última lesão debilitante não estava entre as de menor importância, contudo, essa parecia diferente. Era o mesmo joelho, mas, desta vez, era como se apenas um fio sustentasse o resto da sua perna. Com certeza, não era a mesma lesão anterior. Era algo pior.

Jake deitou a cabeça novamente e lutou contra as lágrimas. As palavras de Chris ecoaram em sua mente. *E se a NBA não estiver no seu futuro? Você aceitaria isto?* Um milhão de refutações raivosas repletas de autocomiseração, arrependimento e ruína acompanhavam as perguntas, mas não ajudavam. Com ninguém mais como companhia além dos próprios pensamentos, Jake voltou-se ao único amigo disponível.

Deus, na realidade, eu não estou com vontade de falar com o Senhor agora... mas não tenho mais ninguém. Não entendo. Por que isso está acontecendo? Como é que este pode ser o seu plano para a minha vida? Tudo estava caminhando tão perfeitamente e... e eu dei ao Senhor todo o crédito. O que mais o Senhor quer?

A cortina foi aberta e um enfermeiro apressado, com uma expressão de preocupação, entrou.

"Como está se sentindo, filho?", perguntou enquanto verificava os sinais vitais de Jake e fazia anotações numa prancheta.

"Já estive melhor", Jake respondeu, embora tivesse certeza de que o homem não estava ouvindo.

"Bem, eles estão te esperando na sala de Imagem, então, nós vamos te colocar numa cadeira e te levar para uma Ressonância Magnética."

Outro enfermeiro entrou empurrando uma cadeira de rodas e os dois juntos passaram Jake para ela. Cruzando rapidamente com médicos e pacientes, eles desceram por um corredor e passaram por algumas portas vai e vem antes de entrar numa sala com um grande equipamento de ressonância magnética. Como tinha passado por tudo isso a apenas quatro meses atrás, Jake estava familiarizado com toda a rotina e enfrentou sem entusiasmo a movimentação e os termos difíceis. Eles o deslizaram para o interior de um cilindro e o zumbido alto começou. Tentando distrair-se de todo aquele barulho, os pensamentos de Jake, mais uma vez, se encheram de autocomiseração e ressentimento.

Muito antes de concluir seu discurso retórico interno, o exame terminou e ele foi levado para o seu próprio quarto. Jake não fazia ideia quanto tempo havia se passado, mas tinha certeza de que o jogo já tinha acabado. Queria saber se tinham conseguido vencer. E imaginava quanto tempo levaria até que o técnico e alguns de seus amigos viessem vê-lo. Ele se sentia muito só.

Afundado em sua tristeza, Jake foi totalmente surpreendido quando a porta abriu e entraram Amy e sua mãe.

"Jake!", as duas exclamaram em uníssono enquanto corriam para perto dele e o cobriam de abraços.

"Amy! Mãe! Como...? O quê...? Quando vocês chegaram aqui?"

"Aqui no hospital, ou aqui em Atlanta?", Amy perguntou com um sorriso.

"Uh... as duas coisas?"

"De jeito nenhum eu ia perder a participação do meu filho no Final Four!" Sua mãe começou a ficar emocionada. "Então, no último minuto, decidimos vir até aqui e te fazer uma surpresa."

"Conseguimos chegar só quinze minutos antes do jogo", Amy acrescentou.

"Você jogou tão bem, Jake!"

"E então...", a voz de Amy falhou e seus olhos se encheram de lágrimas.

"Quando você se machucou, levamos um tempão até encontrar alguém que nos informasse para onde tinham te levado..."

"Mas corremos para cá o mais rápido que conseguimos. Sinto muito por você ter ficado sozinho tanto tempo."

Os olhos das duas mulheres estavam vermelhos e lacrimejantes, e Jake imaginou se não tinha sido mais difícil para elas do que para ele.

"É bom ver vocês", sorriu, e segurou as mãos das duas, mas não conseguia tirar os olhos de Amy. "Muito bom."

"Então, você está bem?", sua mãe perguntou hesitante, afastando o cabelo da testa de Jake.

Do nada, Jake sentiu os próprios olhos ficarem cheios de lágrimas e um nó se formar na sua garganta. Tentou forçar outro sorriso, mas ele se transformou numa careta e tudo o que pode fazer foi erguer os ombros.

"Está um pouco difícil para mim", finalmente sussurrou, e desviou os olhos.

Enquanto sua mãe continuava a afagar a testa, Amy acariciava o braço de Jake. O joelho ainda era um problema, mas ter ao seu lado as duas mulheres mais importantes da sua vida melhorava muito as coisas.

"Simplesmente não parece justo", Amy murmurou.

Jake não tinha problemas em seguir por aquela estrada de pensamento, mas com elas ali no quarto quis, de repente, sair do poço lamacento que havia cavado para si mesmo.

"Então, nós ganhamos o jogo?", perguntou abruptamente.

"Sempre competindo", comentou sua mãe, rindo.

"Não vimos o final", respondeu Amy. "Mas com toda demora para tentar te encontrar, ouvimos que o placar final foi 68-65 para o Louisville!"

"O quê? Não brinca!", Jake soltou um grito de comemoração. Eles tinham conseguido! Tinham chegado ao Jogo do Campeonato. Jake só queria poder estar lá para celebrar com seu time. Mas, pelo menos, tinha participado daquela vitória... *Deus me deixou fazer parte disso.* Esta conclusão começou a surgir em Jake e o encheu com uma nova perspectiva.

"Parece que Jadon Williams assumiu muito bem a sua liderança. Mas foi você quem colocou o time naquela posição." Amy sorriu e cutucou Jake no ombro.

"Eu sabia que gostava daquele garoto", Jake sorriu.

De repente, a porta se abriu outra vez e o técnico entrou, seguido de todo o time. Bateu de leve na perna boa do seu astro armador e o time se aglomerou em volta da sua cama, claramente sem saber o que dizer.

Nomis, então, se adiantou e entregou a Jake um balão do Elmo jogando basquete com os dizeres "recupere-se logo".

"O que é uma visita a um hospital sem um balão?", disse, erguendo os ombros.

"Obrigado, cara. Eu adoro o Elmo", Jake sorriu e voltou-se para Jadon.

"Fiquei sabendo que você se divertiu como um astro depois que eu saí", cumprimentou, estendendo o braço para um dar um toque de mão. "Obrigado."

"Ei, foi você que trouxe a gente até aqui", Jadon respondeu. "Eu só fiquei me segurando." Todos os jogadores riram.

"Bem, fique firme por mais um jogo... porque a gente está na final do campeonato, baby!"

Todos vibraram e começaram a falar sobre a final contra o Ohio State. Com mais de uma dúzia de homens enormes ali, o quarto estava um tanto quanto lotado, e Amy e Pam pediram licença para buscar um café.

Assim que fecharam a porta atrás de si, vários jogadores mais novos assobiaram.

"Uau, agora a gente sabe por que o Taylor não se interessa por nenhuma garota da faculdade!"

"Como é que um cara como você acabou ficando com uma garota como aquela?"

"Hmmm! Não sei como você sobrevive sem fazer nada... eu não duraria uma noite com uma garota dessas."

"É sério! Cara, como você faz isso?"

Jake só balançou a cabeça e sorriu. Seus companheiros de time não só não conseguiam compreender como — ou por quê! — ele havia decidido esperar até o casamento para ter relações sexuais de novo, como também estavam absolutamente intrigados por essa decisão fora do comum. E como ele a defendia com segurança, eles até pareciam respeitá-la.

"Até onde eu sei, o sexo no casamento ganha de longe do que vocês estão fazendo fora da água. Podemos chamar isso de um investimento a longo prazo. Eu vou me divertir muito tempo depois de vocês estarem desgastados e sozinhos", Jake disse sorrindo.

"Nossa, eu nunca vou ficar desgastado."

"Tem certeza? Daqui a cinquenta anos a gente conversa e vamos ver quem está melhor."

"Uuuuuuuh!", ecoou na sala.

Jake só podia esperar que alguns deles guardassem esse exemplo no coração.

Amy e Pam voltaram ao quarto logo depois e a conversa manteve-se leve pelos vinte minutos seguintes até a chegada do médico para falar com Jake.

"Bem, Sr. Taylor, estamos enviando os resultados da ressonância ao seu médico em Louisville e isso é tudo o que podemos fazer aqui. Até que ele veja os exames, não há nada mais que você possa fazer além de poupar seu joelho e controlar a dor. Vamos enviá-lo para casa com uma receita de analgésico e anti-inflamatório para reduzir o inchaço e acalmar a dor, além disso, recomendo que use bastante o gelo."

"Então, você acha que eu vou estar bem para o grande jogo?" Jake perguntou com um sorrisinho.

O médico olhou para Jake com uma leve expressão de compaixão.

"Acho que você vai ter que ficar de fora deste, filho. Eu te desejo toda sorte."

E com isso, saiu apressado da sala.

O ambiente instantaneamente emudeceu e, por fim, o técnico falou:

"Bom, Jake, eu acho que é melhor a gente voltar para o hotel. Estou deduzindo que você queira ficar com sua mãe e... futura esposa, né?", piscou para Jake. Os caras reagiram com brincadeiras e assobios, e Amy, brincando, exibiu com pompa o seu anel.

Jake segurou a sua mão e piscou de volta.

"Obrigado, técnico."

O time começou a sair, mas o técnico ficou um pouco atrás. Inclinou-se para pegar a mão livre de Jake e bateu de leve nela.

"Você se saiu muito bem, Jake."

Jake suspirou.

"Sinto muito por não poder levar o time até o fim. Eu..."

Algumas lágrimas brilhavam quase imperceptíveis nos olhos do técnico quando ele interrompeu Jake.

"Não se arrependa de nada que tenha feito, Jake. Você conduziu nosso time a mais do que simples vitórias; sua presença nos leva a ser homens melhores. Você me inspirou, me encorajou e até me ensinou algumas coisas." Parou por um segundo e, depois, acrescentou: "E se este contratempo o fizer desejar voltar para mais uma temporada, seria um prazer ser o seu técnico por mais um ano." Endireitando o corpo, olhou Jake nos olhos. "Quero você sentado ao meu lado durante o nosso grande jogo daqui a dois dias. Quem sabe as boas ideias você pode ter depois de todos aqueles filmes que estudou." Virou-se para Amy e Pam. "Sra. Taylor, Srta. Briggs. Cuidem bem deste cara."

Logo depois que ele saiu, uma enfermeira entrou com uma cadeira de rodas e uma sacola cheia de informações para Jake. Ele assinou a papelada e foi liberado. Pam saiu para buscar o carro que tinham alugado enquanto Amy empurrava a cadeira na direção da saída, e ele não podia fazer nada além de ser levado para um passeio. O dia de hoje havia começado com tanta esperança e expectativa, e agora, de repente, estava tudo acabado, com um joelho estourado e latejante como resultado.

Deus? Uma ajudinha cairia bem aqui — implorou, quando o ar frio da noite fez seus olhos arderem.

✣ ✣ ✣

Duas noites depois, Jake se sentou ao lado do técnico no banco, conforme solicitado, e assistiu seu time dar tudo de si contra o superior

Ohio State em quadra. Seus companheiros o cercaram no vestiário antes do aquecimento e disseram que dedicariam o jogo a ele. Jake ficou sem palavras com a homenagem e usou todas as forças para não desabar diante daqueles homens fortes, mas quando olhou em volta, percebeu que seus olhos estavam longe de ser os únicos lacrimejantes na sala.

Cada um deles deu tudo de si na quadra e juntos fizeram o Buckeyes suar a camisa, mas no final, o Cardinals perdeu por doze pontos. Foi uma derrota sofrida no fim de uma temporada tumultuada, mas eles sabiam que tinham todos os motivos para sentir orgulho de si mesmos. Seguiram em frente contra todas as probabilidades e não deviam nada a ninguém, e embora seu time não entrasse para o rol dos campeões, eles sabiam que ser o número dois do país não era um feito a ser desmerecido. A derrota nunca era agradável, mas falhar na rodada final era uma realização que ninguém, além deles, receberia o crédito neste ano.

Jake abraçou cada um de seus colegas, sabendo que, independentemente de seu futuro, aqueles homens nunca jogariam juntos outra vez. Depois de ser suspenso no primeiro ano, Nomis tinha finalmente esgotado toda a sua elegibilidade, e embora suas chances na NBA não parecessem promissoras, havia potencial para uma oportunidade em outro país. Nate também estava se formando, e ansiava pelos 'combines' da NBA que começariam no mês seguinte. Tyler, surpreendentemente, havia decidido permanecer para uma segunda temporada, mas, talvez, não ficaria de fora do draft este ano. Com a saída dos três, restavam Grant, terminando seu quinto ano, e a grande maioria dos calouros atuais. O próximo ano com certeza não seria o mesmo.

Jake seguiu pelo corredor, apoiado em suas muletas, na direção do vestiário, ponderando quão anticlimático este final havia se tornado. Em seus sonhos, ele sempre parecera muito mais... fantástico.

PRIMAVERA

53

O DIA DE PRIMAVERA ESTAVA NUBLADO com nuvens que ameaçavam desabar a qualquer momento. Jake entrou com dificuldade na clínica para lesões esportivas que conheceu... e não necessariamente amou... e Amy estava ao seu lado. Sua mãe havia embarcado havia duas horas, mas Amy tinha mais cinco dias livres antes de voltar às aulas. Diferente daquela semana de recesso três anos antes, desta vez, Jake tinha encontrado um lugar para Amy na casa da namorada de Travis e, graças ao desconforto dolorido em seu joelho, os limites físicos entre os dois provavelmente não seriam um problema.

Amy tinha feito um excelente trabalho estruturando as atividades para o tempo que teriam juntos — ou, em outras palavras, ela havia imposto um rigoroso programa de estudos com o qual ajudaria Jake a ficar em dia com todas as suas aulas. Embora as atividades — ou falta delas, na realidade — não animassem muito Jake, a oportunidade inesperada de fazer as coisas do dia a dia com a garota que amava era melhor do que um sonho que se tornava realidade.

O grande dia deles estava se aproximando e, apesar de ainda faltarem três meses, Amy continuava garantindo a Jake que o tempo passaria voando. Contemplando sua linda amada naquele momento, ele duvidou que passasse rápido o suficiente, mas ouvir sua infindável lista de preparativos — entre terminar sua pesquisa de último ano e preparar-se para a formatura — fez com que ele se lembrasse da existência de outras partes importantes no casamento além da lua-de-mel.

Fazendo o melhor uso possível de sua espera no consultório médico, Jake e Amy estavam de mãos dadas e apoiavam a cabeça um no outro. Não fosse pela natureza desagradável do motivo de sua espera, teria sido quase sublime. Mas em pouco tempo, Jake foi trazido à realidade quando chamaram seu nome para que se dirigisse aos fundos. Amy o ajudou a se levantar e ofereceu seu ombro como apoio enquanto ele se colocava sobre a maca, preparando-se para a avaliação que seu médico faria da ressonância magnética.

Cinco dias haviam se passado desde a sua contusão, e sem a ajuda dos analgésicos e do gelo, Jake não sabia como suportaria. O inchaço não diminuía e, assim que o efeito da medicação começava a passar, a dor era excruciante. Baseando-se em sua jornada anterior pela fisioterapia, ele tinha tentado vários exercícios para recuperar certa amplitude de movimento, mas, além da dor insuportável, seu joelho, às vezes, simplesmente travava. Uma coisa era certa, ele estava bastante temeroso com relação ao que o médico poderia lhe dizer.

"Oi, Jake! Há quanto tempo!" O Dr. Gruber o cumprimentou com alegria. "Sentiu tanta falta assim de mim, é?"

"Mais ou menos isso", Jake tentou retribuir a brincadeira.

O Dr. Gruber retirou de uma pasta algumas folhas transparentes e as prendeu no negatoscópio. Virou-se, então, para Jake com uma expressão séria.

"Bom, você não imagina o quanto eu gostaria de não ter que vê-lo nessas circunstâncias. Vou direto ao ponto. Isso parece muito ruim." Tirou a tampa da caneta e circulou vários pontos em cada folha.

"Se há alguma boa notícia aqui é que o seu menisco permaneceu intacto. Mas aquele ligamento cruzado anterior que você distendeu da última vez... não existe mais. Está completamente rompido. E levou um pedaço do seu osso com ele."

Jake expirou rapidamente, tentando assimilar as notícias devastadoras.

"E esta não é a pior parte", o Dr. Gruber continuou. "Há outra parte do seu osso que não está em lugar algum próximo ao ligamento. Vamos ter que fazer mais exames para confirmar, mas é muito provável que você tenha um caso de *Osteocondrite Dissecante (OCD)*.

"Osteo o quê?"

"É uma doença no osso e na cartilagem mais frequente em homens jovens e ativos. Você está um pouco acima da faixa etária mais comum, porém, devido ao seu extensivo envolvimento com o esporte, eu diria que é grande a chance de você ter sido afetado por este problema há algum tempo e nunca ter percebido. As causas nem sempre são conhecidas, mas o trauma repetido a uma articulação geralmente é o responsável. O fluxo de sangue reduzido para a extremidade do osso faz com que ele morra, e o que resta é uma superfície da articulação cada vez mais sensível. Às vezes, se o dano é pequeno e a articulação é poupada, ela pode curar-se por si mesma com o tempo e, às vezes, nem há sintomas. Contudo, no caso da maioria dos atletas, vai piorando cada vez mais até que um médico finalmente a identifique."

"Então...", Jake tentou falar, sem saber por onde começar. Perguntas apavoradas se agitavam em seu cérebro, todas suplicando por um desfecho feliz.

"Então, quais são os próximos passos?", Amy se adiantou para alívio de Jake.

"A pergunta de um milhão de dólares", o Dr. Gruber olhou cheio de compaixão para o casal. "A cirurgia é o primeiro passo. Vamos ter que reconstruir seu ligamento cruzado anterior, usando, provavelmente, um enxerto do seu tendão patelar. Ao fazermos isso, vamos remover os outros fragmentos soltos e, talvez, realizar outro enxerto para simular o crescimento de novo osso e nova cartilagem na lesão causada pela OCD."

Jake sentiu como se precisasse de ar.

"Uau", finalmente expressou, temendo a recuperação que esses procedimentos exigiriam. Apesar de seu retorno estelar um pouco antes na temporada, ele sabia que sua chance no próximo draft havia se reduzido a zero. No entanto, a oferta do técnico de concluir sua elegibilidade na próxima temporada o tinha levado a começar a pensar. E se ele e Amy se mudassem para Louisville depois do casamento? Não seria a pior coisa do mundo. Se isso fosse preciso para realizar seu sonho de ser profissional, então, valia totalmente a pena. O que era mais um ano no grande esquema das coisas?

"Então, de quanto tempo estamos falando? Seis a nove meses?", Isso o deixaria pronto para a ação exatamente quando a temporada estivesse esquentando.

"Depende de quais são seus objetivos."

"Uh, tipo voltar a jogar."

O Dr. Gruber quase riu.

"Eu estava pensando mais no campo da habilidade de andar, Jake. Sei que você está disposto a trabalhar duro. Pude ver isso da última vez. Mas essas coisas simplesmente levam tempo para curar. Com uma ruptura de ligamento cruzado anterior como a sua, as pessoas levam, *no mínimo*, entre doze a dezoito meses para voltar ao normal, e a OCD geralmente leva ainda mais tempo para ser curada da forma correta. E isso apenas para retornar às atividades rotineiras. Neste momento, não sei se o seu joelho algum dia ficará pronto para o rigor das torções, giros e reações que o basquete de elite exige."

Aquelas palavras atingiram o coração de Jake como uma lança afiada.

"Além disso, graças à OCD", Dr. Gruber continuou, "agora você corre o risco de uma artrose precoce." Fez uma pausa e olhou para Jake com olhos bondosos. "Em resumo, Jake: pense no seu futuro. Nós sabemos como você está disposto a se esforçar. Já venceu todas as adversidades na última vez e tenho certeza de que pode vencer outra vez. Se o basquete profissional é a única coisa que pode satisfazê-lo, então, ei, vá devagar com seus objetivos e vamos dar início a essa implausível jornada montanha acima. Mas se você quer ser capaz de fazer uma caminhada com sua esposa", fez um sinal na direção de Amy, "se quer ser capaz de jogar bola com seus filhos daqui a dez ou vinte anos, faça um favor a si mesmo e encontre outro sonho."

Sem conseguir respirar, Jake fechou os olhos e se segurou na maca. Amy pegou a sua mão, mas não ajudou. Todo o mundo parecia estar desmoronando sobre ele, e ele não sabia como impedir. Já tinha tido muita dificuldade para engolir as perguntas de Chris sobre abandonar seu sonho na NBA, mas isso era ainda pior. O Dr. Gruber estava falando em nunca mais jogar bola. *Deus? Por que está deixando isso acontecer?*

"Jake, eu sinto muito", o Dr. Gruber bateu de leve na perna dele e se levantou. "Descubra o que você quer, e eu estarei aqui para te ajudar." Virou-se para sair e, então, parou, já com a mão na maçaneta. "Não sei se ajuda, mas você teve uma passagem emocionante aqui em Louisville. A maioria dos jovens daria qualquer coisa para ter uma experiência como a sua."

✚ ✚ ✚

O restante da tarde passou despercebida. Tudo, exceto seu joelho, parecia entorpecido, e Jake continuava esperando que tudo aquilo fosse apenas um pesadelo. Infelizmente, ele não sabia como despertar.

Naquela noite, eles se encontraram com Buddy para jantar e Jake finalmente começou a tentar colocar em palavras as suas emoções fervilhantes.

"Depois de tudo o que passei, depois de tudo o que fiz por Deus, eu simplesmente não acredito que ele esteja fazendo isso!"

Buddy parou por um momento antes de responder.

"Jake, eu não sei porque Deus *deixou* que isso acontecesse mas eu sei, com certeza, que não foi ele quem *fez* isso a você."

"Mas ele é Deus. Ele não está no controle?"

"Sim, está. E vai trazer a parte boa de tudo isso como fez com todas as outras tragédias dolorosas pelas quais você passou."

Amy acariciou a mão de Jake e moveu a cabeça, concordando.

"Então, o que aconteceu com a promessa de conceder a mim os desejos do meu coração?", Jake argumentou.

"Deleitar-se no Senhor significa sintonizar-se com os desejos dele a ponto de começar a querer o que ele quer", Buddy esclareceu.

"Então, ao que tudo indica ele não quer que eu jogue basquete mais", Jake concluiu, ressentido.

"Isto vai soar muito duro, mas honestamente, no grande esquema das coisas, eu não sei bem se Deus se importa com isso."

Jake olhou para ele com curiosidade.

"Você se lembra do que eu lhe disse? Deus não se importa tanto com sua vocação ou com seu contexto, mas sim..."

"Com minha conduta e caráter", Jake completou as palavras bem conhecidas e revirou os olhos.

"Jake, isso é mais verdade agora com seu joelho imobilizado do que nunca", Buddy puxou do bolso uma bola de borracha esverdeada e a jogou sobre a mesa para Jake. "Você tem a escolha de brilhar e jogar de volta, ou lamuriar-se e ficar parado. Se você se recusar a deixar as circunstâncias ditarem a sua atitude, basta observar e ver como Deus vai usá-lo. Caso contrário, você só ficará deprimido. A decisão é sua, amigo", completou Buddy com uma piscada jovial.

"Meu pai vai ficar desapontado."

"Não dá para saber. Ele pode te surpreender. De qualquer forma, isso não tem a ver com ele."

"E você sabe que nós vamos lhe dar todo apoio em qualquer situação", Amy acrescentou, apertando o braço de Jake.

Jake sabia que as palavras deles estavam corretas. Este, certamente, não era o primeiro desafio que enfrentava na vida. Ver a morte de Roger, o choque com o caso amoroso de seu pai e todo o drama que desencadeou, perder Amy — duas vezes! — e o bebê deles também... Cada um desses eventos o abalou, mas a cada provação ele saía mais forte. E quanto mais crescia a sua fé, mais coragem ele tinha para enfrentar o próximo obstáculo no seu caminho. Jake viu Deus fazer muitas coisas em sua vida e por meio dela nos últimos anos. No entanto, ainda doía perder seu sonho. Ele era um jogador de basquete e era bom no que fazia. O basquete era sua identidade. Como ele poderia desistir disso?

Jake suspirou e franziu a sobrancelha.

"Mas é tão difícil, sabe? Eu amo o basquete... e jogar na NBA era um sonho tão bom. Quer dizer, o que eu vou fazer da minha vida agora? O basquete é a única coisa que sei fazer bem."

"Jake, quem disse que você precisa desistir completamente do basquete?", Buddy o consolou. "E se Deus o colocou no planeta para trabalhar com jovens, usando seu amor pelo basquete para abençoar a vida deles e aproximá-los dele?"

"Não sei..."

"Jake", Amy falou mais forte. "O basquete com certeza não é única coisa que você faz bem. Eu já te vi com aqueles garotos da Igreja New Song. E já ouvi suas histórias sobre Debron e sobre seu testemunho em várias escolas."

"E não se esqueça da Escola Bíblica de Férias!", Buddy acrescentou.

"Você tem um dom, Jake", Amy afirmou.

"E talvez descubra que gosta muito mais de trabalhar com jovens do que de jogar na velha e fedida NBA."

"Mas o salário, com certeza, seria legal, você tem que admitir", Jake respondeu com um sorriso irônico.

"O que é o dinheiro quando se está cercado de amor?", disse Amy com uma piscada.

Mais tarde, naquela mesma noite, enquanto se preparava para dormir, Jake fitou a si mesmo no espelho. Recordou-se de todos os seus sucessos nas quadras e, então, relembrou as vitórias que teve em outas áreas. Verdade seja dita, elas se destacavam com mais brilho em sua mente. Pela primeira vez em meses, suas lesões — e sua decisão de não participar do draft no ano anterior — não pareceram tão trágicas, e sim, intervenções divinas que o conduziam a algo melhor. Fechar a porta para o basquete profissional ainda demandava algum sofrimento, mas agora, pelo menos, ele estava aberto para o plano B.

VERÃO

54

TRÊS SEMANAS DEPOIS de sua cirurgia reconstrutiva, Jake atravessou o palco mancando a fim de receber seu diploma, o sucinto fim de seus três anos e meio em Louisville. Após menos deliberação do que havia previsto, ele havia concordado com a maioria das pessoas que se importava com ele que retornar para seu último ano de elegibilidade simplesmente não valia a pena no longo prazo. Mesmo que ele pudesse ter um retorno total ao basquete, futuras lesões estavam praticamente garantidas, e Jake não queria colocar ainda mais em risco sua capacidade de desfrutar a vida. O Dr. Gruber estava certo; sua experiência ali tinha sido boa. A despeito de suas dificuldades, aqui ele teve a chance de viver seu sonho e era muito grato por isso.

Jake deixou seus olhos se demorarem nas pessoas à sua volta e sabia que seria triste partir. Contudo, estava ansioso para o próximo capítulo de sua vida. Com um certificado em Educação Física, ele planejava se inscrever no programa de credenciamento de professores da San Francisco State University no próximo ano enquanto Amy dava continuidade ao seu trabalho de pós-graduação e ao trabalho em tempo integral na PACS. Graças aos contatos de Brian, namorado de Renee, Jake tinha até a possibilidade de um trabalho como professor/técnico no bairro mais difícil de Oakland, contanto que fosse aceito no programa de estágio da SFSU. Quando criança, Jake nunca teria se imaginado trabalhando em distritos de baixa renda, mas como consequência do último passeio de montanha russa no qual Deus o havia levado, ele estava empolgado para embarcar neste próximo trecho de sua jornada.

Enquanto observava a multidão de colegas de estudo, uma agitação na seção à sua esquerda chamou sua atenção. Seu próprio fã-clube — formado por sua mãe, seu pai, Amy, Buddy, alguns de seus companheiros de time, Debron e algumas outras crianças — tocava cornetas e gritava sem nenhuma preocupação. Jake riu e acenou para eles. Era muito bom ser amado.

De repente, Jake percebeu que seu pai colocou o braço ao redor de sua mãe... e mais espantoso ainda, sua mãe retribuiu o abraço do ex-marido. A improvisada demonstração de afeto poderia ter sido simplesmente uma expressão espontânea do orgulho que sentiam ao ver seu filho atingindo um marco importante, no entanto, mesmo à distância, Jake reconheceu um certo brilho no gesto. *Hmm...* — pensou com um sorriso. *Será que Deus está trabalhando ali também?*

Seu pai estava agindo de maneira diferente nos últimos tempos desde a notícia da lesão que havia encerrado a carreira de Jake. Quando Jake compartilhou com o pai a notícia devastadora, Glen havia reagido com a negação. Mas desde então, conforme Jake ficava cada vez mais em paz com um futuro sem a NBA, aquela aceitação tranquila parece ter tocado seu pai. Pelo menos quatro vezes nas últimas semanas, Glen havia reiterado o orgulho que sentia de seu filho e expressado repetidas vezes sua admiração pela forma como Jake estava lidando com a reviravolta catastrófica do destino. Jake havia usado essas oportunidades para explicar ao seu pai a respeito da paz que Deus oferece e que excede todo entendimento e a esperança que o Senhor estende para um propósito ainda maior. Jake nunca soube se suas palavras surtiram algum efeito, mas talvez, seu pai estivesse ouvindo de fato.

Depois do almoço de comemoração no buffet local, o pai de Jake estava pronto para começar sua longa viagem. Muito embora Jake tivesse recentemente sido liberado para dirigir, por certo, não seria recomendável que fizesse a jornada sozinho, assim, seus pais decidiram que Glen levaria sua caminhonete de volta para a Califórnia. Quando sua mãe começou a arrumar suas coisas para partir, Jake percebeu que ela acompanharia Glen na viagem e ficou pasmo. Com um sorriso nos lábios, despediu-se dos dois com um abraço e não pôde evitar a esperança de que aquela viagem juntos permitisse a mesma cura de outra viagem que ele havia feito com seu pai três anos e meio antes.

Amy partiu pouco depois deles, embarcando de volta a Stanford para seu último mês de aulas, e por mais que Jake odiasse vê-la partir, estava consolado pela ideia de que seria a última despedida antes de passarem o resto da vida juntos. Só esse fato era motivação suficiente para levá-lo de volta ao seu quarto com o objetivo de estudar a última matéria como aluno da Universidade de Louisville. Com toda a agitação em torno da reabilitação de seu joelho, Jake não tinha conseguido concluir aquele último curso online e agora, portanto, estava inscrito em mais uma sessão de verão para cumprir as exigências de sua graduação antes de ir embora.

Fazer as tarefas enquanto todos os seus amigos estavam livres para curtir o verão parecia uma péssima maneira de comemorar sua formatura, mas Jake engatou a primeira e abriu o livro. Afinal, ele tinha muitas coisas boas a esperar!

55

DE VOLTA À STANFORD, Amy tentava estudar sentada à sua mesa, mas a mente navegava pelas milhões de coisas que precisava fazer nas seis semanas seguintes. As provas finais, obviamente, eram prioridade, mas outras coisas brigavam pela posição. Entre as de maior importância, estava o planejamento dos detalhes do seu casamento. E planejar seu casamento era muito mais divertido!

O projeto mais importante em mãos era completar sua pesquisa. O que começou como um estudo sobre como a ajuda a outras pessoas auxilia na recuperação das consequências do abuso tinha se transformado, aos poucos, em algo ainda mais pessoal e prático quando seu orientador sugeriu que ela usasse sua organização sem fins lucrativos como um componente da pesquisa. Poder trabalhar no Sonho de Bogdana como uma tarefa do curso havia sido a parte mais enriquecedora da educação de Amy até agora.

Na semana anterior, ela tinha enviado várias caixas de tecido e de enchimento, cartões plastificados com versículos bíblicos e outros materiais que seriam difíceis de encontrar na Romênia, juntamente com um cheque generoso que cobriria um ano de salário das garotas do programa de transição. Jodi prometeu que tiraria muitas fotos para Amy usar em sua apresentação final.

Agora, os esforços de Amy estavam concentrados em terminar o projeto de Debron — que estava se tornando muito maior do que ela havia previsto, mas também, muito mais surpreendente. Ela mal podia esperar para divulgá-lo!

E, ah, sim. Como se já não tivesse muitas coisas para pensar, amanhã ela visitaria seu tio na prisão. Este era o passo que vinha adiando, mas apesar de tantas coisas para lidar naquele momento, era algo que sentia necessidade de fazer antes de passar para o próximo capítulo da sua vida. Seu pai a acompanharia e Amy tinha um objetivo específico em mente: conduzir seu tio a um relacionamento pessoal e restaurador com Cristo. A prisão havia cumprido sua função e Harold era um homem completamente despedaçado, mas Amy sabia que essa condição não tinha valor a menos que ele deixasse Deus juntar os pedaços e transformá-los numa nova obra-prima. Ela estava empolgada e nervosa; seria a primeira vez que estaria frente a frente com ele desde o abuso. Porém, Amy sentia paz e a confirmação de Deus de que seria uma experiência valiosa e ela contava com isso.

"AHHHHHHH!" Um grito no fim do corredor assustou Amy e a afastou de suas contemplações.

Passos firmes correram na direção de seu quarto e, de repente, a porta se abriu bruscamente, revelando uma Renee extasiada.

"Fiquei noiva!", ela gritou e começou a dar pulinhos.

"O quê? Não brinca!" Amy pulou junto para comemorar com sua colega de quarto. Ela vinha se perguntando quanto tempo demoraria até Brian fazer o pedido. Amy sabia que ele ainda tinha um semestre a cumprir, mas o planejamento de seu próprio casamento seria muito mais divertido se ela pudesse ter a companhia da sua melhor amiga aqui em Stanford. Amy sentou-se na cama e bateu de leve no lugar ao seu lado. "Muito bem, garota, vem aqui me contar tudo."

56

ALÉM DE COMPLETAR SEU CURSO — com sucesso! — e dar tudo de si na reabilitação de seu joelho (depois de abrir mão do basquete, Jake ajustou rapidamente seus objetivos a simplesmente estar saudável o suficiente para desfrutar de sua lua-de-mel!), depois da formatura, Jake também ficou ocupado com os últimos preparativos para o seu segundo acampamento anual de basquete. Depois de meses de planejamento, a semana finalmente havia chegado e até agora corria sem dificuldades.

Jake e Grant, com a ajuda de Nomis, Jadon, Tyler e Travis, tinham convencido a maioria dos colegas de time a ficar por ali ou voltar para participar do acampamento, o que acabou se tornando uma divertida comemoração de despedida. Jadon, por sua vez, havia recrutado ainda mais colaboradores de sua igreja e Buddy e os fiéis idosos da Igreja Grace Fellowship estavam mais comprometidos do que nunca.

As muletas limitavam a atuação de Jake como técnico, mas apesar de gostar muito de trabalhar com as crianças, ele percebeu que também estava gostando de apenas caminhar e supervisionar todas as coisas. A atmosfera estava elétrica e todos estavam se divertindo muito.

Como previsto, o número de crianças nesta semana era praticamente o dobro da multidão inesperada do ano anterior, porém, a quantidade de voluntários havia triplicado, portanto, o estresse tinha diminuído pela metade. Para atender duzentas crianças, as costureiras da Grace Fellowship haviam feito coletes de treino em dez cores diferentes, e alguns doadores generosos da New Life contribuíram para a compra de tabelas portáteis, pois o objetivo era transformar em espaços úteis as quadras de tênis abandonadas.

Debron e Jadon assumiram de fato a liderança, o que encorajou Jake profundamente. O fato de estar partindo era um grande peso para Jake e ele odiava pensar que quando não estivesse mais por perto, todo o progresso ali simplesmente desapareceria e tudo voltaria a ser como antes. Mas Jadon realmente tinha evoluído muito desde o ano passado e, hoje, estava quase mais empolgado do que Jake em alcançar as crianças do bairro. Na semana anterior, ele pediu a Jake para se encontrar com ele para conversarem sobre a continuação desse ministério a longo prazo.

O time de voluntários que Jadon tinha recrutado estava disposto a tornar este projeto um compromisso contínuo e já planejava programas mensais de evangelismo no parque. Jake não poderia ficar mais feliz e pediu apenas uma atenção especial a Debron. Jadon disse que já estava cuidando disso e expressou seu desejo de transformar Debron num líder da comunidade. Embora Jake soubesse que já deveria esperar por isso, mais uma vez, ficou impressionado com a fidelidade de Deus.

Este era o último dia do acampamento e desde o momento em que chegou, Jake lutava com emoções irritantemente à flor da pele. Ele nunca foi do tipo que chorava muito, mas por alguma razão, hoje se sentia um pouco mais sensível. Em todos os lugares para onde olhava, via lembretes do quanto Deus o havia abençoado e o quanto ele sentiria falta daquelas pessoas e daqueles lugares que aprendeu a amar. Buddy tinha acabado de vê-lo um pouco emocionado no estande de bebidas e simplesmente bateu de leve em suas costas e sussurrou:

"Parabéns. Você está se tornando um homem de verdade."

A ironia daquele encorajamento não passou despercebida por Jake e ele riu enquanto caminhava na direção da equipe lilás que aprendia a dar ganchos. Ver aqueles meninos e meninas tão novos subindo ao ar com a postura perfeita foi algo lindo de se ver, e Jake parou e sorriu.

Estava ansioso pelo dia em que teria sua própria ninhada de pequeninos com quem praticar cestas na tabela na entrada de casa. Imaginava Amy assistindo da varanda enquanto ele ensinava os lances especiais aos seus filhos e filhas. Jake percebeu, de repente, que todas as crianças que imaginava tinham a pele mais escura e sorriu mais uma vez. Amy obviamente tinha um amor especial pelos órfãos e, depois de trabalhar com essas crianças e conversar com alguns voluntários da New Life sobre o sistema de adoção, Jake também começava a amuderecer a ideia de aumentar a família da maneira como Deus faz, através da adoção. Levando em consideração sua história com Amy, isso parecia completar o ciclo.

Os pensamentos de Jake escaparam para as alegrias de ser casado com Amy, e ele sorriu quando percebeu que a contagem regressiva para o casamento se reduzia a quinze dias. Depois do último culto na Grace Fellowship no domingo, ele embarcaria para o norte da Califórnia onde, na semana anterior à formatura de Amy no domingo seguinte, eles estariam à procura de um apartamento. Depois, voariam até Oceanside para uma semana repleta de atividades relacionadas ao casamento e, então, seriam unidos em sagrado matrimônio no dia 23 de junho e fugiriam para Cancun para uma semana ininterrupta de intimidade e s...

"Com licença, Sr. Taylor?", o repórter de um jornal interrompeu suas fantasias. "Queria saber se poderia lhe fazer algumas perguntas."

Jake balançou a cabeça e sorriu. Sonhar com Amy era muito mais atraente, mas ele ficou mais do que feliz em consentir, imaginando que esta, talvez, fosse a última vez na vida em que seria o centro de tanta atenção. Quando a entrevista terminou, Jake olhou para o relógio e percebeu que estava quase na hora de encerrar a semana de diversão.

Tocou a buzina e aguardou que todos se reunissem. Um instante de déjà vu passou por sua mente e ele se lembrou daquele último dia no ano passado, tão importante, quando a eternidade de tantas pessoas foi transformada graças a ação de Deus por intermédio dele. *Senhor, por favor, faça de novo!* — orou, sentindo-se muito menos nervoso. É claro que ajudava o fato de fazer parceria com outro mestre de cerimônias este ano. Jake passou o microfone para um Debron suado que o segurou sem hesitação.

"Ei, galera", Debron começou, parecendo mais um rapper com seu boné levemente inclinado e o microfone de lado. "Vocês se divertiram aqui esta semana?"

Uma onda de aplausos e gritos respondeu à pergunta.

"Bom, quero ouvir uma salva de palmas para todos esses voluntários!"

As crianças começaram a aplaudir efusivamente e algumas delas pularam aqui e ali para abraçar os seus favoritos.

"Isso mesmo", ele encorajou. "Eles dedicaram uma semana da vida deles para passar um tempo com todos nós, e sabem por quê?", Debron fez uma pausa de efeito. "Porque eles nos amam." Outra pausa. "E sabe quem ama nos ainda mais? Jesus. Será que consigo ouvir vocês dizendo: 'Je-sus!'?"

As crianças repetiram:

"JE-SUS!"

"Isso mesmo. Quero ouvir de novo. Digam: 'Je-sus!'"

"JE-SUS!"

Jake não sabia de onde vinha tudo aquilo — com certeza, não era o que eles tinham praticado! Mas ele estava achando tudo ótimo e mal podia esperar para ver o que Debron faria.

"Então, eu e o meu armador aqui, Jake Taylor, temos algumas palavras para falar sobre o nosso melhor amigo, Jesus. Jake, é com você."

Jake só pôde dar risada com a transição, mas prontamente contou a história que já havia compartilhado tantas vezes, concluindo com:

"Debron tem razão. Jesus é o melhor amigo que já tive, e eu não poderia imaginar a minha vida sem ele. Mas não devem ouvir só a minha história. Debron, você tem sua própria história para compartilhar, certo?"

Debron pegou o microfone novamente e, com uma maturidade que ia além de sua idade, passou a compartilhar a forma como Deus havia transformado sua vida. Descreveu a insegurança e a solidão que o levaram a desejar a morte e depois falou sobre a esperança que o tinha salvado no momento em que levantou a mão para convidar Jesus em sua vida no último verão.

"Alguns de vocês se lembram de como eu era difícil. Queria pedir desculpas se feri vocês. Eu agredia só para me proteger. Mas espero que possam perceber que eu mudei. Ainda não sou perfeito, mas estou crescendo. E vocês podem entrar nessa também. Meu amigo Buddy ali", Debron acenou e sorriu para o idoso em pé lá no fundo — "me ensinou que é tão fácil como contar 1,2,3."

"1 — Admita que você errou. 2 — Acredite que Deus o perdoa porque ele pagou a sua punição morrendo na cruz. E 3 — Escolha viver para ele. É uma proposta muito boa para deixar passar e espero que muitos vocês a aceitem hoje. Se você quer que Jesus se torne seu melhor amigo hoje, é só orar e dizer estas palavras comigo."

Debron começou a orar e Jake se maravilhou com as palavras de saíam da boca de seu jovem amigo. Ele até deixou de lado a gíria na sinceridade daquele momento. A percepção de Debron a respeito da diferença que Deus fazia na sua vida era inestimável e tornava sua mensagem muito poderosa. No ano passado, Jake considerou incrível a experiência de levar pessoas a um relacionamento com Cristo, mas nada se comparava a assistir este jovem discípulo seguindo seus passos.

Debron concluiu a oração e pediu a todos que erguessem os olhos.

"Eu sei que no ano passado Jake manteve todos de olhos fechados enquanto nos dava a oportunidade de compartilhar a nossa decisão, mas isso é como esconder a coisa mais incrível que poderia acontecer com a gente. Não há vergonha nenhuma nisso, pessoal! Se você orou comigo, acabou de tomar a decisão mais inteligente da sua vida. Quem quer que todo mundo saiba que agora você faz parte do time de Jesus?", gritou.

Mãos começaram a se levantar em todos os lugares, e em seguida, não foram apenas as mãos; as pessoas se colocaram em pé. Crianças e pais começaram a se abraçar e a dançar e a celebrar sua nova vida, e a alegria foi contagiante. Neste ano, as igrejas estavam mais preparadas e ofereceram pacotes de 'novos cristãos' a todos os que ergueram as mãos, mas com toda aquela festa, os voluntários tinham dificuldade de chegar perto de todos e anotar nomes e informações para contato. Jake acabou contando mais de sessenta pessoas que entregaram sua vida a Cristo e seu coração parecia a ponto de explodir de felicidade. Puxou Debron num abraço e bagunçou seu penteado afro.

"Parabéns, cara", disse. "Você nasceu com esse dom."

Debron sorriu bem-humorado e levou o microfone à boca outra vez.

"Ei, mas se você orou comigo hoje e não fizer algo a respeito, não vai fazer diferença alguma. Você deve ter recebido um envelope com uma Bíblia e um convite para uma de nossas igrejas. Quero ver todos vocês lá no domingo!", completou com uma piscada. "E se precisarem de uma sugestão de onde começar a ler, o livro de Marcos é uma boa pedida. E aí, Jake, diz pra gente o que vai acontecer agora." Passou o microfone para Jake e começou a olhar na multidão à procura de algo.

Jake presumiu que estivesse procurando um amigo ou algo assim e começou a dar as instruções para o lanche.

"Então, se você está usando um colete..."

"Ei, ei, ei, espera aí, meu amigo." Debron se aproximou e tirou o microfone da mão de Jake. "Tem mais uma coisa que a gente precisa fazer antes do lanche."

Um sorriso travesso brilhava no rosto de Debron, e Jake olhou para ele confuso. Tentou lhe enviar uma mensagem com os olhos: *O que você está fazendo?*

"Como muitos de vocês já sabem", Debron começou, "esta é a última vez que o Jake vai estar aqui com a gente. Ele vai voltar para a Califórnia e se *casar*."

Jake achou engraçado a forma como Debron disse a última palavra e imaginou o que ele estaria aprontando. Ultimamente, Jake havia recebido mais do que sua cota de reconhecimento e realmente preferia ficar fora do foco de atenção.

"Por isso, nós aqui começamos a pensar, tentando imaginar o que poderíamos dar ao Jake como um presente de despedida." Debron fez um sinal para Grant, Jadon, Buddy e Kevin Ross e eles começaram a caminhar para a frente em grupo. "Ele fez muito por nós neste lugar e queremos que ele leve uma pequena lembrança para que nunca nos esqueça. Então, depois de pensar muito... e com uma ajudinha extra... parece que achamos o presente perfeito. Srta. Amy, pode vir até aqui e mostrar para ele?"

Amy? — pensou Jake. *Que Amy?*

De repente, o grupo de homens se dispersou e do meio do grupo saiu a *sua* Amy, carregando um objeto plano e de aparência pesada coberto com um tecido vermelho. Vestindo uma camisa do Louisville com o número de Jake, ela estava linda e até o joelho saudável de Jake ficou bambo.

Amy pegou o microfone de Debron e deu uma piscada para Jake.

"Primeiro, quero dizer como estou emocionada por todos vocês que acabaram de começar uma nova vida com Cristo. Eu também tomei essa decisão há poucos anos atrás e fez toda a diferença do mundo! Em segundo lugar, este acampamento de basquete é incrível. Eu acompanhei as atividades durante toda a manhã", — olhou para Jake como que pedindo desculpas — e vocês têm talento!". As crianças gritaram com entusiasmo até Amy começar a falar de novo.

"Neste ano, comecei uma organização sem fins lucrativos para capacitar jovens a realizar seus sonhos de tornar o mundo um lugar melhor. Meus objetivos começaram pequenos, mas Deus tinha planos maiores e quando Jake falou dos sonhos de Debron para expandir este acampamento de basquete, eu tive outra ideia. Desde então, Debron e eu temos trabalhado com muitos outros para transformar este sonho em realidade. Eu agradeço a Buddy, Grant, Jadon e Kevin, e a todas essas pessoas que nos ajudaram nessa missão. Graças a alguns generosos doadores e outros subsídios equivalentes, arrecadamos fundos suficientes e conseguimos as autorizações necessárias para transformar este parque na melhor instalação de basquete de Louisville. Apresento a vocês..." — com um gesto floreado, Amy puxou o tecido carmim que cobria a placa e revelou um desenho elaborado de um parque de última geração — o futuro Parque Comunitário Jake Taylor!"

As crianças e seus pais explodiram em comemoração, e Jake simplesmente não aguentou. Debron lhe deu um abraço gigantesco e Buddy lhe trouxe uma cadeira para que desabasse nela.

"Eu queria que se chamasse Parque Memorial Jake Taylor, mas..."

"Memorial"?, Jake interrompeu rindo. "Isso não é para quem já morreu?"

"Foi o que a Amy disse. Então, ficamos com minha segunda opção. Mas eu queria que soubesse que sempre vamos nos lembrar de você. Você foi como um pai para mim. Obrigado."

Incapaz de falar, Jake apenas balançou a cabeça.

"Eu adorei", finalmente sussurrou. "Está preparado para assumir as rédeas aqui?"

"Não se preocupe", Debron sorriu. "Você vai sentir orgulho de mim."

"Já sinto, Debron. Já sinto."

Amy bateu de leve no microfone para atrair a atenção de todos outra vez.

"Há mais um assunto que precisamos tratar", comunicou. "Debron, pode vir até aqui?"

Debron olhou surpreso para Jake, o qual apenas ergueu os ombros.

Passando o braço nos ombros do rapaz, ela continuou:

"Há mais uma coisa que nosso sonhador aqui desejou e eu me esqueci de mencionar. Ele achava que seria bom se todos recebessem camisetas oficiais como uma recordação desta semana. Bem, com alguma ajuda do departamento atlético do Louisville, achamos que estas aqui vão servir."

Buddy arremessou para Amy um pacote de tecido vermelho e ela o abriu, revelando o logo do Louisville Cardinal cercado pelas palavras "2º Acampamento Anual Taylor de Basquete Comunitário".

"Tá brincando!", Debron gritou e começou a dar pulos. Agora, foi a vez de Amy receber um gigantesco abraço.

Jake ficou ali sentado, avaliando toda a alegria que transbordava à sua volta. Seus companheiros de time, seus amigos da igreja, as crianças do bairro... toda a sua vida em Louisville ali reunida numa perfeita celebração. E quando ele achava que não podia ficar melhor, Amy apareceu para fundir seus sonhos aos dela. Ele era de fato um homem abençoado.

VERÃO
(CINCO ANOS DEPOIS...)

57

"**VOCÊ ESTÁ DE BRINCADEIRA?** Outro filme água com açúcar? Pensei que fosse a minha vez de escolher", Jake reclamou enquanto Amy colocava o filme. Ele amava mais sua esposa hoje do que no dia em que disseram os votos, mas isso não queria dizer que teria de desistir dos filmes de ação para sempre.

"Ah, era a sua vez? Perdão, eu esqueci", Amy deu sua risada charmosa que, de alguma forma, sempre acabava servindo de desculpas para tudo. "Mas depois que o Rog dormir, eu pensei que, talvez, a gente pudesse ter o nosso próprio romance." Deslizou o dedo no rosto de Jake e lhe deu aquele olhar.

"Mamãe, mamãe! Não consigo achar o Alfredo!", exclamou Roger, de três anos, entrando correndo na sala.

"Espera um minuto", disse Jake enquanto fingia procurar diligentemente o macaco de pelúcia favorito de seu filho. "O que é isso aqui debaixo do cobertor? A-ha!" Empurrou Alfredo para fora do cobertor direto aos braços abertos do filho.

"Alfredo!", gritou Roger e cobriu seu brinquedo com abraços de beijos.

A família de três amontoou-se no sofá herdado dos Vaughn e se aconchegou sob os cobertores assim que os trailers dos filmes começaram. Roger começou a devorar a pipoca à sua frente, oferecendo a Jake e à Amy a brecha perfeita para se beijarem por cima de sua cabeça.

"Sentiu a minha falta?", Amy sussurrou com os lábios sobre os lábios de seu marido.

"Você não faz ideia", Jake sussurrou de volta com um sorriso. Ele tinha acabado de voltar de uma visita de uma semana a Louisville para colaborar como técnico no Sétimo Acampamento Taylor de Basquete Comunitário e, embora tivesse se divertido muito visitando outra vez seus antigos lugares favoritos, ele estava mais do que feliz por estar em casa. Amy geralmente o acompanhava a cada verão, mas este ano, aos oito meses e meio de gravidez, seu médico havia insistido para que ela ficasse em casa. Jake se inclinou para beijar a barriga da esposa. "Também senti saudades de você, Christopher Jonathan Taylor", disse, e o bebezinho lá dentro chutou com vontade.

"E eu? Você sentiu saudades de mim, papai?", Roger perguntou ansioso.

"Acho que pensei em você um milhão de vezes por dia", Jake respondeu e bagunçou os cachos crespos de seu filho.

O filme começou e, quando eles ficaram em silêncio para assisti-lo, os pensamentos de Jake voaram para longe. Com um braço sobre seu filho e o outro envolvendo sua esposa, ele sabia que devia ser o homem mais feliz do mundo. Deus havia lhe dado tanto.

Ele amava o seu trabalho como professor de Educação Física e técnico de basquete na desafiadora escola no oeste de Oakland onde havia começado. No ano passado, ele e Amy tinham usado todas as economias e comprado uma casa no bairro. Não era grande nem bonita, mas era deles e, com alegria, eles a estavam transformando numa obra-prima do "faça você mesmo". Renee e Brian moravam na mesma rua mais para baixo e, juntos, eles sentiam que realmente começavam a impactar sua comunidade.

No verão anterior, Jake e Amy tinham recebido ansiosos seu primeiro filho no novo lar. Vítima de negligência e abuso, o pequeno, de dois anos, havia chegado a eles pelo sistema de adoção e, no instante em que o viram, se apaixonaram perdidamente. Eles o chamaram de Roger e o viam como um lembrete diário da graça e do amor transformadores de Deus. Sua adaptação à estabilidade não havia sido imediata, mas agora, um ano depois, seu sorriso alegre podia iluminar o ambiente e sua personalidade agradável era fonte de constante diversão.

Assim que assumiu seu papel de mãe, Amy desistiu de seu trabalho em tempo integral na clínica, mas ainda disponibilizava o máximo de horas possíveis como voluntária, oferecendo aconselhamento gratuito por meio da sua igreja. O Sonho de Bogdana ainda estava firme e forte, e a organização funcionava como um canal para seus talentos.

Os dois trabalhavam como voluntários no ministério de adolescentes de sua igreja, e Jake tinha começado um clube FCA em seu campus. Para sua surpresa, ele ainda era o palestrante favorito nos eventos locais. Sua história havia mudado um pouco, mas ainda se resumia no mesmo ponto importante: sem Deus, nada importava de fato.

Até sua viagem a Louisville havia sido uma bênção. Ver o ministério no bairro tão forte depois de todos esses anos foi um encorajamento inacreditável. Jadon Williams havia se formado em Louisville dois anos antes e assumido um cargo no Clube "Boys and Girls" local. Seu trabalho era inspirador e Jake sentia muito orgulho de ter feito parte de sua história. Debron era agora um jovem forte de dezessete anos, preparando-se para começar o último ano do Ensino Médio. Já havia vários recrutadores de olho nele, mas seu objetivo era ir para Universidade da Califórnia em Berkeley — dessa forma, poderia passar os quatro anos seguintes perto de Jake outra vez. Jake voltou a concentrar-se no filme, mais feliz com sua vida maravilhosa do que poderia imaginar. Roger, que há um bom tempo estava no mundo dos sonhos, suspirava profundamente com os braços enroscados em seu pai. Jake sorriu e passou os dedos pelos cabelos de Amy. Ela olhou para ele e retribuiu o sorriso. A vida deles era agitada e estava longe de ser fácil, mas na maioria das noites, quando finalmente se deitavam nos braços um do outro, ambos sentiam-se da mesma forma: estavam vivendo o sonho.

Quando Amy se aconchegou a ele, Jake sentiu seu celular vibrar. Por mais que quisesse ignorá-lo, a curiosidade venceu e ele observou que a ligação vinha de um número desconhecido.

"Quem é?", perguntou Amy, sonolenta.

"Não sei bem", Jake respondeu, levando o telefone ao ouvido. "Alô?"

A voz do outro lado foi instantaneamente identificada. Era Dante, um garoto que Jake havia conhecido nas quadras de basquete do bairro pouco antes de sua viagem.

"Estou a caminho", Jake respondeu assim que Dante explicou seu problema. Desligou o telefone, suspirou e arrumou uma forma de se desenroscar de seu filho.

"O que foi?", Amy perguntou.

"Um garoto que conheci outro dia ligou de uma festa que está ficando fora de controle. Eu disse que ele poderia me ligar a qualquer momento, e ele aceitou a minha oferta."

Amy balançou a cabeça, sorriu e esticou o braço até uma cesta na prateleira. Lançando a Jake uma bola de borracha que brilhava no escuro, Amy disse:

"Tenho orgulho de você, amor" — e deu uma piscadinha.

Jake também sorriu. Caminhou em direção à porta, entrou em seu carro e desceu a rua lentamente. *Tenho a impressão de que já vivi isso.*

Notas

1. Capítulo 1, página: 8.

Draft -

Draft é um sistema de escolha adotado nas principais ligas profissionais dos Estados Unidos para selecionar os jogadores universitários que buscam a profissionalização.

2. Capítulo 40, página: 308.

Combines -

Combines são provas organizadas por cada time onde qualquer atleta inscrito pode demonstrar suas habilidades a fim de ser contratado por grandes ligas, sejam elas de quais naturezas forem.

Para Salvar Uma Vida

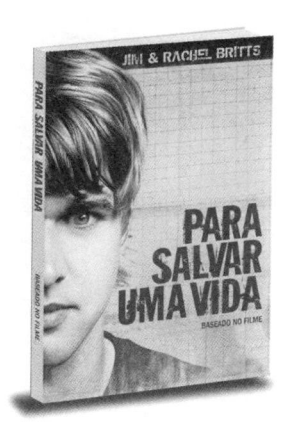

Desde pequeno, Jake Taylor foi sempre muito amado. Repleto de amigos, uma namorada perfeita e com um futuro promissor, nunca teve nada a reclamar, certo?

Entra em cena Roger Dawson. Amigo de infância de Jake antes deste entrar para o rol da popularidade na escola. Cansado de não ter voz nem vez, Roger saca uma arma e comete uma grande tragédia.

Algo muda dentro de Jake ao abalar-se com a morte de Roger. E ao buscar respostas para sua própria vida, uma pergunta vem à tona: "Eu poderia tê-lo salvado?". Jake se vê profundamente comprometido em ajudar os rejeitados – pessoas estas que muitos nem sequer olham. Mas essa decisão, entre outras, colocou o seu mundo de cabeça para baixo. Perdeu amigos, e até o direito de perguntar "O que eu quero da minha vida?".

bvbooks
www.bvfilms.com.br ✳ (21)2127-2600

A Escolha de Jake

O livro A Escolha de Jake começa justamente onde a história de Para Salvar Uma Vida termina. Jake Taylor deixa a Califórnia e vai em busca do seu sonho em Louisville. Sua namorada Amy, seus amigos, pastor e família ficam todos para trás. Separados por milhares de quilômetros, Jake e Amy veem suas vidas seguirem caminhos opostos. Amy volta a ter contato com o pai, depois se tornar amiga de uma garota com um histórico traumático.

Enquanto isso, em Louisville, a popularidade de Jake no time de basquetebol traz perigosas oportunidades: baladas, meninas bonitas... A fé de Jake começa a se esvair e a velha criatura volta a existir. Então, ele terá que tomar uma decisão. Esta escolha mudará tudo... "Decidimos escrever o livro por causa da resposta incrível que tivemos da primeira história", explica Jim Britts.

bvbooks
www.bvfilms.com.br � (21)2127-2600

Kit Escolhas da Vida

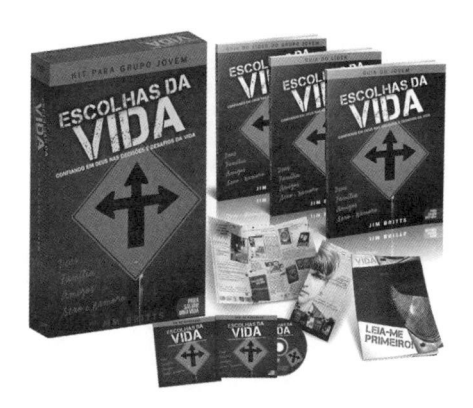

A Vida é difícil – especialmente para adolescentes.

O KIT ESCOLHAS DA VIDA é um material devocional e de estudo para auxiliar no discipulado de jovens e adolescentes. O Kit foi inspirado e desenvolvido pelos produtores do filme PARA SALVAR UMA VIDA oferece:

• Guia do Líder: com instruções, mensagens impactantes, atividades, discussões, perguntas e dicas para lidar com assuntos difíceis;

• Guia do Aluno: com questionamentos diários que ajudam o jovem a desenvolver o hábito do estudo bíblico e da oração;

• Guia do Líder do Grupo Jovem: com instruções passo a passo, dicas, perguntas para cada encontro e um estudo bíblico instigante;

• DVD de Recursos: com clipes do filme e mensagens do pastor da juventude Jim Britts.

Assuntos importantes como pressão dos colegas, tentações sexuais, conflitos familiares e pouca fé podem desviar, até mesmo os jovens mais bem-intencionados. Ajude-os a tomarem decisões sensatas com o ESCOLHAS DA VIDA:

Cenas do filme PARA SALVAR UMA VIDA irão estimular conversas; Inclui instruções para envolver os pais e adultos voluntários; Materiais personalizados e fáceis de compartilhar com o grupo.

bvbooks
www.bvfilms.com.br ✤ (21)2127-2600